中国国家地理·图书
CHINESE NATIONAL GEOGRAPHY

THE SECRET LANGUAGE OF ANIMALS

动物的秘密语言

[美] 雅尼娜·拜纽什——著
平晓鸽——译

CTS K 湖南科学技术出版社·长沙

前　言

我第一次见到白犀南方亚种是在动物园。相信许多读者也是在动物园才第一次见到苏门答腊虎、北极熊、獾狮狓等动物。对大部分人来说，只有在动物园里才能见到这些除了宠物、家畜及其他常见动物以外的动物。虽然，之后我也有幸在野外见到其他犀牛，但第一次在动物园见到白犀的场景仍深深地印在我心里。

那时我正在动物园里研究犀牛。在一个认知科学的研究生项目中，我发现自己对动物认知越来越感兴趣。通过研究，我能够更好地了解这些动物的认知能力。我参与了一系列动物行为学领域的研究项目，其中一项就是观察犀牛，于是就有了我与犀牛的第一次相遇。

这次经历不仅让我对犀牛有了更多了解，也让我学会了如何去对待所有动物。我第一次看到犀牛的加利福尼亚州埃斯孔迪多野生动物园，是率先从传统的动物园设计中做出改变的动物园之一。这些改变包括：将可以共同生活的不同种动物放在一起而使它们拥有较大的栖息地；游客只能乘坐专门的缆车参观围栏内的动物。作为一名研究者，我被允许坐在索道下方或动物场馆外山丘的斜坡上进行观察。更重要的是，我可以更长时间地待在这里进行观察，而不像乘坐缆车那样只是短暂地停留。在我看来，想要坐在缆车上观察动物的行为几乎是不可能的。尽管在缆车上能够看到犀牛，但基本上看不到它们的真实行为——当索道缆车呼啸着靠近时，聚集在一起采食的雌犀牛们通常会暂停眼下所做的事情，组成一个臀部相靠、头部朝外的防守圈来应对这个未知的威胁。它们会保持这一阵型不动，直到缆车走远才再次恢复到之前的正常行为模式。对于乘坐缆车的游客来说，犀牛似乎只是无所事事地待着，但事实并非如此。如果想要观察动物的真实行为，需要具备两点：知识丰富和愿意花时间。首先，需要对犀牛有所了解。比如这个物种视力很差，因此在面临威胁时，它们的防守模式是聚集在一起，这样每只犀牛都可以对可能的捕食者保持警觉。其次，任何想了解犀牛的人，仅靠乘坐索道观赏是不够的。他需要花费更多的时间来观察这些动物在做些什么，而不是仅在意自己期望看到些什么。

观察并不是一件简单的事。观察不仅仅是睁大眼睛看就够了，而是需要以一个新的视角，不带着假定我们知道正在发生什么的心态去看。在动物园之外，其他动物也在我们身边展现各种行为，但我们大多数时候注意不到它们在做什么。为了仔细观察动物行为，并了解到它们在做些什么，很关键的一点是你需要了解这些动物是什么物种，从哪里来，它们可能想要、需要或者能够做些什么事情。一个动物行为学家并不仅仅是一位观察者，而是拥有专业“工具”的观察者。

本书正是这样的一个工具，在这个工具的帮助下，即使不是动物行为学家也能够真正地去观察动物。有了本书的帮助，我们就能够观察到一些之前可能错过的事情；我们能够了解到如何通过观察一个动物的行为和身体特征来推断该动物的生活环境或通过观察动物的生活环境来推断该动物的行为和身体特征；我们会了解到大猩猩咯咯笑和狮子扭转臀部等行为的意义，也知道了长颈鹿进行脖颈较量的原因，以及熊猫叫声的重要性。在下次逛动物园之前，先了解这本书中的任何一个动物案例，你的游览都将会变得完全不同。

如果说以前我观察那些犀牛是享有特权，那么现在每个人都可以去观察所有动物，而无论它们是动物园饲养的动物、野生动物还是家养动物。我所看到的一切已经改变了我自己。对那些知道如何观察动物的人来说，动物的“秘密语言”是可以被破译的。本书随后章节将帮助你去破译动物观察的密码，去观察吧！

亚历山德拉·霍洛维茨博士

著有《狗的内心世界》(*Inside of a Dog*)以及《观察》(*On Looking*)

目　录

动物的秘密语言入门

世界上最值得一看的动物

非洲丛林、平原和水域

亚洲森林

温暖的海洋

北美洲

两　极

动物园评论

动物的秘密语言入门

一只考拉在桉树上睡得正香。

哪儿也比不上自己的家

在尼尔·奥尔登·阿姆斯特朗（Neil Alden Armstrong）迈出登上月球后的第一步时，我家那里正是凌晨，我的父母和姐姐在激动地等待数小时后打完最后一个哈欠就去睡觉了。那时只有 11 岁的我，站在电视机前异常清醒。我与其说是为阿姆斯特朗在月球上行走而激动，不如说是期待他回头告诉我们从他所在的位置看地球是怎样一个情景。

我知道并非只有我一个人有这种心情。23 年后，我发现我们不会在办公室的墙上悬挂月球的照片。有可能分散我们注意力的不是静海（编者注：月球上一片低洼的平原），而是远景中的地球——这个独自航行在浩瀚黑色海洋中的蓝绿色星球，像任何美妙的图形一样深入人心。

看，它对我们说，我们都在同一艘船上，而且这也是我们唯一的一艘船。

但认识到这一点并没有阻止我们掠夺的步伐。在随后的几十年里，由于人类不计后果的掠夺和开发，造成了南极洲上空的臭氧层空洞以及其他数千个难以解决的环境问题。即使人类登月成功，对解决这些问题也毫无帮助。但人类登上月球之后，我们认识到地球是独一无二的，只有它具有适宜人类生存的阳光、温度、空气和水。这是我们人类的起源地，我们身体的每一个细胞都是为了适应和利用地球环境而诞生的。即便人类能够找到另一个相似的星球，将自己输送过去，难道我们不会怀念那些跟我们一同成长的花草树木、飞禽走兽，甚至是扰人的蚊虫么？

毕竟，我们并不是这个富含土壤、阳光、空气和水的星球上唯一的生物。数百万种生物都生存在地球上，从阿米巴原虫到斑马到所有生物，都为了适应栖息地而演化出了不同的形态。地球也因此成为一个极具多样性的星球。湖泊、丛林、冰盖和灼热的沙漠孕育着不同种类的生物。

动物园的奇妙之处在于，你可以在数十万平方米的范围内看到生活在全球范围内的生物；你可以看到、闻到、听到甚至被它们溅起的水花泼到，而这些动物是地球多样的生态环境所孕育出的最好的产物。在新型动物园中，展示馆的设计者正努力还原这些栖息地，这对我们的环境教育以及动物本身都有好处。他们发现，将动物安置在它们生长的环境中，是激励动物展现所有自然行为最好的办法。但这是多么大的难题呀，就像在圣地亚哥动物园里布置极地冰雪场景，在明尼苏达动物园里造一座珊瑚礁，在布朗克斯动物园里打造一片潮湿的热带雨林。但这样的展示馆非常棒，动物在这些展示馆里似乎更加舒适。这一方面令展示馆的设计者和动物园的管理者非常开心，另一方面又如同要去太空旅行一样，使他们十分为难。

设计新型动物园的展示馆和计划向其他星球迁移生物有很多相似之处，你很快就会了解到，再造一个生存环境有多困难。你能够选择合适的植物和动物，但是如何营造土壤和水分、捕食者和被捕食者、同伴和敌人之间的交互作用呢？你将如何重造它们之间完美又错综复杂的平衡呢？最终，让人感到奇妙的并不是生存环境看起来如何，而是这样的生存环境如何发挥作用。一个健康的生存环境不仅能够支撑其中生活的生物，也会对这些生物造成挑战，激发新的生命形式替代现有的生物。不管展示馆的设计技术如何成熟，我们也不可能达到这种状态。

这可能是许多研究和关注动物园的人都倾向于在原始生境中保护野生动物的原因。因为他们知道：动物是它们所处的森林、草原、沙漠或者海洋的一部分，离开了原始生境，即便是最快、最强壮或者最聪明的生物也会像离开了水的鱼那样无助。出于同样的原因，如果我们能够停下当下的行为，思考一下如果我们砍光了热带雨林、消耗掉更多的臭氧，并且像不考虑明天那样毫无节制地繁殖会带来怎样的后果，我们就会发现自己和正在消失的海龟、斑林鸮、大象和海牛一样脆弱。我们和它们一样，同这个无法替代的星球绑在了一起。如果有一天我们被迫突然离开家园，生命也将危在旦夕。

去问那些宇航员们的感受吧。

地球并不像从太空中看到的那么宁静。在人口剧增的压力下地球正在发生形变，而受其影响最大的，则是你将在随后章节中见到的动物们。

我希望你会喜欢这些故事。但比这个更重要的是，我希望你能对这些动物所生长的地球有一丝眷恋，我希望从现在开始补救还为时不晚。同时，我们也需要尊重和保护跟我们生活在同一星球上的所有动物，并为它们努力做出改变。

如今动物园中饲养的动物可以在类似于自然环境而不是笼子中生活，从而展现出比过去更多的自然行为。

动物园的新变化

如果你已经多年没有去过动物园，再次光顾必将大吃一惊。最近数十年，动物园界经历了一个艰苦的“变形”过程，一些好的动物园甚至进行了彻底重建。这些动物园抛弃了过去的笼舍，将动物放到和它们原始生境极为相似的环境中。有些环境甚至因过于逼真，你会发现自己正在被树荫下的豹或者山丘上的狼獾追踪。动物们似乎也接受了这种逼真的生境，它们会在“热带雨林”的藤本植物中穿梭，在“珊瑚礁”中潜水,在“溪流”中嬉戏,并尽兴地在“大草原”上打洞。在经过一系列奇妙的转变后，被栏杆围住的反而变成了游客而不再是动物。

这是个多好的转变呀！你将不再会因为看到一只无精打采的大猩猩而失落，相反你将会因为看到一只健壮的银背大猩猩突然出现在眼前又瞬间消失在树林中而激动不已。你可能需要仔细寻找才能发现它的踪影，这是个好现象。这意味着大猩猩与其他动物正在和所处的环境融为一体，这在地板砖或者精心修剪的草坪上是永远不可能看到的。这些动物园动物第一次有了自己的空间去觅食、咆哮、求偶、搭窝以及保卫领地。除了更舒适的环境，这些动物也有了更好的陪伴。它们不再像过去那样，仅仅由同种动物孤独地陪伴，而是在一个大群中嬉戏和玩耍，一些动物甚至决定要在这里安家。如果你仔细观察，也许还能看到食草动物和食肉动物的幼崽一起玩耍，其中一些还是在这种圈养环境下出生的。

尽管这些展示馆使得动物园变得更加具有娱乐性，但它们的真实目的却是为了教育。当我们被带入动物的世界中，就能够了解这些动物是如何适应所处的环境、如何与生存环境相互影响。与过去的圈养环境相比，这些展示馆也能激发动物更加自如地展现自然行为。事实上，曾经对动物园持怀疑态度的那些科学家现在也都经常带着望远镜和纸笔来近距离地观察动物行为。这些发现正在帮助动物园去实现目前最重要的使命：实现濒危物种的人工繁育。

动物园又是如何从过去囚禁和束缚动物的阶段发展到现在的情况的呢？想要回答这个问题，我们需要将目光转回数百万年前，回到人类与动物关系的源头。

我们对动物的感情

我们的猿类祖先依靠四肢在地上行走，追捕那些大型、危险却美味的动物。而在演化的历史上，这段时间也不过是一眨眼的功夫。在500万年的时间内，我们的祖先需要找到可以吃的食物才能生存下来。追踪动物就意味着要了解一切与之相关的知识：它们在哪里睡觉、在哪里饮水，被人类发现以后能以多快的速度逃跑等。我们的祖先也因此成为敏锐的动物观察者，通过深入研究掌握了很多相关知识。尽管五千年的农业和工业发展让我们离野外越来越远，但在我们内心深处依然有着对自然的敬畏。当我们看到一只狼从森林中小跑出来，或者听到跃出水面的鲸鱼的叫声时，我们仍然会从骨子里感到害怕。

动物究竟有什么神秘的能力，让我们时而惊叹、时而高兴、时而害怕或者退缩呢？即便我们人类早已不需要通过猎杀动物来填饱肚子，却依然在这种吸引、恐惧与敬畏的共同作用下对野生动物充满好奇。仅仅在北美洲，每年就有 1.34 亿人到动物园和水族馆游览参观，这个数字超过了每年去看各类职业运动比赛人数的总和。全球有至少 7 亿游客（约占世界人口的 10%）参观过世界动物园和水族馆协会（WAZA）所属的 1 500 个动物园和水族馆，这比美国、加拿大、法国和英国的人口总和还要多。而且这些参观者并不仅仅是孩子，去水族馆观看海豚表演的成年人人数是充满好奇的孩子人数的 3 倍。

现在，动物园中的动物不仅是我们远古祖先和伙伴的缩影，更是自然在这个野性急速减少的世界中的重要代表。红色警报已经拉响。史无前例地，我们承认了人类自己所造成的破坏，并开始努力去纠正以前犯下的错误。过去主要作为娱乐场所的动物园，现在正冲在这场战斗的前方，致力于在圈养环境中保护濒危动物。为了追寻动物园的这一巨大变化，我们需要追溯到数千年前，世界上第一个动物园建成的时候。

旧式动物园的快速发展

动物园最初只是贵族们用来彰显权力和财富的动物展览场所。毕竟，如果你能像埃及女王哈特谢普苏特（Hatshepsut）在 3 500 年前所做的那样，将一只长颈鹿沿着尼罗河运送到 3 000 千米外的地方，你大概也能得到想要的一切，比如兴建一座动物园。经过数千年，当动物园开始对公众开放时，则成为当地居民引以为傲的地方。那时动物园的目的是搜集尽可能多的动物种类，就像搜集邮票一样。各个动物园都心怀不轨地“守卫”自己的动物。如果某个动物园发现了养活某种珍稀海龟的秘密，绝对不会告诉其他动物园。每一次前往亚洲或非洲搜集动物后都会使该动物园的物种数目有所增加。即便动物被囚禁在狭小空荡的笼子里，或者它们经常因为疾病或压力而死亡也没有关系，因为从野外补充动物太容易了。尽管大多数人对于动物园的恶劣条件保持沉默，但仍有一些人对此感到不满。

19 世纪早期，一场小范围的革命在动物园界开始了。德国人卡尔·哈根贝克（Carl Hagenbeck）放弃了过去动物园常用的笼子，而把动物放置在四周布有壕沟的开阔绿地中。参观的游客对动物园的这一改变大加赞赏，但其他动物园则经历了一段时间才完成了展示馆的改变。其中的一个问题在于，动物园管理者发现很难控制那些通过室外展示馆的土壤和草地传播的疾病，而水泥铺成的笼子则很容易用水冲洗。于是旧式动物园的拥护者就声称，如果不考虑动物的精神状态，长期来看水泥笼子更有益于动物的健康。第二次世界大战后，伴随着医疗技术的进步，动物健康管理技术也得到了提高。许多动物园都开始采用哈根贝克形式的展示馆，至少会优先对有蹄类和非洲草原的猫科动物场馆进行改造。但多数动物园依然将动物囚禁在栅栏之内，一旦有动物死亡，就从野外获取个体进行替代。这些动物园保证游客看到动物，但那些机械踱步的美洲豹和神经质的北极熊却经常让游客觉得可惜并感到自责，而不是尊重。

20 世纪 60 年代，在作家、激进分子和舆论专家的述说和带动下，这种集体的自责感变得更加强烈。人们开始意识到我们同其他生物共享地球，它们与我们有着相同的权利。随着动物权利意识的日渐成熟，人们突然陷入了两难的境地。一方面他们希望能够看到野生动物，进而与自己的祖先重新建立联系；另一方面，许多动物园简陋的设施却让他们不忍去观看这些动物。一些人开始对将动物放置在有限的空间和从野外补充动物个体的行为产生质疑。另外一些人则抗议动物杂耍表演，例如黑猩猩茶话会、企鹅游行或者海象芭蕾舞等。这些不满的声音不仅来自外部民众，也有一些来自动物园内部的工作人员。越来越多的迹象表明，动物园正在失去可信度，面临要么改变、要么关门的境地。

珠玉在前

当人们对家养动物是否应该笼养的争论达到白热化的同时，有关这些动物的野外生存状况也开始进入人们的视线。科学家们声称许多在动物园中生龙活虎的动物，在野外则是勉强存活。他们预测某些物种的圈养种群数量很快就会超过其野生种群的数量。一夜之间，似乎变成了动物园管理者正在照料着地球上最珍贵的动物。意识到这一点之后，全世界范围内的动物园园长和保护生物学家开始给动物园一个全新的定位。

从野外搜集动物的时代已经过去，动物园开始尝试圈养繁殖动物。到 20 世纪 80 年代中期，动物园中 90% 以上的哺乳动物都是在圈养环境下出生的。虽然这意味着动物园能够靠自身补给动物，而不用再从野外获取个体，但是这还远远不够。随着某些物种野外种群的一再减少，动物园开始意识到，也许某一天它们将成为地球上唯一保存某个物种的地方。当那天到来时，动物园不仅肩负着针对某个个体的责任，而且肩负着整个物种生存的责任。有关这个物种的生理、遗传和健康状况以及再引入野外的可能性等问题，毫无疑问地落在了动物园的身上。

然而那天已经到来了，物种灭绝速度正在不断地加快。在 1850 年时，每 5 年才会有 1 个物种灭绝，而到现在，联合国环境项目的调查结果显示，每天有 150~200 种植物、哺乳动物、鸟类和昆虫消失。你可能已经注意到了，你所在地区的动物园动物展览中，那些标有“灭绝动物”的种类正在增加。人类的这种“后知后觉”对于许多数量岌岌可危的物种来说并不是件好事，甚至有专家预测，到 21 世纪中叶会有 30%~50% 生物灭绝。

想要阻止物种灭绝，仅靠禁止盗猎是远远不够的。真正的问题在于野生动物正在丧失生存空间（对于那些拥有生存空间的动物来说，则是栖息地的退化）。地球上已经很难找到一片地方，不受贪婪人类的所谓“征服和统治”许可证的干扰，即便是那些最原始的地方也不例外。热带雨林的砍伐、污染以及人口的迅猛增长，将许多生物推向危险的边缘。事实上据保守估计，在未来的数年间，地球上 25% 的生物将会陷入濒临灭绝的困境。面对诸如此类的统计数字，动物园已经变成了现代的诺亚方舟，来保护所有位于演化链条上的物种的未来。

保护并实现这些动物的繁殖非常重要，但也只是解决了问题的第一步。诺亚方舟只有在洪水退去，将舟上的这些动物放置到适宜的栖息地时，才能算是实现目标。不幸的是，适宜的栖息地越来越难找。如果我们不希望诺亚方舟只是一个虚幻的梦，我们必须全身心地去寻找其他解决途径：我们必须从源头上阻止这场毁坏栖息地的洪水。尽管说了这么多也做了这么多，事实上野生动物依然不属于动物园，它们应该在野外依靠自身的智慧生存，并在自然界的各种挑战下不断演化。

动物园处于一个非常独特的位置，能够在数百万人微笑着享受所看到的情景并愿意去学习和倾听时，给他们讲述这些物种所面临的境遇。动物园可以改变我们的心境：使我们因为野生动物的栖息地遭到破坏而感到愤怒，同时还使我们知道如何有效地将个人力量投入到投票、捐款、改变生活方式以及从事志愿事业上。在我们奋力抢救野生动物栖息地的同时，新型动物园则可以作为动物的庇护所、研究中心，以及能够让我们享受到有动物陪伴的幸福时光的地方。

动物园成为动物们的庇护所

生物学家们一致认为，真正能够保护动物的方法是保护它们的栖息地。如今，尽管在全世界范围内，片段化的野生动物栖息地正在受到保护，但整体趋势仍在减少。甚至在占全球面积 1% 的国家公园和保护区内，依然能看到盗猎者与四处寻找食物和作物的人类的身影。正如作家柯林·图哲（Colin Tudge）所写的那样，饥饿的人们没有时间去考虑动物是否濒危。

2011 年，地球上的人口数量突破了 70 亿。人口统计学家指出，如果我们能够避免流行病、战争和生态崩溃，到 2100 年时，全球人口数量将达到 100 亿。专家预测，在到达 100 亿人口的顶点后，全球人口数量将平稳维持 5 个世纪后才会逐渐下降，并缓解给地球剩余资源带来的压力。然而动物园从业者都是真正的乐天派，他们甚至希望能维持一个动物库和一个储存有冷冻精子和卵子的基因库，以便栖息地恢复后将动物重新引入。

也有许多悲观主义者认为这些都是不可能的。他们指出，在过去的那些将物种重引入野外的尝试中，动物的死亡率很高。他们提到，猎食动物在圈养环境中生活太久后会忘记如何捕食，而那些被捕食的动物在长期圈养的条件下也会丧失在野外时应有的警觉。对人类的记忆可能会让这些动物毫不惧怕偷猎者，并且可能无法和同种的其他成员发展出健康的性关系。动物园管理者则用重返野外的野狗作为例子来进行反驳，那些野狗被当作宠物饲养了多个世代后，依然能够重返野外。为了减少对这些动物园动物的影响，动物园管理者会实施重引入训练项目，并尽量避免动物幼崽对人类产生依赖。最近二十多年来，许多研究项目都致力于改善这些重引入训练项目。尽管他们承认许多圈养动物在放归野外后都会死去，但他们觉得哪怕仅有一小部分能够存活，也胜过物种的野外灭绝。

尽管许多动物园都把圈养繁殖放在头等位置，但普通游客却不一定对此有什么了解。许多工作都是在游客看不到的地方进行，比如位于弗吉尼亚州弗兰特罗亚尔镇的史密森保护生物学研究所。在这里，动物们都生活在室外环境里，拥有良好的社交群体，并根据一个复杂的遗传计划来进行繁殖。与它们交配的个体不仅有来自这个研究中心的异性，也有来自全世界动物园的异性个体。你看，与诺亚方舟不同的是，我们并不是将它们简单地进行两两配对并祈求洪水尽快退去。如果我们想要在未来将这些动物放归野外，我们就得保证它们在遗传上有足够的多样性以应对环境的变化。一个物种在拥有足够多的个体参与繁殖并能保持基因库多样性的时候，才是处于最好的状态。拥有一个多样的基因库就好比拥有一个大的工具箱，有些工具你不会每天都用，但也许有一天就会用到。如果参与繁殖的动物种群太小或者遗传上受限制，当遭遇危机时，能用于解决问题的工具就会变少。除了会减少遗传上的灵活性之外，小种群还可能会出现近亲交配的情况，从而将一些罕见的遗传缺陷保存下来。

为了避免陷入这样的问题，从 1981 年起，动物园管理者就联合起来开始了一场世界范围内的“物种生存计划（SSP）”。如今，有超过 500 个 SSP 项目在对濒危物种的种群进行管理。出于繁殖的目的，所有的圈养犀牛，不论它们来自何方，都被看作是同一种群。用来展示亲子关系的谱系记录被储存在明尼苏达州一个叫国际物种信息系统（ISIS）的数据库中。当雌性动物进入发情期后，工作人员就会利用 ISIS 来为它找到具有“新鲜”遗传信息的雄性并与之配对。有时候，雄性甚至需要从莫斯科搭乘飞机抵达芝加哥去见它的配偶。这一计划的目的是扩大圈养种群的规模，进而在不同的动物园间合理地分配动物（也是为了防范流行病）。如果 ISIS 的配对计划能够如期进行，动物园种群的遗传结构就会和野外种群类似，这样当我们有一天需要将圈养动物放归野外时，我们就会有一个相对完整的物种，而不仅仅是动物个体。

但是知道“我们必须要做什么”和知道“我们能够做些什么”是不同的。研究显示，目前全世界 1/5 的脊椎动物物种都有灭绝的风险，而对环境要求更加苛刻的无脊椎动物中，有灭绝风险的物种数量更是达到上百万种。对于多数动物园来说，由于自身规模和预算的限制，保有达到可育数量的物种已经是一个非常艰巨的任务了。试想一下，全世界的动物园加起来，面积也仅有纽约布鲁克林区那样大（仅 80 余平方千米）。除去空间因素，我们对于濒危物种的了解还远远不够。就像人类早在 4 000 年前就知道如何饲养牲畜一样，我们可能已经知道了如何去繁殖这些即将灭绝的物种，但直到 20 世纪 80 年代，我们才掌握了分辨鸟类和爬行动物性别的技术——直到那时，我们才能分辨动物园中饲养的个体是雄性还是雌性。

目前，我们正在尝试建造“冰冻动物园”——一个能够将动物的精子、胚胎，或

多亏了圈养繁殖，一些像山貘这样的濒危物种才能有存活下来的机会。

其他遗传物质在低温下保存的设施。但是在将样品转移至试管之前，我们还需要知道濒危物种的基本繁殖周期，而这项工作需要全世界动物园合作进行数据的记录。在此之前，数据记录通常是一团糟，并且在动物园之间相互竞争的氛围下，数据共享更是闻所未闻。如今，借助于ISIS，我们能够为将近10 000个物种描绘出谱系图，随着我们掌握的知识和储存数据的增多，我们还可以管理更多的新物种。关于动物如何繁殖还有许多东西需要我们去学习，而对于许多物种来说，留给我们的时间已所剩无几。时间不等人，就在这样的阴影下，新型动物园具有了另一个非常重要的使命：动物行为学研究。

动物园中的动物能够教会我们什么

随着动物园名声的逐渐恢复，这个极好的资源也开始崭露头角。许多年以来，科学家们在博物馆研究动物尸体或者仔细地观察实验动物，但恰恰忽略了在当地动物园中研究动物的机会。在动物园中，他们有机会近距离研究活生生的动物——从它们的出生、成长、学习，到解决冲突、建造家园、赢得配偶、养育后代，直至它们逐渐变老。那些抓住机会、利用动物园的优势开展研究的学者，为动物行为学领域奠定了重要的基础。例如，正是在动物园里，狼的面部表情首次得到了详细的研究。由于狼善变的天性，这种微妙的“语言”几乎不可能在野外确定。同样难以在野外开展研究的还有大熊猫。它们独居的特性以及它们偏远的栖息地都使得研究者无法了解它们繁殖的真实情况，直到大熊猫在动物园产下第一只幼崽。

在过去数年间，动物园展示馆的设计逐渐开始模拟动物的自然生境，动物们开始展现全部的自然行为，这使得动物园的研究越发吸引人。行为学家可以大饱眼福，因为与野生动物相比，动物园中的动物通常会有更多的时间展现社交行为。求偶、交配或者育幼行为尤其常见，因为这些动物不必担心捕食者的存在，从而不再需要安静隐蔽地进行这些行为。发育学和解剖学方面的研究也自然而然地在动物园中进行，另外还有营养学以及动物对圈养环境的行为反应等方面。

动物园研究当然也有不足，因为动物园中的动物都是人为喂食、注射过疫苗并免受外界伤害的，所以一些生命过程中非常重要的生态学事实在它们身上看不到。比如说，我们无法研究捕食者与猎物之间的关系、迁徙以及动物对季节性食物缺乏的反应等。本书介绍了那些能够在动物园中观察到的行为：每日的采食规律、身体护理、运动以及包括协作、攻击、求偶和育幼行为在内的社会行为。当然有些动物在动物园展现的某些行为和在野外时会有所不同，这主要取决于它们对人类的敏感度。但是即便将人类对动物行为产生的影响也考虑进去，动物园中的动物研究依然可以为野外研究提供有用的基础数据。这些结果也可以被用来管理那些国家公园中的半野放种群。

在动物园展示馆之外，动物园也争做先锋，资助了一些非常有名的动物野外种群的研究。这些野外的数据，例如珍·古道尔（Jane Goodall）关于黑猩猩的研究，通常又会被用来设计展示馆。这样就形成一个良性循环，将野外研究者和动物园的专家以合作的形式联系起来。如果我们想要越过所面对的高墙，这种合作的精神绝对至关重要。作为努力保护动物的一环，动物园的最后一个也是最迫切的使命是募集公众的帮助，以此来遏制栖息地丧失的势头。

寻求每个人的帮助

动物园不仅是动物进行繁殖以及科学家进行动物研究的场所，对绝大多数公众来说，动物园还是唯一一个能够看到、听到、闻到并接触到濒危动物活体的地方。动物和人类对视时产生的化学效应，是世界上任何电视秀、博物馆展示画以及百科全书都

与动物面对面的交流能够唤醒一个人对自然毕生的热爱。

无法与之相比的。这种化学效应有着独特的魔力，能够持久地打动人心。对许多孩子来说，动物园之旅意味着他们首次接触到那些他们很小就从书上读到、歌里唱过或在画本上画过的动物们。动物在儿童寓言、神话、艺术和语言中频繁出现的事实，也说明了我们同野生动物之间的联系。在动物园，这些神话都变成了现实，这种联系也正以一种新的方式被重新接受。

在自然展示馆花费时间与动物相处，能够让我们进入它们的世界并点燃我们对动物的热情，最终则是引起我们对动物状况的思考和担忧。和我们的祖先一样，对于我们看到的动物，我们总是想要知道更多：它们生活在哪里、它们如何生活以及它们在野生栖息地遭受重创后是否能够生存下来。值得高兴的是，在动物园里，学习是自然而然发生的；动物引起了我们的兴趣，而展示馆如果设计得当，也能够告诉我们一些我们想要知道的信息。

动物园从业人员知道，在了解知识和接受教育的基础上，成为保护学家的关键是观念的改变，这会发生在人们爱上动物的那一刻，此时的他们最容易听到动物求救的信号，并以自己的方式做出回应。就像布朗克斯动物园入口处的标语所写的那样："最终，我们只会保护那些我们所爱的动物，我们只会爱上那些我们有所了解的动物，而我们只有通过学习才能对它们有所了解。"

动物园的未来

在连续数年曝光动物园的负面消息和衰落之后，媒体如今正在鼓吹动物园的复兴。事实上，最近几年，全世界范围内的动物园已经花费了数千万美元用于改善动物的生存状况以及进行儿童科普教育上。那些曾经在动物园感到不安的人们也松了口气，动物园的游客数量也持续增加。

更加奇妙但同时从某种程度上来说也更有争议的是，动物园的明天现在只存在于少数有远见的人们的计划当中。生物学家正在期待使用克隆技术进行濒危动物的繁殖，并利用生物工程来为没有围栏的展示馆提供一些更为温驯的动物。诸如底特律动物园的"北极生物圈"就打破了室内或室外展示馆的界限，重现了极地苔原环境，从而允许北极熊、北极狐和海豹生活在同一片区域。

具有传奇色彩的美国国家动物园园长迈克尔·鲁滨逊（Michael Robinson）曾经说过，将寻常的事物变得超乎寻常是未来动物园面临的最大挑战之一。长期盈利的展示馆，例如明尼苏达动物园为河狸建造的展示馆，表明游客其实非常希望了解当地的常见动物。河狸这一物种并不濒危，但一些与它们共用栖息地的物种是濒危的。如果有一天，人们对龙虱、蕨类植物和斑点蛙的着迷程度能和看到东北虎一样，我们才能保护整个生物圈和生命的源头，而不仅仅是一些其中的物种。

与匆匆掠过一排排笼养动物的情景相比，徜徉在不同生物气候区域的动物和植物之间给我们带来的感受大相径庭。在翠绿的自然生境中观察野生动物，就仿佛是从山顶穿越到海底深处之后又返回到山顶。晚上，当我们回到自己家里沉入梦乡时，我们会将白天看到的动物和我们其实与它们生活在同一个世界中的这个事实联系起来。

在栖息地主题动物园中游览一天，就仿佛是进行了一次与草原犬鼠为邻的难忘旅行。

这本书不仅可以帮你认识现今最好的动物园，也可以帮你了解未来的生态公园。在随后的章节中，你将会发现动物们生活在适宜自己生存的生物气候区域中，你将能了解到它们在野外和圈养环境下行为模式的差别。动物园正在发生着变化。即便你无法观察到动物所有的野外行为，但我希望你至少能看到当中的一部分。更为重要的是，随着展示馆的布置越来越接近野外生境，你将会越来越清楚自己能够观察到什么。

食虫者——变色龙利用有强劲握力的爪、长而有黏性的舌头以及异乎寻常的平衡感来获取食物。

动物如何展现行为：动物语言入门

动物为何以这种方式展现行为

什么是行为?

行为是一场生存演习，它是动物为了当下的生存和未来的基因延续而愿意去做的任何事。筑巢、求偶、寻找食物、追踪猎物、威胁敌人甚至晒太阳都是常见的生存举动。但是正如你将在本书中看到的那样，每种动物都以自己独特的方式展现这些行为。正是这些不同让我们把侏獴和旱獭区分开，也正是这些不同，告诉我们它们所处的环境和每天面临的场景。

当我们在动物园观看动物时，有时会忘记这些动物在野外生存时是没有饲养员喂养也没有庇护所的。在野外，它们还要面对天敌的威胁，也不会有兽医对它们做定期检查。但正是食物缺乏、天气变化、天敌威胁和疾病这些残酷的现实，最初决定了动物的体形和行为。尽管生活在沙漠所面临的威胁和生活在热带雨林会有所不同，但这些威胁背后的原理是几近相同的。所以在我们讨论何种因素促成了动物之间的差异之前，让我们先来看看那些让动物们产生相似行为的原因。

永恒的基因

如果要从黏菌和滑音吉他手，乃至所有生物之间找一个共同点的话，那就是 DNA 了。带有遗传信息的 DNA 片断便是基因，基因中所包含的信息能够在需要的时候重新从无到有地再造我们的身体。事实上，胚胎的生长也正是遵照了那些基因的指示。在无性繁殖或者克隆的情况下，父母都只是简单地将自身的遗传信息进行复制，子代只是亲代的复制品，极少有基因突变，也没有新的特质。但在有性繁殖中，雌雄个体共同创造出一个新的个体，子代的基因一半来自父亲一半来自母亲，因此携带双方的遗传信息。这种生殖方式允许遗传信息重新组合并作出新的指示，从而产生具有创新性的新特征。

如今之所以有如此多种类的动物和我们一同生活在地球上，得益于这些突然出现的基因组合的胜利。这些组合造就了新的生理和行为特征，使这些动物在栖息地同其他个体竞争时更具优势。这些优势使动物比竞争者活得更长，有更多的后代，从而在自然选择的过程中具有最高的适合度。由于这些优势特征源于基因的遗传信息，因此这些动物能够将这些优势特征不断地传递给下一代。

由于基因在亲代死去时依然能够通过子代传递，因此基因是永恒的，至少比携带它们的生物个体寿命要长。这种基因永恒的想法，能够帮助我们理解为何动物会以当下的方式展现行为。理查德·道金斯（Richard Dawkins）在他的杰作《自私的基因》（*The Selfish Gene*）中指出，动物个体的行为不是为了生存，而是为了体内基因的扩散，从而增加自身基因在庞大的基因库中出现的频率。我们的身体仅仅是一台生存机器——用来携带、保护以及扩散我们的基因。正如塞缪尔·巴特勒（Samuel Butler）曾经所说的那样："母鸡是鸡卵生出更多卵的工具。"而道金斯则指出，基因是卵，而我们自己则是母鸡，基因利用我们进行自我的复制。

想象一下，如果一个基因所造的生存机器没有行为或生理上的工具去满足生存，这个基因会面临怎样的情景。生存机器将会死去，甚至可能连后代都没有留下。用不了太长时间，这个基因就会从基因库中消失，与此相对，那些使携带者越来越具有优势的基因则会越来越多。

这是个有趣的想法，但这对我们理解动物园动物的行为有什么帮助呢？很简单，每当你看到一种行为的时候，问问自己这种行为是否能够适应周围环境？如果是的话，它肯定能够通过某种途径帮助这种动物的基因增加在基因库中出现的频率。这种行为是否能让动物在异性面前更具吸引力呢？这种行为是否能够帮助动物个体应对冬季的食物短缺呢？这种行为是否能让动物在毫发无伤的情况下从天敌眼前溜走呢？这种行为是否能增加采食的机会，并减少被捕食的机会呢？如果该行为会减少该动物将基因传递给下一代的机会，那么此种行为可能不具有环境适应性。最终，如果这种行为的伤害性足够大，展现此种行为的动物个体会表现很差，进而控制该行为的基因也会被从基因库中剔除。

仅从表面来看，一些能够完美适应周围环境的行为看起来似乎对动物的基因延续不利。例如当你在动物园观察黑猩猩时，你可能会注意到雌性黑猩猩会将它的幼崽交给其他黑猩猩，这个黑猩猩会照顾甚至哺育这个幼崽。这种帮助行为似乎与我们之前提到的自私的基因是相悖的。这些“保姆”从帮忙照顾其他黑猩猩后代的行为中能得到什么好处呢？问题的答案还是要追溯到生命的共同特征——基因。

因为黑猩猩会在亲缘关系较近的群体中游荡，“保姆”可能与雌性黑猩猩有一些共同的基因。如果它是雌性黑猩猩的姐妹或女儿，则它们有 50% 的基因都是相同的。因为帮助者也有一部分基因存在于幼崽中，所以它们帮忙照顾幼崽就相当于做了一个有效的基因投注。同时，它还能获得照顾幼崽的经验，在以后哺育自身后代时可以依靠这些经验获得更高的成功率。一旦这种帮助行为被证实是有益的，控制或者影响这种行为的基因就会被传递下来，使黑猩猩能够更好地生存下来。

在认识到那些驱使动物展现特定行为的遗传学事实后，我们就能够避免陷入将动物拟人化的思维，或者将人类的一些特征放在动物身上。比如，我们可能很容易得出这样的结论：“看呀，那只雌性黑猩猩正在帮忙照顾另一只黑猩猩的幼崽，这只雌性黑猩猩一定有着宽阔的心胸。”然而真实的情况是野生动物和多数现代人类不一样，它们为了生存必须要奋斗。支持生存的基因会延续下来，而影响生存的基因将最终被剔除出去。而且随着基因的传递，动物行为也随之传递。最终是基因享有决定权，决定一个动物如何以及何时展现特定行为。

一些人可能会说，从基因的角度去思考动物行为，可能会在某种程度上削弱动物行为的神秘性，但我却认为这种思考方式会让动物行为更具吸引力。正如《阐明动物行为》（*Unravelling Animal Behavior*）一书的作者玛丽昂·斯坦普·道金斯（Marion Stamp Dawkins）所说的那样：“为了能在基因库中占据一席之地而进行的斗争，造就了地球上一些最美丽也最复杂的现象，动物发展出了能够游泳或飞翔、照顾后代、追踪猎物、玩耍、歌唱，以及对周围世界充满好奇的能力，认识到所有这些现象和能力背后的来源居然如此简单，只会增强和加深我们对 DNA 这个超螺旋结构的认识，而不是削减对它的热情。”

栖息地的作用

尽管“基因是自私的”这个概念能够帮助我们认识行为背后的普遍动机，我们还是需要了解是什么因素使得物种之间存在各种差异，从而令动物观察如此吸引人。如果最终目的相同，为什么各种动物为了生存采取的策略却有着这么大的差异呢？最简单的答案是：尽管游戏是相同的，但世界范围内的游戏场所（栖息地）是不同的。

栖息地是动物寻找生存所需资源的地方。它不是一个地理意义上的区域，而是动物所面临的所有机会和挑战，包括竞争、气候、食物、捕食者，以及无法用语言描述的诸多其他因素。在自然选择的奇妙作用下，每一种生物都由特定的生存条件“定制”而成，它的身体和行为都与其所在的栖息地相适应。

确定动物的栖息地就像是侦探工作一样。当我们猜测某人从哪儿来时，也是在做同样的事情。我们会通过一个人的言谈举止、着装和口音来判断他/她的来源地。同样的，通过动物的行为举止也能推断它的家乡。例如，如果某个动物在受到惊吓时总是会爬到展示馆顶端，那么这个动物在野生状态下可能是生活在树上的。那些群体采食，并总有一个个体放哨站岗的物种则可能来自于开阔的草原，因为在草原上生活，必须时刻防范捕食者。

知情者的视角

尽管地球上的每个物种都展现出独特的行为，但其实所有这些行为的主旨都是一样的，只是形式有所不同。以下章节是普遍意义上的行为主旨或分类，从采食和睡眠等基本行为，到交配和育幼等复杂的社会行为。

首先，对动物行为的整体框架要有一个认识，就如同要事先了解所要旅行国家的文化一样。一旦你知道了动物的每日所需和它的外部驱动力之后，你就能够对每个动物的行为做出有经验的猜测，无论你

对栖息地的适应：动物的身体是和栖息地相适应的。这只树栖的虎纹腿猴树蛙依靠带有吸盘的脚趾和能够聚光的眼睛，来帮助它们在林荫（树叶多且有较多阴影的栖息地）生活。

栖息地如何影响和决定动物的行为

在动物园中观察动物时要记住的问题

要记住每种行为都是对栖息地的适应，就像敏锐的视觉或对握的拇指，看看自己是否能够准确地指出动物园动物当下一些行为的演化意义。如果你被难住了，以下问题也许能给你一些提示：

1. 这个动物的野外栖息地是什么样子的呢?

· 栖息地给动物提供的机会有哪些？（食物、水源、庇护所、巢穴和隐蔽等）

· 动物为了生存需要克服的挑战有哪些？（天气、竞争者、捕食者、疾病、人类干扰等）

2. 你所看到的行为如何帮助该动物在野外栖息地生存和扩散基因?

3. 为什么这种行为比其他行为更能帮助动物适应所在的栖息地?

注意：这些提示的前提条件是你所看到的行为是自然行为。如果你觉得你看到的动物行为毫无道理，那么这种行为可能是在圈养环境下才会出现的由压力引起的行为。

是在动物园或野外看到它们，还是在旅途当中遇到，甚至是在电视上看到。这种知情者的视角将会改变你看待动物世界的方式，将你从一个只知道拍照的游客变成一个能够了解这些行为与动物之间联系的旅行者。

基本行为

每个动物，即便是社会性动物，也会花一些时间独处，来保持自身舒适、免受伤害、补充营养、休息甚至娱乐。你在动物园能够看到这些基本行为的机会很大，因为即便动物被单独进行展示，也会展现这些行为。

基本行为并不是为了传递信息，而是为了帮助动物顺利生活下去。想象一下趴在墙上的苍蝇看到的你正在做的一些事情：跑着去赶公交车、从冰箱里拿吃的、洗完澡后擦干身体、换新的床单、打盹或者在夜里锁上房门。现在去观察动物园中的云豹：飞身越过树枝、撕裂食物、舔毛、整理睡觉用的窝、打瞌睡，或者在有比较大的动静时愣住。你的行为和云豹的行为其实都可以列为几大类：包括移动、采食、整理身体、建造庇护所、睡眠以及逃避敌人。在这一章节，我们将会关注这些日常行为，以及这些行为如何帮助动物在野外生存。

移动

动物能够在各种可能的介质中移动：空气、水、土壤、雪，甚至是火山灰。通过观察动物的四肢，你就能猜测它们是如何移动的。它们是否拥有比腿还长的手臂以便在树林间移动？是会将爪子自然卷曲抓住树枝，还是会摊开手掌并紧紧抓住树干的表面？是足上有蹼可以有效地划水，还是拥有坚硬且角质化的四肢以便在坚硬的、被太阳炙烤过的地面上奔跑？腿部是否比翅膀更强壮？蹼和尾巴哪个才是真正的动力源？足是像在海里游泳的企鹅那样用来掌舵，还是像红大袋鼠那样用来跳跃？翅膀是窄窄的用于快速猛冲，还是又宽又平用于翱翔？

移动可以告诉我们很多事情，关于动物如何生存、如何从捕食者手中逃脱，以及它们生活在哪里等。例如，蓑羽鹤需要在地面上奔跑一段距离才能够起飞，而松鸡却可以在草丛中突然起飞。松鸡的快速起飞告诉你它生活在茂密的植被中，而蓑羽鹤的

移动：动物的移动方式能够在一定程度上反映它们的栖息环境、要面对的天敌以及如何生存。跳羚在大草原上跳动，长臂猿在林间移动，鼯鼠在树林中滑翔，双嵴冠蜥（也叫耶稣蜥蜴）依靠细长的脚在水面上狂奔。

助跑距离则表明它生活的莎草地可能拥有大片适合奔跑的空地。类似地，你会猜出潜鸟是生活在水中的，因为潜鸟在陆地上行走时显得非常笨拙。与此同时，在树冠层生活着移动速度最慢的动物——三趾树懒。这就告诉你，树懒可能极少有天敌，并且不需要消耗太多能量，这可能是因为它们以营养价值较低的树叶为食。通过动物的行为来猜测动物的栖息地非常有趣，能够让你在逛动物园的时候不会觉得无聊。

采食

在许多方面来说，食物塑造了我们的身体。所有动物都需要食物来补充能量，最终塑造和修复我们的组织、器官和其他数不清的结构。动物所吃的食物最后都在每个细胞中得以体现。食物也决定了动物如何觅食，甚至决定了动物如何生活——是定居还是游荡，是群居还是独居。

食肉动物　食肉动物有两种途径寻找食物。捕食者杀死其他动物的行为称为捕猎。尽管你在动物园无法看到追逐和捕猎的过程，但你可以通过观察动物的行为和身体特征来想象它在野外所扮演的角色。追逐者和被追逐者之间的这种生物学上的猫鼠游戏已经上演了数百万年。每当捕食者演化出一种更加快速、更有把握或者更加省力的方式寻找和制服猎物时，猎物也会相应地做出改变。比如说当狮子追踪猎物的脚步变得越来越轻时，斑马的耳朵对轻微的声音也变得越来越敏感。这种螺旋式上升的适应方式正是物种如何在自然选择的作用下改变原有形态的绝佳例子。

寻找、制服和处理猎物需要花费时间和能量。猎取比自身体形小得多的猎物的捕食者面临的问题则是需要大量的猎物才能吃饱。滤食者会吞入含有大量微型浮游生物的海水，并滤出其中的食物。须鲸使用能够过滤食物的嘴来捕获磷虾，红鹳利用倒转过来的喙从淤泥中捞取食物。食虫动物如食蚁兽、鼩鼱和蝙蝠等，也有自己独特的方式获取足够多的小型食物来填饱肚子。

另外一些食肉动物，诸如秃鹫、雕和鬣狗，则不会亲自去捕猎，它们会吃其他捕食者吃剩下的猎物，或者只是简单地寻找那些因年老、受伤或疾病而死去的动物作为食物。异常敏锐的嗅觉使它们不管多远都能找到正在腐烂的尸体。尽管它们不用担心受到攻击（尸体不可能做出反击），但这些食腐动物却有从腐烂的尸体中染上疾病的风险。作为补偿，在自然选择的作用下，食腐动物变得能够忍受那些会使其他动物染病的食物。不过秃鹫等许多食腐动物在需要的时候也能够捕食活的猎物。

动物在野外获取和处理食物的方法也会影响它们在动物园的表现。例如，如果一个动物在野外习惯于占有一定的领地，它守卫食物和空间资源的特性就会非常强，因此不太会允许其他动物进入它的笼舍。那些独自猎食的物种，比如说生活在森林中的豹，更喜欢独居或者最多成对居住。而狮子在圈养时则需要同伴，这是因为狮子在野外需要依靠同伴来帮助抚养后代，以及猎杀体形较大或奔跑速度较快的猎物。

动物的猎食能力高低也可能会影响它在圈养环境的舒适度。例如，一些鹰、蛇和大型猫科动物是极其熟练的捕食者。它们拥有较高的捕食成功率以及丰富的猎物，因此它们只需要花费很少的时间在捕食上，从而留下很多时间来休息。在动物园中这些动物通常都在睡觉，或者在树枝上或藏身处凝望四周。这种行为完全是正常的，这也是它们在野外会有的举动。

没有特定采食对象的动物被称为机会主义采食者，它们在野外的生活方式则完全不同。它们不会将目标集中在某一类食物上，而是花费许多时间寻找所有能吃的东西，并在找到之后尽快吞食。在动物园狭小的空间中，这些机会主义采食者会因为空间太过封闭而感到难以忍受，因为它们的天性是搜寻、嗅闻、探索和查看外部世界。为了使这些动物保持健康，动物园展示馆的设计者们必须建造一些能够给它们带来持续挑战的环境。

植食动物　植食动物也可以是专食者，即只专注于一个特定的采食生态位。斑马、白犀和水牛等食草动物很容易分辨，因为它们大部分时间都低着头，像巨型割草机那

演化：像菊头蝠这样的捕食者和它的猎物也处于生物学上的猫鼠游戏中。蝙蝠有回声定位的技能，而蛾子则演化出了更好的逃跑方式。一些蛾子演化出了鼓膜来接收蝙蝠的叫声，而另外一些蛾子则自己发出声音来扰乱蝙蝠的声呐系统。

样吃草。由于草的营养价值并不高，所以它们必须吃大量的食物，并尽快通过消化系统排出（产生大量粪便）。这种进食方式使得它们成为陆地上的滤食者，它们的消化系统在吸取草中的养分后将其余部分排泄掉，留出空间来进食更多的食物。

以树叶为食的动物则有更多的选择：它们会取食木本植物的嫩枝、嫩芽和叶片。考拉、树懒和叶猴生活在林间，周围到处都是食物。长颈鹿、大象和长颈羚则利用它们生理结构上的先天优势（脖子、鼻子和长长的后腿）来取食高处的树叶。因此在动物园里，这些动物的展示馆中的灌丛和树木通常会被修剪到它们所能触及的最高点。

食果动物则以植物多汁的包含种子的果实为食。这些果实通常都富含水分、碳水化合物和维生素 C，有时还会有油脂。长有果实的植物吸引的动物越多，它们的种子被扩散并在来年春天发芽的机会就越大。那些随着果实一道被吃进动物体内的种子，经过动物的消化道之后通常会失去坚硬的外壳，在随粪便（充当肥料）被排出时就已经做好了萌发的准备。

以花蜜为食的动物则演化出了许多神奇的技巧，以此来探取深藏在花朵中间的甜甜的富含能量的琼浆。蜂鸟在花朵前悬停时，它扇动翅膀的频率可以达到每秒钟 50~80 次，并可以不间断地扇动翅膀一百万次。为了完成这项绝技，这种体形娇小的鸟类每天必须要造访 60 朵花以吸取重量达自身体重一半的花蜜。相应地，花朵也反过来利用这些鸟类来进行传粉。花朵会长出颜色鲜艳的红色花瓣，并用富含糖分的琼浆来吸引蜂鸟。每只停下来吸取花蜜的蜂鸟，身上都会沾着上一次取食的花朵的花粉，并将这朵花的花粉带到下一朵花。

以种子为食的动物，例如老鼠、花栗鼠和雀类，则找到了一种营养丰富且资源充足的食物。种子中富含脂肪、碳水化合物和蛋白质，并且通常能够贮藏。因此以种子为食的啮齿类和鸟类就逐渐繁衍开来，成为数量极多、分布极为广泛的两大类群。

贮存食物　每当食物有剩余时，一些动物园里的动物看起来就像是拿晚餐在玩耍。比如说狼拿到一根骨头后，可能会吃一点，再把剩下的骨头埋起来以后吃。你家的狗也可能会有类似的行为，不厌其烦地扒着你家客厅的地毯，想要贮存一些骨头以备雨天食用。在野外，豺、郊狼、狐狸、熊、狼獾、水貂、貂和鼬都有把吃不完的食物藏起来的行为（野外版的“打包”）。

其他动物贮藏食物的方式，则是将食物分散在栖息地的各个角落，或者将食物堆放在一个安全的地点。穴居性的啮齿类动物会把食物藏在地下洞穴当中，从而可以避贮藏食物者：橡树啄木鸟会在枯树上啄开数百个小洞来贮存橡子，以此度过寒冬。

开捕食者，安安静静地进食。而那些必须要应对寒冬的动物，如北极狐、松鼠、鼠兔、河狸和橡树啄木鸟，则努力贮存食物来度过严酷的冬季。想要判断一个动物园里的动物是否贮存食物，只需要看它是否会在展示馆的角落和裂缝里藏食物。

饮水

动物园动物的饮水习惯也能在一定程度上揭示该动物在野外的生活状态。有些动物根本不会到诸如池塘或河流等常规水源地去饮水。对于考拉这种生活在林冠层并且移动缓慢的动物来说，爬到地面去饮水十分费劲且危险，因此非常不值得。相反，它们会待在树上，靠吃树叶或者喝露水来补充水分。

在那些开放水源非常稀缺的栖息地中，动物们则演化出了各种方法，从那些出人意料的地方获取水分。例如生活在沙漠中的锄足蟾，会利用腹部皮肤从被露水打湿的土壤中获取水分。更格卢鼠会把干透了的食物放置在阴凉的洞穴中，等食物从空气中吸收水汽之后再吃掉它。在沙漠中生活的沙鸡会在雨后形成的水坑中涉水，将胸前的羽毛沾满水，带回到巢中给幼鸟饮用。由于沙鸡的幼鸟仅习惯于从羽毛中吮吸水分，以至于作为其代理父母的饲养员必须给它们提供浸泡了水分的棉花来给它们补充水分。

另一个对付干旱环境的办法是在有条件喝水的时候“豪饮”，即尽可能地多喝水。一只单峰驼一次能够喝掉约 57 升水，并在接下来的 17 天内滴水不沾。陆生动物一旦幸运地找到水源后，真正的困难是如何保存水分。多数沙漠动物排出的粪便都很干，几乎不排尿，并选择排汗和喘粗气以外的不会浪费水分的方式进行降温。

海洋哺乳动物、鸟类和爬行动物渴了的话，需要面临的问题则是到处都有水，但没有淡水可以饮用。幸运的是，这些动物都已经适应了盐水的环境，能够直接饮用盐水，并通过特殊的肾、鼻腔或者泪腺排出盐分。如果你所在地区的动物园在盐水中饲养海鸟，注意观察的话你会发现它们会像伤风感冒那样从鼻腔中滤出盐水。海龟则通过泪腺分泌泪水来排出盐分。

动物的饮水技巧也各有不同。猫科动物会将舌头卷成汤匙的形状，每舔一下都将少量的水送进口中，舔 4~5 次会吞咽一次。而大象则是每次用鼻子吸入 8~11 升的水喷射到嘴里饮用。鸽子和它们的近缘物种则会利用一个类似气泵的结构来吸水（不必抬头），这在鸟类当中并不常见。多数鸟类的饮水方式和鸡相同，它们会先将喙放入水中，吸水后再将喙抬高，让水分沿着喉咙流入体内。尽管这种抬头喝水的方式看起来很费力，但利用这种方式喝水，这些鸟类就会有机会抬头来防范捕食者。

几乎所有动物在水源地都会保持警觉。毕竟猎食动物很快就会获悉它们的猎物每天会在什么时候、什么地点饮水，随后肯定也会在同一时间出现在水源地。对猎物来说，低头喝水的时间太长是致命的弱点。长颈鹿身材高大，看得也比较远，能够在第一时间发现捕食者，但即便是它们，在低头喝水的时候也处于危险的境地之中。由于身体结构独特，它们必须分开前腿，压低身体，才能让嘴接触到水面，因此它们需要几秒钟的时间才能从喝水状态变回到直立状态，这就给等在一旁的捕食者以可乘之机。现在你已经了解到饮水对动物来说是个怎样的考验，下次到动物园时仔细观察那些饮水的动物吧。尽管它们在圈养环境中不需要担心捕食者，但它们在野外形成的谨慎习性通常还会保留下来。

排泄

和其他许多行为一样，我们人类极少会考虑排泄这件事。只有当我们的排泄系统出现问题时，我们才会意识到这个日常行为的重要性。进而我们才能意识到，这个行为其实跟我们每天花费大量时间所思考的问题（吃东西）是密不可分的。

如果你在野外见过动物是如何排泄的，你就能理解为什么我们更容易饲养猫科动物，但饲养猴子则很难。野生的小型猫科动物都有固定的“厕所”，并且在排泄后通常都会将粪便埋起来以消除痕迹和气味。在树上腾空悠荡的动物则可以随时随地排泄而不用担心粪便污染自己的生活区域。生活在巢里的鸟类只要简单地往巢边一站，就能把粪便拉在巢外，从而保持巢穴的清洁。幼鸟由于不够敏捷而无法站在巢边排便，但它们也有自己的办法。它们通常会排出包裹着一层膜的粪便囊，再由它们的父母将其转移到巢穴外丢掉。像鹿这样的在地面建窝的动物，则没地方处理幼崽的粪便。因为害怕捕食者会循着粪便的气味找到幼鹿，许多雌鹿会选择吃掉幼鹿的粪便。在洞穴中生活的动物同样也要面临处理粪便的问题。将粪便堆积在洞穴内，会带来疾病并增加洞穴的湿度，而且也有可能招来捕食者。草原犬鼠和其他穴居动物会像我们人类营造自己的家一样，将厕所与卧室或育婴室分开。

说到排泄行为，还有一种不太雅观，但动物园的游客迟早都会看到的现象：食粪，即吃掉自己的排泄物。当动物的营养状况不佳时，它可能会吃掉自己的粪便来进行营养物质的二次吸收。兔子和老鼠会有这种行为，由于它们以青草为食，其中营养价值较低，因此它们需要利用一切手段来获取营养。通常猿类和其他灵长类动物只有在大饥荒后，实在找不到食物时才会吃掉粪便重新消化。但在动物园，无聊或紧张（见83页的“圈养行为”部分）会引发食粪行为，一旦发生这种行为，饲养员就应该意识到该动物需要更多的刺激源，或者更安全的环境。

除了食粪这样的排泄物再利用，粪便和尿液还有其他用途。集群繁殖地受到干扰时，鹭类会在巢的一侧排便甚至呕吐，来阻止捕食者接近它的巢（在鹭类繁殖的树下走过时，你最好知道这一点）。在仪式化的打斗中，因应激而产生的腹泻会清晰地传达出“我投降”的信号，从而打消对手的攻击性。粪便或尿液也可能携带一定的气味信号，帮助动物个体确定排便/排尿者的性别、是否处于发情期以及其他一些我们只能靠猜测的特征。河马会边排便边用尾巴打圈圈，将粪便洒得到处都是，从而将气味散播出去。这也是为什么你家的狗会在附近的每个角落撒尿的原因。这种使用排泄物传递信息的方式其实是一种交流的手段，我们会在本章的56页再次讨论这个问题。

清理行为：挠痒、磨蹭、理毛和洗澡

只有人类才使用化妆品，但并不代表只有我们人类才注意清洁和仪表。事实上，许多动物都比我们人类更热衷于保持清洁。对它们来说，仪表不是为了礼貌，而是关乎生死。

就鸟类的理羽习性来说，如果没有精细地涂油和梳理，鸟类的羽毛会变得干燥且毛糙，无法起到隔热、防水或辅助飞行的作用。为了使羽毛保持最佳状态，鸟类每天都会用嘴整理每一根羽毛，如果你近距离观察它们，你就能发现，它们会使用喙从位于尾羽基部的腺体撷取油脂。之后它会用喙将油脂逐一涂抹在每一根羽毛上，直到所有羽毛都涂上油脂。这层油不仅能防止羽毛被水打湿，也能够在日晒后分解成维生素 D 并通过皮肤被鸟类吸收，或通过理羽行为被鸟类吞下。鸟类在用喙给羽毛涂上油脂的同时，也对羽毛进行了梳理，调整每一缕羽毛，并将羽枝环环相扣地整合起来。

有些鸟类则会将舒服地洗个澡也作为理羽仪式的一部分。尽管它们可能看起来只是胡乱地将水溅得到处都是，但同一物种的不同个体却会按照完全相同的步骤进行清洁。下次你再看到一只鸟晃动脑袋、竖起羽毛并把水甩得到处都是，仔细观察它的每个举动。这个物种的其他个体也会以完全相同的方式展现出这种精心编排的动作。

一些鸟类，尤其是雉科的鸟类，会像在水中洗澡那样在尘土中沐浴，可能是利用沙尘来驱除寄生虫或者使寄生虫窒息而死。另外一些鸟类可能会在烟囱排出的烟雾中逗留来熏走身上的虫子。还有一种更为奇特的沐浴方式是“蚂蚁浴”，一些鸟会突然降落在蚂蚁堆中，让那些愤怒的蚂蚁爬满全身来为自己清洁。它们甚至会将一些蚂蚁吞进嘴里，再把这些蚂蚁的尸体抹在羽毛当中。对于这种现象的一个解释是这些鸟利用蚂蚁的蚁酸来去除寄生虫，另一个解释是它们可能仅仅只是对蚁酸上瘾，因为这些鸟在吃下蚂蚁之后都会显得晕乎乎的。

在阳光下沐浴的鸟类会给人一种感官上的享受。它们会把头往后扭，并展开翅膀和尾羽，似乎完全不在意捕食者的威胁。毫无疑问，太阳能给这些鸟类提供适当的热量（也可以赶走寄生虫），同时也能将它们梳理羽毛时涂上的油脂神奇地转变成维生素 D。

哺乳动物和鸟类一样，对自身

理羽：所有鸟类，当然也包括这只红蜂虎，必须给它们用途多样的羽毛进行梳理和上油，使羽毛适合飞翔。

的清洁非常挑剔，而且它们的清洁方法也一样能够预测。啮齿类通常先舔爪子，之后用爪子摩擦嘴唇、胡须和面部。为了清理到耳朵后面，它们甚至会伸展整个前腿。之后它们会用两只爪子清洁身体两侧，再之后是后腿，最后才是尾巴。灵长类动物使用灵巧的手指拨开毛发，寻找污秽甚或是可以吃的东西。经过数小时的自行梳理和清洁后，它们可能会邀请一个同伴来帮忙查看那些自己无法触及的地方。严重的瘙痒则需要通过在地面上摩擦来缓解，它们会扑到地面、在地面上翻滚并发出咕噜声。哺乳动物也会在身边的岩石、白蚁堆、树木或者刚好站在附近的同伴等竖直状的物体上摩擦。

有些哺乳动物则会采取只有 4 岁小孩才喜欢的方式来清洁自己。河马、犀牛、大象和其他泥浴者会在淤泥池里打滚。一方面是因为淤泥能帮助这些动物降温，尤其是身上沾满淤泥后，水分慢慢蒸发的过程能够带走热量；另一方面，结块的淤泥也能够阻止吸血的蚊蝇接近它们的皮肤，同时能将身体表面的寄生虫闷死。当淤泥变干并一片片掉落时，会连带着把寄生虫的死尸带走，这些泥浴者会在一些坚硬的物体表面使劲摩擦身体，把身上的淤泥蹭掉，露出新的皮肤。

蛇和蜥蜴每年都会蜕皮，并且不需要淤泥的帮助。如果你恰好在适当的时间来到动物园（具体时间则要咨询饲养员），你也许能够看到它们蜕去旧皮，全身上下换上一层新的鳞片。一旦蛇的旧皮变松，并开始从头部裂开，它们就会在石头或木头上摩擦身体，直到口鼻从旧皮中露出来，之后它们会从裂口处钻出来，像从很紧的手套里抽出来手指一样，将身后的旧皮翻个里朝外。如果这个过程完成得不彻底，那么这条蛇必须在岩石上摩擦，有时甚至需要数天的时间，直到所有碎片都被刮掉。像青蛙和蝾螈这样的两栖动物，是没法更换皮肤的，除了将身体浸泡在水中之外，它们最常用的清洁方式是用前肢去摩擦眼睛和嘴巴。

晾干身体

淋湿身体对一些动物来说是个负担，甚至是一件彻头彻尾的麻烦。例如鸟类的翅膀如果湿透的话是无法起飞的。像蛇鹈这样的大型水鸟在完成一次潜水捕鱼后，必须在某处停留一段时间，将翅膀伸直置于身体两侧等它们晾干。哺乳动物则有它们自己的诀窍来除水和加快干燥。事实上，如果你亲眼见过从湖里走上来的狗，你会更容易理解这些。几乎每一个全身被毛的动物，都会采取这种广受欢迎的“甩干”的策略。

调节体温

所有鸟类和哺乳动物（包括我们人类）都是恒温动物，需要通过食物代谢来产生热量，虽然也会利用阴凉、阳光以及水分来使自己保持舒适，但不像变温动物那样完全依赖外部条件。

两栖动物和爬行动物之所以被称为变温动物，是因为它们无法靠自身内部调节体温，而是完全依靠外部环境来调节体温。为了保持体温稳定，避免过热或者过冷，它们会在温暖和凉爽的区域间移动。比如说海龟在经过一夜冰冷麻木的状态后，会挣扎着爬上一块浮木晒太阳，通过吸收太阳的热量让自己的体温恢复过来。当体温达到一定值时，它们体内的体温调节机制就会发出指示，然后它们又返回水中让自己降温。鳄鱼在热的时候，会张开大嘴打一小会儿哈欠。

打哈欠降温的原理与喘气、出汗相同，这对变温动物和所有动物来说都适用。动物张开嘴巴，水分从湿润的口腔蒸发出去时，会带走热量从而使体温下降。回想一下中学物理课的知识，你就能明白这是为什么：当水分蒸发转变成气体时，会吸收热量。这也是为什么你在大风中从游泳池中走出来会发抖，以及为什么出汗能够帮助降温。狗在吐着舌头喘气时，也是在依靠蒸发作用降温，当狗吸气呼气时，会使空气在嘴巴和肺部湿润的组织中加速流通，从而加速水分蒸发，使体温下降。兀鹫的降温方式则

保持凉爽：这只长耳大野兔耳朵上的毛细血管能够将体内温度较高的血液带到体表，在体表冷却一点后再返回身体的其他部位。

更加奇特，它们会在自己的腿上撒尿，微风吹过时，尿液蒸发会带走热量。

动物也可以通过躲进阴凉处或者在身上涂抹淤泥来降温。沙漠中生活的动物通常腹部都是裸露的，可以让自身产生的热量快速散发到空气中。腿部和耳朵也是裸露的，并且布满毛细血管，因此血液中的热量能够快速被带至体表并散失。

躲避

对许多动物来说，生死的关键在于是否拥有可以躲避恶劣天气和捕食者的庇护所。一些动物仅在越冬或养育子女时才会利用庇护所（见 75 页的“育幼行为”部分），而另一些动物为了舒适和安全的需要，每天都会躲回庇护所。庇护所可以是简单地在砂石堆里挖出的一个碗状的坑，也可以像地下迷宫那样复杂。

有些动物园的展示馆很有创意，允许我们在不打扰这些动物的情况下窥探它们的地下庇护所。在黄鼠狼洞穴的一端放置一个单面镜，或者在河狸洞中放置一台摄像机，就能让动物园的游客看到一些在野外永远不可能看到的场景：一些动物非常隐秘的生活。

地面之上，你能够观察到大猩猩每晚都会建造新窝来睡觉，锤头鹳会在树上建造十分巨大的巢。其他一些能够在动物园看到的罕见的庇护所有：

- 织布鸟编织的巢
- 园丁鸟建造的装饰精美的巢
- 啄木鸟在树干上啄出来的洞
- 狼、郊狼或狐狸的地下洞穴

睡眠

如果你是那种每天至少需要睡足 8 个小时才能保持头脑清醒的人，那么以下的几种情况可能会让你羡慕不已。长颈鹿不管一天奔波了多远的路程，每晚只需要 20 分钟的深度睡眠。两栖和爬行动物动物几乎不会深度睡眠，但它们至少会休息。好动的鼩鼱由于太过热衷于找蚯蚓吃，甚至都不会放慢脚步。

无论是否睡得好，动物仍然能够奔跑、跳跃、埋伏、拍打翅膀，并且精确地扑倒猎物，这一点胜过我们人类。当人类睡眠严重不足时，我们会饱受精神方面的痛苦。难道人类是演化史上一些不寻常事件的受害者么？答案是否定的。在睡眠时间上，我们远不是最能睡的。考拉每天睡 18 个小时，松鼠睡 14 个小时，狮子一天中有 2/3 的时间都在睡觉，而我们人类只有 1/3 的时间用来睡觉。

动物对睡眠需求的差异是如此之大，以至于专家们很难达成一个统一的意见。如今有两种主要观点：一种观点认为睡眠能够让动物恢复精力，但对恢复体力不是必要的。研究者称如果我们只想要恢复体力，躺下来放松肌肉就够了。他们声称深度睡眠（包括做梦）的真正目的是恢复我们的精神状态，整理白天看到的情况，并将它们进行归整。在我们的记忆库整理这些信息的时候，那些很难归类的片段就会以奇怪的梦境片段重现。平均每个夜晚都会有 5 个梦境片段出现，帮助我们恢复精神，或许还能够让我们在第二天早上找到遗失的车钥匙。

这个恢复理论看起来似乎适用于人类，但在解释其他动物时则会陷入困境。如果恢复是必需的，那像鼩鼱这样代谢率高又忙碌的动物应该更需要恢复，而诸如树懒这种移动缓慢又嗜睡的动物则不太需要恢复，但为什么行动迟缓的树懒每天需要睡眠 20 个小时，而忙碌的鼩鼱却几乎不需要睡觉？如果恢复是为了恢复精神，人类难道不应该比犰狳需要更多的睡眠么？

另一种睡眠理论则认为动物在睡眠时可能在做其他事。睡眠可能不是一种绝佳的恢复方法，而仅仅是一种很好的屏蔽方式。睡眠可以让动物在一天当中那些太热、太冷、太黑或太亮等它们无法适应的时间里选择昏睡度过。比起一直处于清醒状态并对各种干扰烦躁不安，在这段时间里睡觉反而不容易引起捕食者的注意。

睡眠要求：三趾树懒食物中的营养价值不高，为了充分利用食物中的养分，它们尽可能不去消耗太多能量。在不睡觉的时候（通常它们都在睡觉），它们会以异常缓慢的速度移动。

当然，睡多久则取决于动物是否能够承受得起静止不动的状态。如果它必须不停地进食来活命，长时间的睡眠可能是致命的。或者像长颈鹿和其他草原动物那样，不论白天还是黑夜都容易受到捕食者的攻击，睡眠时间也要很短才好。一些动物的睡眠习惯甚至可以追溯到史前时代，它们为了躲避当时的捕食者而需要时刻保持谨慎。

如今，只有体形很大或者身披铠甲的处于食物链顶端的物种才能享受睡眠这种奢侈的行为。但通常来说总会有例外。尽管大象长期以来都不需要担心天然的捕食者，它们每晚也才睡两个小时。对它们来说，使它们保持清醒的不是来自天敌的压力，而是巨大的体重对体内器官造成的压力。为了减轻这个压力，大象通常会在头下垫很多草，侧躺着入睡。

其他动物也会为晚上或白天的睡眠做准备，这也是你在动物园能够观察到的行为之一。大猩猩会使用饲养员提供的植物或稻草搭建一个柔软且富有弹性的床。许多孔雀会集中到一个建在三叉树枝上的公共巢里过夜，这个巢不仅能让它们晚上睡个好觉，也会有其他好处。研究者认为这种公共巢同时也是一个信息中心，这些鸟可以在这里和同伴分享白天发现的新的采食点等信息。

红鹳也会成群睡觉，但它们会站着睡觉，将嘴巴藏到一只翅膀下面的同时，睁开一只眼睛来提防捕食者。海豚在睡觉时也睁着一只眼睛。通过不同眼睛的开合，它们能够轮流关闭左右脑，从而在有防备的情况下，使两边的大脑都得到休息。

动物园所面临的一个问题是，并不是所有动物都像人类那样在夜间休息。有些动物白天活动，有些动物则在夜间活动，还有些动物只在黎明和傍晚活动。在野生状态下，这种睡眠模式允许动物在不影响其他动物的情况下，充分利用所在的栖息地。动物园的设计者想到了一种办法，能够让夜行性动物在正午时分也保持清醒。他们利用建筑和灯光，使展示馆白天处于黑暗状态，而夜间在灯光的照明下处于明亮状态，从而使夜行性动物转变生物钟，和人类保持同样的作息。那些在夜行动物馆的红灯（在动物看来是黑色的），使得我们能够在它们毫无觉察的情况下观察它们的活动。

如果你去动物园时刚好赶上某个动物在睡觉，也不要失望。要知道，睡眠是一个非常正常而且必要的行为，我们人类一生中也要花费 20~30 年的时间在睡眠上，而且尝试去确定各种动物的睡眠周期也很有趣。哺乳动物和鸟类会在深度睡眠和浅度睡眠中交替，你能够观察到在它们眼睑之下眼球的快速转动、肌肉抽搐，偶尔还会变换睡姿。

打哈欠和伸懒腰

信不信由你，一只昏昏欲睡的动物所打的一个简单的哈欠其实是动物行为学领域的前沿问题。只有极少行为是鸟类、哺乳动物、爬行动物、两栖动物甚至是鱼类所共有的，打哈欠就是其中之一。因为在所有脊椎动物当中都存在打哈欠的行为，这引起了那些探寻演化道路上交叉点的学者们的兴趣。但是出乎意料的是，这个行为直到最近才被学者们重视。直到数年前，多数科学家都还相信一位早期的鸟类学家的观点，即“鸟类是不会打哈欠的”。它们当然会打哈欠，问题是它们为什么会打哈欠。

打哈欠有着多重含义。它可能是极度恐惧、激烈攻击或者极度疲倦的象征，也可能是动物为打斗或睡眠而做的准备。它能够给血液注入新鲜的氧气、伸展一下疲倦的下颚肌肉或者仅仅是让动物在紧张的状态中稍事休息。也许你自己逛动物园的经历，能够帮助你理解这个长期以来被忽视的在不同动物当中都存在的行为。

目前为止我们所知道的是，伸懒腰和打哈欠通常是同时出现的，或者以不同的顺序发生，而且大多是在长时间的休息之前或者之后出现。打哈欠的冲动可能来自动物自身，也可能是来自外部刺激（这也是为什么我刚刚打了个哈欠，而你可能也正想要打哈欠）。

打哈欠和伸懒腰的内在作用机制是身体“自我修复”系统的一部分。当动物休息时，它的血液流动会慢下来，因此血液中携带的氧气可能达不到脑部的需要，缺氧的状态会促使动物打一个大大的哈欠。动物在打哈欠的时候，会吸进来大量氧气，并加速往脑部运送。与此同时，还需要一定量的二氧化碳来重新刺激大脑中负责呼吸的部分。伸一个大大的懒腰能够让肌肉收缩，将体内累积的二氧化碳送到需要的地方。打哈欠和伸懒腰这样的行为就像是身体在休息过后的启动器，让动物为迎接新一天的挑战做准备。每天花费大量时间昏睡的狮子，会频繁地打哈欠来使得血液重新流动起来。

打哈欠：当狮子的脑部需要更多氧气时，它就会打哈欠。

打哈欠和伸懒腰的外部驱动因素则更加有趣，显示出这些行为的社会功能。像狒狒这样的动物把打哈欠当作一种威胁行为，可能是因为打哈欠时能够很好地将尖尖的牙齿露出来。人类和包括鱼类在内的其他许多动物，在有压力的情况下就会打哈欠，可能是由于身体感知到了危险，自动将氧气快速输送到肌肉中，并为下一步的行动做准备。但是有时候看到其他人打哈欠，我们也会不由自主地打哈欠。事实上，对我们当中的多数人来说，打哈欠完全是一种无意识的反应。

这种具有“社会性”的哈欠曾经可能是一种防护措施，如今许多你能在动物园看到的动物群体当中仍然保留了下来。比如说鸵鸟在睡觉之前会集体打哈欠。社会等级较高的鸵鸟会率先打哈欠，表明周围没有危险，其余鸵鸟不用再担心。这种具有传染性的哈欠会在群体当中传播开来，将鸵鸟群安抚下来，开始睡觉并为第二天的采食做准备。如果没有打哈欠这种行为，鸵鸟群可能会因为周围很小的动静而四散开来，导致失眠并且在第二天无法保持这种群体警戒状态。经过一整夜的睡眠后，另一波哈欠潮会将这个鸵鸟群叫醒，为新一天的行动做准备。转回到我们自己身上，试想一下，我们具有传染性的哈欠可能曾经也是为了促进群体团结，其实也挺有意思的。

躲避捕食者

尽管动物园中的动物不必再担心捕食者，但它们与生俱来的防御行为依然存在，很容易被周围的乌鸦、浣熊、头顶飞过的鹰，或者仅仅是突然出现在视野中的游客所激起。对待入侵者的一般反应是僵住不动、逃跑、惊飞或者同时出现以上三种表现中的两种或三种。通常反应为僵住不动的动物，都能惊人地和背景融为一体。它们拥有保护色，可以通过消除或破坏身体轮廓来迷惑捕食者，而捕食者通常更关注移动的目标，因此可能在经过它们时，未加注意地径直走开。但是一旦伪装被识破，即便是隐蔽再好的动物也会急着逃走。

逃跑已经成了一项艺术，在速度、耐力和敏捷方面对猎物提出了极高的要求。草原动物如羚羊、瞪羚和斑马甚至学会了去衡量自身和捕食者的能力差异。因为知道狮子、豹和猎豹只能短时间快速奔跑，这些有蹄类在看到猫科捕食者时，只要有逃跑的空间，且自己一直领先，就很少会惊慌。但有一件事儿非常重要，那就是保持警惕，防止捕食者靠得太近而发动致命的冲刺。但当面对野狗或狼等动物时，猎物知道它们无法依靠耐力取胜。犬科动物虽然速度不如猫科动物，但它们可以奔跑很长时间，直

威吓展示：猫头鹰会聚拢羽毛以免被注意到，也会抖开羽毛来吓退敌人。

到追上虚弱、年老或者生病的猎物。

当直线奔跑不管用时，兔子等动物就会采取“之”字形的奔跑路线来逃命。它们通过那些不可预测的突然转向，在策略上赢过那些不如它们灵活的天敌。松鸡则采用另外一种“急冲之后等待”的逃跑行为，它们在面临危险时，会突然惊飞，飞离一段距离后再无声地落到草堆中等待。它们会一动不动，期待捕食者在寻找它们的过程中越走越远。如果捕食者再次闻到它们的气息，它们会让捕食者越靠越近，然后在最后一刻快速飞离。还有一种行为对这种逃跑进行辅助。在起飞前，松鸡会将一直隐藏着的颜色鲜艳的翅下展露出来，捕食者会注意到这鲜艳的色彩，并在松鸡将其隐藏起来的时候感到迷惑，而松鸡也会利用这个空当突然消失得无影无踪。

还有一些动物则利用环境来保护自己。如果你曾经好奇为什么穴居的啮齿类动物总是在洞穴入口附近活动，那么请考虑这样一个事实：它们的鸟类天敌能以 177 千米／时的速度突然降临到头顶。如果没有地下洞穴的保护，那么土拨鼠、地松鼠和鼬这些在开阔生境生活的动物将很容易成为它们天敌的囊中之物。另一个逃跑的办法是尽可能地往上跑，鸟类可以冲上天空，生活在树上的动物如松鼠和猴子，会快速躲进有很多树叶遮挡的树枝上。最后，如果不会爬树也不会挖洞，那么在水下憋气也是个办法。水生动物遇到危险时会沉到水底，期待它们的捕食者无法像水貂或者水蛇那样轻易地跟上来。

有时候逃跑策略无法奏效，猎物已经被捕食者捕获。即便是这时候，在被迫进行打斗或者完全放弃前还有最后一个办法——如果能够成功分散捕食者的注意力，它们就能为自己争取到一些时间。比如说，被家猫捉住的麻雀可能会突然装死，等到猫把它们暂时放下时，再瞬间苏醒并逃跑。其他一些猎物利用这一策略的办法则更胜一筹，它们确信如果自己看起来已经死掉了，捕食者就会失去胃口，并且不再急于去杀死它们，尤其是对那些已经习惯于只吃新鲜食物的捕食者来说。负鼠会蜷缩身体装死且装得极像，以至于捕食者对它们一顿撕咬和暴打也不会有任何反应。但是最会装死的动物要属非洲树蛇了，它们的眼睛会充满血液，同时嘴角瘫痪并流出红色的口水。

还有一些动物会突然改变身体颜色来恐吓捕食者，这个意想不到的举动会使捕食者有短暂的迟疑，从而给猎物活命的机会。比如蓝舌蜥会突然伸出鲜艳的舌头，伞蜥下颚附近的皮肤会突然张开呈伞状。还有一些动物会在身体表面呈现有颜色的斑点，这些斑点的组合看起来非常像鹰或猫头鹰的眼睛。美味的蝴蝶呈现这种具有威胁性的眼斑相对容易理解，那为什么眼镜蛇抬起的头部背面也会模仿这种眼斑呢？因为虽然眼镜蛇想要赢得一场争斗没有问题，但和其他动物一样，不到万不得已，它们不想卷入打斗。通过模仿猫头鹰的眼斑来威吓敌人，它们就能将毒液留到采食时来处理挣扎的猎物。

那些没有毒液的动物，通常都会表现出像是能够喷出毒液，以此来迷惑捕食者。当被逼到绝路时，猫（不管是野生的还是家养的）会分泌唾液，并发出嘶嘶声，露出它们的“尖牙”，并来回摆动尾巴。如果这种像蛇一样的声音是从一个黑黑的洞穴或裂缝中发出的，多数捕食者都会在把脑袋探进去之前思量一番。非洲的环喉雀就会在洞巢中做出同样的举动，同时它们还会像蛇那样扭动身体。

另一个折中的办法是将身体的一部分留给捕食者享用，最好是那些不会立马对生存产生威胁的部分，而且最好是能够再生的部分。对许多蜥蜴来说，安全的选择是丢掉尾巴，有时这些尾巴还有着鲜亮的色彩，从而更加吸引捕食者。有些蜥蜴甚至不等

分散捕食者注意力的展示：石龙子科的蜥蜴在遇到威胁时会瞬间断掉尾巴，以迷惑捕食者。

捕食者发动袭击，就通过挤压尾巴基部的肌肉，自行将尾巴脱落。当上当受骗的捕食者转而去制服这个像虫子一样扭动的“猎物”时，真正的美餐早已消失得无影无踪了。

蛇类有时也会牺牲自己的尾巴，尽管它们无法长出新的尾巴。为了将捕食者的注意力从更危险的部位转移到尾部，它们会将尾巴翻过来，晃动红色或橙色的腹面，以此来吸引捕食者。橡皮蚺则更厉害，它们尾巴的形状和头部一样，当捕食者误将它们的尾部当作头部来攻击时，它们真正的头部早已躲进草丛中了。

当所有这些都不起作用时，一些动物会奋起反击，期望捕食者会因为不值得费力气去制服它们而放弃。从鼩鼱能令对手麻痹的口水到臭鼬具刺激性的喷雾，再到长颈鹿有力的蹄等，这些被逼无奈的猎物使用的武器往往非常惊人。这些对决是自然界最具戏剧性的时刻。尽管捕食者和猎物的冲突是自然界正常而且必需的一部分，许多游客仍然不愿在动物园见到这些场景。因此在展示馆真正可以模拟自然环境之前，这些场景就只能留给人们去想象了。

动物如何互动

虽然单个动物的行为非常让人着迷，而且这些行为也很容易在动物园里被观察到，但真正让我们兴奋的却是动物的社会行为。这可能是因为我们人类本身也是社会性动物，我们能与别人交流自己的思想、愿望、恐惧和意图。我们除了通过书写和口述来表达自我，身体动作、面部表情，甚至是特定的姿势都能够准确地告知对方我们的想法。“身体语言”在智人阶段就已经存在于我们的遗传当中了。大笑、微笑、傻笑和惊讶的表情普遍存在于从原始社会到现代社会的文化中。

多数动物园动物都有自己的一套交流方式，尽管这些交流方式和我们人类有所不同，但也同样奏效。如果没有交流，动物就无法形成复杂的社会，我们这些动物观察者也就不可能看到它们有趣的社会行为。正如你将在随后章节里看到的那样，无论动物生活的群体是父系制、母系制还是等级制，它们展现自我的方式都惊人地相似。了解这些基本的交流准则能够帮助你理解动物园中所看到的动物的几乎所有行为，无论是友好行为、愤怒行为、性行为还是育幼行为。

社会性生活方式

想要理解动物园动物在圈养情况下的行为，首先需要知道这些动物在野外的社会生活方式。换句话说，它们在野外是以大群、家庭群、单身群、后宫群生活还是独自生活呢？你在动物园中看到的那些动物间的交流行为，正是由这些生活方式直接决定的。比如，大熊猫在野外环境独居生活，因此除了发情期外，它们在展示馆中不会和其他个体互动。但猴子却会不停地跟其他个体互动：抚摸、轰赶、玩耍和理毛等，因此它们有更加复杂的社会文化。每个动物的社会文化都有自己的规则和原理，来确保个体和基因的存活。鸟类、哺乳动物、两栖动物和爬行动物都有各自不同的社会文化。

两栖动物和爬行动物　对两栖动物和爬行动物来说，它们会尽量选择独居生活，只会在守卫领地、寻找配偶和越冬时与其他个体有所交流。青蛙只有在寻找配偶时才会加入到大群中鸣唱、游荡甚至打斗。那些原本独居的蛇类，在冬季会成百上千条地聚集在被称为“冬眠地”的地下洞穴中取暖。在这些特殊的事件或时期结束之后，这些两栖动物和爬行动物又会回到独居的状态。有些种类甚至连育幼行为都采取“放下不管”的方式，几乎不会去照顾自己的后代。但也有一些例外，如本书中将会介绍的鳄鱼妈妈，它们会一丝不苟地抚养后代。

鸟类　多数鸟类都是单配制的，即一只雄鸟和一只雌鸟结成繁殖对，这些繁殖对有的可能只维系一个繁殖季，有的则会维系终生。没有配偶的帮助，它们很难养育后代并保护它们不受恶劣的天气和天敌的影响，更不用提在后代独自生存之前教会它们生存的技巧。在一些鸟类当中，成熟的子女会留下来帮助父母照顾自己年幼的兄弟姐妹。通过这种行为，这些个体能够为以后自己抚养后代获得足够多的经验，同时，帮助这些和自己有共同基因的同胞存活下来，也能增加它们自身的基因在基因库中的比例。

许多鸟类，即便是那些在正常情况下会有强烈领地意识的鸟类，也会为了一些特殊目的，如迁徙、休息或大群采食，而暂时放下隔阂聚集成群。还有一些鸟类，如红鹳、军舰鸟和企鹅，则会集群繁殖，在吵闹、拥挤的繁殖区或栖息处集中建窝。而像鸵鸟这样的鸟类则会更进一步，甚至会有多达十只的雌性鸵鸟在同一个巨大的窝内产卵。

哺乳动物　哺乳动物的社会结构通常有以下 3 种类型：①独居，这类社会结构可能出现的最复杂的社会单元是雌性个体带着后代；②多配偶制社会，即一个雄性个体通过后宫制的繁殖制度掌控多个雌性个体，同时无休止地击退那些可能的挑战者；③永久的集群筑巢：和许多鸟类一样，军舰鸟会在那些不易被捕食者偷袭的地方集群筑巢。

具有更加复杂社会结构的群体。永久群体通常出现在有袋类动物、食肉动物、有蹄类动物和灵长类动物当中。像大象一样，许多结成永久群体的社会都是母系社会，即雌性动物和子女们待在一起，形成了包括阿姨、姐妹、母亲、女儿、侄女和外甥女在一起的群体。还有一些动物群体，如大猩猩群和狮群，则是由一只优势雄性个体领导着其他成年的雄性和雌性个体。而狼群中的优势雄性和雌性具有绝对的统治权，并且是这个狼群中唯一具有交配权的个体。

这些不同的集群方式是如何演化而来并使身处其中的个体受益的呢？在这个问题中，它们所处的栖息地起到了决定作用：可以获得的食物、必须穿越的地形，以及必须面对的捕食者等都与栖息地密切相关。哺乳动物当中，最复杂的社会结构出现在那些生活在相对开阔的栖息地中的动物，尤其是那些所面对的捕食者体形较大且危险的动物当中。对这些动物来说，生活在群体中就意味着多一些眼睛去提防捕食者，并且在捕食者发动攻击时能够发起群体防御。这其实是一个非常简单的统计学问题。如果捕食者的攻击目标只有一个，那么它无疑会被吃掉；而群体中的个体越多，捕食者的选择就越多，每个个体的存活机会就越大。鸟类集结成群，也是为了达到群体防护这个简单的目的。

一般来说，群居动物会比独居动物吃得更好，尤其是如果食物在一个很大范围内呈斑块状分布。在大峡谷中，一只鸟如果想靠自身的力量找到最好的浆果地，需要花费很长的时间和相当多的精力。但如果有许多同伴一起寻找浆果，则会大大地减少搜寻食物的时间。只要这些鸟群中的一只找到了一个富含浆果的区域，其他同伴很快就会得知这个消息并且过来一同享用食物。一些哺乳动物也会合作捕猎，从而捕食那些比它们自身大得多的猎物。由于捕获的猎物个体很大，狮群、狼群和鬣狗群在吃饱之后会把剩余的肉储存起来，留到以后再吃，以减少捕猎次数。营群居生活的动物，在食物以外的资源获取也有一定的优势。当一群马鹿出现在一个补盐点时，可以轻易地赶走单独活动的黑尾鹿或山羊。

对集群生活的动物来说，雄性个体和雌性个体原本就生活在一起，因此当繁殖季到来时，它们不需要再花费精力去寻找配偶。并且由于繁殖周期是同步的，群体中幼崽的出生时间都非常接近。当捕食者面对的是一大群小鸟或小鹿时，它们就会犹豫要选哪个下手，从而增加了群体中大多数个体的生存概率。集中繁殖除了能够迷惑捕食者，像企鹅、狮子、长颈鹿和瓶鼻海豚等动物还会集体照顾后代。这样的话，亲代个体能够离开子女去寻找更好的食物，进而更好地养育后代。

动物之间的关系

一旦理解了动物的社会生活方式，你很快就会问下一个问题：这些动物之间是什么关系呢？它们是亲戚关系、父子关系、配偶关系，或者仅仅是友善的群体成员关系，又或是竞争关系？如果不清楚动物个体之间是什么关系，你可能就无法理解其中的一

群体警戒：当捕食者临近时，叉角羚会晃动白色的臀部来警告同一群体中那些距离较远的同伴。

些行为，并且对一些行为的解释可能会有偏颇。比如说发生在两个动物之间的爬跨行为可能根本不是性行为，而只是兄弟姐妹之间的玩耍。同样地，一些看起来像是打斗的行为却可能是那些结成终生伴侣的个体之间在交配前的准备。观察前最好能去饲养员那里了解一下所展示的动物的谱系，一旦你了解了动物个体之间的关系，你就会知道需要密切关注哪些行为了。下面这个表能够帮助你提前做一些了解。

动物之间的关系

与另一个动物的关系	能够观察到的行为
群体成员	友好的或富有攻击性的行为（取决于社会等级）
竞争者（为了争夺配偶、食物、水源或领地等）	攻击行为
配偶	性行为
亲子	育幼行为
兄弟姐妹	玩耍或打斗（争夺社会等级）

交流的艺术

当两个动物相遇时，空气中似乎都充满了悬念。此时对任何一方来说都存在一定的风险：对方会攻击我么？还是会逃走或者抢走我的食物呢？它想要同我交配、相互清洁或者玩耍吗？它给我的孩子们带食物了么？自然界中，如果不能准确辨认另一个个体或者无法预测它接下来要做的行为，可能会产生无穷的后患。

其实，动物之间的问候似乎有固定的礼节，相遇的双方会通过一系列事先约定的规则交换信息。它们的行为有各自固定的模式：狗会嗅闻对方，北极熊会转圈，而斑马则会碰鼻子。这些行为向我们展示了交流的艺术，它们在自然选择的作用下形成与发展,并在动物间世世代代延续下来。每个动物都会和对方分享“自己是谁”以及“接下来想要做什么”的信息。信号发出者会表明自己的意图，而信号的接收者则因为已经被提前告知了意图，而可以决定如何应对。

清晰、明了的交流有着显而易见的价值。以我们人类做例子：如果你驾驶的船的桅杆有 9 米高，但是必须经过一个限高为 6 米的桥，这时你需要清楚地让桥梁管理者知道你想要驾船通过这座桥，并且希望对方能够将桥体升高。正确的航海礼节是在你临近这座桥时吹三声号角。三声号角传递的信息是“我们这艘船想要从桥下经过”，而桥梁管理者就能够意识到“这艘船想要从桥下经过，所以我最好将桥体升起来”。如果“水手吹三声号角”的行为能够让桥梁管理者改变他/她的行动并且将桥体升高，这个交流才是成功的。如果没有一个双方都能理解的信号,那么每次有船只通过时都会引起混乱。

当然在自然界没有正式的机构制定这些交流礼节，事实上多数信号都是基因事先设定好的，就像我们无意识地微笑、皱眉或者做鬼脸一样。自然选择会偏好那些能够准确无误地传递信息以及能够识别这些信号并正确理解这些信号的个体。这些动物因为能够读懂对手的情绪而活得更长，也会因为知道如何去平复配偶的攻击行为而获得更高的繁殖成功率。

自然选择也倾向于那些能够将信息放大的特征。比如说，如果眼睛上方浅色的皮肤斑块能够着重突出面部表情的表现，那么那些生来就有眼纹的个体就具有最高的适合度，进而这一特征就会在种群中扩展。其他的诸如冠羽、饰羽和鸣声等特征也可能会起到夸大信号的作用，或者吸引其他个体去关注它们所发出的信号。动物试图吸引注意力的这一事实本身就充分说明了交流的重要性。任何让动物冒险暴露自己的举动，肯定都是值得去冒这个险的。

信号作为交流的工具，其本身必须容易被辨识。为了帮助动物将这些信号的展示同采食或理羽等普通行为区分开来，在自然选择的作用下，这些交流行为会被夸大、缩短或者通过“仪式化”的流程严格地展现出来。这种仪式化的特点也使得游客们很容易分辨出哪些动物正在交流。

常见信号和它们的意义

信号或表现通常分为两种基本的类型:非行为信号（谁，在哪儿）和行为信号（做什么和如何做）。非行为信号通过物种、性别、等级，有时甚至是个体特征来确定动物。非行为信号包括独特的条纹图案、带有荷尔蒙的气味或者保卫领域的叫声等。知道了信号发出者的性别、等级和身份能够让接收者对之后的行为做出合理规划。由于雄性和雌性动物的行为不同，优势动物和劣势动物的行为也不同，了解到信号发出者的性别和等级能够帮助信号接收者对接下来的行为有所判断。非行为信号也能够告诉接收者信号发出者的所在位置——在邻近的峡谷中、山顶或者自己的身后。行为信号则和行动有关，它们能够告诉信号接收者信号发出者接下来会做什么，以及如何去做这些行为。（准备去哪个方向？状态是无精打采还是精力充沛？）

如果以人类作为例子来解释行为信号和非行为信号，可以想象一下足球场上的情景。两队球员的队服（非行为信号）可以用来辨识他们的身份，而吹哨或挥旗（行为信号）则表明他们犯规或即将受到惩罚。

介质和信息 我们很容易就能理解裁判正在发出的信号，因为我们天生就靠声音和动作姿态来交流。动物则有其他途径来传递信号，并且有些途径是我们人类无法感知到的。

这些交流信号经过自然选择和演化过程以适应各种动物的生活方式，并在其所在的栖息地有效地传递。那些占有较大领地、需要花费数天或数周的时间巡逻的动物就需要利用长久有效的信号，来保证在它们离开之后依然有效果。气味的持续时间较长，因此这些动物通常会使用气味来标记领地，让其他经过的动物也能够读懂这个信号。夜间活动的动物使用声音和气味传递信息，而日间活动的动物则更倾向于使用视觉信号来交流。你会发现，最明显的视觉信号出现在生活在开阔草原上的动物当中。由于没有阻挡物，在草原上生活的动物的视野非常开阔。而在茂密森林中生活的鸟类通常都看不到信号接收者，因此它们就演化出了一套复杂的鸣唱机制来传递信号。鸟类更偏爱低频的歌声，因为高频的声音容易被树干等障碍物阻挡而反射回来。鸣鸟通常会在树冠层停留鸣唱，这是因为树冠层类似于一个“声波窗口”，能够将信号最有效地传播出去。相似的声波通道也出现在浅海和温暖海洋的表层。当鲸类在这一通道传播信号时，它们的叫声能够被传送至 3 000 千米外。

对信号发出者来说，将信号精确地发送给正确的接收者对其生存至关重要，这和脚上有蹼以及拥有强健的肺一样重要。为了完成这一过程，信号接收者需要能够听到、

气味标记：一只印度黑羚会像手术那般精准地将一根树枝插进自己面部的腺体，将有较强气味的分泌物附着其上来标记自己的领地。

看到、闻到或者感受到对方传递过来的信息。为了交流，不同物种也相应地演化出了能够接收到相同物种发出的信号的能力。在动物园观察时，注意观察动物们的感受器官，你就能明白它们是如何协调一致地进行交流的。靠视觉交流的动物会有大大的聚光的眼睛；依靠触觉进行交流的动物会有敏感的胡须；而靠听觉进行交流的动物则会有大大的能够转动的耳朵。

相反原则 下面这个概念在你试图理解信号时会有帮助：那些携带相反信息的信号通常有着相反的意义。例如刺耳低沉的叫声意味着威胁，而高声轻柔的叫声则是为了缓和气氛或者回避争端。如果一只狼抬高身体、竖起毛发、耳朵朝前并专注地凝视着对手，这就意味着攻击；如果它做出相反的举动，降低身体、尾巴耷拉在双腿之间、耳朵朝后并且避开对方的眼睛，则意味着顺从。这个相反原则在多数物种当中都是通用的，它的好处也是显而易见的：根据相反原则，两种意义相反的行为表现会有巨大的差异，因此也就不会被轻易弄错了。

面部线索 尽管许多信号交流是远距离进行的（叫声或气味标记），但实际上那些面对面的交流所传递的信号要丰富得多。对鸟类、两栖动物或爬行动物来说，由于面部缺少灵活性，从而限制了它们面部的表现力。这些动物或许只能靠大张嘴巴来传递面部信号，因为张开嘴就会露出尖利的牙齿，不过通常情况下这样的表现就已经足够了。

哺乳动物则是所有动物当中面部表情最丰富的，它们通常能够靠活动嘴唇、耳朵、眼睛甚至鼻子来表达一些信号。有些面部特征的运用甚至是在同一类物种中通用，而不仅仅局限于某一个物种当中。例如包括猴子、猩猩和人类在内的灵长类动物，就共用一套相同的面部表情。微笑是个很好的例子，人类和非人灵长类动物在感到开心

相反原则：处于优势地位的狼的竖毛姿势，与处于从属地位的狼蜷缩着瑟瑟发抖的姿势形成鲜明的对比，这可以帮助狼群避免产生误解。

灵长类、食肉动物和有蹄类动物
面部展示的简要指导

耳　朵			
信号	描述	意义	注释
耳朵放松	耳朵稍稍朝前，耳郭朝向侧边	不用担心	中立模式，耳朵能够听到很大范围内的声音
耳朵竖起	耳朵僵直地竖立，耳郭朝前	暂时观望	警戒模式，耳朵和眼睛转向声音的来源处
耳朵转动	耳朵快速前后转动	紧张不安	焦躁模式，不清楚下一步的发展是要打斗还是逃跑
耳朵往后扭	耳朵放平，耳郭朝后	富有攻击性	即将打斗，亮出耳朵背部明显的警告斑点
耳朵放平	耳朵朝下紧绷，耳郭也朝下	进攻或者被攻击	自我保护模式，在打斗中保护耳朵不受伤害
耳朵呈飞机状	耳朵张开向两侧，耳郭朝下	没有恶意	与警戒模式相反的情况，平息紧张，同时也用在求偶当中

耳朵竖起

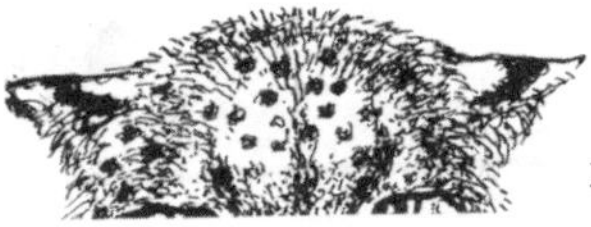

耳朵呈飞机状

耳朵往后扭

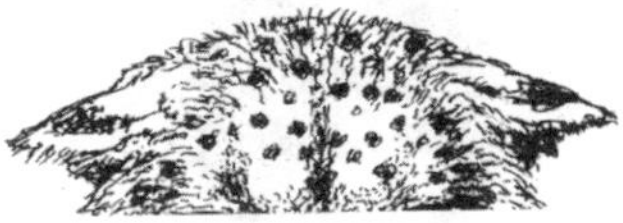

耳朵放平

耳朵信号：一只处于警觉状态的猎豹会竖起耳朵，并将耳朵转向后方；而当预见到可能会有麻烦时，它会将耳朵放平，以免在打斗中受伤；如果想要平复同伴的愤怒，它则会把耳朵往两侧伸展。

眼 睛

信号	描述	意义	注释
眼睛放松	眼睛不完全张开	不用担心	中立模式，不需要全副警戒
眼睛凝视	眼睛完全张开，注视前方	暂时观望	警戒模式，眼睛张大，扩大视觉区域
眼睛闪烁	增加眨眼的次数	紧张不安	焦虑模式，迅速眨眼，可能是为了保持眼睛表面清洁以便能够迅速做出反应
眼睛微皱	眉毛低垂，眼睛半睁	危险	防护模式，眉毛低垂以保护眼睛，在保证有足够视线的情况下尽可能地闭上双眼
怒目而视	眉毛低垂，但眼睛尽可能地睁大	我很愤怒	处于一方面想要看得更多，但同时又想保护眼睛的矛盾状态
眼睛紧闭	眼皮完全闭合	我放弃了	在打斗时，处于从属地位的动物会完全闭上眼睛来隔绝外部刺激

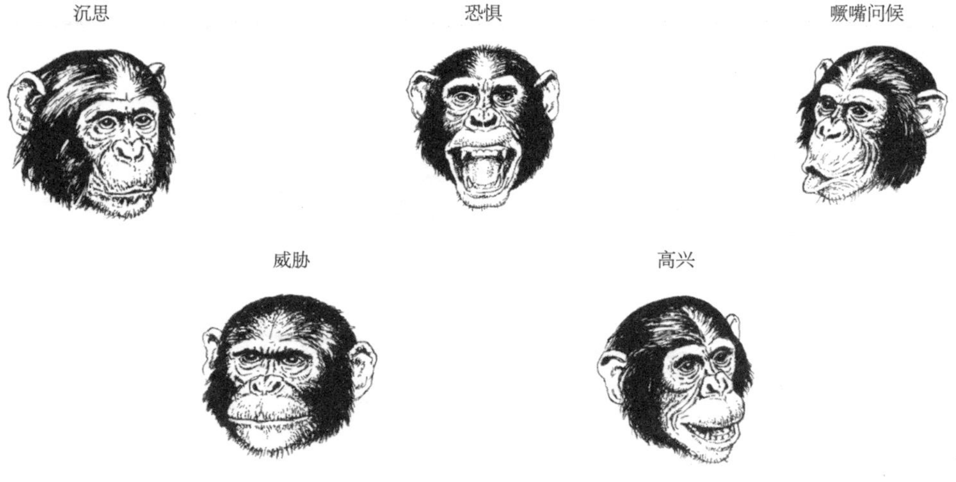

嘴部信号：黑猩猩在睡觉时会轻轻合上嘴巴，威胁对方时会将嘴唇紧紧地抿在一起，感到恐惧时会嘴巴大开，高兴时会微笑，问候时又会将嘴噘起来。

嘴巴

信号	描述	意义	注释
嘴巴放松	嘴巴轻轻合上或者微微张开，嘴唇可能会盖住牙齿，但不会紧绷	不用担心	中立模式，可以作为与其他面部表情相比较的基准
嘴巴紧闭	紧闭嘴巴，嘴唇挤成一条又短又直的线	全神贯注	精神高度集中，在面对其他个体时的一种展现优势或被动展现敌意的表现
嘴巴张开	嘴巴张开，嘴唇紧绷，舌头缩回去，可能会发出尖锐或悠长的吼声	再靠近我就要发起攻击了	撕咬威胁，有两种形式：①嘴唇在水平方向上的后拉（长吼）表明恐惧;②嘴唇在垂直方向上的后拉（高吼）表明敌意
玩耍口型	嘴巴张开，嘴唇盖住上半部牙齿	开玩笑	玩耍性地咧开嘴巴，只是假装攻击，并不是真的攻击
嘴巴噘起来	嘴巴紧闭，嘴唇噘起来像是要送吻	请友善待我	灵长类中用于表现友好的问候，或者乞求得到安慰
嘴唇张合	嘴唇迅速开合，舌头也可能会微微地露出来	让我们友善对彼此	灵长类中用于表现友善、顺从的问候，从理毛行为发展而来
牙齿打颤	嘴巴迅速开合，嘴角向后拉，牙齿打颤	我害怕，但我仍想待在你身边	嘴唇张合与表现恐惧的咧嘴组合在一起，是异常顺从的信号，出现在灵长类和幼马当中
裂唇或卷唇	脖颈前伸，头部仰起，嘴巴微张，上唇卷曲，露出牙齿甚至是牙床	好香呀	深吸气来辨识味道，通常是辨识雌性刚刚排出的尿液

防卫性的长吼　　　　攻击性的高吼

长吼和高吼：当一只狼的进攻被恐惧所冲淡时，长吼（嘴角往后）表明防卫；而高吼（嘴角往前）、张开的眼睛和竖起的耳朵则纯粹是进攻的象征。

动物如何避免冲突

1. 与同一群体的其他个体保持适当的距离
2. 找借口来亲近彼此，例如问候、玩耍或者理毛，这些行为可以让双方都受益，也使亲近变得有价值
3. 避免过度兴奋或者过度沮丧
4. 表现出顺从
5. 只做出可预测的行为，从而避免激发恐惧或者争斗
6. 将负面情绪发泄到他处。许多动物群体中甚至会出现“霸凌”现象，即将怒气转向下属或者无生命的目标来进行发泄，而不是和群体当中等级相当或更高等级的个体发生冲突

或者快乐的时候都会微微张开嘴露出牙齿。哺乳动物面部表情的相似性还有很多。狼或猫科动物等食肉动物，以及羚羊和马等有蹄类动物，在使用眼睛、嘴唇和耳朵传递面部信息上和我们灵长类有很多相似之处。动物学家德斯蒙德·莫里斯（Desmond Morris）在他的杰作《动物观察》（*Animal Watching*）中，探索了灵长类动物、食肉动物和有蹄类动物在面部表情运用方面的相似性。这些有关动物行为的原则，不仅仅在观察本书提到的动物时适用，在观察本书之外的其他动物时也同样适用。

友善行为

生活在群体中的动物可以获得独居个体无法享受到的好处：更好的领地防护、更早发现捕食者的机会，以及更高效的采食效率。但群居生活也有一定的代价：它们必须不断地克服自然的压力，与同伴近距离地和平相处。为了能够和谐相处，动物演化

出了各种办法来避免冲突，或者缓和邻里关系。

善意的姿势　在动物园中最常见的表示友善的行为是问候、顺从、理毛和玩耍。动物们问候的礼节就类似于人类的握手，是为了确认彼此都不会发起攻击。问候的嗅闻和触摸可以让动物彼此了解。通过嗅闻，动物们可以得知对方是否是自己的同伴、对方处于怎样的性周期阶段，甚至是它们最近吃了什么。

如果说问候是相同社会等级个体之间的一种行为，顺从则是处于较低社会等级的动物为了安抚优势动物从而使自己免于受罚的一种行为。只要低社会等级动物表现出顺从，优势动物就能保持冷静，双方就能一直维持和平共处的状态。顺从行为有多种表现，例如躲开优势动物，或是明显地卑躬屈膝，也可能是在优势动物面前表现得像婴儿般无助。顺从的个体通常会主动为优势动物理毛，这种理毛行为不仅能够达到清洁同伴的目的，也能够安抚对方，化解对方下意识的攻击冲动。理毛还能够建立起双方的信任，用手抚摸狗和猫或者给马刷毛也能够达到同样的效果。

尽管玩耍行为并不完全是为了安抚对方，但也可以用来缓解真正的争端。许多动物会邀请同伴来一同玩耍，通过特殊的邀请姿态向对方表明“我没有什么其他目的，只是想玩耍”。当你家的狗压低前半身，爪子伸展向前，后腿前后摆动，像个孩子那样冲你咧着嘴时，正是想要表达这个意思。如果是在玩耍的氛围当中，即便是打斗也会有特殊的规则。打斗双方会轻柔地撕咬对方，或者用收起爪子的掌击打对方。像大熊猫这样的大型动物，它们的摔跤比赛就像是慢镜头播放一样，打斗双方都不会动真格。但在某些物种当中，这种玩耍行为却能够帮助个体确定社会等级，因为玩耍使得参与双方有机会衡量彼此的力气和持久度，也能够帮助成

社会修饰行为：理毛不仅是一种清洁行为，同时也是社会关系的润滑剂。

玩耍：当这些未成年叶猴在追逐玩耍时，它们正在锻炼未来可能会用到的生存技巧。

员之间结成同盟，这可能会在未来生活当中用得上。

对许多动物来说，玩耍的热情会在成长过程中慢慢减退，等到成年后，它们就需要更加认真地追逐猎物。但是那些很聪明且对周围世界充满好奇的个体，以及那些完全掌握了捕猎技巧的个体，在成年后依然会花费时间在玩耍上。水獭就是个绝佳的例子。当我们将诸如水獭这样爱玩的动物放在动物园时，我们必须给它们提供玩伴以及充满刺激的、时常变换的环境，来满足这些热情的、极具创造力的动物爱玩的天性。

攻击行为

当人类将自己的暴力倾向归咎于我们远古的祖先时，其实是对动物的攻击行为有所误解的。实际上动物们都是外交家而非斗士。它们会尽可能地避免身体冲突，并且极少表现出极端或致命的暴力行为。

动物之所以这样并不是因为它们不需要靠打斗去获胜，事实上它们在生活当中需要艰难地守护自己的配偶、庇护所、藏身地、巢、食物和水源，因为不断会有个体垂涎这些资源。真正的问题是：什么程度的打斗是动物所能够承受的？如果打斗升级为双方互殴，动物会很容易受伤。尽管胜者赢得了这场斗争，但它却可能因为受伤而找不到食物，或者无法摆脱捕食者进而丧命。打斗虽然是正常行为，但在生物学上却没有多大意义：这种行为危险且费时，并且会浪费太多能量。

财产和政治　正是基于以上的原因，外交手段才会在动物的交流中更为通行。自然选择会偏好那些允许动物捍卫自身的权利，同时不至于搭上自己性命的交流方式。在一个系统当中，动物会将栖息地中可用的空间划分为领地，并且通过视觉、味觉或者听觉信号来标记领地，同时通过巡护边界来防范入侵者。相邻领地的守护者偶尔会在“警戒线”对峙，但即便在此时，它们也更喜欢待在自己所在的这一侧。在那些边界较为清晰的栖息地，这一策略非常奏效：几乎所有动物都有自己的私人空间用来寻找食物、庇护所、配偶，以及最重要的，用来传递自己的基因。领域制度也是灵活的：一些动物只在繁殖季或者想要将食物资源都据为己有时才会守卫领地；同样是这些动物，在水源地或者迁徙去寻找食物时也会退出防卫模式加入同一个大群。

另一个避免打斗的办法是建立一个等级秩序，尤其是在那些结成永久性社群的物种当中。最著名的例子是鸡群中的线性次序。在鸡群中，所有成员都按照社会等级排序，每只鸡对于等级位于其上的鸡来说都处于从属地位，但对于等级位于其下的鸡来

动物相遇时的情况解析

第一步：威胁展示

警告的第一步是威胁展示。优势动物会警告处于从属地位的动物“我比你等级高”，原住民会警告入侵者“这里属于我”，猎物会警告捕食者“我会保护自己和后代”。威胁展示通常会展示动物的武器、大小、力量，以及威胁的意愿（尽管通常不需要这么做）。多数冲突不会继续发展，有时一个锐利的眼神就足以让动物三思并掉头就跑。

第二步：仪式化打斗

如果威胁不起作用，下一步就会出现仪式化打斗。这通常会是真实打斗的缩略版本，双方通常都不会全力以赴，并会采取防护措施以避免受伤。仪式化的打斗通过试探给双方一个了解对手实力的机会。一旦双方分出哪一方更强壮或更加迅速，冲突通常会就此作罢，处于弱势的一方会偷偷溜走。

第三步：真实的打斗

如果双方中有一方处于极度疼痛或恐惧当中，冲突就会升级为竭尽全力的打斗。这通常发生在某一方陷入困境的情况下，有可能是其自身遭到围困，也有可能是因其无法放弃配偶、后代或领地。即便是竭尽全力的打斗，动物自身的适应性和习惯也会让打斗尽可能地安全。例如，动物身上那些最容易被咬到、撞到或踢到的部位通常都有加厚的皮肤或骨头。同时，动物也在防守时下意识地保护它们身体的脆弱部位。

说都处于优势地位。处于社会等级最顶端的个体拥有生存所需资源的优先使用权：最好的食物、配偶和巢址等。处于从属地位的个体只能得到那些优势个体挑剩下的资源，并且需要花费很多时间讨好它们——表现顺从、为它们理毛，甚至帮助它们照顾后代。

在许多物种当中，群体的组织结构比鸡群更为复杂。例如狼群由两只优势个体统领，在它们之下会有 3 个等级。还有一些物种的群体结构是有一个统治者，其他个体都在其之下并拥有相同的等级。群体中的社会等级通常在动物很小的时候就确定了，一旦有新的个体加入时，它们也会通过威胁和打斗来确定新的等级。那些曾经被优势动物击败的个体通常都不愿再冒险去挑战优势动物，因此等级顺序通常会保持不变。事实上，在这样的群体中通常不会出现明显的管理迹象，如果不是群体内发生矛盾，你可能都看不出来这个群体存在社会等级。不过一旦发生矛盾，其中的社会等级顺序就会如一位作家所写的“就像是将拍满照片的胶片放入显影剂中那样”，变得显而易见了。通过打斗使权力发生转移的情况在群体中的确存在，但那只是少数情况而非常规行为。

在更加聪明的物种如猿类当中，决定社会等级的不是体型或打斗能力，而是社交能力。影响社会等级的因素有：年龄、辈分、激素情况、性格、母亲世系，以及和同伴的同盟等。但即便是在猿类当中，冲突也极少会发展成严重的打斗，争吵会通过无害的尖叫和追逐很快得以平息。基于这些社会等级的规则，你在动物园中能够看到的攻击行为主要是“安全的攻击”。

当外交手段失败时 攻击行为的两个基本动机是自我防卫和保护财产（财产可以是物质上的财产，也可能是后代）。其他可能的动机则有争夺交配权以及亲子冲突。但不管动机是什么，多

威胁：一只河马用一个类似于打哈欠的姿势露出它作为武器的牙齿。

打斗：在红大袋鼠的摔跤比赛中，打斗的双方会紧紧握住对方的前臂并将对方往后推，以寻找机会给对方致命的一踢。

数争端的发生都会遵循一个可预测的过程，以保证其攻击行为可以为自身获得最高的存活率。

尽管动物之间极少会出现暴力行为，但当群体变得拥挤时，情况就大不一样了。一个经典的过度拥挤的例子是：如何在水族箱底部为两只领域性的鱼放置巢穴。如果将两只鱼的巢穴放在水族箱的两端，当它们在水族箱的中部相遇时可能仅会进行领域性的威胁展示，之后就会和平地游回各自的巢穴。但当你把两只鱼的巢穴放在水族箱中央时，这两只鱼就不再拥有舒适的领地。它们会频繁地打斗直到死亡。这一现象给人类敲响了警钟。如果世界人口继续高速增长，未来肯定也不会有好的结果。

性行为

实际上，在漫长的演化历程中，有性生殖这种繁殖手段出现的时间并不长。在此之前，生物繁殖并不需要配偶，有机体能够简单地一分为二，完全复制亲代的基因。无性繁殖的个体由于具有完全相同的基因组成，因此在本质上对遗传信息的传递有着完全相同的目标，所以个体之间能够和谐相处。但是无性生殖有着基因突变率低这一劣势：如果一直生活在稳定的环境中，无性繁殖的有机体能够平安无事；但一旦环境突然发生变化，无性生殖低下的基因突变率就无法满足物种适应新环境的需要。

在有性生殖的过程中，子代的基因来自父母双方，这样便会让子代融合父母双方不同的特性，从而让动物可以更快地改变。当精子和卵子相遇时，基因在随机重组的作用下，有极大的可能产生突变——在原有基础上的改变。如果这个突变对个体的生存有益，那么它就有可能被保留下来。如果这个幸运的个体能够存活下来，并将这一适应性的特征传递下去，那么这个突变对这一物种来说就具有十分重大的意义，这个特征就会在整个种群当中迅速扩散。同样地，如果这个突变对个体生存有害，携带这个突变基因的个体通常都活不到性成熟的年龄，因此这个基因就没有机会被保留下去。这种快速的适应能力使得早期生命得以脱离海洋的限制，最终占领了陆地和天空。如今，有数百万个物种选择了有性生殖这一繁殖方式，以此不断发生改变来适应其所在的环境。

除去这些优势，有性生殖也有其缺点，其中最突出的缺点就是选择了有性生殖的物种无法独自生育后代。有性生殖必须要依赖精子和卵子的结合才能达到生育后代的目的，而精子和卵子需要分别来自两个独立的个体。为了达到这一目的，动物必须寻找并引起异性的兴趣，证明自己跟它是同一个物种，削弱异性的攻击性，激起异性的“性趣”，并努力使自己的性周期和异性的性周期同步。有太多事情需要去努力和协调，尤其是考虑到自身和配偶在遗传和性别方面的差异。

陌生的配偶　正如我们之前提到的那样，动物更加愿意和那些携带相同基因的个体合作。但它们和配偶之间没有相同的基因（这是为了避免近亲繁殖），因此雌雄双方很难自然地相互信任。随着交配日期的日益临近，动物就需要同时权衡三方面的压力：性诱惑、恐惧和侵略性。当恐惧占上风时，动物就会后退，表明“我要逃跑了”。与此相反的则是向异性靠近，表明了其较强的交配欲望。而当异性靠近时，动物则可能仅仅因为陌生者的接近而突然发动攻击。在这三个互不相让的驱动力的作用下，动物的行为就像是被有弹性的绷带拉动那样变得摇摆不定。尽管它可能试图逃跑或发起一场攻击，但留下来的欲望会把它钉在原地，并竭力控制自己进攻的欲望。事实上你在动物园也能够观察到动物的这种矛盾心理，它们会来回摆头，像是在做心理斗争，考虑“究竟是该留下来还是该离开”。

这种显而易见的矛盾心理在长期的演化过程中已经被仪式化，最终这种前后徘徊、犹豫不决的动作变为模式化的举动。对于潜在的配偶来说，这些举动表明对方正处于焦虑当中，它留下来的意图可能是为了交配而不是攻击。一旦恐惧感和进攻的欲望互相中和，性的吸引力就会在这场情绪之战中胜出，从而促使双方靠近并完成交配。

相反的游戏计划 两性关系之所以变得如此复杂，其中的一个关键点是雌雄个体的繁殖策略有着天壤之别。为了进一步了解产生这一分歧的原因，我们需要在动物身体内部寻找答案，从完成繁殖任务的细胞——雌性的卵子和雄性的精子入手。说到差异，人类卵子的大小是精子的 8.5 万倍，而且卵子和精子大小的差异在从蝾螈到蓝鲸的所有物种当中都存在。因此动物产生一个卵子所花费的能量和资源，自然要远大于产生一个精子所需要的能量和资源。以人类来说，一个女人一生最多只能产生 400 个卵子，而男人每次射精都能产生多达 3 亿个精子。每个精子都十分微小，因此产生精子所需要投入的精力也是微乎其微的。

卵子受精后，雌性还要花费大量精力在胚胎上，而且在许多物种当中，雌性在后代出生后还要继续照顾后代。为了确保自己的投入不会轻易付之东流，雌性个体会寻找愿意保护和照顾后代的雄性进行交配。但对于雄性个体来说，由于性交的初始投资微乎其微，因此它采取的策略是“以量取胜”。它会尽可能让更多的雌性受孕，寄希望于部分精子能有机会与卵子结合，以传递自己的基因。而雌性则会将赌注压在少数几个雄性个体上，只会同少数优秀的雄性交配并生下它们的后代。

这种雌雄两性间繁殖策略的差异在那些雌性独自抚养后代的物种当中最为明显。正常的雄性会选择和尽可能多的雌性交配，这在哺乳动物当中尤为明显。因为只有雌性才有能够分泌乳汁的乳房，许多雄性根本不需要花费时间在后代的抚养上。在那些非单配制的哺乳动物当中，约有 95% 的雄性动物都采用这种模式。

但在剩下的 5% 的哺乳动物当中，后代是由父母双方共同抚养的。在这些物种当中，雄性动物改变了策略，其行为方式更像雌性动物——它们会守候在巢附近，并投入大量的精力在照顾部分后代上。例如，雄狮需要保护后代不受天敌的侵扰，而雄狐则需要给哺乳期的雌狐准备足够的食物。如果这些雄性动物离开了雌性，它们后代的存活率近乎为零。这些动物看重后代的质量而非数量，因此会留下来照顾后代。90% 的鸟类也因为这个原因而选择单配制，因为雌鸟没法单独完成孵卵、照顾小鸟以及寻找食物的全部工作。

在实行一夫一妻制的文化中，人们似乎对那些结成长期配偶关系的动物抱有更多的喜爱之情。但是在我们过早做出有偏见的结论之前，有一点非常重要，那就是这些动物并不是因为“真爱”，而仅仅是遵照基因的指示而在一起罢了。它们只不过是一台

动物如何相互求爱

求偶展示的功能	如何作用
吸引	将动物个体聚集起来，即便它们相距很远
识别	确定与其交配的是同一种类的个体，从而避免在不可育的个体上浪费能量
唤起	克服攻击和恐惧
信号质量	帮助雌性动物判断雄性是否具有良好的基因，或者是否能够养育后代
同步	将雄性和雌性动物的繁殖周期同步
信号就绪	让动物个体知道它们的配偶已经准备就绪，并且愿意交配

生存着的机器，它们的使命就是在基因库中复制自己的基因。如果一只雄性动物认为它的伴侣能够独自抚养后代，它会立刻走掉。但这并不是所谓的“抛弃”，我们也无需为雌性动物感到惋惜。这些动物都在遵循各自的游戏规则，从而在基因库中为自己的基因找一个最好的位置——对完美适应性的追求。

求偶展示　既然你已经了解了两性游戏的危险系数有多大，那么你一定能够明白为什么求偶展示如此重要。不可思议的是，这些求偶展示会促进精子和卵子的产生，而且即便是在那些要求相反、相互挑剔且不愿意在一起的配偶之间，求偶展示也会促进精子和卵子的产生。当你在动物园观察这些交配展示时，试着去观察它们在进行这些展示时完成得有多好。

雌性展示

◎*发情征兆*　许多动物不像人类这样全年都可以参与繁殖，它们会在特定的时间交配——通常是在雌性的发情期。有些动物每个月都会发情，而有些动物的发情频率则要低得多。例如大熊猫每年的发情高峰期只有 2 ~ 3 天。为了不让异性错过自己的发情高峰，在自然选择的作用下，雌性大熊猫演化出了不可能弄错的信号（至少对其他大熊猫来说不可能弄错），通过这些信号来告诉雄性大熊猫它们何时发情。每个物种都有自己独特的发情信号，包括发红或者肿胀的生殖器区域、一个具有诱惑性的邀请姿势，或者是雌性尿液中的化学信号等。一些雌性动物会用这些尿液在领域内（或者展示馆内）标记，从而告诉雄性动物它们何时发情。

◎*欲擒故纵*　即便处于发情期，雌性动物也有足够的理由在交配时表现得不紧不慢。例如雌孔雀会在雄孔雀尽情展示的时候悠闲地采食，连看都不看雄孔雀一眼。雌孔雀的每一次拒绝，都能让雄孔雀改进它的展示。雄孔雀的表演能力和持久力可能会告诉雌孔雀它有多健康，它的基因型多么适宜生存。而同时，在雄孔雀展示的这段时间里，雌孔雀可能会调整自己的身体状态，进而在生理上做好交配的准备。一旦得到雌孔雀的首肯，雄孔雀的性冲动可能会和雌孔雀的生理周期相吻合，从而帮助它克服潜在的恐惧。

◎*投降或恳求*　相似的求偶交流也存在于许多物种当中。雄性动物会竭尽所能追求雌性，而雌性动物会衡量雄性是否能够成为其合适的性伴侣。雄性动物的角、鬃毛、肩膀或者仅仅是与其他雄性个体相比的优越性，都能告诉雌性动物它拥有良好的基因。而像搭窝或者为求偶准备食物等信号，可能也会告诉雌性动物它具有照顾后代的能力。

在许多物种当中，一旦雌性动物经过权衡做出选择并决定交配及受孕后，它首先要克服自身的恐惧，尤其是当它挑选的雄性动物比自己大很多的情况下（例如雄性象海豹的体型是雌性象海豹的两倍）。当雌性动物克服了这些恐惧并最终愿意去交配时，它会以一种投降或者恳求的姿态向雄性动物表明自己的想法。所谓的投降可能只是主动停止一直在进行的追赶—躲避仪式。或者它也可能采取更为主动的姿态，通过亲吻雄性动物、将自己背对着它、主动将臀部送到对方面前，甚至是在雄性动物前面蜷缩起来等来恳求对方。

雄性展示

◎*测试雌性动物的意愿*　雌性哺乳动物的尿液通常会有一些气味成分，这些气味能够告诉雄性自己正处于什么状态。许多有蹄类动物包括斑马、犀牛和长颈鹿，都会有一个被称为“嗅唇”或“卷唇”的特殊的试探仪式。雄性动物通过触碰雌性动物的膀胱促使其排出尿液，之后雄性动物会嗅闻或者喝下一些雌性动物的尿液。如果没有尿液流出，那么雄性动物可能仅仅会在雌性生殖器附近闻一闻。为了达到最好的效果，它会把头往后仰，鼻子朝上，卷起嘴唇，将带有雌性气味的空气留在鼻腔中，利用那些对气味敏感的细胞对此进行分析。它在嗅闻时，会做出一种近乎恍惚的表情，就像是一个饥肠辘辘的人闻到了食物的味道。在对气味进行分析后，它们能够从中获得许多信

求偶：阿拉伯剑羚会用绷紧的前腿来向异性示爱。天堂鸟会上蹿下跳来炫耀漂亮的羽毛。陆龟则会用外壳去撞对方，试图把对方翻过来。

息，包括雌性的年龄、繁殖周期还有多久或者它现在是否已经受孕。了解雌性是否会接纳自己这一点非常重要，过早出手的雄性要面对的可能是尖利的牙齿或凶猛的一击。

◎*与其他雄性竞争*　一个群体中通常只有少数雌性个体处于发情期，因此交配也就变成了一项竞争激烈的运动。一些雄性会建立繁殖领地，通过禁止其他雄性个体进入领地来应对交配权稀缺的问题。鸟类通过鸣唱宣告自己的领地，蛙类会集体大合唱，许多哺乳动物则会用气味标记家园。这些信号不仅能警告那些有意竞争的雄性个体，也能够吸引雌性个体。受到吸引来到领地的雌性个体可能会与占有领地的雄性个体交配，并因此获得领地中的食物和隐蔽所的使用权。

另一种多配制鸟类所采用的领地被称为“求偶场”。求偶场是一个只有数平方米大小的展示舞台，同一片区域中的多个求偶场像是露营地的露营点那样呈棋盘状分布。松鸡、孔雀和火鸡等利用求偶场进行求偶的鸟类，会尽力避免其他雄性个体到达自己的求偶场内。当有雌性经过时，幕布就会被掀起，每个雄性都会奋力展示，想要超过其他竞争者以赢得雌性的青睐。在这些视觉争斗中，拥有最出众外表的雄性似乎比其他外表平平的对手拥有更高的获胜概率，雌性会停下来与最好的展示者交配。

第三种繁殖策略是临时地将一群雌性个体据为己有，并将其他雄性个体赶走。其他雄性个体当然急于找机会插进来，因此占有雌性的雄性个体必须行使自己的职责。当它正忙于威胁或者与另一雄性打斗时，其他雄性就会借机溜进雌性群偷偷与雌性进行交配。如果占有雌性资源的雄性个体生病或者被竞争对手打倒的话，很快就会有另一个严阵以待的雄性个体迅速补上这个位置。

◎***抓住机会***　许多雄性的展示都像是一种炫耀，例如草原松鸡鼓起的气囊，灌木丛中扭在一起的鹿角，以及扇尾沙锥惊险的空中绝技等。但是这些展示不是为了满足自己的虚荣心，它们这么做是为了让雌性个体倾心，向雌性展示自己有多么健康，或者有足够的能力保护后代免受捕食者的威胁。雄孔雀向雌孔雀展示炫目的羽毛可能是为了表明自己没有感染疾病或者寄生虫。同样地，如果一个雄性个体精心建造巢或者给雌性个体带来食物，它们是在表示“我会好好养家”。在突出自己优点的同时，雄性个体也会发出信号，向异性表达自己想要交配而不是打斗，来安抚雌性的恐惧。尽管雄性的某些求偶举动和攻击行为相仿，但它会以可预测的方式进行展现，并且明显地对这些行为加以控制。这种仪式化的求偶能够起到平复雌性情绪的作用，将雌性带入到交配的情绪当中。除了可以改变情绪状态，这种展示还可能会改变雌性的生理状态，并且可能促使雌性排卵。如果雌性没有排卵，交配也就变得毫无意义。

所有这种展示都存在一定的风险。有着长 1.5 米的华丽尾羽以及颜色艳丽的胸部羽毛的鸟类在吸引雌性的同时也会吸引捕食者。声音和气味同样可能会出卖这些展示者。雄性繁殖期的装饰除了显眼之外，也使得它们在躲避天敌或者捕食猎物时的灵活性下降，例如重达 10 千克的马鹿鹿角。狮子

临时后宫群首领：在繁殖季节，雄性马鹿会圈出自己的领地并吸引异性到来。

蓬松的鬃毛尽管不重，却会让它们从其隐蔽的草丛中暴露，看起来像是一个移动的干草堆。

显然，如果动物愿意冒这些风险，就说明交配成功所带来的好处是值得的。这些障碍能够帮助雌性评价雄性的生存能力。如果一只鸟在长着长长的羽毛的情况下仍然能够从天敌那里逃脱，说明它的警惕性一定很高，能够快速做出反应。以马鹿来说，只有足够强壮的雄鹿才能在顶着烛台般的大角的情况下，依然能够在森林当中找到充足的食物。

但是在自然选择和演化的作用下，这些用于展示和炫耀的特质如何权衡利弊，在不利影响和求偶优势之间找到一个平衡点呢？一些动物则演化出了其他方式来避免造成这种结果，它们只会在繁殖季节进行求偶展示。在非繁殖季，有些雄鸟的漂亮羽毛会褪去。有些动物则会更加谨慎，它们会一直隐藏这种求偶展示的特征，直到时机成熟时才显露出来。比如说绿鬣蜥的身体颜色一直都是低调的绿色，只有在遇到雌性时，它才会将彩色的喉囊展开。

第三种控制风险的方式是，即便在繁殖期也不会身披艳丽的色彩，转而靠装饰巢来展示自己的能力。园丁鸟和织布鸟会花费大量心血建造精美的巢，以此来打动雌鸟，并将雌鸟带入交配的情绪当中。缎蓝园丁鸟会搜集蓝色的物件来装饰巢，甚至会用自制的沾有蓝莓汁液的树枝粉刷巢壁。巢做得越华丽，鸟本身羽毛是否艳丽就变得越发不重要。事实也的确如此，在这些鸟群当中，那些巢建得越好的个体，羽毛颜色往往越单调（同时也越不容易被捕食者发现）。

受精　交配和求偶一样必须要精心设计。这是最终决定究竟是前进还是退缩的时刻，因为动物们会有真正的身体接触，并且通常会以一种不利于防御捕食者的姿势进行接触。所有这些举动的目的都是为了让活的精子和健康的卵子相遇。最安全的交配方式是某些动物直接将精子排到雌性动物的体内，这样精子就不会遗失，不会被洋流冲走或者被太阳晒死。

在这些动物当中，哺乳动物的身体结构是最匹配的。雄性动物具有阴茎，而雌性动物具有阴道，因此脆弱的精子可以直接被送至备受保护的卵子那里。鸟类有一个同时具备排泄和繁殖功能的泄殖腔，而一些雁鸭、猛禽和陆禽雄鸟泄殖腔可以向外凸出形成一个“阴茎”，并借此将精子安全地送至雌性的泄殖腔内。其他鸟类和爬行动物也会在泄殖腔内受精，但并没有“阴茎”的帮助。从雌性动物背后交配时，雄性动物必须扭转身体来处于雌性动物身下，这样才能让它们肿胀的泄殖腔外沿相接触，进行所谓的“泄殖腔之吻”。

蝾螈（属于两栖动物）则采用另外一种方式输送精子。在陆地上时，雄性会在树木的茎杆上堆积一个像微型高尔夫球那样的明胶状储精囊。通过求偶舞蹈，雄性蝾螈会引导雌性到这棵树上来，进而将储精囊送到雌性的泄殖腔中。蛙类的受精方式则最无保障可言。雌蛙在水中产卵后，雄蛙会紧随其后，在这些卵上覆盖一层精子，这种方式的受精成功率完全取决于雌蛙和雄蛙产卵和排出精子的时间。

一旦交配结束，多数动物都会迅速分离。性欲驱使下的冲动消退后，恐惧和攻击的欲望又会占上风。雌狮通常会以一声低吼或者猛击来传递信息，从这一刻起它们之间的亲密关系正式宣告结束。（毫无疑问，雌狮这种行为的部分原因是因为疼痛，因为雄狮的阴茎长有倒刺，从雌狮的阴道内抽回时会刺激雌狮排卵，但同时也会引起雌狮的抗议。）还有一些动物，如狗、狼、郊狼和它们的近缘种，则不会采用这种交配后立即分开的策略。它们阴茎的基部会肿胀成球状，将阴茎锁定在雌性的阴道中，从而形成所谓的“交配结”。交配结束后，雄性会转过身来，但它们的身体依然会连在一起，臀部相接地站立长达半小时。尽管这种姿势看起来很奇怪，双方也并不舒适，但这对成功交配来说非常必要。这种交配结的存在，能够保证雄性有充足的时间多次射精来满足受精的需要。

育幼行为

如果我们想要在动物园动物中选出一个“年度优秀父母奖”，将会是个困难的抉择。事实上，在动物世界不存在不合格的父母。当牛鹂将卵丢在其他鸟类的巢穴中，或者象海豹偶尔不小心压死新出生的幼崽时，它们做的其实并不比会花费数年时间喂养、保护并教导小象的大象差。和其他行为一样，每种育幼行为之所以在演化进程中出现，都是因为它们能够在某种程度上帮助该动物在所在的栖息地生存下来。在残酷的生存压力下，每个能够成功留下后代的父母都应该被颁发“优秀父母奖”。

后代接受照顾的多少，在一定程度上取决于它们在出生时的成熟度，或者说孵化时间的长短。有些动物的幼体是早熟的，它们很小就能够奔跑、采食，甚至躲避捕食者。另一些动物的幼体在出生时则紧闭双眼、全身赤裸弱小无力，需要依靠父母的帮助才能应对严酷的外部世界。对于这些幼体来说，巢穴、洞穴以及其他庇护所是十分重要的。

动物托儿所

内置的庇护所　袋鼠、负鼠和其他有袋类动物生下的宝宝完全没有发育。幼袋鼠在出生时还不如一颗蚕豆大，必须从母亲的阴道爬到育儿袋里，并寻找隐藏在其中的乳头。随着幼袋鼠不断长大，它会在育儿袋里来回移动，最终在体型长大到一定程度后离开育儿袋到地面生活。即便离开了育儿袋，它们也会在需要被照顾或者被保护时重返育儿袋，而丝毫不在意自己的体型长到多大，以至于袋鼠妈妈最后不得不强行限制幼体再次回到舒适的育儿袋中。

还有一些内置的庇护所不像袋鼠的育儿袋这么有名。生活在南美的负子蟾会将正在发育的受精卵放在背部的小坑里，在给它们提供舒适湿度的同时，也能避免受精卵受到捕食者的威胁。而像企鹅等一些海鸟，则会把卵放在两只脚之间来保温并防止卵从群栖处的悬崖边滚落。对于那些没有内置庇护所的物种来说，最好的选择是利用自然界的材料来搭建一个庇护所。

建造育婴房　对某些物种来说，建窝这个行为实在是太过重要了，以至于在圈养环境中生活的个体也依然会展现这一行为。动物园中饲养的河狸会在饲养员给它们提供白杨枝时疯狂地搭建小窝，而狐狸则会在场馆内的泥地上刨出一个洞穴。动物园通过在这些洞里放置摄像机，让游客可以看到一些在野外环境下无法看到的景象。同样地，在鸟舍中建造一条空中走廊，就能够让游客从高处见识到鸟类筑巢的过程。建造巢穴的过程可能需要数天甚至数周的时间

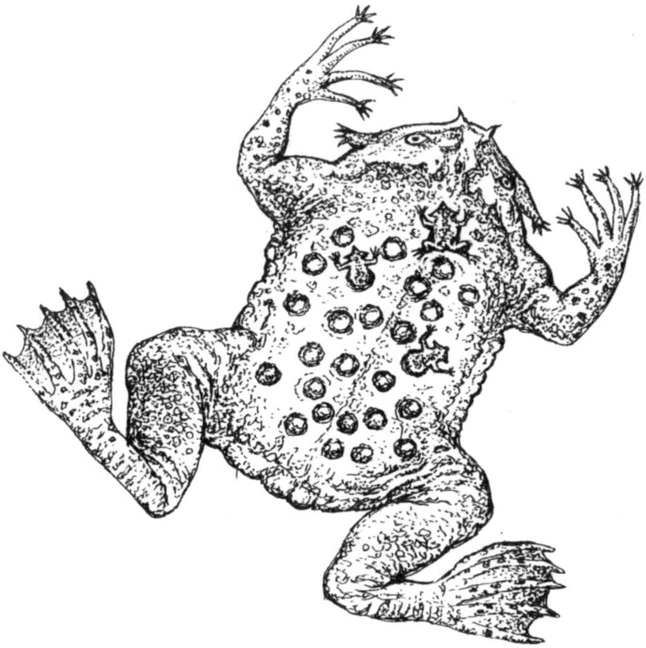

内置的庇护所：负子蟾的背部就是一个孵卵所，在这里受精卵能够保持湿润，并且避免遭到捕食者的威胁。

筑巢：许多动物园的鸟舍都为游客提供了俯视这些“大自然的建筑大师”的机会。

（通常是在春季），而这一时间也是游览动物园的最佳时间之一。

尽管我们平时都注意不到，但动物就在我们周围养育后代：地面上、地下、水中、树梢、树干里，甚至在悬崖边。一些动物会利用其他动物抛弃的巢穴，或者挤进天然的树洞或石缝中，而另一些动物则会从零开始建造巢穴。从蜂鸟微小的杯状巢到织布鸟巨大公寓般的巢，不同动物建造的巢穴在形状和大小上有很大差别。草原犬鼠等在地下生活的动物的洞穴，则真正是建筑工程方面的杰作。而许多水鸟搭建的巢，则仅仅是胡乱堆积在一起的草堆。

巢和爪印一样，每个物种都有自己的特色，所以即使没见到筑巢者通常也能够辨认出是哪个物种。尽管同一物种巢的结构都基本相似，但每个个体的巢也有所不同，它们会充分利用环境中任何可用的物品，例如我所在学校的旅鸫就偏好被撕成一条一条的打印纸。如果你到动物园去观察鸟舍里的情形，也许也能在一些鸟巢中见到类似的建筑材料。

除了寻找合适的材料，动物也可能利用自身腺体的分泌物、粪便或唾液来固定巢（美食爱好者在了解到美味的燕窝汤的主要成分是金丝燕变硬的唾液后，一定会大吃一惊）。灰树蛙为了躲避地面上的捕食者会集中躲到树中，将雌蛙的分泌物搅成一个大泡泡。雌蛙会在这个泡泡里产卵，蝌蚪在其中孵化。等到它们长成成蛙后，就会从里面落到地面上。

无论是大的还是小的，是草草搭成的还是坚固耐用的，所有的巢都是为了在幼体能够自己存活以前给它们提供保护直到其发育成熟。巢能够将居住者隐蔽起来，使它们免受捕食者的威胁，同时还能够作为它们的庇护所。当你在动物园观察这些巢的时候，仔细想想其中的哪些结构能够帮助后代存活。通过搭建实用的巢，亲代也是在为自身所携带基因的永久传递而投资。所以无论这个工程如何费力，都会是个公平的交易。

出生 大象和长颈鹿幼崽的出生场景可能会让很多人大吃一惊。新生的长颈鹿幼崽可能会从离地面差不多 1.5 米高的地方落下来。从这个高度跌落下来并不会伤害到长颈鹿幼崽，跌落的震动反而会促使它们开始呼吸。而水生哺乳动物，例如鲸和海豚，幼崽的出生则会顺利得多。它们的母亲会温柔地将它们举出水面，帮助它们完成出生后的首次呼吸。陆生哺乳动物通常都会把新生儿身体上的胎盘舔干净，这样做一方面能够去除新生儿出生时的血腥味，另一方面也能帮助新生儿尽快把毛晾干，以免感染风寒。这些动物的母亲也可能会舔新生儿的口鼻处，鼓励它们呼吸，或者舔肛门处，鼓励新生儿排便。当存在被捕食的风险时，母亲可能会吃掉新生儿的粪便，将暴露新生儿位置的风险降到最低。

鸟类、多数爬行动物和两栖动物则会产下具有保护层的卵。鸟类通常会利用自身的体温来孵化这些卵，它们的身体有时甚至会出现一个“孵卵斑”——位于胸部或腹部的一个羽毛稀疏的斑块状区域，借此让卵直接接触温暖的肌肤。多数幼鸟在出生时，其喙部都会有一个尖锐的“卵齿”，来帮助它们破壳而出。清除这个到达外部世界的第一道屏障会让其筋疲力尽，而且在这个过程中还不一定能够得到父母的帮助。鳄鱼会把卵埋在草堆里，依靠草堆发酵产生的热量孵化鳄鱼卵。雌性鳄鱼会定期检查草窝，通过加湿、遮阴或者去除一些植被来调节温度。这一温度调节方式对于平衡种群的性别比例非常关键。如果孵化温度低于 30℃，孵化出来的鳄鱼幼崽将全部是雌性，而孵化温度在 34℃以上时，孵化出来的则全部是雄性。雌性鳄鱼会想尽办法使窝内的温度适中，从而保证新出生的鳄鱼性别比例平衡。鳄鱼幼崽在孵化时会发出尖叫，促使雌性鳄鱼跑过来扒开草堆，帮助它们破开卵壳，再用嘴将它们毫发无损地带到水中。

与之相反的是，多数蛙类、蝾螈和蟾蜍则采用一种“产卵后即丢下不管”的策略。它们会将受到胶状物或者壳保护的卵产在隐蔽潮湿的地方。由于卵和新孵化的幼体都深受捕食者的喜爱，它们通常会一次性产下非常多的卵，期待着至少有一些个体能够活下来。一部分蛇类会直接生下小蛇（自身的缩小版），另一部分则会把卵埋起来自行孵化。采用哪种方式取决于蛇的种类。但无论采用哪种方式，蛇类都会在完成生产后直接离开而无需在此守候。

互相熟悉 在一些动物产下数量巨大的后代并任其自生自灭时，另一些动物则会花费大量的力气在抚养少数后代上。在鸟类当中，亲鸟和后代的关系通常从卵的阶段就开始了。小鸟在卵壳里叽叽叫，亲鸟则会应答，好像在催促小鸟出壳一样。亲鸟和小鸟会在数天甚至数周内维持这种关系。

哺乳动物尤其热衷于了解它们的新生儿，母亲通常会将理毛作为了解的方式。在清洁和拥抱的时候，母亲能够熟知幼儿的声音、气味甚至是皮肤的口感等。这个最初的熟悉阶段在以后的生活当中非常关键，尤其是当母亲和幼体需要从一大群看起来一模一样的动物当中找到彼此时。

在出生后的数小时或者数天内，许多物种的幼体都会把映入眼帘的第一个移动的物体当作自己的"妈妈"。这个现实被称为"印痕效应"。印痕效应能够确保新生个体在饥饿或者遇到麻烦时知道往哪儿跑。不幸的是，由于这一特性，这些动物很容易把一个人、一只狗甚至一辆卡车或三轮车当成自己的妈妈。

印痕效应在成年个体寻找合适的性伴侣时会再次显现出来。研究表明，天鹅会寻找那些在某些地方跟父母相像（这样做能保证找到正确的物种），但同时又有足够多差异的个体作为配偶。远离那些跟父母十分相像的个体，能够杜绝同亲缘关系较近的个体发生近亲交配。这会不会让你想起我们人类的乱伦禁忌呢？我们避免近亲交配，是否有生物学和文化上的双重原因呢？

父母的职责永远不会结束

保持清洁 哺乳动物在没有湿巾或者棉签的情况下也有办法能保持后代的清洁、无异味以及无寄生虫。猫科动物会使用它们强有力的舌头将幼体的毛舔干净，灵长类动物会使用灵活的手指把幼体的毛拨开来清除污渍，而斑马等有蹄类动物则会吃掉幼体身上的污秽。对于群居的哺乳动物来说，理毛是个重要的交流手段，能够将母亲、幼体和其他社会关系联系在一起。巢或者洞穴边界处容易滋生病菌和寄生虫，气味也会引来捕食者，因此这些地方的清洁尤为重要。许多哺乳动物会吃掉后代的粪便，而鸟类则会将囊袋状的粪便叼离巢穴。

喂食 哺乳动物身体里有内置的"食物分配机"——乳房。通过乳房，哺乳动物可以在不离开洞穴的情况下给后代提供高质量、富含脂肪的营养品。黑熊甚至可以在还没完全从冬眠中醒过来时就开始哺育后代，它们将食物以脂肪的形式储备在身体内，从而避免在寒冷的冬季外出觅食。

由于无法哺乳，那些育有后代的鸟类必须经常离开巢穴去寻找食物（这也是为什么多数鸟类都需要父母双方抚养）。在小鸟快速生长的阶段，它们基本上就是一些“长着嘴的胃”，每天除了睡就是吃。它们的喙通常衬有鲜艳的色彩或者条纹，来引导它们的父母进行投喂。给幼鸟喂食的冲动是如此强烈，以至于亲鸟每天都会花费数小时去寻找食物。许多亲鸟还会去寻找那些专门给小鸟吃的食物：一些正常情况下吃种子的鸟会去捕捉富含蛋白质的昆虫，猛禽会将活的猎物撕成非常小的肉块，海鸟则会先自己吃下鱼类，再反刍过后喂给幼鸟。

最终，哺乳动物和鸟类都必须想办法让后代戒掉吃母乳或者从亲鸟那里获取食物的习惯。狼和狐狸在吃母乳到吃固体食物之间会有个过渡：亲代首先自己吃掉固体食物并在胃中消化，返回洞穴后再将食物呕吐出来喂给后代。最终它们会让后代直接接触猎物的尸体，并鼓励它们参与到捕猎当中来。鸟类会忽略那些已经长大的幼鸟们，或者干脆威胁它们，有时候甚至会非常残酷地将它们轰离巢穴。

断奶或者停止喂食的行为强调了个体“自私的基因”所产生的利益冲突。为下一次繁殖做准备的亲代个体无法继续给幼鸟提供食物，而幼鸟的最佳选择则是尽可能久地待在巢穴中，哪怕它们已经不再需要父母喂食。最终这种“乞求—拒绝”的行为会消失，父母会迫使后代独立生存。

调节温度　许多动物的幼体在出生时无法靠自身保持体温。它们的羽毛或毛皮还没舒展开，而且由于体重较轻，它们体内产生的热量远低于从皮肤表面丧失的热量。而在另外一些动物当中，新生个体因没有自主降温的能力而很容易在太阳直射下体温过热。

因此，忙碌的父母在“闲暇时间”必须营造出舒适的巢内气候。在寒冷的天气里，亲鸟会紧紧地坐在巢内，利用自身的体温来使巢内温暖。它们也可能会用胸部的绒毛紧贴着巢壁，减少空气泄漏并将热量封存在巢内。在炎热的天气里，注意观察像鹰那样的猛禽，它们会张开翅膀来避免阳光射到巢内。

守住城堡　即便是强大的狮子，当有幼崽在身边的时候也需要留意捕食者。不管成体多么强大，那些新生个体都会是其他一些动物的最佳食物选择。幼体跑得没有成体那么快，也无法像成体那样反击和保护自己，因而容易成为其他动物的盘中餐。所有物种都会有失去幼体的可能性，只有演化出强有力的亲代防护行为才能尽可能地避免此种情况的发生。在激素和本能的驱使下，在后代的生命受到威胁时，即便是最温驯的动物都会变成一个可怕的对手。

在鸟类当中，亲代防护行为在孵卵阶段就开始了。除了紧紧地待在巢里，通过鸣唱或者怪叫来警告入侵者之外，一些鸟类还会采用一种有趣的转移注意力的行为——通过假装受伤将捕食者的注意力从卵或者幼体身上转移到自己身上。由于捕食者通常都会选择攻击那些容易得手的目标，它们很快就会把目标转向看上去像是受伤的亲鸟。一旦远离了巢穴，这些假装受伤的亲鸟则会突然飞走，徒留口干舌燥又饥肠辘辘的捕食者在原处，仍然不知道猎物的巢在哪儿。捕食者一旦找到了猎物的巢，就像在闪烁的霓虹灯中发现了寻觅已久的饭店一样，它们会不时地返回这个巢，找准机会蒙骗亲鸟，进而大快朵颐。巢一旦暴露，亲鸟要么重新选址建巢，要么彻底放弃它们。当你的孩子再吵着想要到院子或者树林中去看一眼鸟巢中的卵的时候，提醒他/她这是一种骚扰行为，即便没有恶意，也会给亲鸟带来极大的压力。重新建造和布置巢会耗尽宝贵的能量，而这些能量本来应该用于给幼鸟寻找食物。

动物园在有些时候，尤其是面对那些濒危或者异常敏感的动物时，会把准妈妈们撤离公众的视线范围，将它们安置在安静、安全的地方生产，并且会安排人员昼夜观察，竭尽全力保护母亲和新生儿。如果一切顺利的话，游客就有可能获得动物园中最有意义的体验之一——亲眼见到一个即将灭绝的物种增添一个健康的新成员。

带着后代一起外出 当父母需要进行快速迁移时可没有时间等小家伙们跟上来。尽管猫科动物的牙齿如手术刀般锋利，但它们叼着幼崽的脖颈进行移动时能够奇迹般地不伤害到幼崽，幼崽被叼着的时候会本能地顺着脖颈下垂。田鼠也会使用爪子抓住幼鼠的腹部来进行转移。熊类用嘴巴转移幼崽的方式则最为独特，它们会像马戏团的表演一样将幼崽的头部衔在嘴里，而幼崽似乎对这种转移方式很满意。

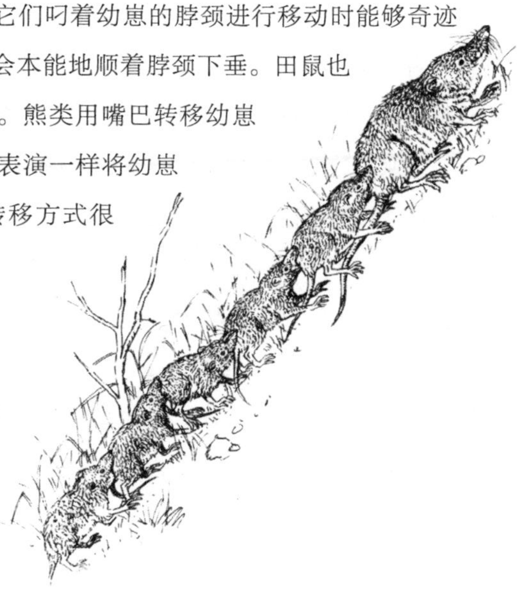

带后代一起外出：像小学一年级的学生们参加学校活动时手拉手一样，小鼩鼱会衔着前一只鼩鼱的尾巴在母亲的身后排成一串。

而其他一些物种的情况正好相反，幼崽会在母亲奔跑、穿梭在树林间或者在湖面上游动时紧紧抓住母亲或者骑在母亲身上。潜鸟和天鹅的幼鸟会骑在母亲的背上，蜷缩在母亲收起的翅膀中间。灵长类的幼崽在母亲移动时会趴在母亲背上或紧紧抓住母亲的腹部，偶尔也会在地面上颠簸着行走。袋鼠和其他有袋类动物的幼体会躲在母亲的育儿袋内。小鸭子们紧跟母亲最好的办法是在母亲身后排成一排，沿着母亲行进的路往前走。鼩鼱也采用列队的形式，只不过每只小鼩鼱都会咬着前一只鼩鼱的尾巴往前走。白鲸的幼崽会跟随母亲，在母亲尾鳍形成的水流中游动。

家庭学校　在幼体成长的过程中，很难讲亲代究竟是起到教育者的作用还是仅仅作为被模仿的对象。幼体可能仅仅通过观察父母就学会了哪些植物可以作为食物、哪里可以找到水源、怎样避免危险、如何捕猎，甚至选择在哪里睡觉等。但在某些物种当中，父母似乎直接参与了教学的过程，因为幼体在做一些有危险的事情时会受到父母的惩罚，父母也会鼓励幼体去探索周围的世界并互相玩耍。这种玩耍可能是子代个体学习复杂的生存策略的一种最主要的方式。

公共看护　和人类许多其他的发明一样，自然界早在人类之前就创造了幼体的集体看护。红鹳、企鹅、鸵鸟、长颈鹿、海豚、鳄鱼和其他许多物种都会把自己的后代交给其他成年个体照顾一段时间，这就给这些父母们提供了自由的时间，来为日益庞大的家庭寻找最具营养的食物。这些看护幼体的“代父母”有的是轮流照顾幼体的亲代，有的是与亲代有血缘关系却没有生育的成年个体。

尽管这看起来像是一种利他行为，但这些照顾幼体的成年个体可以通过照顾侄子、外甥或者年幼的兄弟姐妹来使它们共同的基因往下传递。如果它们的目的是为了进一步扩散基因，你可能会问为什么它们自己不参与繁殖呢？身处在一个稳定、饱和的生境内，在某些特定年份中巢穴点或者食物可能会不足，因此那些首次参与繁殖的成年个体可能无法获得这些资源。与其被赶到边缘的巢穴点，它们可能会选择推迟一年繁殖，并在这一年中学习那些能让它们成为更好的父母的技能。

帮助别人的行为还有助于提高自己的“声誉”。那些寿命较长且智商较高的物种可能会记得那些曾经帮助过它们的个体，并在日后更加愿意在这些个体遇到困难的时候提供帮助。令人惊叹的是，人类社会采用的也是类似的原则，尽管我们已经不再是生物学意义上的灵长类，但做好事仍然有利于基因的传递。

圈养行为

尽管我们许多人都认为“野生”等同于自由，但事实上生活在自然界的动物并没有那么自由。当野生动物外出时，它们活动的范围要受到竞争者、捕食者、所能防护的领域面积和自身能量消耗的限制。事实上，动物会尽可能地减少外出，它们只会在必要的情况下外出进行活动。一旦它们标记了自己所在的领域，它们可能会非常满足于驻留在标记区域内。

在动物园中，所处空间的质量（植被、其他动物、水源和展示馆的其他特征）通常比空间大小更加重要。但不幸的是，许多私人动物园、马戏团和所谓的“动物园”仍把动物关在狭窄、毫无生气的展示馆内，这些展示馆在大小上和质量上都不达标，在这些地方生活的动物最容易发展出“异常行为”。

异常行为如何开始

许多动物产生异常行为的原因有两个：一是将其作为应对无法逃避的危险信号的一种方式，二是将其作为强调自身存在的一种方式。为了了解这些应对机制，我们首先来看看动物如何在野外生存。

好奇的自然界 只专注于特定食物的动物，例如吃竹子的大熊猫和吃蚂蚁的食蚁兽，和狮子等顶级捕食者有一些相似之处——它们都有一个严格限定的生态位，在寻找食物时不需要花费时间在临时改变食物种类上。在捕食间歇期，这些专食者可以躺下来休息放松。由于它们的神经系统就是为安逸而设计的，因此它们会对动物园的慵懒生活非常满意。

而机会主义者则靠智力生存，它们会游荡着寻找食物和配偶。由于天生就非常好奇，它们不会放过任何一个新鲜事物。对它们来说，每个新的发现都会增加存活的概率。这些对新鲜事物成瘾的动物包括狼、浣熊、貂、獴、猴子、猿以及我们人类。和专食性动物不同，这些动物通常都无法接受动物园的轻松生活。它们紧绷的神经系统会促使它们不停地巡护领地，探究栖息地的每一个角落。

狭小枯燥的展示馆 当动物在光秃秃的笼舍中不断巡回时，它们其实正在展现它们对现状的不满。在野外环境下，动物在行走的过程中会不断遇到惊喜、障碍和新鲜事物，这些都指引着动物不断往前走。但是在枯燥的展示馆中，能够起到类似作用的事物却极少，动物很快就走到了领域的尽头。一些举动表明它们想要走得更远，但却无法实现。最终它们的行为逐渐变得格式化和刻板化。在圈养环境下生活的熊会一成不变地坐在展示馆的地板上，或者一遍又一遍离开墙壁再掉头回来，它也可能会迈着固定的步子沿着“8”字形或者圆形来回走动。随着动物不断地重复这一过程，它们的刻板行为也变得越来越规律。这种刻板行为的形成和动物展示仪式的形成类似。正如我们之前所看到的那样，求偶的动物会在逃走和留下来之间痛苦地挣扎。它们想要逃走，但是这一冲动随即被压制了下来，最后只剩下了夸张的头部摆动。当你看到一只大象在来回移动，或者一只熊像是在听音乐那样来回晃动身体时，你看到的可能就是这些动物程序化的行为，它们其实想要离开，但又无路可走。被囚禁在异常狭小笼舍里的马戏团动物尤其容易产生这样的刻板行为。当这些动物置身于更大、更加有趣或者配置了更多自然元素的展示馆时，它们的刻板行为通常都会消失。但令人难过的是，正如人类许多精神方面的疾病一样，无论现在的生存环境多么舒适，这些过去的痛苦经历给动物带来的影响依然存在。

幽居病　当生活变得无聊，有些动物的行为反而会变得复杂。它们可能会创造出新的运动模式（例如在一根绳索上翻滚数小时），或者新的能够做出反应的刺激源。黑猩猩会将自己的粪便扔到群体当中，制造喧闹进而等待其他个体做出回应。动物园中的熊会向游客乞求食物，但它们这么做并不是因为饥饿，而是期待能与游客产生互动。一只猫可能会将一小块肉抛向空中，并重复这个动作，只是为了试着让这块肉复活。一只无聊的动物可能会跟踪、撕咬或者性骚扰展示馆的同伴来让对方燃起斗志。

这种对于刺激源的渴望会在不经意间伤害彼此。父母可能会过度关爱，对幼体的清洁行为太过频繁以至于对幼体产生了伤害。同样地，这些无聊的动物也可能会过度地清洁自己，直到咬出伤口、甚至撕下自己的肉为止。那些习惯于在野外啃木头的鸟类，在无处释放自己的本能时可能会啃自己的羽毛。另外，圈养环境也可能会引发性欲过度，使得动物个体以错误的方式摩擦同一展示馆的同伴。动物园的工作人员通常可以通过设计合理的展示馆，并且时刻关注这些动物的生理、社会和精神需求，来避免这些情况的发生。

不恰当的陪伴　不恰当的社交布置也可能会产生异常行为。过多的陪伴会让动物富有攻击性，特别是在繁殖季节竞争激烈时。当处于从属地位的动物没有地方可以躲避勃然大怒的优势动物时，它会因为紧张和焦虑而死去。另一方面，将灵长类或斑马等群居动物单独安置也会让它们沮丧。动物园管理人员发现，按照动物在自然状态下的群居方式安置它们时，可以减少动物饮食过量、饮食不足、缺少性冲动或冷漠等问题。

人工抚养也可能会影响动物未来的生活。例如一只缺少母亲教导的年轻雌猴可能不知道如何抚养自己的后代，它可能会忽略甚至遗弃自己的后代。正是由于这个原因，一些充满善意的圈养繁殖计划无法顺利进行下去。救助一只动物并在圈养环境下饲养它通常并不是人类能做的最好选择，被人类养大的动物可能会对人类产生印痕效应，终生将人类当作它们的母亲、对手甚至是性伴侣。

你能做什么

优秀的动物园管理者非常了解圈养的危害。如果你在动物园观察到动物有异常行为，去问问饲养员这意味着什么，动物园将要做些什么来改变这种现象。圈养环境不应该等同于监狱。如果我们能够更多地提倡一些可以为动物带来刺激同时减少压力的场馆设计，相信生活在动物园的动物的状况会更好。

世界上
最值得一看的动物

非洲丛林、平原和水域

照顾孩子：大猩猩妈妈们会花费数小时的时间来照顾婴儿。

大猩猩

Gorilla

重要参数

分类：灵长目　人科	学名：*Gorilla gorilla*
体型：高1.4～1.9米	体重：雄性135～275千克　雌性66～140千克
胸围1.22～1.74米	动物园最重的个体重达350千克
寿命：最长50年	
生境：低地或高山的热带雨林	

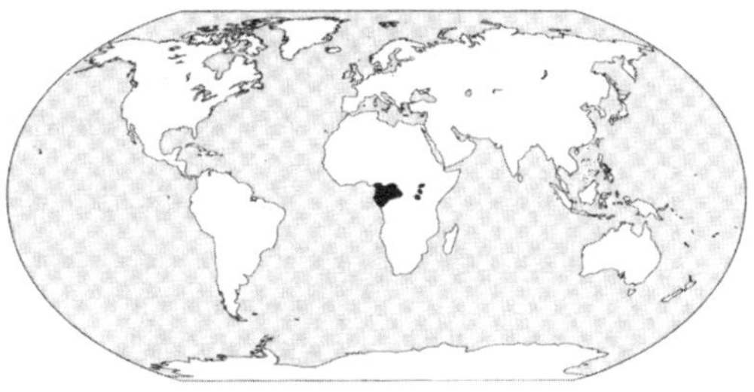

在一个充满自然元素的户外展示馆观察大猩猩，将会打破我们原本对大猩猩的认识。和好莱坞大片《金刚》中所看到的情景完全不同，大猩猩相当害羞，且行动笨拙，通常隐居在森林深处，绝不可能劫走人类、攀上高塔或者拍落飞机。如果想知道影片对它们的曲解有多深，定好早起的闹钟，等动物园一开门就冲进去观察吧。

在上午温暖的阳光下，大猩猩们会缓慢移动，在草丛间耐心地寻找食物，满足地冲彼此低声打嗝。这一家人正在共进早餐。此时，即便是备受误解的雄性大猩猩也处于放松状态，因为一家人都在视线范围之内而且很安全。尽管雄性大猩猩体型硕大，但当家庭中新出生的幼崽吵闹地黏着它时，它也会耐心地去容忍这些小家伙们抓着自己并用力扯自己的毛。（在野外，雄性个体将家庭中最容易受到攻击的个体安置在自己周围，能够增加这些幼体的存活率。）随着正午气温越来越高，这些“巨兽”们会一个接一个地安静下来，伸伸懒腰、打打哈欠，用稻草给自己铺一个舒适的床并开始午睡。

看到这里，你会不会产生质疑，为什么这么多年来人们会将这种安详、温和的动物描绘成“自然界最凶残的野兽”呢？答案当然是因为有利可图。拥有一个“危险杀手”的马戏团会吸引大批观众，而那些杀掉所谓“嗜血野兽”的狩猎者则会在朋友们面前显得格外英勇。于是，关于大猩猩的恐惧和虚构的故事深深地植入了我们的文化当中。不久前一项对英国学龄儿童的调查表明，大猩猩竟然和蛇以及老鼠一起成为孩子们最厌恶的动物之一。

可喜的是，通过相关领域富有见地的科学研究，以及动物园为公众教育而付出的努力，人们对待大猩猩的态度正在逐渐改变。一些保护活动中拍摄的照片，比如数十只野生山地大猩猩围绕着戴安·弗西（Dian Fossey，研究员，同时也是《薄雾中的大猩猩》一书的作者）怡然自得的照片，颠覆了那些所谓“凶残的大猩猩”的传说。而弗朗辛·佩特森（Francine Paterson）博士对一只名叫 Koko 的雌性大猩猩所做的颇具争议性的研究工作，也促使动物园游客们开始重新审视自己对于这些“嗜血野兽”的看法。20 世纪 70 年代末，佩特森博士教 Koko 学习了一种美国手语，到 Koko 7 岁时，它已经学会了使用 645 个不同的手语词汇与许多研究者进行对话（偶尔它也会用手语“自言自语”或跟其他大猩猩交流）。佩特森博士声称，Koko 不仅能够叙述发生在当下的事或描述眼前的物体，而且能够在交流中提到过去的事情，而在这之前，人类被认为是唯一具有这种能力的生物。

尽管针对 Koko 所开展的研究结果至今仍颇具争议，但这却提示我们，那些在森林中凝视我们的大猩猩可能比我们想象的要聪明得多。利用手语，人们对大猩猩进行了斯坦福比奈智商测试（Stanford-Binet IQ test）。结果显示，大猩猩的智商在 85~95，这和人类儿童的平均智商几乎相同。这一结果非常令人震撼，尤其是考虑到这些测试是以人类思维模式为基础而设计的，因此答案有很高的人类偏向性。例如，当大猩猩被问到“下雨时会躲到哪里”时，由于它们根本没有“房屋”的概念，所以“树下”便成为更加合乎大猩猩逻辑的正确答案，但它们却会因此在智商测试中丢掉一分。

公众对于大猩猩智商的争论是件好事。过去，当科学家们开始研究鲸类的智商时，的确引发了人们反对捕鲸的运动。当人类意识到某种动物“有思想”后，会更加设身处地去替动物着想。或许大猩猩的目光也会带来类似的效应，希望现在还来得及拯救这些美丽却容易受到伤害的生物们。

可被观察到的基本行为

移动

除了胳膊更长一些，上半身（胸部、肩膀、脖颈和头部）更大、更重一些，大猩猩的外形和我们人类十分相似。大猩猩走路时四肢着地，长长的前肢被用做前腿。手指向内弯曲而不是摊开，用指关节支撑行走。它们会斜着步子走路、快走甚至小跑。你如果去动物园，还能经常见到年轻的大猩猩在爬树，但随着年龄的增长和体重的增加，这种爬树的行为会越来越少见。

采食

不同亚种的大猩猩（西部低地大猩猩、东部低地大猩猩、山地大猩猩）在不同海拔的地区采食，从潮湿的山谷到空气稀薄且只有矮树生长的高山都能见到它们的身影。它们会频繁光顾低地热带雨林、高山热带雨林或者竹林，特别喜欢在山火或暴风雨后恢复新生的空地采食。在这些空地上，充足的阳光促使植物多汁的叶、茎、根和果实繁茂生长，大猩猩们即使坐着也可以很容易采到这些食物。为了获取充足的养分，这些重达 200 千克的素食者每天需要花费大半天的时间采食，每天吃进去的食物重量高达 31.8 千克。幸运的是，在它们生活的环境中通常食物充足，它们不需要消耗太多体力在寻找食物上。大猩猩每天的走动范围通常不超过 0.8 千米，它们在漫步或坐在翠绿的林间空地时，会用自己强有力的胳膊在所能触及的范围内尽可能多地获取食物。这些翠绿的植物富含水分，所以大猩猩通过进食就能补充身体需要的水分，基本上不需要到开阔水域饮水。

大猩猩丝毫不隐瞒对采食的偏爱，光是听听它们洪亮的咂嘴声和满足的咀嚼声，甚至能够勾起你找点儿零食吃的欲望。有选择性地采食是大猩猩能够与其所在的栖息地保持平衡的秘诀。它们不会把一片区域的所有食物都吃光，而是选择采食特定植物的特定部位，然后就会换地方，让被采食过的植物得以恢复。

当你在动物园观察大猩猩采食时，注意观察它们灵活的双手。和我们人类一样，它们的拇指能和其他手指对握，因此能够抓住竹条或其他大猩猩双手之类的所有东西。与其他灵长类相比，大猩猩的拇指与其他手指长度更接近，这一身体特征再次表明了大猩猩和人类的亲缘关系有多近。

睡觉的窝：大猩猩会把身体周围的树枝向里压，形成一个富有弹性的睡觉用的窝。

独自玩耍

和我们人类一样，大猩猩（特别是年轻的大猩猩）会想尽办法玩耍。它们会一头扎进自己的世界里，在展示馆的绳索或藤蔓间转圈圈、翻跟头、攀爬、跳跃、击打植物、双手叉腰奔跑、腹部朝下从山头滑下，或者仔细检查自己的身体等。如果展示馆里有水的话，这些大猩猩们还会玩水。它们会拍打水面，激起水花溅到彼此身上。展示馆里的一些新奇物件往往能够激起它们的玩耍欲望，并且和人类的儿童一样，越是简单的玩具，如棍子、树枝、竹条、香蕉叶、绳索以及麻布袋等，能带来的效果越好。通过观察大猩猩的玩耍行为，你就能够判断它们的舒适感如何。如果环境中存在会让它们感到紧张或焦虑的因素，那么大猩猩的玩耍行为就会减少。

睡觉

如果你去动物园时刚好赶上大猩猩们在睡觉，千万不要感到失望。即使在野外环境下，大猩猩们在采食之余也会多次打盹，它们这么做绝对不是因为无聊，而是因为吃饱喝足了。条件好点的动物园会给大猩猩们提供新鲜植物或其他材料，以便它们搭建睡觉的窝。

大猩猩日间休息的巢通常都很简单，只是用些枝条搭建一个临时床垫。但在天黑前一小时左右的时间里，大猩猩们会搭建一个复杂的窝来睡觉，利用这个干燥松软的窝，大猩猩们能够远离潮湿的地面。它们会伸长手臂，以自己为圆心，以臂弯能够触及的范围为半径，把四周长有大叶的枝条和杂草弯到自己身下，同时小心避开那些长有刺的枝叶，建造一个半径约为 1.5 米的碗状床。它们有时也会爬到灌木丛或者矮树上，将枝条压到一起形成一个高架床。

大猩猩的叫声
（排列顺序依据叫声的使用频率依次减少）

大猩猩的叫声	叫声的含义
打嗝	采食时的满足
咯咯笑	社交玩耍
像猪一样的呼噜声	轻度攻击；群体移动
轰赶叫声	发起群体行动
打嗝叫声	轻微的警告或好奇
哭叫	婴儿不安或被迫跟母亲分离
问询叫声	轻微的警告或好奇
尖叫	群体性的攻击对抗；雌性交配时的叫声
连续喘息	轻度威胁；雌性大猩猩
交配喘息	交配；雄性大猩猩
低吼	轻度威胁
惊叫	突然的警告；突然遇见而发出的很大的声音
咆哮	强烈攻击行为；雄性大猩猩

大猩猩如何互动

大猩猩集小群生活，首领是一个被称为“银背大猩猩”（名称缘由：雄性大猩猩在长至 11~13 岁时，背部会长出马鞍状的一片银色毛发）的优势雄性大猩猩。群体中通常会包括几只黑背大猩猩（较为年轻的雄性大猩猩）、几只雌性大猩猩和它们的孩子们。亚种不同，大猩猩的群体大小在 2~35 只不等，通常为 6~16 只。

多数情况下，大猩猩群体的成员间都能和平相处，相安无事。处于主导地位的银背大猩猩无需同群体中比自己年幼的雄性大猩猩竞争，它拥有与同群体中成年雌性大猩猩交配的优先权。作为首领，它还要决定群体往哪儿迁移、何时休息，以及每天晚上在哪儿睡觉。当它们排成一队在丛林中穿行时，银背大猩猩会走在队伍的最前端，随后是黑背大猩猩，最后是雌性大猩猩和它们的孩子们。

当黑背大猩猩长到一定年纪成为银背大猩猩后，它们可能会离开所在的群体独自生存，也可能继续留在当前的群体中，帮助优势银背大猩猩击退入侵者。这些拥有不止一只银背大猩猩的群体对于入侵者来说具有更大的挑战，因为年轻的银背大猩猩通常会走在队伍的最前端，而跟在后面的优势银背大猩猩自然就能规避一些风险。作为回报，这些处于次级地位的银背大猩猩偶尔可以获得同年轻的雌性大猩猩交配的机会。它们如果能够忍受足够长的时间，在优势银背大猩猩丧失权力之后，还有可能取代优势银背大猩猩成为群体的新首领。

家庭群体：在银背大猩猩的保护下，大猩猩家族的所有成员会一同采食、休息、理毛和玩耍。

然而，雌性大猩猩极少会待在出生的群体中，它们在成年后会离开出生的群体，与独行的雄性大猩猩结成新群，或者加入其他已经建好的群体当中。每个加入群体的成年雌性大猩猩都会带来新的基因，从而保证群体的基因库不断更新。由于群体中的雌性大猩猩来自不同的群体，相互之间没有亲缘关系，因此它们之间的纽带关系非常脆弱。所以在大猩猩群体中，真正的凝聚因子其实是雌性大猩猩和优势银背大猩猩之间的亲密关系。

雌性大猩猩之所以选择依附于雄性大猩猩有以下几个原因。首先，雄性大猩猩能够用自己庞大的身躯和力量帮助它们击退捕食者或在采食时击退竞争者，并可以帮忙解决群体内的打斗。其次，雄性大猩猩能够保护它们的后代免遭入侵雄性大猩猩的伤害。这些入侵的银背大猩猩一旦成为群体的新领袖，有时会吃掉前任首领的后代，迫使雌性大猩猩与自己交配并生下自己的后代。再次，有雄性大猩猩作为保镖和保姆照顾自己和后代，雌性大猩猩才能离开群体去寻找最好的食物。

友好行为

群体迁移　采食时，同一群体的大猩猩们会自然地分散开来，通过心满意足的

社交玩耍：这种动作如康加舞一样的玩耍行为是年轻大猩猩们创造出来的，是一个用来愉悦自己的游戏的典型代表。

打嗝和呼噜声保持联系。在迁移时，银背大猩猩会以像猪一样的呼噜声为信号将群体成员聚集在一起，同时发出像狗叫一样的喊叫声（只不过将 woof-woof 声音换成了 who-who），来敦促群体成员跟上队伍。

社交修饰 在为同伴理毛时，大猩猩会用手指、嘴唇和眼睛全面地检查和清洁同伴的皮肤、毛发或指甲，并将重点放在同伴的上半身——肩膀、头部、脸部、颈部和手臂。尽管大猩猩的社交理毛行为并不如其他一些灵长类动物那么普遍，但也非常值得一看。通过观察理毛行为双方的表现，你能够得到很多大猩猩群体社会结构方面的信息。

例如，成年雌性大猩猩极少为银背大猩猩理毛，这可能是因为它们已经和银背大猩猩结成了很好的关系，不再需要利用理毛来增进感情。相反，它们会将绝大多数时间花在给自己年幼的孩子理毛上，这么做既实用，又能够增进与后代的感情。与成年雌性大猩猩不同，群体内的年轻成员没法通过交配来增进与银背大猩猩的感情，它们只能努力创造条件来建立与银背大猩猩的纽带关系。通过为银背大猩猩理毛，它们也能为自己的未来投资。理毛不仅能够平复银背大猩猩的攻击情绪，同时也能促使它和自己结成同盟，而这一同盟关系在未来可能非常有用。

社交玩耍 年轻的大猩猩们每天会花费很多时间玩耍，即精力充沛地做一些没有明确意义的事情（又一个从人类角度做出的定义）。除了维持社会纽带，和我们人类一样，玩耍也能够让这些聪明的动物们感到愉悦。

大猩猩在试图诱使同伴一起假装撕咬、追逐、扑倒、推倒或摔跤时，通常会展现出所谓的“玩耍脸”，即一个大大张开的笑脸（不露出牙齿）。玩耍双方通常会面对面坐着，或者缓慢地交替挥动双臂，直朝着对方走过去。当它们相遇时，它们会扭打在一起，进行一场类似慢镜头下的摔跤比赛。有研究者将这种行为比作相扑运动员的仪式化行为。它们假装撕咬时最喜欢的部位是脖颈和肩膀相交处。当大猩猩咬到同伴时，它们会发出你所熟悉的咯咯笑声。

冲突行为

威胁姿势 大猩猩们精心准备的威胁姿势就像是盖革计数器（编者注：一种专门用于探测电离辐射强度的记数仪器）：它们会警告对手自己很危险。一只被激怒的优势银背大猩猩只需要威胁一次，就能让群体中的其他成员四散开来。而针对入侵者的威胁则要激烈得多，如果这种威胁表现没能吓退入侵者，事态则可能会升级为一场真正的打斗。

大猩猩愤怒时最常见的面部特征是嘴唇紧绷，这和我们人类生气时的表情异常相似。大猩猩会微微低头，将嘴唇绷成一条直线，眉头紧锁，强势而坚定地凝视对方，有时也会伴有咆哮声。愤怒的另一种表现方式是发出连续的喘气声，通过快速喘气来警告群体中的其他成员自己正在发怒。随着怒气越来越大，大猩猩可能会面向对手叩齿发出巨大的响声。另一种威胁姿势是支撑着走路。大猩猩会用一种僵硬且夸张的步法在对手面前来回走动。它们会保持上身直立，肘部弯曲，并把头部朝向身体的一侧倾斜，眼睛看向别处，只是偶尔才会瞥向对手。当这种攻击情绪进一步升级时，大猩猩会将嘴角前伸、嘴唇后拉，展现出富有攻击性的“露齿威胁”。

在很多场合中都能看到大猩猩标志性的捶打胸部的行为，包括玩耍、性唤起、沮丧以及警告入侵者（包括动物园游客）等。捶打胸部通常是较长的展示行为的一部分（见后文中提到的三种威胁攻击），但也有可能单独出现。大猩猩用双拳捶打胸部时之所以会发出砰砰声，是因为其双拳呈杯状将空气推向裸露的胸部时，喉部的扩张囊充当了共振器。与雄性大猩猩捶打胸部不同，雌性大猩猩会用双拳捶打腿部而不是胸部。

当受到威胁时，捶打胸部也是一种挥舞拳头的方式，可以让大猩猩展示自己的力量和体型，从而避免真正的打斗。在群体内部，优势银背大猩猩会通过捶打胸部来敦促群体向前移动、吸引雌性大猩猩的注意力，或者平息群体内部的冲突等。这种展示有时也会在整个群体当中蔓延，就好像是要告知其他个体自己所在的位置。在野外环境下，这种捶打胸部的行为可以震慑群体，避免群体成员之间竞争食物。

威胁攻击　当单纯的威胁姿势无法骗过对手时，大猩猩可能会采用 3 种威

捶打胸部：大猩猩在发出警告声、兴奋、沮丧或愤怒时，会双拳呈杯状捶打胸部，发出很大的砰砰声。

昂首阔步行走：为了表明自己在群体中的统治地位，银背大猩猩会以一个僵硬又夸张的姿势站立和大步走。

胁攻击：对角线欺骗冲锋、快速冲锋和猛击冲锋。但不管采用哪种攻击方式，大猩猩们都会采用站立或者四肢着地、肘部向外的僵硬姿势。在威胁攻击伊始，大猩猩会轻声喊叫，随着攻击渐渐达到高潮，叫声会越来越快并且越来越不清楚。在攻击展示中，大猩猩可能会向外踢腿、吼叫、向空中丢一把植物或者石块，或者捶打胸部。在对角线欺骗冲锋时，大猩猩会两肢或四肢站立从对手身侧跑过，最远可跑至 20 米外。在快速出击时，大猩猩会直接冲向对手，直到对方跟前才停止。在 3 种攻击展示中最为激烈的猛击冲锋中，双方会有直接的身体接触，它们会用肩膀撞击对方，或者在冲向对方时用手掌击打对方。

打斗　通常来说，在威胁表现中双方唯一的身体接触是冲锋阶段用肩膀去撞击或者用拳头去击打对手。那种拼尽全力的打斗通常只会在极其偶然的情况下出现在优势雄性大猩猩和它的挑战者之间。一旦双方都开始呲牙、尖叫以及愤怒地咆哮时，一场打斗便一触即发。

屈服和恐惧　那些不想惹上麻烦的大猩猩们有许多方式来避免打斗。它们会蜷缩在地上，腹部朝下，只露出宽阔的后背，以此向优势大猩猩表达自己的顺从之意。有时它们也会用手臂保护头部。如果一只大猩猩有跟对方争斗的意愿但仍不确定时，它的嘴唇会往里收，并且避免跟对手对视。这种收嘴唇的行为和人类咬嘴唇的行为类似，紧张的另一个表现是不停地打哈欠。

大猩猩会用多种声音来表达警告或彻底的恐惧。问询叫声（听起来像“你是谁”，因为中间音节更高）和命名极为精准的打嗝叫声（编者注：原文 hiccup 一词既表示打嗝，又有“小问题”的意思）是轻度警觉或好奇的表现，通常在远处有尖利声音传来时，会发出这种叫声。而真正陷入恐惧的大猩猩会保持绝对的安静，像是除了聆听无法做出任何反应一样。在极度恐惧时，大猩猩也会张大嘴巴，往后扭头并且尖叫。另一种警告的惊叫声不像尖叫那么尖锐，也不像吼叫那么低沉，它的发音听起来像 wraagh。在动物园中，注意观察当环境中突然出现噪声时大猩猩的行为反应。

性行为

关于大猩猩的另一个误会是它们永远无法得到性欲的满足，雄性大猩猩也因此经常成为一些恐怖故事的主角。它们会被刻画成好色的野兽，因为性欲旺盛把女人从丛林当中掳走。但事实上，雄性大猩猩通常不会有明显的性冲动，这可能是由于它们已经与雌性大猩猩们结成了稳定的纽带关系，无需再去求爱或争夺配偶。相反，雌性大猩猩在容易受孕的时候会主动发起性行为，乞求雄性大猩猩与之交配。在受孕后，雌性大猩猩的性冲动会越发强烈，但它们不会同银背大猩猩交配，而是和同一群体的其他雌性结

展示：更加活跃的雌性大猩猩会公然乞求雄性大猩猩与之交配。

成温柔闲适的同性配偶对，也会有自慰行为，并且会和群体中年轻的雄性大猩猩调情。只要确保雌性大猩猩生下的是自己的后代，银背大猩猩就会容忍这一切。

求偶 雌性大猩猩每个月的发情期只有 3 天。在发情期到来之前，它们的气味会发生改变，雄性大猩猩也会花费更多时间嗅闻雌性的腋下和外生殖器。雌性大猩猩也会在表现上变得更有吸引力，它会向雄性大猩猩撅起屁股，或者仅仅是四肢僵硬着定定地凝视着对方。它可能会躺或趴在雄性大猩猩面前，暗示性地移动骨盆，并且伸出一只手臂做邀请状。在做出这些乞求动作的同时，它会压紧嘴唇在嘴角鼓起一个包。雄性大猩猩在求偶时也会有这种紧张的表情，它会快速摆动头部，并紧张地瞥向雌性大猩猩。当它想要尽力引起雌性大猩猩的注意时，它也会昂首阔步或者捶打胸部。

另一种非常罕见的求偶行为是骑背行为，雌性大猩猩像骑马一样骑在雄性大猩猩身上，雄性大猩猩上下剧烈晃动。在这个过程中双方会越来越兴奋，接下来很快就会进行交配。

交配行为 除了传统的交配姿势外，大猩猩也能够面对面交配。科学家指出，大猩猩能够使用多种性交姿势的能力和它们相对较大的大脑有关。在交配时，雌雄大猩猩会展现出“交配脸”：眼睛紧闭，嘴唇紧闭并在嘴角鼓起一个包。在交配的最后阶段，这些展示会更加激烈，雄性大猩猩会展现出眩晕的表情。交配声音也很有特点：雄性大猩猩会发出间断的喘息声，而雌性大猩猩则可能会尖叫，交配双方都会发出一些呼噜或低吼声。这些视觉和听觉上的刺激通常会吸引年轻的雄性大猩猩来触摸交配双方的生殖器，并在触摸后嗅闻自己的手指。这些好奇的旁观者大概是为了学习交配技巧，以供以后使用。

育幼行为

大猩猩每 3~5 年生育一次，生育的间隔用来照顾后代。婴幼期正是大猩猩学习群体文化和经验的关键时期，在这期间，合理的社会化能够确保它们的成年生活更加顺利。

生产 雌性大猩猩在生育前三个月乳房会膨胀，腹部也会凸显（这一特征有时会不准，因为一些没有怀孕的雌性大猩猩也会有凸起的腹部）。它们同时也会变得冷静，会减少与其他大猩猩玩耍的次数。用一个动物园管理者的话来说，它们会变得平和。当生产期临近时，它又会变得紧张烦躁，偶尔会用手指触摸外阴并吮吸手指，像是在估量还有多久生产。

照顾后代 大猩猩妈妈在幼儿出生后就开始为其理毛，这种行为会越来越常见。它会舔、啃、扒、抓以及摩擦它的新生儿，用依我们人类来看并不舒服的姿势将新生儿翻来翻去，

人类和大猩猩

根据分布地的不同，大猩猩分为 3 个亚种：山地大猩猩、东部低地大猩猩和西部低地大猩猩。目前最为濒危的亚种是山地大猩猩。截至 2012 年 11 月，山地大猩猩的野外种群只有 880 只。东部低地大猩猩和西部低地大猩猩的种群情况相对稍好，但也不容乐观。尽管动物园和博物馆已经停止从野外捕获大猩猩，但新的威胁却逐渐显现出来。和许多其他物种一样，大猩猩正在和人类争夺领地，并因此失去了大片的栖息地。随着越来越多的森林被推倒改种农作物或木料，或者直接被人类占用，大猩猩能够生存的野外空间越来越小。

更糟糕的是，在仅存的少数避难所内，大猩猩家庭也并不安全。那些盗猎者在明知道猎捕大猩猩会触犯法律的情况下，依然不惜长途跋涉去捕杀这种远离人类的害羞的动物。无论法律如何严格，只要还有人愿意花高价去购买大猩猩的头骨、手和脚（被用来制作象征“好运”的装饰品），或者购买大猩猩幼体来当宠物，猎杀就不会停止。为了捕获一只大猩猩，盗猎者甚至会杀掉那些试图保护同伴或幼体的全部家庭成员。

更加令人心痛的是，那些原本用于猎杀其他动物的动物陷阱有时也会夺去大猩猩的性命。它们还会死于那些担心庄稼受到损坏的农民手里。已有的证据表明大猩猩有时也会偷食庄稼，但与我们人类破坏大猩猩栖息地的行为相比，这根本不值一提。所有的争论在饥饿面前都会变得毫无意义。无论这些当地居民是为了保护自己的庄稼，还是为了利用大猩猩的肉来充饥，其结果都是一样的：这些繁殖缓慢的大猩猩种群正在消失。

近年来，随着山地大猩猩研究的开展，生活在这个国家的人们开始对这一四面楚歌的人类近亲有了更多的了解。我们只能寄希望于通过在动物园看到这些灵长类动物在接近自然的环境中，可以唤起公众更多的注意。如果能够在动物园之外，在全球范围内形成关怀大猩猩的浪潮，才会有更好的研究、更加有效的防盗猎措施，以及更多的当地教育。只有到了那个时候，在足够长的禁猎期之后，大猩猩种群才能保持稳定，或许在保护区内的大猩猩种群还能有所增长。

以便能够触及它的所有部位。新生儿可能会用蠕动、脚踢，以及像人类婴儿那样用哭叫来反抗。大猩猩婴儿也会在被抛下、被卡在树上、遇到麻烦或者感到不适时哭叫。和人类婴儿一样，大猩猩婴儿也可能会嚎啕大哭，直到它们觉得舒服时为止。

当雌性大猩猩在地面上行走时，婴儿会本能地抓住妈妈腹侧的毛。随着婴儿不断长大，它们会骑在妈妈的背上。哺乳期的雌性在照顾新生儿的 2~4 年内不会有性行为，一旦新生儿能够离开群体自谋生路时，这些大猩猩妈妈们的月经周期很快就能恢复过来，并做好与雄性大猩猩再次交配的准备。

在动物园或野生环境下能够观察到的大猩猩行为

- 基本行为
  - 移　动：四肢着地行走　快走　小跑　攀爬
  - 采　食：觅食
  - 独自玩耍：旋转　翻滚　攀爬　跳跃　拍打植物　跑动　滑动　检查身体　玩水
  - 睡　觉：搭窝
- 社会行为
  - 友好行为
    - 群体迁移：打嗝　猪呼噜声　轰赶叫声
    - 社会修饰
    - 社会玩耍：玩耍表情　假装撕咬　追赶　猛扑攻击　摔跤　攻击
  - 冲突行为
    - 威胁姿势：低吼　连续喘息　扭头　捶打胸部　昂首阔步行走　露齿威胁
    - 威胁攻击：对角线欺骗冲锋　快速冲锋　猛击冲锋
    - 打斗/屈服和恐惧：哆嗦　卷唇　打哈欠　问询叫声　打嗝叫声　沉默　尖叫
  - 性行为
    - 求偶行为：嗅闻　展臂　定定凝视　骨盆移动　昂首阔步　捶打胸部　骑背
    - 交　配：交配表情　交配叫声

大猩猩想要表达什么？

嘴巴大张

- 嘴唇向下盖住牙齿
  - 玩耍表情
- 嘴唇向上露出牙齿
  - 嘴角往后
    - 紧张打哈欠
  - 嘴角往前
    - 露齿威胁

嘴巴紧闭

- 嘴唇凸出
  - 交配表情
- 嘴唇分开伸出舌头
  - 专注表情
- 嘴唇抿紧或卷起
  - 嘴唇抿紧或卷起

专注表情

抿嘴威胁

露齿威胁

玩耍表情

吃奶和玩耍：幼狮总是精力充沛，它们通过母乳获得营养，通过玩耍锻炼肌肉，为成年以后的生存做准备。

狮　子

Lion

重要参数

分类：食肉目　猫科	学名：*Panthera leo*
体型：雄狮体长 1.67~2.44米，肩高1.22米	体重：雄狮150~250千克
雌狮体长1.37~1.67米，肩高1.07米	雌狮120~180千克
寿命：平均15年，圈养环境下30年	
生境：灌丛或稀树草原	

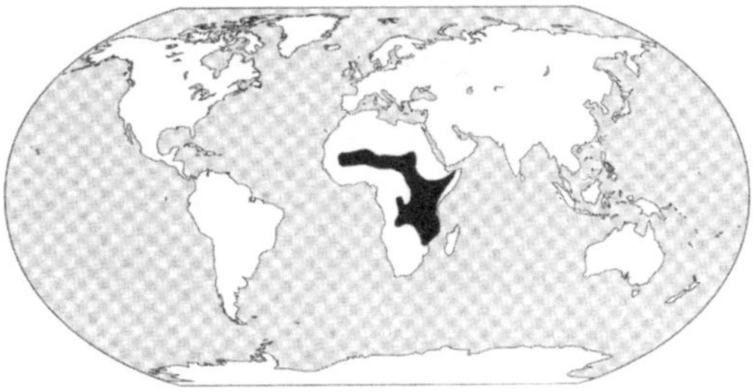

如果你养过随时都能自娱自乐的暹罗猫，那么你一定会认为重达 250 千克的狮子肯定是非常独立和冷漠的，它们肯定也不需要其他个体的帮助就能存活得很好，对么？然而事实上，狮子是社会性非常强的动物，从获取食物到繁衍都需要其他个体的帮助。要了解狮群社会协作系统的演化，我们不妨先来观察和分析狮子的捕猎能力。

狮子生存的区域充满了各种机会。非洲稀树草原上生活着数百万只有蹄类动物，它们作为食物供养着众多捕食者，这些捕食者又由于捕食策略或生态位的些许差异而能够共存。多数食肉动物会将那些年老、多病或者非常年幼的个体作为自己捕猎的目标，猎物的体重通常在 100 千克以下。与其他猫科动物不同的是，狮子以小群的方式共同捕猎。通过合作和埋伏，它们能够捕获到体重超过 250 千克且完全健康的猎物，包括瞪羚、角马、斑马、疣猪、转角牛羚和黑斑羚，甚至是体型高大的长颈鹿。也正是由于这一原因，狮子成了非洲草原上的王者。

尽管单独行动的狮子也能捕获到上述猎物，但并不是每次都能得手。一项研究表明，狮子单独捕猎的成功率只有 17%，但当两只或三只狮子合作捕猎时，捕食成功率就能够翻倍。正是这一捕猎优势，使得生活在非洲稀树草原上的狮子形成了这种社会性的生活方式。

狮子所在的群体被称为狮群（pride），成员包括 3~12 只成年雌狮，2~4 只（通常是 2 只）成年雄狮，以及处于不同年龄阶段的幼狮。不同地区的狮群大小不同，成员数量从 5~37 只不等。尽管狮群的成员共享同一片领域并会与同伴友好地相处，但极少能看到狮群的所有成员聚集在同一个地方，多数时间它们会组成两只到三只的捕猎群。当这些小群在野外相遇时，很容易就能区分出哪些个体隶属于同一个狮群而哪些不是。它们不允许狮群之外的个体出现在领地之内，成年雄狮和雌狮很快就会把这些入侵个体赶出去。

事实证明，群体生活是非常有好处的。除了可以在捕猎和防御时提供数量优势以外，群体成员间的亲密关系也会让幼狮的养育变得更加容易。狮群中的雌狮几乎同时发情，相应地也会在几乎相同的时间产崽。于是，喂奶、养育和保护幼狮就成为狮群的共同行为，雌狮会照顾包括自己后代在内的所有幼狮。这种照顾幼狮的方式使得雌狮能够定期离开幼狮去捕猎，而不用担心幼狮被捕食者或入侵雄狮侵扰。

入侵雄狮是狮子社会结构中处于游荡阶层的一些个体，它们生活在狮群的外围，等待机会成为狮群的一员。所有年轻的雄狮和那些剩余的雌狮，在被迫离开所在群体去寻找自己的领地时就变成了流浪狮。这种自我调控机制保证了狮群大小维持在合理的范围之内，不会超过所在领地的承受范围。

在塞伦盖蒂大草原，流浪狮的数量占到狮子总数的 20%。它们没有领地，必须走很远的路去寻找食物。同时，由于单独捕猎，与狮群的成员相比，它们要付出更多的努力才能获得食物。那些流浪的雌狮一旦怀孕（通常是与流浪的雄狮交配而怀孕），也会由于缺少同伴的共同照料以及雄狮的保护而很难将幼狮养大。对于流浪狮来说，改善处境的方法是创建自己的狮群或者加入其他已有的狮群。当狮群处于饱和状态时，这些替补的流浪成员必须等到狮群中有个体死亡时才能补上来。如果没有空缺可补，流浪的雄狮通常会强行加入其他狮群。尽管这种方法的危险系数很大，但依靠武力“政变”是流浪雄狮确保自身基因得以传递的唯一途径。

挑战现有狮群的优势个体并不是件容易的事，对单只狮子来说就更加困难。同时从家族狮群中被赶出来的有血缘关系的雄狮通常会结成雄狮群，这样能够增加它们挑战现有狮群的成功率。但是即便它们成功加入了某一狮群，通常其统治时间也只有2~3年，之后可能会被另一个雄狮群，或者另一只更加年轻、身体更好的雄狮所取代。在被驱逐出群后，这些被打败的雄狮会再次成为流浪群体的一部分。这种周而复始的加入和离开狮群的行为是狮子社会行为中最有趣的部分之一。但是单只狮子也有自己的生活，它的行为也同样值得研究。

狮子可供观察的基本行为

移动

狮子能够以58千米/时的速度狂奔，与这一速度相比，人类的跑步运动员慢得就像在原地踏步。如果你用慢镜头捕捉一只疾驰的狮子，你就能看到它会先迈前爪，身体猛地向前跃，再在前爪的侧前方落下后爪。这一动作不断重复，构成了它们流畅又迷人的奔跑动作。那些漫步的狮子也给人一种美的享受。它们安静轻盈的步伐完全是靠柔软的肌肉完成的，这些肌肉也赋予了狮子异常强大的捕食能力。

采食

在长距离的追逐中，当猎物以80千米/时的速度高速奔跑时，可以轻易地将狮子甩在身后。因此狮子采用了一种完全不同的方式接近猎物：缓慢而有预谋的跟踪。

一只正在跟踪猎物的狮子和邻居家偷偷追踪麻雀的猫很类似。3种基本的跟踪姿态很容易区分，它们分别为：跟踪走动、蹲伏走动和蹲伏。跟踪走动是双腿微曲、低头、耳朵朝前地快速走动或者小跑。它们会利用环境中的白蚁堆、道路交叉口、山丘上的斜坡或者灌丛来隐藏自己。为了降低被看到的风险，它越靠近猎物时，越会压低腹部，头部和颈部几乎贴着地面，耳朵往两边张开来压低轮廓，在晃动的草丛中几乎完全隐身。在蹲伏走动时，狮子只会在猎物不注意时向前走动，并在猎物稍有觉察时立刻停下保持不动。通过不断地前进和停止，狮子能够靠近到距猎物

9~15 米的范围内。在最后的蹲伏阶段，狮子会保持肌肉紧张和抖动，等待最佳的出击时机。如果有机会观察这一蹲伏行为，人类一定会充满焦虑、恐惧以及发自内心的对捕食者和猎物的同情。或许我们会本能地回忆起人类史前时期生活的经历，我们的祖先会在靠近猎物的地方潜伏，而捕食者也会潜伏着找准时间袭击人类。

在这一点上，狮子比我们人类要强上百倍。还没等斑马或疣猪反应过来，狮子就会从潜伏地猛扑过来，用爪子重击猎物，同时用力咬住猎物的脖颈或口鼻处。狮子会像驯马师那样用力制住猎物，直到猎物窒息并停止挣扎。狮子的头部结构也完美地适应了这种猎杀方式：头骨很大，口鼻处很短，强有力的下颚上布满了尖锐的牙齿，甚至连舌头也有它的用途——舌头上有向后弯曲的角质突起，让狮子在咬住湿滑的肉时有更大的摩擦力。

多数动物园在给狮子这些食肉动物喂食活物时仍会有顾虑，至少在游客在场的情况下不会这么做。因此如果你想看到狮子捕食的场景，只能借助于自然纪录片或者到网上找视频了。但在看这些视频的时候，你要知道狮子总共有多达 8 种捕猎方式，但最常见的方式是埋伏和共同捕猎（见 115 页的合作捕猎）。

跟踪：雌狮会低着头并压低身体，在草丛中悄悄跟踪。

排泄

和挑剔的家猫不同，狮子会在领域范围内随意排泄，而且不会掩埋粪便。雄狮和雌狮都会使用蹲伏的姿势撒尿，除非它们想要用尿液来标记领地。在用尿液标记时，狮子会采用站立的姿势，向树干、展示馆的墙壁，甚至是一排游客身上喷射尿液（见116页“气味标记”部分）。

自我修饰

雄狮会花费大量时间在自我清洁上。它们会自行保持前爪、脖颈鬃毛的前端以及前胸的整洁，却要在同伴帮助下才能完成面部的清洁。狮子也会在其他物体上摩擦，或者通过来回打滚来挠痒或去掉身上的虫子。动物园的研究者指出，当狮子处于紧张状态时，例如无法较好地融入狮群时，会有更多的自我清洁行为。因此只需注意观察你所在动物园的狮子的自我清洁频率，就能够判断这一动物园是否舒适。

降温

为了抵御热带草原的炎热，狮子通常会四肢叉开趴在地上，让空气流动，使得毛发稀疏的腹部得以降温。幼狮无法像成年狮子那样忍受阳光的直晒，它们通常会躲在树荫或者乐于提供帮助的成年雄狮的阴影下。在饱餐一顿后，整个狮群会在树荫下喘气和流口水，并让自己的温度降下来。

睡眠

如果你去动物园时刚好看到狮子在睡觉，想想自己家里的懒猫吧。你注意过自己家的猫每天花多少时间睡觉么？在你睡觉时，它们就在睡觉；当你醒来工作时，它们依然在睡觉。事实上它们一天当中只有少数时间保持清醒（特别是你好不容易有机会睡个懒觉的早上）。同样地，狮子也热衷于打盹和睡觉，事实上，生活在热带草原的狮子每天最多可以睡 21 个小时。在动物园，它们每天可能会睡 10~15 个小时。

尽管频繁的睡眠和休息让狮子看起来懒洋洋的，但从狮子的角度来看，这又是值得的。由于每次捕猎都有很大收获，因此它们无需经常捕猎，更没必要把精力花在无意义的移动上，因为移动会消耗能量，而频繁的移动就意味着要更加频繁地捕食。狮子权衡各种行为的利弊，最终变成现在这种懒洋洋的样子。

人类与狮子

狮子这种看似强壮无敌的捕食者，很多时候又十分脆弱。它们会成为那些试图证明自己能力的捕猎者的目标。杀死狮子的诱惑曾经是如此强烈，以至于那些欧美捕猎者不惜花费重金来购买狮子的狩猎权，而这些狩猎团体一天就能杀死数十只狮子。现如今，尽管已经出台了一些旨在控制狩猎保护狮子的法规，但这种可怕的行径依然在非法进行。那些生存在人类定居点附近的狮子也很危险，因为多数农民会在狮子靠近他们的牲畜时将其杀死。

但对狮子来说，更大的威胁却是缓慢的、不可阻挡的栖息地丧失。狮子需要依靠足够大的栖息地来保证充足的食物。每当栖息地的丧失使得猎物的数量急剧下降时，狮子的种群数量也会随之急剧下降。

幸运的是，多亏了狮子的明星效应，它们受到了国家公园的保护。在 20 世纪 70 年代末，肯尼亚安波塞利国家公园的一个生物学家估计，一只雄狮一生的时间里能够给公园带来 100 万美元的收益，因为狮子是单个动物当中最能吸引动物观察者的。考虑通货膨胀因素后，目前每只雄狮的价值在 320 万美元。但不幸的是，这些数值通常也变成了人们衡量狮子价值的唯一办法。参观动物园的游客在看到这些高贵的动物后，很可能也会从这种更加人性化并且直白的方式去理解狮子的内在价值。

打哈欠

狮子会在睡醒后或者采食前打哈欠，通过这种方式能够保证血液中有充足的氧气，为随后即将发生的行为做准备。打哈欠在狮群当中好像也会传染，某一只狮子打哈欠会在其他个体当中引发哈欠潮。（听起来很熟悉？）狮群中的哈欠潮可能是为了保证狮群中所有成员在需要逃跑、捕猎或者仅仅是跟饲养员打招呼时不会过于迟钝。简要地讲，打哈欠能够让狮群的所有成员处于相同的身体状况当中。

伸懒腰和挠痒痒

狮子伸懒腰时，前爪向前平伸同时背部向下拱，或者四爪聚在一起同时背部向上拱。它们会在休息之后或者活动之前伸懒腰。狮子有时也会将前爪扒在树上，有节奏地伸出和缩回爪子（和你家的宝贝小猫对沙发做出的举动一样），这种行为似乎对背部、前腿和爪子的肌肉都有好处。

打哈欠

清洁

抓挠

咆哮

狮子如何互动

友好行为

问候　处于群体当中时，狮子能够依赖其他个体帮忙照顾后代、共同捕猎和守卫领地。为了和群体成员保持良好的关系，狮子需要平息紧张，并且不断地加强社会纽带。其中的一种方式是在睡醒之后、再次相遇或者捕猎等群体行为开始之前用适当的方式打招呼。在观察这种问候仪式时，可以对比一下这和猫的问候仪式有多像。

打招呼的双方会相互磨蹭头部和前额，有时这种磨蹭会十分用力，并伴随着哼哼声和呻吟声。在更加复杂的问候仪式中，它们会围着同伴转圈，将同伴全身上下磨蹭一遍后，举起尾巴轻轻拍打同伴的背部，并慢慢地把臀部转向同伴的头部。体型小的狮子可能会用头部和身体去蹭体型大的狮子的下巴，并将身体靠在同伴的胸前，像是要尽可能多地进行身体接触。而简化后的问候仪式可能只是朝着同伴微微低头，甚至都不需要有身体接触。

这些问候仪式传达着友好的意图，甚至能在狮群当中传播这一情绪。你会发现雌狮和幼狮会彼此问候，它们也会经常问候雄狮，但雄狮极少会反过来问候它们。由于自身的优势地位，雄狮似乎不需要靠问候来建立社会纽带，或者平复彼此间的事端。

另一种能够观察到的问候方式是嗅肛门，即嗅闻肛门附近的区域。这种嗅肛门的行为，可能只是两只狮子中的一只嗅闻同伴，也可能是两只狮子同时嗅闻对方。在不确定对方身份的情况下最常采用这种问候方式，用来识别对方的身份。雄狮也可能会嗅闻雌狮，尤其是当雌狮用磨蹭、围着雄狮转圈以及竖起尾巴等方式向雄狮问候时。雌狮的这些举动通常有性暗示的意味。雄狮会通过嗅闻雌狮的肛门来确定对方只是想要表达友好的意图，还是另有所图。

社会修饰 在社会修饰行为当中，狮子会舔同伴的脸、脖子和肩膀——那些自身舔不到的地方。它们舌头上的粗糙突起能够伸到毛发当中去除皮肤上的刺激物。更有趣的是，与自我修饰相比，社会修饰更能去除身体上的寄生虫，因为同伴会逆着毛发的纹理寻找异物，而自己总是顺着毛发的纹理寻找皮肤上的异物。

社会修饰在达到清洁目的的同时，还充当了社会润滑剂的作用，增强了相互之间的依赖性和友好关系。清晨和傍晚的修饰行为以及摩擦头部的行为在本质上更具社会性。注意观察修饰行为的发出者和接收者：在野外，雌狮会为雄狮、幼狮和其他雌狮修饰，但雄狮不会帮其他动物修饰。唯一的例外是在交配时，雄狮可能会向雌狮展示一些象征性的修饰意向，但优势雄狮则根本不需要靠社会修饰来取悦任何个体。

社会玩耍 尽管幼狮以爱玩

问候：像家猫一样，狮子通过将头部和身体靠在一起磨蹭来问候同伴。

玩耍的邀请：跟小猫类似，狮子会友好地弯下身体，压低前半身，向同伴发出“让我们一起玩吧”的邀请。

著称，但玩耍绝不是幼狮们独有的行为。狮子在一生当中都保有爱玩的天性，两只雌狮在轻声吵闹中追逐、撕咬，或是扑到对方身上的行为并不少见。母性也能唤起狮子爱玩的天性，注意观察那些雌狮们的脾气有多好——小狮子即便拍打、啃咬甚至爬到它们身上，它们也丝毫不介意。当小狮子玩累了之后，雌狮可能会上下摇动尾巴，像是在邀请小狮子来抓住它们尾巴的末端。这种游戏除了能够达到玩耍的目的外，也可能有教幼狮如何捕捉猎物的目的。

合作捕猎　合作捕猎是动物界众多捕猎方式中最为常见，也是最成功的一种。如果在动物园中无法看到，你也可以从自然纪录片中看到这一激动人心的场景。那些首先看到猎物的狮子会竖起耳朵、睁大眼睛并定定地看着猎物所在的方向。其他狮子注意到它的举动后，会顺着它的目光锁定猎物。一旦狮群的所有成员都锁定猎物后，其中一只狮子会以直线冲向猎物，其他同伴则会以某一角度冲向猎物，最后把猎物团团围住。当猎物发现其中一只狮子时，它通常会朝相反的方向飞奔，进而落入另一只狮子的掌中。

冲突行为

吼叫　狮子最著名的特征要属它们嘹亮如雷鸣般的吼声了，这种吼声就像是一种长距离电报，能够在各个方向上告知其他狮子“我在这，这是我的领域”。在动物园，你经常能听到狮子应对某一噪声的吼叫声，而这种吼声又会引发展示馆其他同伴发出吼声。

狮子的吼叫声是它们应对辽阔生境的一种适应，远在 8 千米外的狮子都能听到同伴的叫声并做出回应。这种叫声有两个功能：警告那些非法入侵的雄狮，以及聚集分散的狮群同伴。有时狮子在很近的范围内也会吼叫，这会使其看起来或者听起来比实际更强壮。

气味标记 气味标记是一种能够远距离传播，并持续较长时间的标记方式。狮子所做的气味标记在它们离开之后，依然能够告诉其他狮子标记的内容、时间，甚至是谁留下的标记。和狗一样，狮子在经过这些地方时，会在同一地点重复标记。它们在接近同伴或者攻击时，也可能会用气味进行标记。

在草原或者动物园，狮子会站在树木或灌丛前，抬起尾巴喷出尿液来进行标记。通过这种标记方法，尿液在挥发过程中能够传递信息，并且通过在狮子鼻子的高度进行气味标记，那些路过的狮子就不会错过。雄狮最常使用气味标记，雌狮在发情时也会使用。

一些动物园的狮子发现，引起游客注意的一种方式是：在 3~4 米开外背对游客，出其不意地向游客喷射尿液。那些站在前排的游客通常都会遭殃。现在，既然你已经能够判

喷尿：守卫领域的狮子通常会在鼻子高度的树干或物体上喷洒尿液，这样那些经过此地的狮子就不会错过这些标记。

断出哪些狮子有标记的倾向，一旦看到它们把尾巴竖起来，就尽量离它们远远的。同时注意观察那些在同一展示区域的其他狮子，排便和排尿行为都能在群体中传染。

狮子也可以采用蹲伏的姿势进行标记，它们会用尿液把后腿打湿，并向后摩擦，在传递化学信号的同时也有视觉补充。狮子也会在灌丛或树枝上磨蹭头部和嘴部，将唾液或皮肤腺分泌物涂在上面来进行标记。

如果你所在动物园的展示馆中有树木的话，注意观察有没有爪子的抓痕——那些顺着树干从上往下的划痕或沟槽。狮子会伸长前肢，趴在树干的高处，顺着树干下滑来留下抓痕。爪子在树皮上划过时，能够去除爪子上松动的死皮，同时留下具有社会沟通功能的视觉和嗅觉信息。

低强度的威胁　吼叫和标记都能帮助狮群的个体之间保持一定的距离，避免与其他个体相遇。而每当有狮子越过领域的边界突然出现，它们就会转而采用视觉沟通的方式来展示威胁行为。狮子在解决群体内部的冲突时，也会采用这些类似的威胁姿势，因此你在动物园看到这种行为的可能性还是很大的。

最轻微的威胁姿势是直接凝视着对手。在双方的视觉范围内，这种悄无声息的方式能够在不浪费宝贵能量的情况下达到威胁的目的。如果有经验的话，处于次级地位的狮子会很快闪到一旁，让凝视的狮子通行。雄狮还会通过伸长身体，绷直后腿，竖起脖子，侧过头来看对手或雌狮，让自己显得更强壮，并以此来确定自己的地位。

高强度的威胁　如果狮子需要在凝视或昂首行为上增加砝码的话，可能会转向高强度的攻击性威胁。此时，面部表情就会变得异常重要：处于攻击地位的狮子会把脑袋缩在肩膀中间，直直地盯着对手看，并微微张开嘴。它会把嘴角往上拉，嘴唇几乎呈一条直线并且几乎看不到牙齿。它会将竖直的耳朵往后转，耳朵开口朝后，将耳朵后部明显的黑斑正对着对手。为了增加威胁的效果，狮子可能会低吼、咳嗽或者上下甩动尾巴。在狮子进食时，如果饥肠辘辘的同伴靠得太近，也经常能见到这种威胁行为。

当伴有恐惧情绪时，这种展示就会变成一种防御威胁，而不再是攻击威胁。防御威胁和攻击威胁的不同之处在于，防御威胁时狮子的嘴角往回拉，在长啸时牙齿是可见的，耳朵紧贴在头上，眼睛几乎完全闭上。这种行为表示它想要放弃，并且不希望耳朵或者眼睛受到伤害。

当恐惧占上风后，处于防守姿态的狮子会离开对手，并把头转过去避免直接的对视。当威胁强度达到最高时，恐惧但好斗的狮子会张开嘴巴，露出牙齿，并采用猛扑、

打斗：两只雄狮在为争夺狮群的控制权而大打出手。

撕咬和击打来展现这种威胁行为。交配前的雌狮、交配当中的雄狮、激烈争斗的雌雄双方（尤其是针对食物的争斗），都会展现这种行为。

如果一只带有恐惧情绪的狮子想要避免这种危险，它会采用跟踪走动、蹲伏走动以及蹲伏的方式偷偷地从对手、捕食者、人类或者突然出现的动物面前溜走。

性行为

当雌狮发情时（平均 3~4 周发情一次），首先发现它发情的雄狮会成为它的临时配偶。狮群中的其他雄狮通常会尊重这只有临时配偶权的雄狮而不会去挑战它，默默地等待自己的机会。除了不想浪费宝贵的精力外，在这个时候打斗也不是什么好主意。这时，雄狮需要与狮群中的其他同伴共同配合，击退试图入侵的雄狮，而不会轻易去伤害或攻击同伴。毕竟那些等待交配机会的雄狮通常都和这只临时配偶有血缘关系，因此尽管并没有直接参与交配，它自身的部分基因也能够得以传递。

但是雄狮之所以采取等待而不是打斗策略的最主要的原因，是每只雄狮与雌狮交配的机会都是均等的，不可能每次都是同一只雄狮发现发情的雌狮。一旦开始发情，雌狮在随后的几天内平均每隔 15 分钟就会与雄狮交配一次。与此同时，狮群内的其他雌狮也会进入发情期，使得雄狮们有更多的交配机会。在这一阶段，雄狮和雌狮都会异常活跃。在一项研究中，一只同时与两只雌狮交配的雄狮，在 55 个小时内共交配了 157 次，平均每 21 分钟交配一次，两次交配之间休息 60 秒到 110 分钟不等，几乎没有时间用于包括采食在内的其他行为。

求偶　求偶通常在开放空间进行，有时会远离狮群的其他个体。雄狮和雌狮会绕着彼此不停地转圈，展示一系列典型行为。雄狮通过展现“交配鬼脸”来表达自己的交配意向——它会像要打喷嚏一样皱着鼻子，把嘴唇往两边拉，露出牙齿，慢慢张开嘴巴，同时悄无声息地晃动脑袋。这种行为和防御性吼叫类似，区别在于雄狮在展示交配鬼脸时不会发出声音，而是慢慢地张开嘴巴。如果雌狮没有立即蹲伏下来采取交配姿势，雄狮可能会走到它身旁舔它的毛，像是要为它理毛。如果雌狮此时依然没有准备好交配，它可能会起身并往外移动数步，尾巴高高竖起，雄狮则会紧紧跟随着它。最终雌狮会把臀部转向雄狮，压低前半身并抬起后半身，在雄狮面前呈现一种蹲伏的姿态。

但这绝不意味着雌狮在求偶展示中处于被动地位，一项研究表明，有 57% 的求偶行为是由雌狮发起的，它们会围着雄狮转圈，在它身上磨蹭，或者在它面前蹲伏。与野外相比，圈养条件下的雌狮会更多地乞求雄狮的注意，它们会一遍遍地重复这些求偶展示，用前爪在原地踏步。动物园管理员也发现，发情的雌狮会躺在地上抓住后爪啃咬。如果你在动物园看到雌狮有这些行为，你最好留意接下来它会做什么。

交配　在交配时，雄狮会抓住雌狮的脖子并晃动，但在撕咬雌狮的脖子时不用一点力气。雌狮在交配的整个过程中都会吼叫，脸部展现出富有攻击性的威胁展示，但耳朵开口朝前而不是朝后。雄狮在交配过程中会展现出防御性威胁的姿态并发出交配的猫叫声，在射精时会发出发泄性的吼叫声，并在之后迅速从母狮身上下来。

交配后　射精后，还不等雄狮反应过来尽快逃跑，雌狮就会转过身来冲着雄狮吼叫，甚至带有攻击性威胁地猛扑向雄狮。如果你是雌狮，你一定也会发出吼叫声。因为雄狮的阴茎上布满了向后的倒刺，在它抽离雌狮的身体时会狠狠地刺激到雌狮，这

交配鬼脸

乞求行为

啃咬脖子

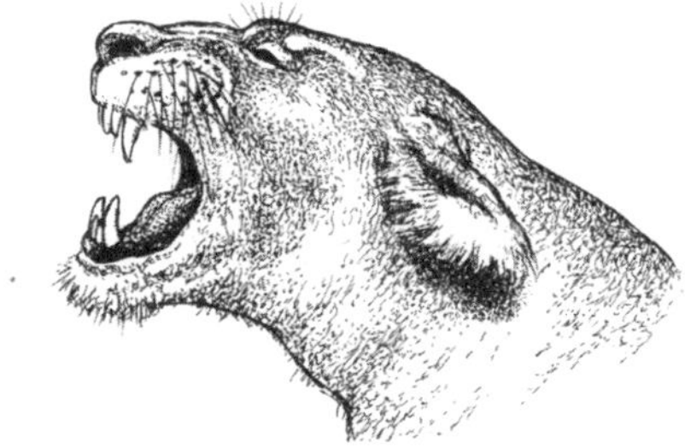

交配后威胁

种刺激会促使雌狮排卵。一旦雄狮离开后，雌狮会往前走几步，舒适地躺在地上，稍作休息为下一轮的交配做准备。

育幼行为

照顾幼狮　在野外，幼狮能活到 2 岁的概率只有 1/5。狮子每胎产子 2~3 只。幼狮在出生时重量只有 1.4 千克左右，而且双眼还看不到外界，处于完全无力自保的状态。在出生后的最初几周，雌狮尚未将它们带到狮群当中，只能靠雌狮自己来照顾它们。雌狮在外出捕猎或者参与社交前，会竭尽所能地将幼狮藏在灌丛当中。但即便这样，这些幼狮依然很容易成为鬣狗或豹子的盘中餐。当雌狮返回到幼狮的藏匿地时，它会轻声咕哝或吼叫，像是在呼唤着“快到我身边来”。雌狮可能会将幼狮的藏匿地点转移 1~2 次。跟家猫叼着小猫的行为类似，雌狮会叼着幼狮的后颈将它们转移到新的藏匿地。

在幼狮出生后的前两个月内，雌狮用奶水喂养幼狮，也会喂它们一些肉。

乍看起来，狮子的一些行为似乎有些疏忽不当，至少从人类的角度看是如此。如果雌狮只生下一只幼狮，它会毫不犹豫地抛弃这只小狮子，任其自生自灭，这一举动看起来好像很无情，但却具有一定的生态学意义。抛弃这只幼狮能够让它获得再次交配的机会，进而产下更多子女。雌狮在进食时也表现得很自私。饥饿的雌狮通常会先填饱自己的肚子，再把剩下的食物带给幼狮。留给幼狮的食物多少完全取决于猎物的大小。有时候，雌狮留给幼狮的食物过少，甚至有些幼狮可能会因为缺乏食物而夭折。这种情形多出现在旱季，当多数猎物往北迁徙时，留在塞伦盖蒂草原的狮子只能以体型较小的汤氏瞪羚为食。雌狮会把有限的资源投资在自己身上——相比较而言，投资于自身比投资于后代的回报更大。由于幼狮在出生后的头几个月内非常脆弱，容易遭受各种意外，因此雌狮必须要保证自身体力充沛。这样，一旦遭遇幼狮夭折的情况，雌狮才能够迅速投入新一轮繁殖，将自身的繁殖潜力发挥到最大。

共同育幼 当幼狮撑过最初的6~8周后，雌狮会把它们带入狮群。在狮群当中，雌狮们会共同照顾那些差不多同一时间出生的幼狮。幼狮们可以从任意一只雌狮那儿得到奶水，因此即便自己的母亲不幸死去，它们也能够活下来。在长到一定大小后，它们就能尾随雌狮到捕猎现场。在11个月大时，它们已经能和其他狮子一同捕猎了。在外出捕猎的过程中，它们也能享受到雄狮的保护，这些雄狮会时刻提防那些捕食者或者企图杀死幼狮的其他雄狮。

尽管受到狮群中其他雌狮的共同照顾，幼狮依然和自己的母亲保持着某种特殊的关系，这种关系会持续2年，直到雌狮生下新的幼狮为止。雌狮会竭尽所能地防止幼狮陷入危险的境地（比如说惹怒雄狮等），并只带自己的后代到捕猎处。你在动物园很容易就能分辨出那些母子对，雌狮们通常都会耐心地容忍那些活跃的幼狮对自己猛扑或猛扯，尽全力寻找乳头。

鬃毛是福是祸

一直以来，人类统治者都会围着脖子和肩膀披上华丽的披风，以象征权力和威严。狮子的鬃毛同样具有“王室风范”，对于雄狮来说，鬃毛也是社会等级的重要象征。一群狮子在采食时，有着最长鬃毛（一般来说也是体型最大）的狮子通常具有进食的优先权，它的到来会让那些体型较小的狮子四散开来。鬃毛的存在也为狮子免去了打斗的麻烦。狮子在遇到鬃毛更茂盛的个体时会主动离它远远的，当距离较近时，狮子会在打斗前衡量彼此的鬃毛。如果双方旗鼓相当，最终决定靠打斗来解决问题时，鬃毛也能帮它们抵挡大部分的爪击和撕咬。雌狮似乎也更加偏爱鬃毛较长的雄狮。雄狮会大张旗鼓地在雌狮面前来回走动，炫耀自己的鬃毛，让雌狮得以评估自己是否适合成为其伴侣。

鬃毛的一大优势在于它们绝大部分都是绒毛，因此实际的重量比看起来要轻多了。对于生活在狮群中的雄狮来说，鬃毛的重量并不重要（狮群通常是雌狮捕猎），但对于流浪的雄狮来说则非常关键，因为它们要自己奔跑去捕食猎物。尽管鬃毛很轻，但它们仍然会让雄狮在捕猎时的伪装效果大打折扣。一位研究者指出，捕猎时的雄狮像是“在草丛中移动的大草堆”。尽管如此，鬃毛所能带来的保护和视觉增强效果也值得它们承受这些麻烦。

雄狮每天都在干什么?

表面上看，狮群当中的劳动分工非常不均衡。尽管雄狮在狮群当中占有主导地位，但却是雌狮决定狮群往哪儿走、在哪儿休息，以及去哪儿寻找水源等。雌狮总是身先士卒，而雄狮则通常是从睡梦中醒来后跟在幼狮后面。由于雌狮体型更小，更容易隐蔽，因此通常也是雌狮去捕食猎物，这倒也能说得通。但经过数小时的潜伏跟踪，终于成功捕获猎物后，却是雄狮首先进食，而雌狮只能乖乖地待在一旁，直到雄狮吃饱之后才有机会进食。

但事实上雄狮也非常重要。如果没有雄狮，狮群中就不会有这么多幼狮。一方面，狮群的生存必须保证有充足的食物，而一片领域只能支撑一定数量的狮子，因此守护领地不被竞争者夺走就非常重要。正是雄狮担当起了巡护领地、气味标记和吼叫等职责，通过这些行为能够让其他雄狮知道它正在守卫这片领地。如果有其他狮子妄图入侵领地，雄狮和雌狮都会追赶入侵者。由于雌狮体型较小，无法与雄狮抗衡，因此是雄狮负责对付其他雄狮。另一方面，在狮群移动时，雄狮会负责保护幼狮免受捕食者的袭击。

雄狮最为重要的一个作用，是击退那些妄图入侵狮群取代它地位的雄狮。那些入侵成功的雄狮会想尽办法传递自己的基因，其中一个有效的方法是杀死前一个雄狮的后代，这样雌狮们就会停止哺乳，并尽快进入发情状态，进而怀上自己的后代。正因为了解这一点，狮群当中的雄狮才会竭尽全力保证自己的基因投资，而狮群中的其他个体也会因此而受益。

在动物园或野外能够观察到的狮子的行为

- 基本行为
  - 移动：冲刺 走动
  - 采食：潜伏走动 蹲伏走动 蹲伏
  - 排泄
  - 自我修饰
  - 降温
  - 睡觉
  - 打哈欠
  - 伸懒腰或挠痒痒
- 社会行为
  - 友好行为
    - 问候：蹭头 转圈 磨蹭身体 挥动尾巴 转动臀部 嗅闻生殖器
    - 社会修饰：舔舐
    - 社会玩耍
    - 合作捕猎
  - 冲突行为
    - 吼叫/气味标记：喷洒尿液 摩擦身体 用爪子抓挠
    - 低强度威胁：径直凝视 昂首阔步走
    - 高强度威胁：攻击威胁 咆哮 咳嗽 摆动尾巴 防御威胁 转头姿势
  - 性行为
    - 求偶：交配鬼脸 交配追逐 展示姿势 恳求行为
    - 交配：咬脖颈 咆哮 攻击威胁 喵喵叫 防御威胁 打哈欠
    - 交配后：攻击威胁 躺在地上
  - 育幼行为
    - 照顾幼狮：咕哝 吼叫 转移幼狮 喂食
    - 共同育幼

狮子想要表达什么？

牙齿未露

- 眼睛睁开
  - 耳郭朝向两侧 → 玩耍脸
  - 耳郭朝后 → 攻击威胁
  - 耳郭朝前 → 警告脸

牙齿外露

- 眯着眼睛或闭着眼睛
  - 耳郭朝下 → 防御威胁
  - 耳郭朝向两侧 → 交配鬼脸

问候：类似于人类的握手，大象会把鼻子放到同伴嘴里进行问候，这样做可能是为了通过嗅闻获取某些信息。

非洲象

African Elephant

重要参数

分类：长鼻目　象科	学名：*Loxodonta Africana*
体型：体长：6~7.3米	体重：2 200~7 500千克
肩高：3~4米	最高可达10 000千克
寿命：圈养环境下70年	
生境：偏好草地和森林相接的地带，尤其是附近有河流的区域；森林深处、开阔的稀树草原、湿沼泽、荆棘丛和半荒漠灌丛也有分布	

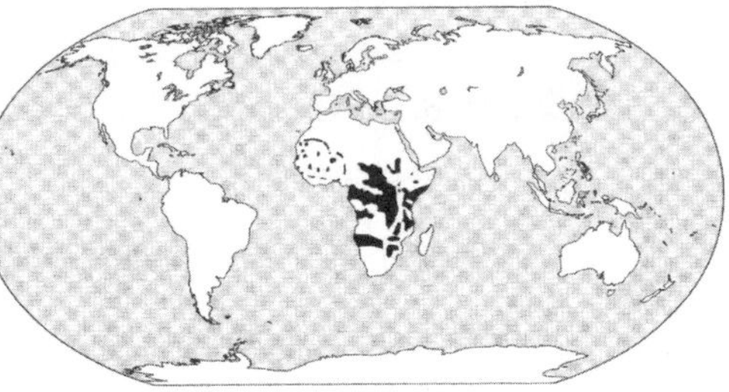

你可能会认为，像大象这么庞大的动物都会有一些凶残。的确，如果我们人类的体重达到 5 000~6 000 千克，我们肯定会想方设法利用这个优势。但大象不会这样做。尽管它们拥有超大的体重，但这个地球上最大的陆生哺乳动物性情却异常温和。它们的重量被神奇地分配到四条腿上，走路时只会留下很浅的足迹。尽管牙齿像标枪那么长，锋利到可以刺穿路虎汽车的外壳，但它通常只会被用于挖树根、剥下能吃的树皮、挖出水源，以及在交配前挑逗性地轻推雌性等。尽管它们的皮肤有 3.8 厘米厚，但却非常脆弱，以至于动物饲养员每天都必须给大象洗澡来保持它们皮肤的干净清洁。

大象的群体生活十分平和，群体内部最突出的特征是合作而非冲突。在长达 50~70 年的生命时间里，大象能够亲密地了解每一位成员：每一个新生命的诞生都

壶嘴姿势：出于好奇或者担忧，大象会把鼻子做潜望镜状，来嗅闻潜在的危险。

会引来欢呼，而当群体中有个体死亡时，群体成员会企图用鼻子扶起那倒下的身躯。大象群体成员之间的联系是如此紧密，以至于当有盗猎者朝群体成员开枪时，那些原本分散开来的成员都会聚集过来而不是向外逃跑。

大象这个亲密群体社会的基础单元是母子群，由一个雌性首领（通常是年纪最大的雌象）、它已经成年的女儿们以及它们未成年的后代所组成，雌性首领的姐妹、表兄弟姐妹和它们的后代有时也会加入。象群成员平均数量在 10 只以内，最多可至 24 只。在母子群当中，社会等级是根据个体大小和年龄划分的，体型和年龄最大的雌象处于社会等级的顶层，而体型和年龄最小的个体则处于社会等级的底层。未成年雄象通过撞头比赛确定各自的等级，除了体型和年龄，决定比赛结果的还有力气和性格。

多数雌象终生都会待在出生或最初的群体，少数雌象会在有追随者的情况下离开所在群体，成为另一群体的新首领。而雄象一旦达到性成熟（年龄在 10~20 岁），就要离开出生的群体。有些雄象甚至还没有长至性成熟，就因为所在群体的雌象无法忍受其粗暴的行为而被驱逐出象群，从此开始自己的流浪生涯。雄象一生中的多数时间都是孤独的，在分布区域内四处游荡，寻找雌性配偶。只有在其找到处于发情期的雌性，或者碰巧处于一个采食或迁移的群体附近时，你才能看到它们处于象群当中。其他时间它们都和其他雄象结成松散的、成员不断发生改变的单身象群。

除了母子群和雄象群，还有被称为“血缘群”的大小可至 70 只的混合群。这些血缘群由 2~5 个破碎的群体组成，破碎群体的形成是由于家族中的一些个体已经从原始的母子群中脱离出去，但还在周围游荡，有时还会混合成群。雨季过后，方圆数千米的大象会聚集成数百只到 2 000 只不等的大群，一同迁徙到有新芽的区域采食。

无论是你所在的动物园中的 5 只大象，还是草原上多达 2 000 只的大群，象群中的所有成员都忠诚且统一。你可能注意到了，象群在采食、洗澡或者迁移时都会步调一致，成员都会保持在距离雌性首领 45 米的范围内。如果是在丛林中，相互之间无法用视觉交流时，它们会通过特殊的叫声或气味保持联系。当遇到危险时，象群的所有成员会聚集在一起形成一个统一战线，雌性首领位于这一战线的中心和最前方，小象会被藏在成年大象的身后。不论大小，所有成员的鼻子都呈壶嘴姿势，嗅闻空气中的危险。如果形势需要的话，女首领可能会冲在最前方，或者群体所有成员一同大叫，同时晃动着巨大的灰色脑袋蜂拥而出。

在如此激烈吵闹的情境下，象群依然会展示其不同寻常的温柔。当一只蹒跚学步的小象摔倒时，象群的所有成员都会停下来，直到雌象和其他帮手将小象扶起来并安抚好它的情绪，象群才会继续往前狂奔。这种协作防御和协作照顾小象以及患病或受伤个体的行为，使得大象与同类的其他动物相比显得与众不同，而和灵长类动物（包括人类）有更多的相似性。

非洲象可供观察的基本行为

移动

大象每小时可以轻松走动 3.2~6.4 千米的距离。即使是在炎热的天气里，大象的奔跑速度也可以达到 38.6 千米 / 时，能够轻松打败人类最快的短跑选手。

采食

对于生活在野外的大象来说，吃饭似乎就是其生活的全部。它们一天有 16 个小时用于觅食，用灵巧的鼻子寻找地下、地面、灌丛、乔木中任何能够触及到的位置的一切能吃的植物。如果是鼻子够不到树冠或者树根，它们只需要把树翻过来或者将其拔出来就解决了。大象的食物中 50% 以上都是草，其余是禾本科以外的草本植物、树叶、嫩枝、树皮和树根，此外还有少量的水果、种子和花朵。有时，沙枣、黑李、覆盆子、生姜、野芹菜、橄榄、无花果和咖啡豆等也会出现在它们的菜单里。

在食物充足的时候，一只成年大象每天可以吃掉136~272千克食物，用进食的数量来弥补吸收率低的问题。与牛不同的是，大象无法反刍，因此只能吸收所吃食物的40%，剩下的60%会不经消化直接排出体外。好在它们的肠道细菌产生的酶能够非常快速地处理大量食物。这一身体结构和采食方式的结果就是，动物园中的大象在24小时内会排泄10~30次，排便量十分惊人。

喝水

非洲稀树草原上的所有生物每年都要经历雨季和旱季——食物盛宴和饥荒的轮替。在旱季，大象的活动范围基本上就围绕着水源。它们有时一天可能要移动数千米，从一个水坑到另一个水坑，并喝下约90升水。正如你在动物园看到的那样，它们的鼻子每次能吸7~11升的水然后送到嘴巴里。在野外，当象群到达水坑时，其他绝大多数动物会识相地离开。象群只要傲慢地稍稍晃动下鼻子，就足以让长颈鹿、野牛、犀牛甚至狮子们往后退，乖乖地等这些大家伙们喝饱水后离开。

对一些动物而言，如果没有大象的帮助，它们在旱季甚至会面临没水喝的情况。在严重干旱时，河流等地表水完全干涸，大象依然能在象牙的帮助下喝到地下水。它们会挖一个数米深的洞，等着地下水慢慢从沙土中渗出来。无论它们已经走了多远，也不管有多渴，它们都会耐心地等到沙子完全沉淀之后再尽情地喝上一通。在大象离开之后，其他动物会迅速聚集到这些水洞周围畅饮。大象这种挖洞获取地下水的技能对于它们平安度过稀树草原的旱季非常有用。如果大象不幸灭绝的话，仅仅是因为这一点，它们也会被许多动物所惦念。

洗澡

在动物园，最让人心情愉悦

挖洞：象牙可以用来挖开沙土，以便大象获取土中的盐分，或者在旱季时寻找地下水。

的场景之一，是一群泡在水里的大象用长长的鼻子吸水后再喧闹地喷洒到同伴身上。如果你所在动物园的大象足够幸运能拥有一个泥浴场的话，你就有机会看到整个大象家庭在稀泥里滚来滚去，甚至把稀泥喷洒在身上。这些泥不仅仅是撒上去再滑落下来，而且以某种形式黏合在一起，在大象的皮肤上形成特殊的裂纹。泥浆中的水分慢慢蒸发出去时能够带走热量，大象正是用这种方法来保持凉爽舒适。

修饰

大象泥浴时粘在身上的淤泥，除了能起到降低体温的作用，还能够防止皮肤干裂。蜱虫和其他讨厌的皮肤寄生虫不会喜欢大象泥浴，因为大象在泥浴后通常会就近找一棵树、一块石头或者一个白蚁堆来摩擦身体，通过这种方式去除那些藏在身体隐秘部位的虫子。你可能也见过大象往自己的身上吹尘土。泥浴后留在大象身上的尘土和泥土会将它们涂成和栖息地（或者展示场）一样的颜色，还能够帮助它们的皮肤免受过多的阳光照射。

降温

体型庞大的一个缺点在于没有面积足够大的皮肤来释放自己巨大身躯所产生的热量。对比你家附近松鼠的皮肤面积与身体体积的比例，当松鼠太热时，它有足够面积的皮肤来释放身体产生的热量。而大象的体积与体表面积之比则要大得多。不过大象也有自己的降温办

洗澡：大象通过洗澡来清洁身体，同时给自己降温。它们的鼻子一次能储存约 11 升水，是个绝佳的花洒。

法——它们有大大的耳朵，因此能够通过两个耳朵的表皮释放热量。大象耳朵上，尤其是耳朵的背面密布毛细血管，因此能够作为天然散射器释放多余的热量。当大象张开耳朵慢慢扇动时，气流会流经这些毛细血管，在血液到达身体其他部位之前将之冷却。当温度实在很高时，过热的大象通常会泡在水中为自己降温。

睡觉

大象和绝大多数人类一样，在零点过后的几个小时里睡得最沉。它们也会在一天当中最热的时候睡个午觉，每天的睡眠时间总共为 4 个小时。当一个象群决定睡觉时，它们会像是得到暗示一样接二连三地卧倒。如果一只大象在睡觉时翻个身，其他大象也会如法炮制，引发一场翻身的浪潮，直到所有大象都平静下来。那些见过大象群睡觉的人们肯定也会有相同的感受：也就是大象这种在动物世界里拥有女王般安全地位的动物，才能在非洲的夜晚睡得如此平静。

非洲象如何互动

当你看到大象正在互动时，注意观察每只大象的头、耳朵和鼻子，这些器官在大象互动时会有一些视觉上的展示。规则很简单：①头抬得越高的大象越兴奋；②耳朵张得越开的大象越具有攻击力；③鼻子往前伸意味着自信；④鼻子往身体内侧卷曲一般意味着犹豫或恐惧，除非是在一场激烈的冲锋当中为了保护自己而刻意将鼻子隐藏起来。（见 145 页“非洲象想要表达什么？”部分）当你在观察的同时，不要忘了，除了视觉信号外，大象也能通过气味、声音和触觉进行交流。

友好行为

保持联系　你可能会认为，像大象这么庞大的动物很难从视线中消失。但是在非洲广袤的土地上，一只不停奔跑的雄象很快就能和象群中的其他个体拉开距离。即使是在近距离的范围内，象群也可能被浓密的植被隔离开来。多亏了低频率的叫声和气味标记系统，那些不在视野范围内的个体也极少会与象群失去联系。在动物园最常听到的大象叫声是一种二重唱——呼唤和回应。另一种将群体集中在一起的方式是由象

大象以什么著称

会摆动的鼻子：这个发挥手臂一样功能的器官，其实是由一个改良的鼻子和上嘴唇，以及鼻孔、触须般的毛发和4万块肌肉共同组成的。尽管大象的鼻子强壮到能把一棵树连根拔起，它同时也是一个布满了触觉和嗅觉感受器的绝妙装置。依靠鼻头的两个像手指一样灵巧的突起物，大象甚至能够轻松捡起一片草叶。象鼻在喝水、问候、爱抚、喷水、吹尘、做威胁状、穿越河流时呼吸，以及发出交流用的叫声时都能派上用场。

象牙：和我们人类一样，大象美丽的弧形牙齿是由牙本质构成的，只不过它长得长了一些。大象牙齿终生都在生长，因此当雄象长到60岁时，它的每根牙齿都可以重达60千克（雌象的牙齿每根仅有9千克）。有记录的最大的象牙长达2.35米，重达130千克。你可能也注意到了，动物园中大象的两根牙齿并不都是一样长，这和我们对于左右手的使用有偏向一样，是因为大象对于两根象牙的使用也有偏向。使用较多的那根象牙会磨损得更厉害。活象的象牙具有一定的韧性，尽管它们在压力下能够弯曲，但如果压力太大也会从中间折断。

不幸的是，象牙有着独特的带有菱形纹路的内芯，这使得它与普通动物的牙齿相比更具光泽。20世纪70年代，对这种“白色黄金”需求的剧增造成了其价格的急剧增长，全副武装的盗猎者对大象进行了一场血洗，每年杀死近10万只大象。如今，尽管象牙的国际贸易已经禁止，大部分消费者也一致拒绝购买象牙制品，但每年依然有很多大象被猎杀。如果你所在动物园的大象有着长长的美丽的象牙，记得一定要近距离地欣赏它们，因为这样的场景已经很难在野外看到了。这些年长的雄象正是盗猎者的主要目标。

心系大象(Tie an elephant around your finger)：除了象牙的巨大价值外，大象也以惊人的记忆力著称。尽管我们无法得知大象是否比其他动物的记忆力更好，但一项生理特征表明大象具有非常强的学习能力：大象在出生时，大脑的发育程度只有35%，因此预留了足够多的成长空间。与大象相比，人类具有更大的学习空间，出生时大脑的发育程度只有27%。而其他绝大多数动物出生时大脑的发育程度在90%左右，只有10%的空间留给以后用来学习和接受新知识。

大象可能是通过不断地尝试和纠错以及观察和顿悟来达到学习的目的。通过观察年长的同伴，年轻的大象能够获得它们毕生的经验，并将这些经验传递给下一代。通过这种方式，大象群体的信息库会持续不断地更新。在信息不断更新和传递的过程中，起到关键作用的是一个成熟的领导者，通常会是象群的雌性首领。由于经历过数场严重的干旱，它们知道在下一次干旱周期到来时到哪里可以找到水源。

群的领导者发出的起床号，这种起床号会在群体需要去往新的地方时使用。

问候仪式　大象最友善的举动是径直地走向另一只大象，耳朵折起来并高高举起，用鼻子去触摸对方的鼻端，甚至可以把鼻子放到对方的嘴巴里。这种问候仪式给了家族群或血缘群的成员一个确认社会纽带关系的机会，尤其是在某一个体同家族群或血缘群分开之后。分开的时间越长，问候的仪式就会越热情。在找到和家族群或血缘群长时间失去联系的同伴后，这些兴奋的个体可能会撒尿、排便、大吼、尖叫、大声吵闹长达数分钟，并且会伴随有很多身体接触。除了向同伴示好以外，大象在这个混乱的场景中也能够交换一些对生存有用的信息。

交配混乱　大象交配时通常也会出现类似的混乱场面，象群中的其他个体会冲到正在交配的两只大象面前，在这个具有感染力的场景中大叫、撒尿、排便，并从临时腺体中排出分泌物（见 137 页“交配前行为”部分）。

群体防御　当遇到危险时，象群会聚集在一起共同抵御敌人。它们会摇晃脑袋、吼叫并小幅地向前冲。在所有这些混乱场景中，它们都会频繁地爱抚彼此，甚至把鼻端放到对方的嘴里来确认身份。小象则会躲在大象粗壮的腿下以寻求庇护。

社会玩耍　在成年象的精心呵护和有效防御下，小象可以无忧无虑地嬉戏玩耍。注意观察它们轻轻地推搡脑袋、扭鼻子、追逐，以及彼此滚在一起的行为。小象也可能会展示爬跨以及其他性交姿势，为以后的生活做准备。当雄象越来越大，需要为争夺社会等级而竞争时，这种交锋就会变得越来越重要。

冲突行为

在许多情况下，雌象之间都是合作的关系，在它们的队伍当中极少能看到冲突行为。但雄象之间可能会出现敌对情况，尤其是在它们年幼且等级序位尚未确定时。

一旦等级序位确定后，成年雄象之间也极少会出现全力以赴的打斗。它们会使用威胁展示来证实自己的力量，尤其是在猜测陌生雄象的等级，将配偶身边的其他雄象赶走，或者仅仅是为了避免拥挤而把水坑周围的其他动物赶走时。雌象则只会在有入侵者威胁到家族群的安全时才会使用这种威胁展示和冲锋。

威胁　没有什么比一只愤怒的大象更令人生畏的了。当一个 6 000 千克重的巨塔站在你面前，耳朵大张、前脚一下接一下地扒地面、尾巴抽动、身体左右晃悠，头仰得很高且越过锋利的象牙从上面俯视着你时，你基因中的每一种本能都会告诉你早点溜之大吉。

大象频道

有关大象的轶闻中有很多是关于它们的忠诚和群体凝聚力，这种群体凝聚力的维持需要一个良好的交流系统。我们也是最近才开始领悟到大象的交流系统是多么复杂和深入。研究员凯瑟琳·佩恩（Katharine Payne）是在去过一次波特兰华盛顿公园动物园后才开始研究大象的交流系统的。当站在动物园的大象房里时，她感受到了空气中的震动，过了一会儿她才反应过来这些震动来自大象。凯瑟琳所感受到的，以及后续研究的这种震动，是一种被称为次声波的低频声音。

次声波与地震、风、雷声、火山以及海洋风暴的声音类型相同。尽管我们人类听不到次声波，但我们生存的世界到处都有次声波，其他动物可能每天都要依赖次声波。例如鲸鱼会利用海岸边的波浪所发出的次声波来避免搁浅。

受到距离、大象叫声的大小和频率等因素的影响，你不一定能听到轰隆声或者感受到声波的震动。但是通过观察大象的身体语言，你就能很容易看出大象是否正在交流。接收信号的大象会有特定的姿势——耳朵大张、鼻子和头抬起来、身体僵硬不动——像是在倾听。发出信号的大象则会张开嘴巴同时扇动耳朵，时而静止不动，像是在等待同伴的回应。

非洲的研究者已经注意到了，有时整个象群会突然静止不动，并像受到某种声音或力量的召唤一样突然奔赴另一个方向。而来自不同方向的几个象群在数分钟内到达同一个水坑，可能也是次声波交流的结果。

投降 许多大象在遇到愤怒的对手时，都会跟人类一样想要逃跑或者投降。一只投降或被击败的大象会用和攻击者相反的姿势表达恐惧。与高扬着头、耳朵张开的威胁姿势相反，它们会压低头部、耳朵往后、鼻子往身体内侧卷。它们甚至会逃跑或者把臀部转向攻击者来表示投降。在全是雄象的群体里，战胜者可能会对失败者做出爬跨行为，尤其是在失败者无处可逃时。

但是当对手与自己实力相当时，大象可能不会退缩，它这种自信的表现可能会将局面推至下一阶段——冲锋。

冲锋 当威胁展示失败后，大象可能会拍动耳朵、举起鼻子冲向入侵者，而举起鼻子的目的是为了感受空气中的信息。尽管大象的尖叫和吼声听起来很激烈，但这种假装的冲锋其实是为了警告，大象会在目标物跟前停下来。为了让这场冲锋看起来更加逼真，大象会猛烈地晃动头部，让耳朵打在身体上发出像皮鞭那样的啪啪声。

冲突的下一个阶段则是真正的冲锋。大象会收起鼻子，用前额当作拳头、象牙当作长矛，尖声怒吼着冲向敌人。研究人员也曾记录过更加安静和直接的冲锋行为，有人看到过一只盛怒的雄象径直走到一辆厢式货车前，用一根象牙粗暴地穿透车门。

在威胁或冲锋过后，攻击者的紧张情绪需要经过一段时间才能消散。由于还处在紧张的情绪当中，大象会通过其他途径将能量释放出来。就像我们用拳头狠狠砸向桌子而不是对手那样，大象会用鼻子或象牙把身边的植物撕成碎片，把杂物或草扔到背上，转过身去并猛然回头，或者只是简单地左右晃动身体，直到紧张情绪消散为止。

打斗　尽管象牙偶尔会被用于强调或展示，雄象之间却极少会真的打起来。当两只处于冲突状态的雄象去往同一个水坑时，仅仅是一些细微的动作就能将它们的意图清楚地表现出来。占主导地位的大象只需要展开耳朵，或者仅仅是仰起头，投降的大象通常就能够领会它的意图并退到一边去。这种信号交流能够节省双方的能量，并降低受到致命伤的风险，因而能够在演化上得以保留。

除非雄象处于狂暴状态（见下文），一般来说体型和年龄最大的雄象会比其他雄象更具优势地位。这种等级序位通常在雄象年幼时期就形成了。年幼期的雄象相互之间打斗很常见，通常都会是撞头或鼻子摔跤比赛。两只年幼的雄象会面对面站好，鼻子缠绕在一起，轮流顶撞、摇晃或点头来使对方失去平衡。一旦有一方宣布投降，这两只雄象可能会一辈子都记住彼此的等级。

时不时的会有陌生的雄象进

威胁：作为即将发生打斗的一种警告，大象会站得高高的，展开大耳朵，并且特意用自己的象牙瞄准对手。

入群体（例如展示馆新进的大象），这时就得靠打斗来决定等级。由于在大象的打斗当中，占据上方的位置通常有助于压倒对手以取得胜利，因此每只雄象都会尽力往坡上走或者爬上土丘。打斗时它们会使用象牙（可以长到 2 米多）来避免自己脑袋侧滑，同时将对手的头部抬高或压低。打斗的双方会竭尽全力躲闪，尤其是躲避对方象牙的尖端。但是偶尔也会有躲不过的时候，如果对手刚好快速冲锋的话，象牙的刺穿力甚至能够致命。但是事实上，在大象的打斗中极少造成对手死亡，这说明大象的打斗多是仪式化的，而非真枪实弹。

打斗中还有一个被称为“举起象牙（tusking）”的安全措施。此时打斗的一方会停下来，把象牙和自己的挫败感指向其他目标。它甚至可能会跪在地上，用象牙挑起粪团、泥块、草堆或者木块，再把它们抛向任何周边的目标。

性行为

雌象在全年的任何时刻都可以发情，因此动物园中的大象全年都能繁殖。但在野外，繁殖多发生在雨季或者雨季过后，以此来保证小象能在树木发芽的时候出生（22 个月后）。雄象和雌象通常在不同的社会和空间范围内活动，因此需要利用特殊的方法才能将它们聚到一起。正如你将在下文中看到的那样，为了解决这种远距离沟通和繁殖的难题，大象演化出了一系列有趣的信号和声音。

求偶前行为

雄象的行为 动物园之所以不愿意养雄象的一个主要原因是，雄象会有一种被称为“狂暴（musth）”的现象，musth 这个词来源于乌尔都语，原意是“极其兴奋”，是指性成熟（年龄超过 30 岁）的雄象每年一次的性冲动和攻击性增强期。此时它们的睾酮含量是平常的 50 倍，它们会变得易怒且无法预测。这一时期的持续时间从 1~127 天不等。这段时间里，它们会临时性地成为象群中等级序位最高的个体，其他雄象，哪怕是曾经占主导地位的雄象都会主动退让。两只处于“狂暴”状态的雄象同时遇到一只发情的雌象会引发致命的打斗，但幸运的是这种情况极少发生。

处于“狂暴”状态的雄象头脑中只有一个想法：找到一只发情的雌象，在避免其他低等级的雄象向其示爱的同时与它交配。通常情况下它都会成功，一方面是因为它临时提升的社会地位，另一方面是雌象也更偏好处于“狂暴”状态的雄象。事实上，发情的雌象通常会远离多数雄象，但是会乞求得到那些处于“狂暴”状态的雄象的注意力。

人类和大象

在数千年的时间里，原始人类和大象一同努力在非洲大地上生存。在数千年的过程中，大象逐渐适应了人类对它们的捕杀，偶尔还能从捕杀当中逃脱，并把这些适应性传递给它们的后代。但不幸的是，人类和大象之间的竞争开始变得极不平衡，大象这个物种演化得再快也无法逃脱人类现代化的猎杀。

首先出现的问题是象群中开始缺少年长的个体。原本大象在野外的寿命可以轻松达到 50~60 岁，但在盗猎者的猎杀下，非洲象的平均寿命下降到 35.9 岁。那些从盗猎者手中逃脱的个体也可能成为孤儿，象群也因为失去了雌性首领而变得非常脆弱。这些缺少领导者的象群会聚集起来，可能是出于过去聚集起来共同抵御原始人猎杀的本能反应。过去这种聚集都是暂时性的，当危险消失后，象群会分散开来。但是现在，象群在持续压力的作用下，会一直维持集群的状态。

除了要和猎手、农民以及象牙盗猎者斗争之外，大象也正在面临栖息地缺少的困境。如今存活下来的绝大多数非洲象生活在国家公园和自然保护区中，这些地方是非洲仅存的一些自然保护地，却也被农场和其他人造景观所包围。最后的结果就是，被孤立在这些公园和保护区内的大象正在用自己的方式蹂躏着这些有限的自然天堂。

为了吃到自己喜爱的植物，大象可能会将灌丛和整棵树连根拔起、掀翻过来或者是在上面踩踏。大象就像是自然的推土机，被它们翻踩过的草原很容易燃起大火，之后所有树木的种子都会被烧毁。最终的结果就是其所生存的地域会从林地变为草地，这会影响到所有在林地生存的物种，同时也会影响到大象自己的食物供应和庇护所。

在过去没有区域边界和围栏的时期，大象在破坏一小片区域后，很快就能够转移到其他区域，让栖息地得以恢复。但是如今国家公园的周边都在开发，被包围在其中的大象对公园内有限的植被造成了很大的影响。一些人提出杀掉那些“多余”的个体，而另外一些人则相信大象种群最终能够和所在的栖息地之间达成平衡。但是在这个过程中，没人能预测其他物种将为此付出多大的代价。

即便任由其发展，这个自然制衡的系统当中也不得不考虑人类所造成的巨大影响。20 世纪 70 年代，当象牙（被用于制作珠宝、印章、台球和雕件）的价格飙升了 10~15 倍后，非法猎杀的行为也飞速增多，以满足象牙市场的需求。对于一个牧民或者农民来说，一只大象就是个移动的宝藏，两根象牙的价格可能比他们十多年辛苦劳作的收入还要高。生物学家估计，在 1970~1977 年，原本生活在肯尼亚的 12 万只非洲象被猎杀了一半以上。目前肯尼亚的非洲象数量只剩下约 3 万只。当拥有较大象牙的年长非洲象被捕猎完以后，盗猎者只能依靠猎杀更多的非洲象来获得等值的象牙。在非洲全境，1988 年被捕杀的大象数量是 1979 年的两倍，在这 9 年间，非洲象的种群数量从 130 万只下降到了 7.35 万只。

截至 1990 年，《濒危野生动植物种国际贸易公约（CITES）》的 110 个成员国中有 105 个国家支持禁止象牙原牙贸易，然而盗猎依然存在。专家指出，这些全副武装的盗猎者可能是在为建立新的黑市贸易网络储存象牙。

即便大象能从盗猎者手中存活下来，它们依然面临拥挤和农业扩张对其栖息地产生的威胁。如今的问题已经不再是大象是否处于危险当中，而是哪种危险更大：过度拥挤，林地减少或是非法盗猎？眼下我们所能看到的最直观的后果，是大象原本设计精妙的社会网络正在被逐渐拆散。世界上现存的野生大象多数都是在缺少年长者的环境中长大的。哪怕保护得再好，现存的这代和即将出生的下一代大象，已经在某些方面遭受到了无法弥补的创伤。

雌象又是如何知道一只雄象正处于“狂暴”状态当中呢？有许多信号都可以表现出这一特征，尽管你的感官可能不如雌象那么敏锐，但依然能够通过观察以下信号来判断雄象是否正处于“狂暴”状态当中。

◎***侧脸的黏性条纹*** 此时大象头两侧位于眼睛和耳朵中间的临时腺体会分泌出一种散发着甜味的分泌物。但令人困惑的是，雌象和并非处于“狂暴”状态的雄象也会从临时腺体分泌液体，尤其是在受到同伴的警告，或者是参与社会互动而感到兴奋时。但是两者是有区别的：一般状态下的分泌物水分很多，因此很快就蒸发了；而“狂暴”状态下的分泌物则是黏稠状，会保持更长的时间。

◎***滴尿*** 处于“狂暴”状态的雄象会在阴茎不伸出体外的情况下持续不断地滴下散发着强烈味道的尿液（正常情况下的雄象在撒尿时，需要将阴茎伸出体外）。这个行为在传递视觉信号的同时，也传递了气味信息，是“狂暴”状态的指示信号。

◎***狂暴吼叫*** 我们人类也能够听到这种低频的吼叫声。仔细聆听，你会发现这些吼叫声有跳跃的节奏，仔细观察你还会发现它们有时会折起一只耳朵。“狂暴”状态的雄象每小时内会吼叫好几次，每一次吼叫都以一次响亮的拍打耳朵的声音结束。研究者怀疑吼叫的大象可能正在跟同伴进行远距离的交流，因为即便是单只大象，它也会在吼叫之前和吼叫之后展示出倾听行为，像是在与远方的同伴进行一场我们听不到的对话。它们可能是在回应数千米外其他狂暴雄象的挑战或者是发情雌象的乞求。

◎*鼻子往上伸*　雄象会抬起头，大张着嘴巴，举高鼻子去触碰临时腺体。这时它的鼻子就像是一个油漆刷，会在每一个够得到的植物上都抹上自己的味道。

◎*标记*　一只处于“狂暴”状态的雄象也会依靠在所在区域的植物上摩擦临时腺体、涂抹唾液或者用象牙把植物弄得伤痕累累来做标记。

◎*狂暴走动*　即便是在一个大大的长满了草的展示馆内，你也能通过观察它们的走动姿势来判断它们是否处于“狂暴”状态。首先注意看那些非狂暴雄象如何走动：它的头会与肩持平或者低于肩膀，脸略微朝前探同时耳朵朝后，步态放松。与之相比，处于“狂暴”状态的雄象头会高过肩膀，下巴往里收，耳朵大张着并竖起来，头和象牙微微摆动着走路。

◎*摆头*　在野外环境下，研究者注意到站立的“狂暴”雄象会有力地以“8”字形摆动头部，有时还会抬起一条腿来保持平衡。这种行为反应与一些圈养大象所展示的不正常的刻板的摆头行为类似。在这种情况下，你就需要借助于其他指示信号来判断你见到的是否是“狂暴”状态的雄象。

◎*举起象牙*　受挫的“狂暴”雄象会用象牙攻击一些无生命的物体，尤其是在打斗中更容易出现这种情景。

雌象的行为

雌象在发情时需要做的，是将自己的状态传递给“狂暴”状态的雄象，以便雄象能够找到它。以下是一些雌象可能会用到的叫声。

◎*雌象大合唱*　整个家族群的雌象会在“狂暴”状态的雄象进入它们所在的区域、听到附近的吼叫声或者有“狂暴”雄象嗅闻它们后，发出传播范围不大的叫声。它们也会在嗅闻到雄象撒在地面上的尿液后进行大合唱。

◎*发情或交配后叫声*　雌象会在发情时发出低频叫声，通常是在交配后，偶尔也会在交配当中吼叫。

求偶　当雄象找到雌象时，它会试探性地将鼻端放到雌象的阴户当中，大概是通过品尝和嗅闻激素判断雌象的发情状态。如果雌象已经准备好交配，雄象可能会追逐雌象，或者用象牙触碰雌象的臀部等部位进行求偶。最终雌象会停下来保持不动，雄象会将头部、象牙和鼻子放在它的背上，抓住并爱抚它，当雌象转过来面对雄象时，它们可能会将鼻子绕在一起一段时间。最终在经过更多的触碰之后，雌象会把臀部送

试探

追逐触碰

爱抚

求偶：为了确认一只雌象是否做好了交配的准备，雄象会用鼻端触碰和嗅闻雌象的外生殖器。如果雌象正处于发情期，雄象会追赶并用象牙触碰它的臀部，在交配前，雄象会将头放在雌象的背上，用象牙抓住并爱抚它。

到雄象面前，随后它们就会交配。一场性交也可能由雌象求偶开始，它会后退着走向"狂暴"状态的雄象，用臀部摩擦雄象来乞求雄象的关注。

交配 亲眼见到一只重达 5 400 千克的雄象用后腿站立，同时把前腿搭在一只 2 800 千克重的雌象身上会让人觉得非常不可思议，但同时也会有些许的担心。不过整个象群似乎很偏爱这种场景，它们会一同进入所谓的交配混乱当中（在前面的友好行为中已经描述过了）。好在交配行为只会持续 2 分钟，随后交配双方会分开，若无其事地吃东西。有时候它们会在 10 分钟或者 20 分钟后再次交配。

育幼行为

生产 在生产之前，待产的雌象和另一只雌象通常会离开所在的群体，去为小象的出生做准备。它们会用前足把土壤弄得松软，做出一片出生地。在出生时，小象会头朝下从蹲下的母亲的产道中滑落。随着小象落地和脐带的断裂，小象开始第一次呼吸，随后它的妈妈会转过身来照顾它。

照顾小象 即便生下来就有将近 120 千克重，站在体型巨大的妈妈身边时，小象仍然显得十分弱小。雌象通常会温柔地用鼻子将小象放到自己脚上，并用鼻子将其稳住，来帮助这个玩偶般的小象移动脚步。只需要观察几秒钟，你就能看出这个新晋妈妈有多疼爱它的孩子——它会本能地将小象围住，将它包裹在下巴之下，用鼻子去爱抚它。

在最初的 6 个月内，雌象会寸步不离地跟随小象，不会让小象离开自己的视野范围。6 个月以后，小象会跟随雌象，两者之间靠不间断的叫声保持联系，也可能会依靠气味信号保持联系。雌象在生下小象之后，至少 4 年内不会再生育。4 年之后若雌象再次生下小象，它会让年龄大的小象断奶。

教学 小象在断奶后，也会继续待在出生的群体当中，在接下来的 8~10 年内学习和成长。它会仔细观察自己的妈妈，甚至将鼻子放到母象的嘴巴当中，可能是为了了解母象吃了什么植物。想要在领域当中存活下来，有太多东西值得小象去学习：好的水源地、泥浴场和遮阴树的位置，迁徙的路线，以及如何获取最好吃的食物等。

共同育幼 处在群体中的小象还能有幸得到额外的照料——未成年的雌象会帮助产子的雌象照顾、教育小象，并保护小象免受捕食者和酷热和严寒等物理刺激的威胁。帮忙照顾新成员的这种做法会被小象记住，并在之后需要的时候发挥出来。通过这种做法，象群成员之间建立起了长久的联系，同时还增强了群体的稳定性。等到这些未哺乳及鼻子互扭：一只小象正用它的嘴巴而不是鼻子来嚷嚷着要吃奶。不远处，两只年幼的雄象正在争夺等级序位。

成年雌象自己生育时，这些经它照顾的小象已经长到了 5~10 岁，就能反过来帮忙照顾它的后代。

关心小象的可不止这一个代理妈妈，只要小象稍微表现出紧张的情绪，象群的所有成员都会聚集起来探询究竟。这种群体防御是营社会生活的物种最主要的优点之一。对于狮子、鬣狗和其他捕食者来说，整个象群要比单个雌象的威慑力大得多。这种群体防御系统可能不仅仅是为了击退这些捕食者，同时也被用于抵挡远古人类的攻击。

威胁

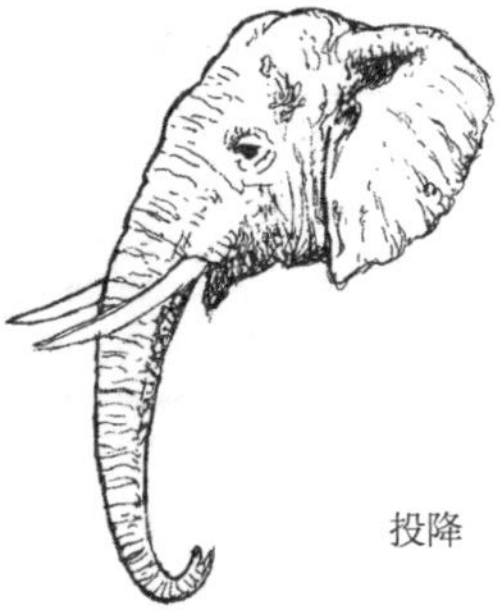

投降

假装冲锋

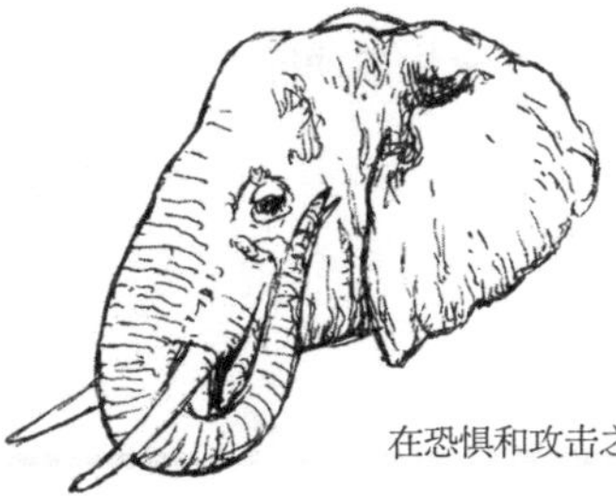

在恐惧和攻击之间犹豫不决

动物园或野生状态下能够观察到的非洲象行为

- 基本行为
  - 移　动：走动　跑动
  - 采　食：搜集植物　掀翻树木
  - 洗　澡：水浴　泥浴
  - 修　饰：摩擦　吹尘
  - 降　温：张开耳朵　拍打耳朵
  - 睡　觉
- 社会行为
  - 友好行为
    - 保持联系：询问叫声　应答叫声　启动吼叫　问候仪式　交配混乱　群体防御
    - 社会玩耍：推搡　鼻子互扭　追逐　翻滚　爬跨
  - 冲突行为
    - 冲　锋：威胁　投降冲锋　假装冲锋　真正的冲锋
    - 打　斗：撞头　鼻子互扭　刺穿　举起象牙
  - 性 行 为
    - 求偶前雄象行为：分泌黏液　滴尿　狂暴吼叫　举起鼻子　标记　狂暴行走　摆头　举起象牙
    - 求偶前雌性行为：雌象大合唱　发情叫声
    - 求　偶：试探　追逐　触碰　头搭在雌象肩上　爱抚　展臀　乞求
    - 交　配
  - 育幼行为
    - 生　产
    - 照顾小象：卷起小象　溺爱　交流叫声
    - 共同育幼：代理妈妈、集体防御

非洲象想要表达什么？

耳朵大张和/或拍打

- 象鼻朝前 → 威胁
- 象鼻呈壶嘴姿势 → 假装冲锋
- 象鼻朝外 → 真正冲锋

耳朵往后

- 象鼻往里卷 → 投降
- 象鼻放在头的侧面 → 在恐惧和攻击间犹豫不决

耳朵高举并折叠

- 象鼻在其他象的嘴巴里 → 问候仪式

驱赶威胁：优势雄斑马会放平耳朵、压低头部，把斑马群赶往一个新的方向。

平原斑马

Plains Zebra

分类：奇蹄目　马科	学名：*Equus quagga*
体型：体长2.29米	体重：174~385千克
肩高 1.1~1.43米	
寿命：圈养条件下25岁	
生境：草原	

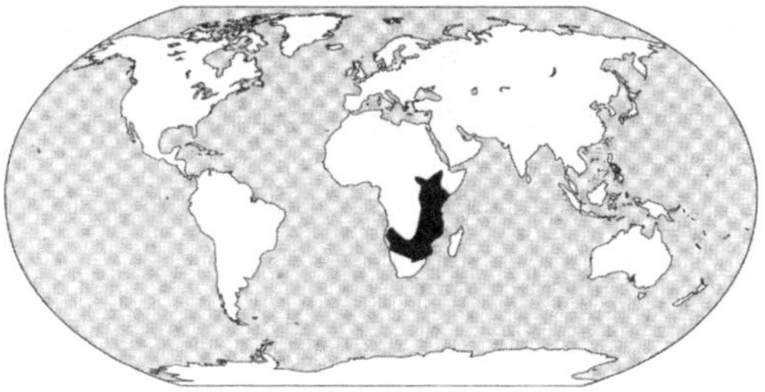

生活在开阔的草原上的食草动物，就如同生活在玻璃缸中的鱼儿一样，时刻被饥肠辘辘的家猫所垂涎，只不过在这里家猫换成了非洲狮。那些有着漂亮条纹的平原斑马正是非洲狮的主要猎物。得益于它们极具适应能力的身体和行为，斑马种群没有因为这些狡猾捕食者的猎杀而下降，反倒蓬勃发展起来。

巧妙的条纹　在动物园里第一眼看到斑马时，你可能会觉得，在金色草原的背景下，这些黑白条纹肯定不利于生存和伪装。但事实上，这是因为你离得太近了。想要充分了解它们身上这些条纹的伪装作用，你需要试着从几百米之外的地方来观察斑马，如果刚好赶上像非洲夏季的那种炎热有雾的天气就更好了。留意这些条纹是如何在扰动的空气中将斑马的个体轮廓消除的。在第二次世界大战中，一些参与作战的军舰也涂上了类似的条纹来更好地进行伪装。

现在试想一下，如果你是那只好不容易盯紧了斑马群的狮子，你已经把视线锁定在了那只跑得最慢、身体最弱、攻击力最差的斑马身上，只差最后的攻击了。当你逐渐靠近时，斑马群开始围成一团，它们身上的条纹逐渐混在一起，你最初锁定的目标很快就消失不见了。这时与其冒险费力地袭击一只错误的斑马，不如选择撤退。事实上，这些条纹对任何动物来说都具有迷惑性。即便是那些在绝大多数草原动物上都寄生的吸血的舌蝇，都因为这些条纹而无法将斑马看清楚，它们只能看到破碎的图案而看不到单个的动物，因此也就无法成功附着在斑马白色的腹部上。

尽管这些条纹看起来非常巧妙，但伪装却不是它唯一的功能，甚至连最主要的功能都算不上。这些条纹的真正作用可能是为了吸引其他斑马的目光和注意力。另外，每只斑马身上的条纹都是独一无二的，这使得它们能够在拥挤的斑马群中辨认出彼此。这些醒目的图案既有诱惑力又能让斑马间彼此熟悉，因此将斑马群紧紧地凝聚在一起，也使得它们在狮群的捕食压力下能够维持较大的种群。

躲在拥挤的斑马群中　想要在非洲稀树草原过上好日子很简单：朋友永远不嫌少。斑马在集群生活时，会有更多双眼睛处于警戒状态，因此更容易在捕食者发动袭击之前发现它们。对于潜在的捕食者来说，斑马群看起来也更具威胁，而且与单只斑马相比，斑马群的防御能力更强。即便捕食者发动攻击，在平均法则的作用下，因为有更多的同伴来提高总数，生活在群体中的每只个体被捕食的概率也会降低。

接受群体生活也能让斑马吃得更好。斑马是食草动物，采食效率并不高，因此每天需要吃很多草才能获取足够的营养。斑马们会四处游荡，寻找那些营养价值最高的嫩草。通常情况下，在它们到达嫩草较多的地方时，已经有数千只斑马聚集在这里了，但它们能够忍受拥挤，这使得它们都能享用这些美食。

群体生活可不光是忍受同伴这么简单。斑马对家族群的成员极度忠诚，并且会对同伴怀有真切的感情。无论是在野外的巨大斑马群，还是在动物园的小群斑马，你都能很容易地分辨出那些亲密的家族群。它们会一起互相清洁、依偎、玩耍、采食和打盹。

奇怪的是，不同的斑马家庭群之间并非敌对的关系。事实上，作为不同家庭群首领的雄性斑马之间的关系十分友善，这在有蹄类动物当中非常少见。绝大多数有蹄类动物的雄性都会竭尽全力去击退那些试图闯入其领地或抢占雌性群的挑战者。在平原斑马当中，由于其他雄性斑马极少会与家庭群中的优势雄性斑马争夺交配权，因此就没必要猜疑对方（唯一例外的情况是家庭群中年轻的雌性斑马发情时，你会在下面章节中看到）。当优势雄性斑马变老或者生病，家庭群中优势地位需要转移时，通常也不会有打斗发生。

正是这种群体内部和群体之间的和谐，使得平原斑马能够和平地共享最佳的采食地和水源地。在非洲大草原这个采食地和水源地都很少且相隔很远的地区，相比于捍卫领地，维持成员之间的合作则更加合理。

斑马可供观察的基本行为

移动

当捕食者已经近在眼前时，斑马就得靠它们布满肌肉的双腿逃命。在拼命逃亡时，斑马的奔跑速度可以达到 80 千米 / 时。在动物园，当年轻的斑马相互追逐或者嬉戏玩耍时，你也能够看到它们展现惊人的速度。当它们奔跑时，姿态会与它们同科的近亲——纯种赛马极其相像，只是身上的条纹表明它们是斑马。和所有赛马一样，斑马也会迈着对角线交叉的步子走动，并依靠快速小跑来获取速度，直到最终飞奔起来。无论体重有多重、体型有多大，它们都不怕遇到水坑：水浅的时候，它们会蹚水过去；就算水深它们也不怕，所有斑马都是游泳高手。

采食

在动物园，你不一定能见到斑马的其他行为，但一定能看到采食行为。斑马不像牛等反刍动物有 4 个胃来消化草中的纤维素，它们只有一个胃，因此它们一天当中有一半的时间都花在采食上，并且要吃下两倍于其他反刍动物的食物来获取相同的营养。但庆幸的是，它们不挑食，在缺乏丰富多汁的食物时，它们也会去采食那些干燥粗糙的杂草，并且它们会吃掉其从叶尖到与土壤相接的茎干的所有部位。为了获取足够多的食物，它们会在大草原上游荡，并抢在其他食草动物群的前面来避免与它们竞争。

随着雨季到来，草原上焕发出第一抹绿意时，斑马会聚集成上万只的大群一道采食。它们是在草原上生活的所有动物当中唯一具有上下门齿的动物，因此能够把草切断而无需把它们整个拉出地面。它们会吃掉那些长得高且粗糙的杂草，使得那些藏在下面的小草露出来，留给随后到来的其他食草动物采食。这种为其他动物“准备”食物的行径，只是斑马在非洲大草原不可或缺和无法替代作用的其中一个体现。

饮水

在非洲草原的旱季，斑马也会聚集在水源附近。如果旱情严重到河流都干涸时，斑马会用前蹄翻开沙子寻找藏在下面的水分。和所有草原动物一样，斑马在喝水时显得尤其焦虑，因为饥饿的捕食者通常会在水坑处伺机猎捕。

自我修饰

如果你有过尽力去挠两个肩胛骨中间位置的经历，你就能明白为什么斑马喜欢在杆子上蹭痒痒了。当瑞士一家动物园的管理人员试图在非洲草原展示区建造一个人工白蚁堆时，斑马们都变得异常激动。它们围在工作人员周围，等工作人员一离开，整个斑马群都围着白蚁堆幸福地磨蹭着身体，像是要弥补过去的亏欠。斑马也会在树干上磨蹭身体来除去烦人的寄生虫、旧毛发或者污垢。有时候为了全身都能磨蹭到，它们会沐浴在沙子或尘土当中，甚至腹面朝上躺在草丛中，来给肩胛窝蹭痒痒。为了能触及头部和颈部，它们会像一只大狗那样用后腿挠痒。它们也会摇晃身体或者打颤来去除寄生虫和灰尘，或者在暴雨过后抖动身体来甩掉水分。最后，如果身边没有同伴可以帮忙的话，它们也会用牙把那些能够触及到的污秽咬掉。

睡觉

斑马群在睡觉时，总会有一只个体保持清醒来充当哨兵。在深度睡眠时，斑马会躺下来，双腿蜷缩在身下，当哨兵发出警告时，它们

磨蹭：白蚁堆为斑马们磨蹭掉皮肤上的污秽提供了方便。

睡觉：斑马群在睡觉时，总会有一只斑马充当哨兵。

能够迅速地跳起来。通过睡姿你就能判断出来哪些个体是斑马群中的年轻个体：它们在睡觉时会侧躺，腿都放在一侧。当斑马只是想打个盹时，半清醒状态的斑马会脑袋低垂、眼睛半睁、耳朵朝外，尾巴前后甩动来驱赶蚊蝇。

平原斑马如何互动

斑马社会的两个基本单元是家庭群和单身群，如果你所在动物园的斑马群足够大的话，这两种群体类型你都能见到。家庭群通常会有 1 只优势雄性斑马，最多 6 只雌性斑马以及它们的幼崽，共 2~16 只个体（野外群体平均成员数量是 7 只）。优势雄性斑马是群体中的首领，也是唯一能与雌性斑马交配的雄性斑马，年轻的雄性斑马在 1~3 岁时就会离开所在的家庭群，组成单身群。每个单身群（只有雄性）通常有 3 只个体，最多时能有 10 只。

其他斑马选择留在家庭群，不是因为优势雄性斑马迫使它们这么做，而是由于群体成员之间具有异常紧密的纽带关系。诸如修饰这样的友善行为就像是群体内的社会润滑剂，使得成员之间能够维持较好的关系。有趣的是，哪怕是冲突行为也能帮助成员之间缓解紧张关系，因为它能够帮助群体成员建立等级秩序，让所有成员都了解并遵守等级序位。

想要看到等级秩序的实际效果，可以注意观察动物园中那些移动的斑马群，它们通常会排成一排，以雌性首领或者优势雌性斑马为首，其他雌性斑马根据社会等级排在其后，小斑马会跟在自己母亲后面，最小的斑马幼崽站在最前面。这些小斑马长大后会接替母亲的社会等级。优势雄性斑马会跟在马队的后面或者旁边，通常会让雌性斑马决定去哪里采食或饮水，偶尔通过“驱赶威胁”来表现出它对于某个方向的偏好。

研究者发现，在某些群体中，雌性斑马的社会地位每隔数月会有所变动。如果你能够连续观察，也许在动物园或者野生动物园中也能够观察到这些社会等级的变化。首先找到所在群体的优势雌性斑马，每次去动物园时注意观察它的情况。如果你看到的是单身群，试着找出成年雄性斑马，它们的社会等级要高于那些未成年的雄性斑马。

友好行为

当你观察斑马的时候，用不了多长时间你就能够看到很多表示友好的举动。这些行为能增进群体成员之间的信任，将群体成员更紧密地联系在一起。

社会修饰　修饰行为能在一天当中的任意时刻发生，每次修饰行为的持续时间最多能达半小时。修饰的双方会面对面站好，在身体的一边从同伴的脖颈开始慢慢咬到后背和尾巴，再走到身体另一边从脖颈咬到后背和尾巴。在轻咬时，它们会用上门齿

家庭群中修饰行为的发生频率

频率最高	雌性斑马对最小的斑马幼崽
	雌性斑马对稍大一点的小斑马
	优势雄性斑马对雌性斑马
	优势雄性斑马对小斑马
频率最低	雌性斑马对雌性斑马

平原斑马的叫声

叫声	何时发生	叫声的含义
两音节的 i–ha 或者大声喘气	危险临近时	警告
嘴巴放松呜叫	满足时	状态很好
联系叫声	成员丢失时，或和其他家族群挤在一起时	维持或者重建联系
高声尖叫	处于疼痛或压力下	寻求帮助
长长地尖叫	小斑马处于疼痛或压力下	寻求帮助

啃食同伴毛皮的表层，帮助它们去掉那些松散的毛发并顺带清理皮肤。

群体当中的每个成员都会参与共同修饰行为，哪怕是那些刚出生几天的斑马幼崽也不例外。注意观察修饰行为的发出者和接收者，这样你就能够厘清群体成员之间的关系。那些有着最强纽带关系的个体会最频繁地为彼此修饰。前面的表格能够帮助你进行梳理。

经过一段时间的观察后你会发现，家庭群中，优势雄性斑马在给雌性斑马修饰时是有偏好的，它对某些雌性斑马的修饰行为会更多，而对另一些则没那么偏爱。有年轻雌性斑马发情时，优势雄性斑马会格外关注它。在单身群中，雄性斑马之间会相互修饰，但没有明显的偏好。

有趣的是，人类已经变成了家马社会中的“清洁伙伴”。在被人长时间刷毛和挠痒后，即便是那些胆小害羞的家马最终也能学会信任自己的饲养者。动物园的饲养员介绍说，人类长时间为斑马刷毛和挠痒后也能赢得斑马的信任，这对于斑马的疫苗接种和其他方面的照料来说非常重要。对于那些信任人类的斑马，就不用再使用镇定剂了。

社会玩耍　和人类儿童一样，从几周到几岁大的年轻斑马也是通过玩耍来结成稳定关系的。它们会把无穷的精力花在追逐、假装打斗和模仿成年斑马的行为上，做出一些诸如脖颈摔跤、撕咬、后腿站立和追逐等看起来很严肃的行为。无论玩耍得如何激烈，在筋疲力尽之后，双方通常会以将头靠在彼此的后背上休息这种友好亲密的方式结束。如果它们找不到和自己年龄相仿的玩伴，有时候年轻斑马也会与那些愿意同它们玩耍的成年斑马一起追逐，有时甚至会和羚羊、獴甚至是鸟类玩耍。

单身群中的年轻雄性斑马尤其闹腾，观察起来也很有意思。激动时，它们可能会突然全速奔跑，肩并肩冲着某些假想的终点进行赛跑。它们通常会以滑稽散漫的玩耍和问候仪式来结束游戏，像是要庆祝胜利。这些游戏能够锻炼小马的体能和社交反应速度，让它们为今后依赖快速逃跑和忠诚的同伴关系生存做好准备。

保持联系 到了动物园，我们的学者就可以观察到斑马是如何完美诠释“一个更加友善温和的社会”的。他们会发现，那些处于移动中的斑马不会把年幼、年老或者残废的斑马落在后面，相反，斑马群的移动速度是由群体当中速度最慢而不是最快的个体所决定的。如果家族群中的某只斑马跟群体走散，优势雄性斑马会走很远的路去找它，即便这意味着要在上万只其他动物的大群中搜索。在长达数千米的动物群中穿梭时，它会用眼睛、耳朵和鼻子寻找那只丢失的个体，并在痕迹变得微弱时不断发出联系叫声。优势雄性斑马也会使用这种联系叫声——一种将吠声和呼吸般的驴叫声结合起来的叫声，来和其他群体的优势雄性斑马联系。

问候仪式 当不同群体的优势雄性斑马相遇时，它们会展现一种既有性暗示又具有攻击成分的优美仪式。首先两只斑马会往前伸长脑袋，嗅闻彼此的鼻子，接着它们会面对面或者肩并肩站好，并展现出问候面孔，耳朵往前弯，嘴唇往后拉，嘴巴微张，同时做出轻微的咀嚼动作。这种问候面孔和即将在160页交配章节介绍的发情面孔十分相似。有些研究者认为这两种面孔都是投降的表现，用来说明“我不是想要打斗”。

如果两只雄性斑马社会等级不同，只有等级较低的一方会展现问候面孔，问候仪式也就到此为止。如果两只雄性斑马等级相当，它们会头尾相对，朝反方向平行站立，用头部触碰对方身体的侧面并用力地上下摩擦，不时停下来嗅闻对方的生殖器。最后它们会嗅闻对方的鼻子，并展现一个缩减版的告别跳跃。完整的告别跳跃中，斑马会用后腿站立并跳跃着离开。但通常我们所能看到的只是缩减版的告别跳跃，斑马会用往外甩腿或者往回甩头的动作来代表跳跃。

动物园的单身雄性斑马群中有时也能看到这种问候仪式，但通常不会特别正式或仪式化。在仪式的最后，问候的一方可能会把头靠在对方背上，优势雄性斑马在与处于从属地位的雄性斑马相遇时，也会采用同样的方式来结束一场具有攻击性的冲突。所有这些动作都是为了向对方表示，自己已经注意到了对方，但并不想打斗。

共同防御 在有狮子、鬣狗、野狗、豹和猎豹等捕食者在附近草丛中潜伏时，斑马的社会网络更加能体现出优势。放哨的斑马在看到捕食者（或者在动物园中看到

问候面孔

问候仪式：斑马相遇时会彼此嗅闻，并展现出缓和的表情来打消紧张的情绪。双方会头尾相接着站立，摩擦彼此的侧面并嗅闻彼此的生殖器。

反向平行站立

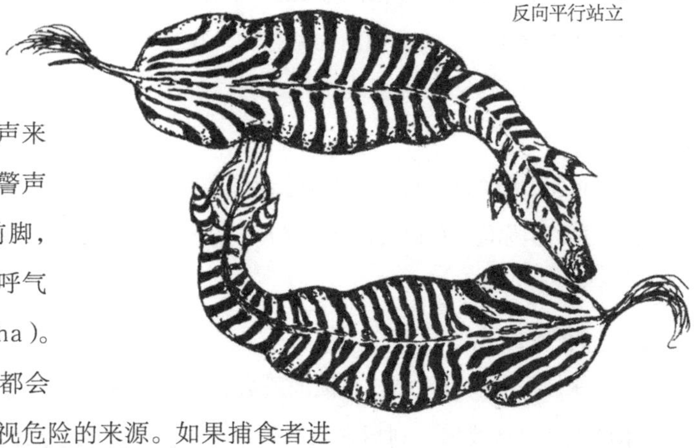

可疑的东西）时会发出报警声来警告群体中的其他伙伴。报警声可能是大声地哼鼻加上跺前脚，也可能是嘴巴大张着吸气和呼气发出的刺耳尖叫声（i-ha，i-ha）。听到这些声响后，所有斑马都会停下当前的行动，定定地凝视危险的来源。如果捕食者进一步靠近，斑马群会围成半圆形，所有成员都会抬起头把耳朵冲前来面对捕食者。

另一种防御方式是靠近捕食者并持续盯紧捕食者。捕食者能够靠近斑马的临界距离是30.5米，一旦捕食者走进这一范围，斑马就会转身逃跑。当它们逃跑时，群体当中的优势雄性斑马充当了后盾的角色。它会用有力的后蹄去对付捕食者，偶尔还会转头去咬那些捕食者。某一家庭群奋力反击捕食者的行为能够对大群中的其他斑马群起到预警的作用。

当离群的单只斑马遇到麻烦时，家庭群可能会全力去营救它。有位生物学家曾经见到过10只斑马全速冲击，营救被鬣狗群包围的2只小斑马和1只雌性斑马的场景。这10只斑马把小斑马和雌性斑马包围起来之后带着它们飞奔而去，并用后蹄赶走那些想要追上来

人类和斑马

从空中俯瞰或者开车追逐一大群有着醒目图案的斑马群会让人头晕目眩。它们的数量如此之多，以至于你很难相信它们也会像非洲草原上的许多物种那样衰落。事实上，在人类的干扰下，斑马的两个亚种已经灭绝了。另一个亚种布氏斑马(*E.q.burchellii*)的种群也受到了严重影响，它们的皮被用来制作机器上的连接带。同样地，平原斑马也遭到了非洲草原的农民和游客无情地屠杀，它们的肉被当作食物，皮被用来做手袋，肌腱被用来做鞋底。在不到40年的时间里，曾经数量庞大的平原斑马几乎被屠杀殆尽了。

如今，全世界只剩下约75万只平原斑马，并且它们还面临着人类对耕地和饲养牲畜所用土地需求的威胁。在平原斑马的6个亚种当中，有1个亚种已经灭绝。尽管这些斑马群从空中或自然纪录片中看起来像是无穷无尽的，但是我们必须明白，就像斑马身上的条纹形成的幻觉一样，这种看起来无穷无尽的景象也是场幻觉。

的鬣狗们。动物园不可能把鬣狗或狮子放进斑马的展示馆，因此你无法在动物园看到这样的场景，但你仍然可以在自然纪录片、野生动物园或者网络上看到这些保护性的举动。

冲突行为

平原斑马没有领域性，因而不会有守卫特殊区域的行为。但是它们会在获取食物、水源或者摩擦物时，利用它们的等级序位争夺首先享用的机会。相比较于动物园中的公共食槽，在野外的水坑饮水的斑马则不太会发生争执，这是因为在野外有更大的空间供斑马利用。不过为了避免被踢到或者咬到，这些争执通常都是以威胁的形式开始和结束。

威胁 通常来说，威胁姿势是即将到来的真实打斗的缩略版。做出威胁姿势的斑马们像是在晃动拳头强调“不要再继续下去了，再继续下去我就要动真格了”。

威胁姿势甚至可以简化到只是压低头部，耳朵向后。当家庭群中的雄性斑马想要成排走动的斑马群改变路线时，会在侧面展示驱赶威胁，将斑马群赶往自己想要去的方向。雌性斑马也会用驱赶威胁来恐吓那些试图插队的年轻雌性斑马。

在更激烈的威胁中，斑马可能会伸长脖子，头部面对着对手，耳朵向后。在一些激动的撕咬威胁当中，为了表明自己真有可能会咬对方，斑马可能会张开嘴巴，甚至露出牙齿。作为将要发生的行为的表征，斑马可能会做出用脚踢、简单地后腿站立或者用前腿刮地面的行为。雌性斑马则通常会采用后腿踢的威胁方式。

威胁展示和偶尔的追逐通常足以解决争执。真正的打斗通常只会发生在雄性斑马之间，它们之间的胜者通常会得到与年轻雌性斑马交配的权利。如果你所在动物园有多只雄性斑马，注意观察这些为交配而进行的争斗。

打斗 斑马的打斗看起来像是一场带有战争性质的艺术表演。打斗的双方会先转圈，头尾相对站立，尽力咬对方的背和腿，同时尽量避免被对方咬到。它们会不停地转圈，尽可能压低身体，把重心都放在腰和腿上来避免对手咬到自己的后腿。在一阵转圈之后，斑马通常会开始脖颈摔跤，像人类掰手腕一样寻找合适的位置。一方会把脖颈放在另一方脖颈之上并尽力往下压，处于下方的斑马则竭尽全力往上顶，在对方不注意的情况下突然把头降到最低，把头和脖颈从对手的脖颈下抽离，并迅速地把脖颈放到对手的脖颈之上。

当打斗进一步升级为严重的冲突时，斑马会后腿站立，用蹄子互踢。蹄子是斑马仅有的真正的武器，当斑马用尽全力踢下去时能够给对手留下严重的伤痕。斑马在从上往下攻击时也会咬对手的脖子、耳朵和鬃毛，有时为了更好地掌控对方，甚至会把

脚踢式威胁：雌性斑马通常会用后腿踢的方式威胁对手。

转圈

脚踢和撕咬

打斗：打斗双方会尽力去咬对方的后腿，同时避免被对手咬到。它们会做出脖子对脖子的动作，每只个体都尽力把脖子抬得更高来压倒对方。比起撕咬，被它们强健有力的蹄子踢到则会糟糕得多。

脖颈摔跤

对手压在自己身下。幸运的是，它们的多数牙齿在咀嚼青草的过程中已经被磨平了，因此几乎不可能穿透对手结实的外皮。这场争斗的真正目的似乎是为了让对手失去平衡，一旦对手失足，站得更稳的斑马就能占据上风。

就像动物世界的多数冲突一样，斑马之间的打斗极少会致命。尽管脚踢和撞击可能会留下伤痕，但这些伤痕几乎不会对斑马造成太大影响。通常情况下，在争斗严重到让一方受伤之前，处于下风的斑马就已经举白旗逃跑了。

为争夺配偶而战的生态学意义不仅仅是赢得某一只雌性斑马这么简单。每只雄性斑马必须在打斗中赢得胜利才能证明自己具有交配的权利，因此只有那些最强壮最健康的雄性斑马才能传递自身的基因，这也能帮助斑马这一物种在自然选择的过程中不断演化。

性行为

斑马没有特定的发情期，因此斑马的性行为在全年都能看到。相应地，每个月份都能够见到新生的斑马幼崽。雌性斑马差不多每个月发情一次，每次只持续一周左右。

求偶　斑马的性生活完全取决于它们的经历以及年龄。对于那些有过产子经历并且在家族群中占据稳定地位的成年雌性斑马来说，发情是悄无声息的。在家族群中拥有毋庸置疑的交配优先权的优势雄性斑马会通过雌性斑马粪便和尿液中的激素水平来了解对方的发情状态。在嗅闻雌性斑马的臀部并诱导它撒尿后，雄性斑马会努力嗅闻一番，并抬起头做出卷唇的姿势——鼻子冲着天空，嘴唇往后卷。这种姿态能够将鼻孔封住，帮助鼻孔内部被称为犁鼻器的嗅觉感受器更加高效地分析雌性斑马的气味。然后它会在雌性斑马的粪便之上排便，并在雌性斑马撒尿的地方撒尿。研究人员认为这一举动有助于避免周围的雄性斑马知晓这一雌性斑马的发情状态，从而将家族群团结在一起。

对于首次发情的雌性斑马来说，求偶过程则带有一些疯狂的意味。优势雄性斑马，通常也会是它的父亲，会在它发情的那一周认真地、花费大量时间和精力去追求它。对于这些首次发情的雌性斑马，优势雄性斑马并不像通常那样享有毋庸置疑的交配权。这些年轻的雌性斑马通常会在13~18个月大时进入发情期，会在做好交配准备的几个月前就开始向雄性斑马宣告自己的身体状态。它们会做出一种独特的邀请姿态，后腿分开站立，尾巴抬起呈45°，嘴巴通常会以一种看似威胁的姿态张开。

方圆数千米内的雄性斑马在看到它的邀请姿态后会朝它聚集，期望与之交配。尽管它在开始的数周内会拒绝所有的交配尝试，但这些求爱者不会离开，而是焦急地等在它周围。在必要时，家庭群的优势雄性斑马会一只接一只地打败这些求爱者，来获得与这只雌性斑马交配的权利。而那些抱有希望的雄性斑马则会留心观察，通常会在优势雄性斑马与其他斑马打斗的时候，趁机把年轻的雌性斑马拐走。但拐走雌性斑马的雄性斑马不一定会是它的最终配偶，它可能会在与数只雄性斑马共同生活之后，在大概两岁半的时候与某只雄性斑马结成配偶，成为一个新的家庭群的永久成员。

这种情况对于家族群的优势雄性斑马来说是一种损失，但对于整个斑马种群来说却很有利。斑马家族群成员间的纽带关系是如此强烈，如果年轻雌性斑马们不去吸引求爱者将它们拐走，它们可能永远都不会离开家族群，最终乱伦和近亲交配会导致整个斑马群的衰弱。通过加入新的家族群，雌性斑马们就能够将它们的基因传播开来，整个斑马群的基因库会更加多样化。

交配　只有最年轻的雌性斑马才会做出邀请姿态去吸引陌生的雄性斑马。当年长的雌性斑马展示这种邀请姿态时，家族群中的优势雄性斑马会立刻同它交配，其他雄性斑马看到这一信号并受到吸引的机会几乎为零。这种不惹人注意的性行为对于维持斑马群的稳定非常重要。

雌性斑马在交配前和交配中会展现出一种典型的被称为“发情脸”的表情。它们通常会耳朵朝后或朝下，嘴角往后，嘴巴张开，微微露出牙齿咀嚼，有时甚至会流口水。（投降的雄性斑马在遇到优势雄性斑马时也会有这样的表情，见 154 页的“问候仪式”部分。）雌性斑马偶尔也会转头过来，象征性地做出一些撕咬动作。一些研究者认为，“发情脸”可能是由这种防御性撕咬延伸而来的。

育幼行为

生育　当生育时间临近时（斑马的孕期为一年），雄性斑马会比以往花费更多时间保护雌性斑马。事实上，如果你所在的动物园有怀孕的雌性斑马，你可以近距离去观察那些优势雄性斑马，它们激动的嘶鸣声表明雌性斑马即将分娩。雌性斑马也会有一些征兆：肿胀的肚子、膨胀的阴户、抬起的尾巴以及后腿移动困难等。

雌性斑马在产崽时身体会侧卧，幼崽的蹄子和头部先露出来，接下来是胎盘和全部身体。尽管没有母亲的帮助，斑马幼崽也会抖掉身上的胎盘。仅仅 20 分钟后，斑马幼崽就能咬断脐带，站立起来开始探索新世界。

照顾幼崽　在斑马幼崽出生后的数天内，雌性斑马会带着幼崽远离家族群的所有个体，包括幼崽的父亲。这种隔离能够避免斑马幼崽把其他动物当作自己的妈妈——在最关键的印痕期，斑马幼崽会把看到的第一个移动的物体当作自己的妈妈。雌性斑马需要与新出生的幼崽建立纽带关系，并鼓励它吸奶，否则的话，斑马幼崽会试图从任意一个比自己大的物体上找奶吃，这个物体可以是一个人、一只角马，甚至是一辆路虎汽车。一旦雌性斑马和斑马幼崽能够通过气味、声音和独特的条纹辨认出彼此，它们就会重新加入家族群，而无须担心找不到彼此。

共同育幼　斑马群能够为斑马幼崽的成长提供一个安全且适合培育的场所。斑马幼崽一旦遭遇危险，只需要发出持续的尖叫声就能得到家族群的营救。在到处都有捕食者存在的情况下，多亏了这一独特的群体育幼策略才极少出现斑马幼崽被吃掉的现象。

动物园或野外能看到的平原斑马的行为

- 基本行为
  - 移动：走动 小跑 疾驰 游泳
  - 采食：吃草
  - 自我修饰：磨蹭 在尘土中打滚 刮擦 轻咬
- 社会行为
  - 友好行为
    - 社会修饰：轻咬
    - 社会玩耍：追逐游戏 假装打斗 问候仪式
    - 保持联系：嗅闻 问候脸 反向平行站立 摩擦 告别跳跃
    - 共同防御：警告叫声 紧盯 围成半圆形 接近捕食者 营救
  - 冲突行为
    - 威胁：驱赶威胁 撕咬威胁 前腿刮擦 象征性地踢 后腿站立 追逐
    - 打斗：转圈 脖颈摔跤 后腿站立 踢 咬
  - 性行为
    - 求偶：嗅闻 卷唇 修饰 邀请站姿 拐走雌性斑马
    - 交配：爬跨 发情脸 猛咬
  - 育幼行为
    - 生育
    - 照顾幼崽：隔离斑马幼崽 吸奶
    - 共同育幼：尖叫 群体营救

发情脸

撕咬威胁

卷唇

平原斑马想要表达什么？

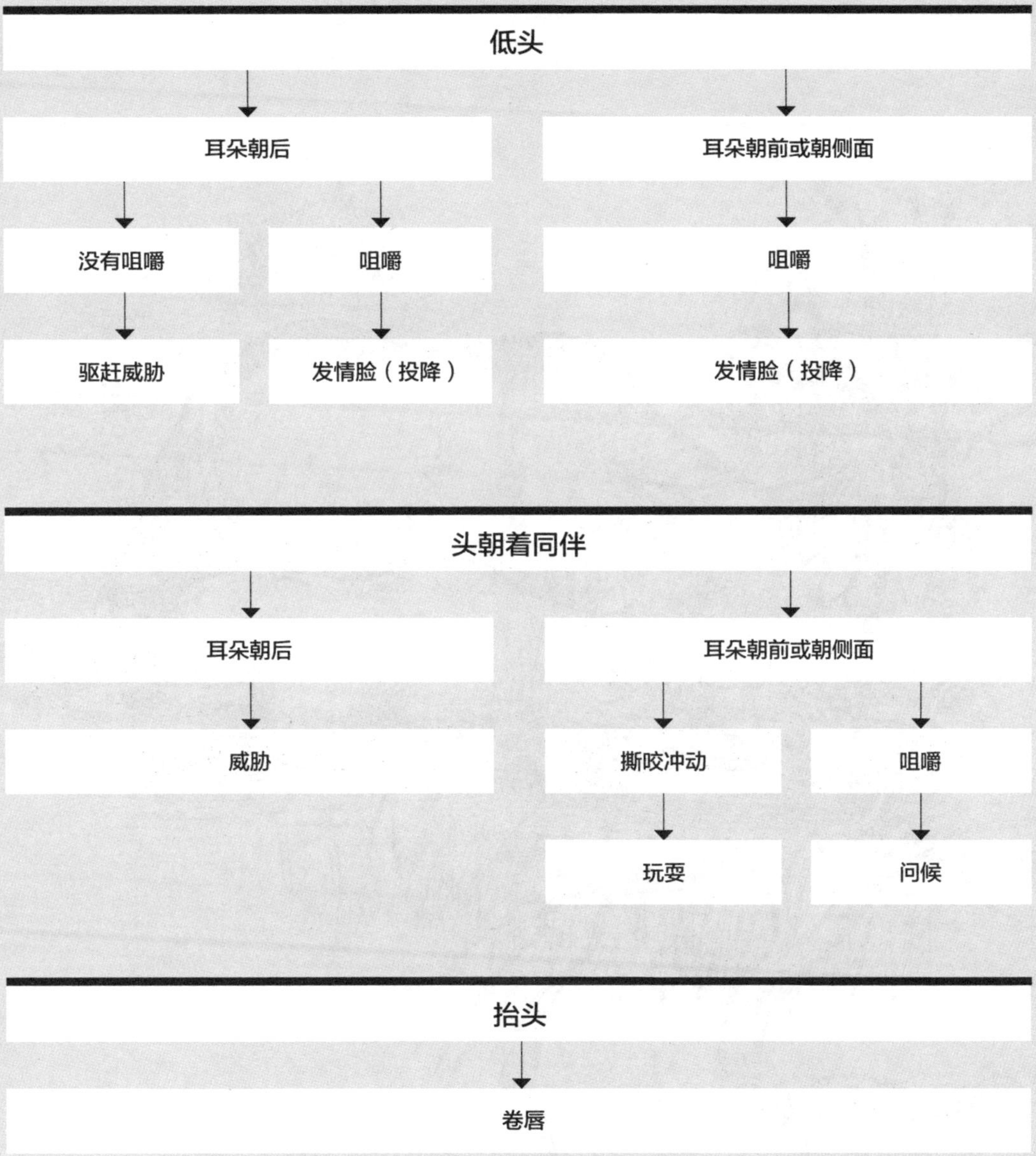
低头
耳朵朝后
耳朵朝前或朝侧面
没有咀嚼
咀嚼
咀嚼
驱赶威胁
发情脸（投降）
发情脸（投降）
头朝着同伴
耳朵朝后
耳朵朝前或朝侧面
威胁
撕咬冲动
咀嚼
玩耍
问候
抬头
卷唇

泥浴：一只母犀牛正带着小犀牛浸在淤泥中降温，并借此除去皮肤上的寄生虫。

黑　犀

Black Rhinoceros

重要参数

分类：奇蹄目　犀科	学名：*Diceros bicornis*
体型：体长3~4米	体重：1 000~1 800千克
肩高1.5~1.67米	
寿命：圈养环境下45年	
生境：森林和草原的过渡地带；浓密的荆棘丛，金合欢灌丛，或者最高可达海拔3 000米的开阔地带	

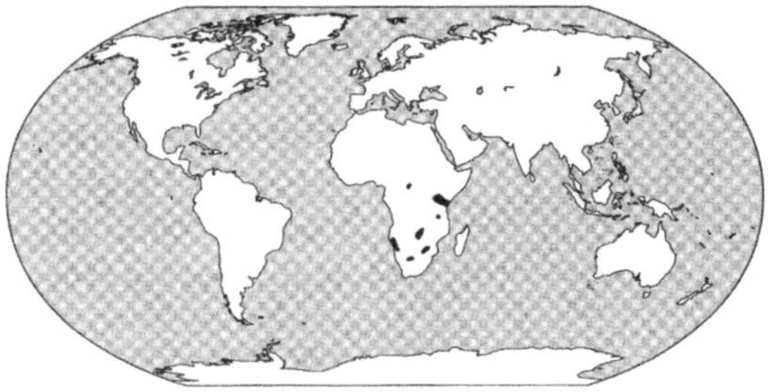

尽管算不上迷人，但犀牛依靠自身特殊的神秘性成为美国广告界的宠儿，有很多商品，包括塑料容器、报警系统、酒馆，甚至是啤酒都会用这些濒危动物打广告。由于犀牛结实的身材和古怪的史前长相就像是动物世界的装甲车，因此它们成了耐用和坚不可摧的代名词。

但是当你抛开这些广告去观察犀牛的生活时，你就会发现它们如此强大的防护似乎有些过头了，毕竟它们是世界上仅次于大象的第二大陆生哺乳动物。成年犀牛在自然界没有天敌，多数动物（除了人类）给它们营造了一个广阔的生存空间。那么为什么它们还需要强有力的防护呢？我们不得不承认，某种程度上来说，这些广告商的看法是对的：犀牛的这种体型特征已经持续了很长时间。在演化的早期，犀牛的捕食者可能非常强大。尽管那些体型巨大的肉食性捕食者已经不复存在了，但犀牛的行为和

长有两只角的黑犀一生的大部分时间都独自生活。

体型却依然保持原貌，成为它们曾经需要时刻防御捕食者的证明。

很久以前，犀牛就明白保护自己的最好方式就是待在家里，远离斗争。它们不再像过去那样去应对捕食者，而是演化出了一套异常敏感的反应系统，依靠这一反应系统，它们能够在危险临近时依靠听觉或嗅觉提前感知到。现在，它们杯状的大耳朵依然能够朝各个方向旋转来捕获最细微的声响，它们的鼻子也能够像读书一样去读取空气中的信息。事实上，犀牛鼻腔所占的空间甚至超过了它的大脑。当危险上升到一定程度，它们就会突然转身并以 56 千米 / 时的速度迅速飞奔到灌丛中。它们推土机一样的身体能够推平眼前的任何植被，但同时也能够完成漂亮的回旋动作，这些都要归功于它们能够精确旋转和扭动的肌肉结构。

上面我们一直都在谈论犀牛的撤退，那么我们在电影中所见到的那些大声喷鼻、刨蹭爪子并径直朝我们冲过来的行为又是怎么回事呢？犀牛的确也会有这些行为，但只会在非常偶然的情况下出现，例如在毫无防备的情况下被抓住，或者某只雄犀牛决定跟对手打一架等。当处于这些情况时，犀牛的角和结实的外皮就能派上用场。

孤独的生存者 多数时间犀牛都是独自生活的。它们在一个足够大的地域范围内活动，在这里它们能够找到所需的全部食物。尽管它们不是严格意义上的领域动物，但是它们会使用气味进行标记来表达“禁止入侵”的意愿，以此限制入侵者进入自己的领域。这种个体占据足够的空间、相互之间保持足够距离的做法，对它们生存的栖息地来说也有好处。如果犀牛不分开采食的话，它们很快就会把栖息范围内的所有食物消耗殆尽。

除了大部分时间孤独地各自生存外，犀牛也会在少数时刻与其他个体互动。犀牛社会中维持时间最长的社会关系存在于雌性犀牛与犀牛幼崽之间，这种关系最长可持续 5 年，在雌性犀牛生育下一个幼崽之前它们都会一起生活。甚至有些时候，雌性犀牛在生下新的犀牛幼崽后，也会容忍前一个小犀牛与它们一同生活，因此偶尔也能看到 3 只犀牛在一起生活的场景。性行为是另一个驱使犀牛聚集在一起的原因，但是持续的时间很短。唯一能把营独居生活的犀牛以一定频率聚集在一起的理由，是每天对饮水和泥浴的需要。那些使用同一个水坑的犀牛相互都认识，当有其他犀牛试图加入时，它们很快就会把这些入侵者赶走。

尽管这些共用同一水坑的犀牛（或动物园中的犀牛群）相互之间能够容忍，但它们也不可能像斑马或长颈鹿那样友好地对待彼此。这是因为犀牛并不像这些有蹄类动物那样相互依赖。它们不像这些草原上生存的有蹄类动物那样时刻处于捕食者的威胁之下，黑犀生存的森林中布满了隐蔽物，因此无需与其他个体结盟来隐蔽。在动物园中观察黑犀时，也要考虑到它们的野外生存环境和行为，除了偶尔的那些争夺空间或交配机会的冲突之外，黑犀多数时间都是独自生存的。

黑犀可供观察的基本行为

移动

尽管腿又粗又短，体型也呈笨重的箱子状，犀牛却异常敏捷。通常情况下它们会快步行走，但当受到惊吓时，它们可能会仰着头，尾巴冲上或者直直地垂在身后小跑。它们能够在咆哮着疾驶时突然来个急转弯，也能够在追逐雌性的时候踏着轻巧的步子展示精美的舞蹈。在犀牛展示馆的尘土中，注意寻找它们三瓣的脚趾留下来的梅花状脚印。你会在固定的道路上发现大量脚印，因为无论是在动物园里还是在野外状态下，犀牛都保持着一个固有的习性——犀牛和我们人类一样偏好那些熟悉的道路，会沿着固定的路线走动。

磨角：经过数年的磨角之后，犀牛的角会被磨损掉并重新长出来。

采食

在犀牛坚实而奇特的鼻端，有着宽松的、可以改变形状的嘴唇。这种嘴唇就像人类的手指一样灵活，利用嘴唇，它们能够在金合欢的灌木丛中轻松地撷取灌木的嫩枝和树叶。有时它们也会用角把枝条拉到嘴唇能够碰到的位置。黑犀的食谱当中有一罕见的食物种类，即角马等动物的粪便。食用其他动物粪便的行为通常会在灌木枝条短缺，作为替补食物的野草也被采食殆尽或者被火烧焦的情况下出现。在缺少嫩草的情况下，黑犀会吃掉其他动物粪便中半消化的野草来补充所需的矿物质。

饮水

在旱季，犀牛通常都被束缚在水坑周围。尽管它们也会在水坑附近游荡，但都不会离开水源超过 4.8 千米。当地表水缺乏时，黑犀还会自己挖井。它们会用前腿挖出沙土，直到挖出地下水为止，并在挖出地下水后尽情享用。

泥浴

在闷热的非洲大陆，用于浸泡降温的水与饮用水同样重要。犀牛巨大的身体会产生大量的热量，但是犀牛的体表面积却不够大，无法将热量释放出去，因此犀牛必须借助蒸发将热量从身体当中释放出去。犀牛没有汗腺，无法依靠自身排出汗液来带走热量，只能借助泥浴——在身体表面裹上一层稀泥，通过稀泥变干带走部分热量来给自己降温。这些稀泥也能帮助犀牛去除在身体表面叮咬的蚊蝇。当淤泥干透并掉落时，犀牛体表的虱子和其他寄生虫也会随之掉落。动物园中的犀牛似乎也很喜欢泥浴：那些有水源和泥浴坑的展示馆中的犀牛比缺少水坑的展示馆中的犀牛要活跃得多。

磨角

犀牛会在树木或石头上来回摩擦使角变得更加锋利。在石头上磨角会比在树木上磨损得更快，但是这些角会再生，尤其是在犀牛仍然年轻的时候。

睡觉

犀牛通常在早晨和傍晚采食，闷热的中午通常会在阴凉地或者泥浴坑中度过。它们要么躺着，要么四肢着地站立，垂着脑袋，耳朵四处转动。睡眠的过程中，犀牛偶尔会原地打转或者小跑，就好像它们醒着一样。除了自身处于警戒状态之外，犀牛还有个帮手——被当地居民称为“犀牛警卫”的鸟类——牛椋鸟。这些牛椋鸟在犀牛睡觉的时候会站在犀牛背上以犀牛身上的虱子为食，当有其他动物或者人类靠近时，这些鸟类会厉声尖叫，叫醒处于睡眠状态的犀牛。在那些人类活动频繁的区域，犀牛会调节自身的活动时间，转为夜间活动。即便人类干扰减少，研究者也对这些犀牛的活动节律能否转回正常的日间活动状态表示怀疑。幸运的是，动物园中的犀牛比较放松，依然保持着白天采食，晚上睡眠 8~9 个小时的行为节律。如果你在动物园待上数小时，静静地站在它们跟前，你可能会听到一些熟悉的声音——打呼噜声。

刨粪行为：犀牛会用后腿刨开公共粪堆，所到之处都会留下强烈的味道。

犀牛

正是因为犀牛看起来如此坚实，我们才会不由自主地认为它们是坚不可摧的。但事实上作为一个物种来说，犀牛十分脆弱。因为雌犀牛每次发情只会与雄犀牛交配一次，每隔 3~4 年才会生下一只小犀牛，因此当犀牛群中有一只个体死去后，需要较长时间才会有新个体补充进来。在人类干扰出现之前，这对于犀牛群来说根本不是问题，因为犀牛的寿命很长，死亡率也很低。但是现在，人类为了获得犀牛角而去猎捕部分犀牛，同时干旱正在威胁另一些犀牛，而栖息地丧失则是全部犀牛种群都面临的问题。

因此黑犀的数量调查就像是一个倒计时，在你读这本书的时候，黑犀的数量也正在减少。事实上，黑犀西部亚种在 2011 年就已经灭绝了。由于偷猎犀牛带来的收益实在是太大了，即便是在直升机和武装警卫的保护下，犀牛被偷猎的状况也还是越来越严重。

犀牛角在中国、韩国和泰国被用于传统医药，在印度北部，犀牛角则被认为具有壮阳的功效。每千克犀牛角的价格高达 10 万美元，因此犀牛角的粉末无疑是世界上最贵的药物之一。讽刺的是，犀牛角粉的功效毫无药理学基础。犀牛角是由角蛋白构成的，这是一种常见的蛋白质，在包括人类指甲在内的许多常见物质当中都能见到。

20 世纪 80 年代，也门北部兴起了犀牛角利用的浪潮。在这里，犀牛角被做成当地一种特殊的匕首的手柄。这些匕首会在男孩长大成人后作为一种男子汉和献身于穆斯林信仰的象征被赠与给他们。曾经有一段时间，只有也门的精英人士才能买得起高达 10 万美元每千克的犀牛角。也门内战结束后，也门人到临近的富含石油的沙特阿拉伯打工，收入增长了 5 倍，对于犀牛角的需求量也逐渐增加，这使得犀牛的偷猎行为越来越多。

1991 年 6 月，生物学家估计整个非洲地区的犀牛数量从 20 世纪初的 200 万只下降到仅有的 3 400 只。现在很难讲到底还有多少只犀牛存活，因为盗猎一直存在，犀牛的数量每天都处于下降当中。犀牛所谓的坚不可摧只是我们美好的愿望而已。只要某一动物被贪婪的人类所盯上，跑得再快也逃不过人类的魔爪。

黑犀如何互动

友好行为

由于犀牛并不是社会性动物，因此表现友好的行为非常罕见。但是也许你能看到各自携带幼崽的雌性犀牛们相互打招呼。雌性犀牛们会先触碰鼻子，在确认对方没有恶意后，犀牛宝宝们也会重复同样的动作。

冲突行为

气味标记　在继续往下读的同时，谨记犀牛一切行为的目的是避免冲突并尽可能地避免与其他犀牛相遇。为了达到这一目的，雄犀牛经常会用粪便、尿液甚至是皮肤碎片这些气味保持时间较长的物质在采食地周围做标记。在野外，处于同一片区域的所有雄犀牛和雌犀牛都会在同一个粪堆上排便，它们都会在排便后用后腿刨开粪堆，像是要将这种气味信息传递到周围。当它走开后，它可能会在后蹄上携带这些气味信息，留下一条散发着臭味的通道。在灌丛和岩石上磨蹭也能通过皮肤碎片或干泥将气

喷尿：为了将自身的气味散布得更远、持续时间更长，犀牛会用尿液浇灌灌木丛，最远可以喷到 3 米以外。雄犀牛用这些尿液标记领地范围，以免其他犀牛入侵，而雌犀牛则用这些尿液来吸引合适的伴侣。

味信息留下来。

雄犀牛也会利用尿液进行标记。它们的尿液会穿过后腿，喷洒在灌丛、草丛、树桩以及通道或领域边缘的其他显著物体上。它们的尿液会喷洒至 2~3 米之外，形成的巨大喷雾能够覆盖很大的范围，气味可以持续数天。雄犀牛的尿液中似乎包含着自身的状态信息，这些状态信息能够被这一区域的其他犀牛识别。当处于从属地位的雄犀牛遇到这些尿液时，就能清楚地知道它们遇到的对象是谁，并通常会去往相反的方向。雌犀牛也会喷洒尿液，但喷尿的目的与雄犀牛完全不同，它只是在发情期时通过喷尿来告诉雄犀牛，它已经做好了交配的准备。

动物园中的卫生设备和清扫机制会限制犀牛的堆粪行为，但是犀牛依然每天都在同一位置排便——尽管粪便每天都被清扫掉，但气味却能留下来。饲养员知道领域对犀牛的重要性，因此动物园在引入新的犀牛时会特别小心，他们通常会把新引入的个体放置在中立区，这样它就能与其他犀牛和平共处了。

威胁 尽管犀牛很谨慎，但有时它们也会越过界限到其他个体的活动范围内，这时它们就需要当场解决分歧。它们的解决方式通常都以一种可预测的方式展现，从吓唬性的威胁发展为真正的打斗。通常好莱坞电影中所展现的犀牛直冲过来或者惊慌而逃的场景只是真实情况的一部分，绝大多数的微妙之处都被忽略掉了。

犀牛在被惹恼后会用威胁冲锋来警告挑衅者。它会压低脑袋，转动眼睛，竖起耳朵，卷起上嘴唇，并在冲锋时发出尖锐的呻吟声。这种带有威吓性质的展示的确发挥了它应有的作用：它会阻止即将发生的真实打斗。一旦某只犀牛展现了打斗的意愿，多数对

威胁冲锋：威胁冲锋极少会以流血结束，通常一场吓唬性的威胁展示就能迫使对手放弃。

手都会乖乖转头，在林地中找个安静的角落待着。在动物园当中，由于活动空间有限，饲养员必须为这种“冲突中断后逃跑”的行为提供替代的空间。他们通常会在展示馆中设置诸如假山、石块和树木等视觉庇护地，这样的话那些处于次级地位的动物可以轻易找到地方隐蔽。

但是在准备冲锋前，犀牛通常都会采用一种更加温和的威胁姿势。在还有一段距离时，两只雄犀牛就会一遍遍地转头，像是在展示它们的武器——身体大小、角的大小，以及打斗意愿等。它们也会以喷尿或者折断树枝作为一种展现优势的方式。当两只雄犀牛近距离相遇，例如在水坑或者泥浴场碰到时，原本在水坑或泥浴场的个体会通过晃动犀角来警告新来者，即频繁地向上晃动头部和犀角。它甚至都不需要起身，维持俯卧姿势并晃动犀角通常就足以让新来者知道需要等它喝完或享用完再说。

当雄犀牛和雌犀牛相遇时，互动行为又会完全不同。如果雌犀牛正处于发情期，这时就会出现求偶行为。如果雌犀牛并未处于发情状态，在看到彼此时，它们都会发出噗噗的喷鼻声。雄犀牛会用两步假装冲锋靠近雌犀牛，它会采用很短的、装模作样的步子，偶尔会发出喷鼻声，头左右摇晃，并将角冲上摇晃。（在动物园中，当饲养员或者游客离得太近时,犀牛也可能会展现这一行为。）如果雌犀牛靠近雄犀牛并袭击它，雄犀牛会逃跑，转个圈之后再次以相同的轻快雀跃的步子接近雌犀牛。这对犀牛可能会在数小时内不断重复这些试探性的展示，直到其中一只个体最终离开为止。

打斗　在野外，入侵的雄犀牛偶尔也会完全无视对手的警告——驻守者可能会发起冲锋，而挑战者可能会完全无视它的行为，将两者逼到必须决一高下的地步。经过一系列低头冲锋之后，犀牛会用角往上顶对方或者与对方对撞。有时这些打斗会给犀牛留下非常严重的伤口。如果驻守的雄犀牛失败而被入侵者赶走时，它会走到其他雄犀牛的领地，试图挑战那里的驻守者，进而引发另一场争斗。研究者发现，一旦这种多米诺效应出现，某些区域中受伤或者死去的犀牛便会突然间接连出现。但是用不了多久，当这种展示到达自然终点后，一切就会回到正常状态。

性行为

为了成功交配，雄犀牛和雌犀牛必须克服天性中对彼此的敌意。这一过程需要一定的时间，直到双方都感到自然和舒适为止。在双方的求偶展示中也能看到许多攻击性的元素出现。交配在一年的任何一个月份都可能出现，但非洲的实地研究表明，犀牛可能存在一定的发情期：3~4 月份一次，7 月份一次。在这些时期，性行为似乎更加常见。

求偶　发情的雌犀牛通过喷射带有激素信息的尿液来表明自己的繁殖状态，而雄犀牛就会像是被施了魔法一样被这些气味所吸引。为了更好地读懂这些激素的含义，雄犀牛会通过卷唇行为，用鼻孔捕获这些气味信息并做全面的分析。一旦确认雌犀牛处于发情状态，雄犀牛会紧紧跟随雌犀牛，乞求它的关注，直到它同意并停下来准备交配为止。

雄犀牛会用僵硬的双腿迈着小步子奔向雌犀牛，后腿的动作就像是要趴粪。与此同时，它也可能会展现出象征性的攻击行为，像是用较小的那只角摩擦地面或者灌丛，

卷唇

角斗

求偶：为了确认雌犀牛是否做好了交配的准备，雄犀牛会嗅闻它的尿液，卷起上唇，用鼻孔捕获这些气味进行分析。它们会轻轻地撞击对方的角来作为交配的前戏。

或者来回冲刺并喷尿等。这种攻击性的展示似乎可以帮助激发雄犀牛发动爬跨的勇气，毕竟，根据雌犀牛力气和意愿的不同，爬跨可能会变成一个危险的举动。

如果雌犀牛尚无交配的意愿，它可能会以攻击行为回应雄犀牛的挑逗，迫使它逃跑。但雄犀牛会不厌其烦地一遍遍折返回来，直到雌犀牛放松下来为止。这时，它们可能会面对面站立，轻轻地撞击对方的角，或者雄犀牛可能会用角轻轻地触碰雌犀牛的两腿之间或肚子。这些举动有时会持续数小时，直到雄犀牛足够贴近雌犀牛并成功爬上雌犀牛的后背。一旦雌犀牛允许雄犀牛这么做而不再攻击对方时，交配的时机就成熟了。

交配 雄犀牛会抬起头，把身体放到雌犀牛的背上做好交配的准备。起初它仅仅是爬跨，这一姿势会保持十分钟或者更长时间，并不断重复达 20 次，之后才是真正的交配。

交配过程持续时间或长或短，从数分钟到一个半小时不等，在这期间，雄犀牛每隔 1~2 分钟射精一次。正是由于犀牛的交配时间如此之长，才让一些人将犀牛角粉用作壮阳药。但科学家的研究发现，犀牛角的成分与交配时间毫无关系，而且那些对犀牛来说有效的成分对于人类来说并不一定有效。但是这一说法却流传了下来，并导致越来越多的犀牛因此丧命。

交配：犀牛的交配能持续很长时间，于是有些人就想当然地认为犀牛角中含有具壮阳功效的成分。

育幼行为

产崽 和野外生活的犀牛一样，动物园中的犀牛在生产时也喜欢独处。犀牛妈妈每次会产下一只非常小的幼崽，体重只有犀牛妈妈的 4%。在生产后的一个小时内，犀牛幼崽就能摇晃着站起来，自己去寻找母亲的乳头。在出生后的头几周内，犀牛妈妈和幼崽会一直待在隐蔽的地方，逐渐了解彼此的气味和声音，进而形成长期的纽带关系。

照顾幼崽 犀牛在生下幼崽后的 3~5 年内会与幼崽保持异常亲密的关系，直到新的幼崽出生为止。多数时间内，幼崽都跟在妈妈身后，在妈妈踩过的道路上轻松行走。一旦有危险临近，犀牛妈妈会大幅摆动身体来庇护幼崽。在极少数情况下，如果幼崽消失在妈妈的视线范围之内，妈妈会高声喊叫，招呼幼崽回来。同样地，如果幼崽处于危险当中，它也会大声喊叫，向母亲寻找帮助。

断奶 犀牛在 1~2 岁时就已经断奶了，但在母亲怀着下一个幼崽的 15 个月内，仍然会跟随母亲，直到新的幼崽出生。在新的幼崽出生后，犀牛妈妈会用威胁的姿态将前一只幼崽赶走，直到它最终离开去寻找新的伙伴。这只小犀牛可能会与另一只小犀牛或者雌犀牛结成群，无论这只雌犀牛是否带有幼崽。最终它也会离开新遇到的伙伴，开始独居的成年生活。

动物园或野外可以观察到的黑犀行为

- 基本行为
  - 移　动：快速走动　慢跑　飞奔
  - 采　食：吃草　食粪
  - 饮　水
  - 泥　浴
  - 磨　角
  - 睡　觉
- 社会行为
  - 友好行为：问候仪式
  - 冲突行为
    - 气味标记：公共排粪　刮擦　摩擦植物　喷尿
    - 威　胁：威胁冲锋　武器展示　折断树枝　用角顶　喷鼻　两步冲锋
    - 打　斗：低头冲锋　角冲上　侧击
  - 性行为
    - 求　偶：喷尿　卷唇　腿僵直的步法　擦拭角　来回奔跑　来回转圈　比角　轻戳
    - 交　配
  - 育幼行为
    - 产　崽
    - 照顾幼崽：保护幼崽　高声喊叫
    - 断　奶

伸懒腰：长颈鹿在活动前后都会伸懒腰，加速血液的流动。

长颈鹿

Giraffe

重要参数

分类：偶蹄目　长颈鹿科

学名：*Giraffa camelopardalis*

体型：雄性4.6~5.2米

　　　雌性4.0~4.6米

体重：雄性800~1 930千克

　　　雌性550~1 180千克，平均794千克

寿命：野外26年，圈养环境下36年

生境：稀树草原和开阔的林地

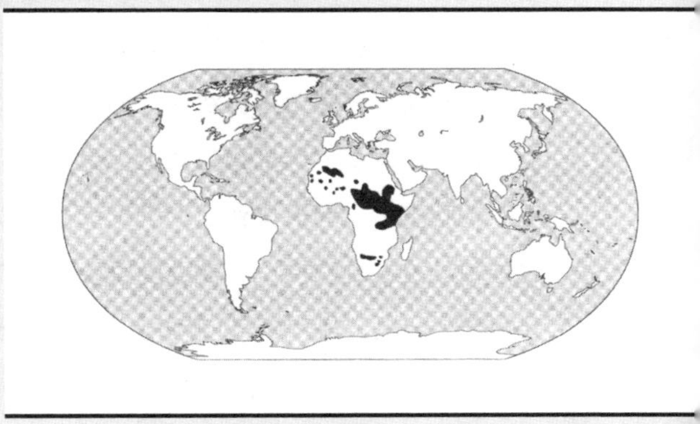

人类一直都喜欢编造与巨型动物有关的故事，有些是可怕的动物，有些则是温和的但容易被人误解的动物。或许正因为如此，长颈鹿这个陆地上最高的哺乳动物才会如此令人痴迷。长颈鹿在出生时就是个庞然大物了，高约 1.8 米，重量在 68 千克上下。雄性长颈鹿幼崽每个月长高约 8 厘米，到成年时可以长到约 5 米高，重量接近 1 000 千克。成年长颈鹿的心脏重达 12 千克，每 3 分钟可以向外泵出一浴缸的血液。长颈鹿的头有 0.75 米长，脖子有 2 米长，头和脖子加起来的重量有 250 千克。尽管长颈鹿的脖子这么长，但颈椎仍然和我们人类一样由 7 块椎骨构成，因此它们的每块椎骨都是我们人类椎骨的 10 倍有余。长颈鹿的舌头伸长可达 0.45 米，在发怒的时候，它们餐桌大的蹄子（其实是脚趾甲）能够轻易地将狮子的头骨踩碎。好在长颈鹿极少被激怒。

这不禁让人想到了长颈鹿的另一个神奇之处：尽管体型巨大，它们却很温和。《走出非洲》（*Out of Afica*）的作者伊萨克·丹森（Isak Dinesen）曾经将一群移动中的长颈鹿形容为“一丛缓慢向前移动的罕见的全身布满斑点的巨型细长花朵”。它们庞大的身躯不是为了击退捕食者或捕获猎物，而是为了吃到栖息地内某一高度的植被。长颈鹿是植食动物，以灌木和乔木的嫩枝、嫩芽、树叶以及旁枝为食。在长腿和长脖子的帮助之下，它们能够吃到六七米高的嫩芽，因此在非洲稀树草原上没有能跟它们竞争食物的对手。

长颈鹿觅食的时候不会一直在某一棵树下停留，而是会不断地从一棵树转移到另一棵树，这对于它们栖息地的保护和恢复非常有利。长颈鹿之所以形成这种移动采食的习性，是因为它们最喜欢的食物——金合欢树独特的生存方式和防御手段。这些植物的茎叶上长有黑色中空的瘿瘤，里面居住着某些举腹蚁属的蚂蚁。在自然选择的过程中，金合欢树和这些蚂蚁之间似乎达成了某种协议，除了提供住所，金合欢树还会在茎叶分泌一些花蜜来养活这些蚂蚁。当长颈鹿取食合欢树时，住在它上面的蚂蚁会迅速涌到长颈鹿的脸上和脖颈上，因此长颈鹿采食时间的长短完全取决于它们能忍受叮咬的程度，它们很快就会不堪蚂蚁的叮咬而不得不换到另一棵树旁。这种采食方式也能保证这些合欢树不会被过度啃咬。生物学家指出，金合欢树提供给蚂蚁的花蜜像是付给蚂蚁的“保护费”，感谢它们帮助自己免受长颈鹿的啃咬。

长颈鹿可供观察的基本行为

移动

乍一看，长颈鹿身体各部分的比例非常不协调：脖子太长，头太小，前腿比后腿长太多，躯干太短以至于长颈鹿迈步时前后腿总会不小心撞到一起。尽管看起来略显笨拙，但长颈鹿身体的各部分却能够协调一致。在正常行走时，长颈鹿会先将一侧的腿迈出，之后再迈出另外一侧的腿；而飞奔的时候，两条后腿则会从外侧交叉至前腿前方，靠脖子前后摆动来获得往前的动力。飞奔中的长颈鹿就像是一只巨型的摇摇木马，每步可以跨出 3 米多远，目前有记录的最高时速可达 58 千米。如果能在恰当的时候向前甩脖子，这些瘦高的长颈鹿甚至能够越过 9 米高的围栏。但多数情况下，长颈鹿根本不需要快速奔跑，这些骄傲又优雅的动物只会在草原上悠闲地踱步。

采食

长颈鹿非常挑食，主要以乔木和灌木的叶子和嫩芽为食，并辅以藤蔓植物、花朵、荚果甚至是应季的水果。它们每天花在觅食上的时间在10~12个小时，但多数活动集中在日出和日落后的3个小时内。它们只会在那些植被质量较高的区域进食，例如雨季的稀疏草原林地和旱季河流附近的林地。这种灵活的觅食策略使得它们在任何时候都能吃得饱，也能够在任何想要繁殖的时候参与繁殖。

长颈鹿是非洲稀树草原的修剪师。它们会把高树的下半部分吃掉，将树顶修剪成伸展而具有平底的伞状；在遇到很大的灌丛时，它们会吃掉灌丛的中间部分，将上部和下部的枝条留下来，将灌丛剪成沙漏状；对于小灌丛，它们则从树顶吃起，让这些灌丛的高度始终保持在2米左右。

进食时，长颈鹿会用它们长半米的舌头卷住树枝，并利用带有裂纹的牙齿把树叶从树枝上撸下来。在充足的唾液和上颚沟壑的帮助下，即使是长有刺的枝条也不会伤到它们。

长颈鹿和牛一样都是反刍动物，会在进食之后慢慢消化食物。事实上，在长颈鹿进食后，通常能在它们的喉咙处看到一个很大的凸起，里面就是未被消化的食物。这些食物会回到口中，再次被咀嚼。你肯定也会听到它们打嗝的声音，这是反刍动物正在排放食物消化的副产品：甲烷和二氧化碳。

饮水

饮水对于长颈鹿来说是个麻烦事。虽然长颈鹿的脖子与多数哺乳动物相比已经很长了，但由于它的前腿太长，以至于依然无法够到地面。在喝水时，这种平时端庄高贵的动物不得不岔开双腿，

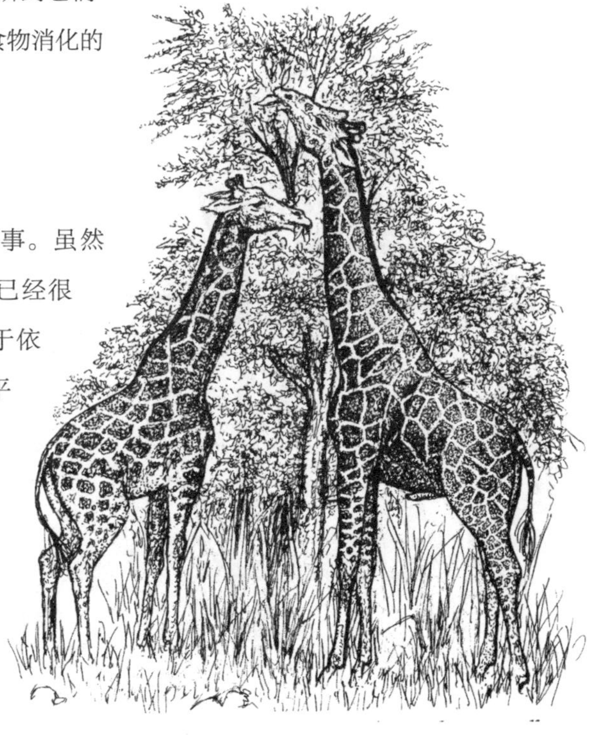

采食：借助于长腿、长脖子和长达半米的舌头，雄性长颈鹿能够吃到6米高树冠层的树叶，雌性长颈鹿则稍微矮一些。

低下头去喝水，然后再踉踉跄跄地站起来。有些长颈鹿则会跪在地上喝水。无论采用哪种方式，喝水时的长颈鹿都十分脆弱，更何况水坑附近随时都可能有饥肠辘辘的捕食者出现。为了尽可能地减少喝水的时间，长颈鹿喝水的速度非常快，并且随时都在观察周围的情况。

在长颈鹿的饮水问题上，其自身特殊的循环系统发挥着重要的作用。试想一下，当你突然下蹲再起身时，是不是会感到有点晕？但对于长颈鹿来说，把头低下50厘米可不仅仅是“有点晕”这么简单。如果没有强大循环系统的支持，当它们的头低到心脏以下的位置时，血压的突然升高会使血液猛地涌入大脑。正常情况下，当长颈鹿抬头或起身时，它们脑中富有弹性的动脉血管会根据需要收缩或者扩张，来控制血液的流动。

身体护理

有一个2米长脖子的好处，就在于牙齿能够触碰到任何一处需要挠痒的地方。通过啃咬和舔舐，长颈鹿能够从头到脚地对自己的身体进行护理。为了去除那些顽固的虱子，它们也会在树干上摩擦脖颈、在树枝上摩擦头部，或者在长有刺的灌木丛上磨蹭腹部。当有飞虫在身边时，它们会将长2米、末端长有毛发的尾巴来回摆动，来赶走周围的虫子。

还有一些护理行为则需要其他动物的帮助。和长颈鹿生活在一起的鸟类——牛文鸟和牛椋鸟会啄食藏在长颈鹿皮肤上的虱子和吸血蝇，这有时甚至会让长颈鹿身上伤痕累累。但长颈鹿不会把这些鸟类赶走。除了帮助长颈鹿进行身体护理，这些鸟还能在发现捕食者或者人类的第一时间发出尖叫声来警告长颈鹿。

饮水：长颈鹿必须大张着两条前腿才能喝到水，而且需要费很大的功夫才能回到正常的直立状态，因此一只正在喝水的长颈鹿常常是非常脆弱的。

睡觉：长颈鹿熟睡的时间非常短，一整晚也只有 20 分钟左右。

睡觉

傍晚，长颈鹿会回到容易发现捕食者的开阔区域取食，直到凌晨才会谨慎地卧下来，反刍 2~3 小时并断断续续地睡觉。你很容易就能分辨出那些熟睡中的长颈鹿——它们的前腿会蜷缩在身下，脖子会弯向后方，头会放在伸长的后腿上或者地面上。

在野外状态下，长颈鹿每次熟睡的时间只有 3~4 分钟，成年长颈鹿每晚熟睡的时间加起来也只有 20 分钟，小长颈鹿熟睡的时间则约为 1 小时。在没有捕食者存在的动物园里，长颈鹿熟睡的时间会略长。

长颈鹿偶尔也会在一天当中最热的正午打个盹。在打盹的时候，它们或者站着，或者卧下来，但无论处于哪种姿态都会竖直脖子，耳朵来回转动，眼睛轮番睁开。

长颈鹿如何互动

友好行为

长颈鹿会以 2~10 只的规模结成松散的群体，其中没有明显的首领，成员可能全部由单一性别的雄鹿或雌鹿组成，也可能由不同性别或者年龄的个体所组成，群体的活动领域可达 100~130 平方千米。当它们的活动领域相互重叠时，群体成员会不断变化。从某种意义上讲，相隔数千米的个体也可以算作一个群体，因为高高的身躯使它们能够越过树木看到远处的同伴。这种视觉上的联系使得长颈鹿随时都能关注狮子以及其他捕食者的动向。如果一个长颈鹿群惊慌失措、四散而逃，其他群体在看到后也能有所警觉。

触碰　为了增强彼此之间的亲密关系，和平相处，长颈鹿个体之间经常会有一些亲密的举动，如触碰鼻子、舔舐以及摩擦等，这些行为在动物园中很容易观察得到。触碰鼻子是指一只长颈鹿会用鼻子轻轻地、短暂地触碰另一只个体，假装在嗅闻对方。新出生的长颈鹿在相遇时会展现特殊的碰鼻仪式：它们会触碰彼此的鼻子，有时也会触碰舌头，压低头部再跳开。这些仪式能够帮助它们结成并巩固彼此间的联系。舔舐的时间比碰鼻略长，但也只持续很短的时间。它们最喜欢舔的部位是躯干、脖子、鬃毛或角，有时甚至也会舔眼皮。长颈鹿也会用头、腿或者整个身体去摩擦另一只个体。研究者发现，长颈鹿会与某些特定的长颈鹿更加频繁地互动，展现这些触碰行为，这可能意味着长颈鹿也是有朋友的。

共同防御　长颈鹿瞭望塔般的脖颈上方长有敏锐的眼睛，在发现人类或者捕食者后，它们会紧紧盯着目标，张开鼻孔并竖起耳朵。这种警戒姿态会促使同一群体中的其他长颈鹿与它一同凝望目标。它们通常会以一定的角度转向干扰源并左右摇摆尾巴。距离干扰者最近的长颈鹿会允许其走到离自己 20~30 米的范围内，如果靠得太近，它便会发出尖锐的鼻音并突然倾斜身体，发出让整个群体快速逃离的信号。长颈鹿并不是唯一关注这些警告信号的动物，如果长颈鹿逃跑的话，羚羊、麋羚和其他草原动物通常也会跟着逃跑。

冲突行为

多数情况下，群体中的长颈鹿能够和平相处。如果雄性长颈鹿在幼年时曾通过各种手段获得了一定的地位，那么成年之后它只需偶尔威胁一下其他成员就足以重新确定自己的等级。但是如果是一只陌生的长颈鹿误入一个群体，冲突即刻就会发生。长颈鹿之间的冲突被称为“脖颈较量”，根据较量双方性格的不同，冲突的程度也会从温和近乎于亲昵到异常富有攻击性不等。但是多数情况下，长颈鹿只需要展现简单的威胁姿势，通常仅仅是改变脖子的位置就能达到目的，无须升级到实际较量的地步。

威胁　你很容易就能分辨出哪只长颈鹿是优势个体。它们通常举止傲慢，走动时会竖直脖颈，头和下巴水平朝前（处于平静状态下的长颈鹿在站立时，脖颈通常都与地面呈 55° 角，而休息或反刍状态下的长颈鹿头部则会压得更低）。当优势雄性长颈鹿想要

威胁

投降

冲突行为：左图中的雄性长颈鹿通过放平脖子来展示它的优势地位，而处于从属地位的长颈鹿则会把角往后仰，避免用角打斗。

站在一只级别较低的长颈鹿所站的位置时，它只需径直地走过去，处于从属地位的长颈鹿就会乖乖地离开。优势雄性长颈鹿再进一步的威胁方法则是把脖子压低，头部往前伸，呈现出脖子与地面平行的姿势。最后如果这些都不奏效的话，它会再次竖直脖颈，压低下巴，用角指向对手。

投降　从属地位的长颈鹿要么撤退，要么竖直脖颈，鼻子朝前，将角（武器）隐藏起来，展现出投降的意愿。如果入侵的长颈鹿不投降的话，则很有可能会引发脖颈较量的冲突。

低强度的脖颈较量　两只长颈鹿会肩并肩站立，脸冲着同一个方向，它们会骄傲地站直身体，胸部鼓起来，腿部微微张开。接着它们会把身躯压在对手的身上来测试对方的力气，这时如果其中一只长颈鹿突然撤离，另一只很有可能会摔倒在地上。最后，通常个体较大的那只长颈鹿会低下头，把头向侧面弯曲一小段距离，之后摆头回来，轻轻在对手脖颈上摩擦。长颈鹿会将脖颈像蛇那样彼此缠绕在一起再分开，上下摩擦。这种悠闲的仪式最长能持续 20 分钟，最后会因进食或爬跨行为，或者仅仅因为其中的一只长颈鹿的离开而被打断。这种悠闲的气氛偶尔也会转变为激烈的冲突，最后演变成真正的打斗。

高强度的脖颈较量　长颈鹿的打斗又分为两种，其中相对比较温和的是头对头的打斗。这时，两只长颈鹿会肩并肩站立，头朝着同一个方向。它们会将双腿叉开以保持稳定的站姿，并将脖子甩向侧后方进行蓄力。在脖子往回甩的过程中，两只长颈鹿的脖子会撞到一起，发出在 50 米外都能听得到的巨响。这种打斗有一定的节奏：当一只长颈鹿把脖子靠过来发动袭击时，另一只长颈鹿会把自己的脖子撤回去以避免遭到撞击，之后再主动发起攻击。脖子相撞声虽然很大，但实际上并不会造成很大的损伤。真正致命的是在打斗的最后，长颈鹿会用角猛戳对手的脖子或肩膀下方。经历数年的打斗，雄性长颈鹿角上的毛发会慢慢磨掉，头骨上方则会长出很多骨质的疙瘩。这些疙瘩一方面能

人类与长颈鹿

大约在 3 500 年前，有一只长颈鹿曾经顺着尼罗河漂流了约 3 000 千米，成为由埃及的哈特谢普苏特女王建立的世界上第一个动物园的明星物种。从那时起，人们对长颈鹿的迷恋就从未停止过。1827 年，巴黎市民在城市庆典上第一次见到了活的长颈鹿。人们因为太想挤进去看一眼长颈鹿而差点发生暴动。长颈鹿的这次到访在巴黎掀起了一场热潮，时髦的女士开始把头发梳成长颈鹿的样式，这一热潮持续了差不多整整一年。

记载有捕猎长颈鹿场景的南非洞穴壁画向我们证明，巴黎市民并不是最早懂得运动中的长颈鹿是何等优雅和美丽的人类。除了长颈鹿的肉，非洲土著居民也会用长颈鹿的皮做盾牌、凉鞋、长鞭和圆鼓，并用它们的肌腱做弦乐器、细线和弓弦。随着欧洲殖民者的到来，更多的长颈鹿开始被杀害。如今，尽管国家公园内的长颈鹿受到了法律的保护，非法猎杀长颈鹿的行为依然存在，以满足肉类和装饰品的市场需求。这些美丽的动物被猎杀的原因通常仅仅是因为它们漂亮的尾巴。它们尾巴上长长的黑毛会被用来制作手链、苍蝇拍，以及一些代表好运的装饰品。

对长颈鹿种群来说，更大的威胁在于人们认为长颈鹿会和家畜抢占空间。事实上，长颈鹿和家畜根本不存在竞争，因为长颈鹿只采食高处树木的嫩芽，而家畜根本不会食用这些部位，因此长颈鹿对家畜的威胁极小。事实上，已经有相关计划开始将长颈鹿作为非洲草原场景不可缺少的一部分。如果可以在非洲草原上留出足够的区域给长颈鹿，并且以一种可持续的方式进行狩猎的话，专家们预计自由放养的长颈鹿能够满足一个以放牧为生的家庭约 1/3 的肉类需求，这样就能减少人们对羊群的依赖。而羊群正是非洲草原上过度放牧和土壤侵蚀问题的罪魁祸首。

如今，每当人们在动物园第一次看到活的长颈鹿时，都会跟两百年前巴黎市民一样惊叹。长颈鹿怎么会这么大又如此优雅平静呢！在得知一些生活在野外区域的长颈鹿依然在遭受苦难时，人们的喜爱之情会立刻变成愤慨。尽管长颈鹿比我们高大，但我们仍然需要去理解它们所处的困境，也有责任为像它们这样的大型动物营造安全的环境。

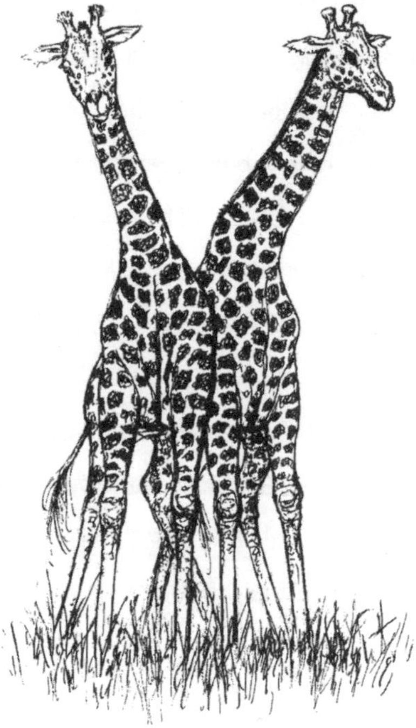

低强度的脖颈较量

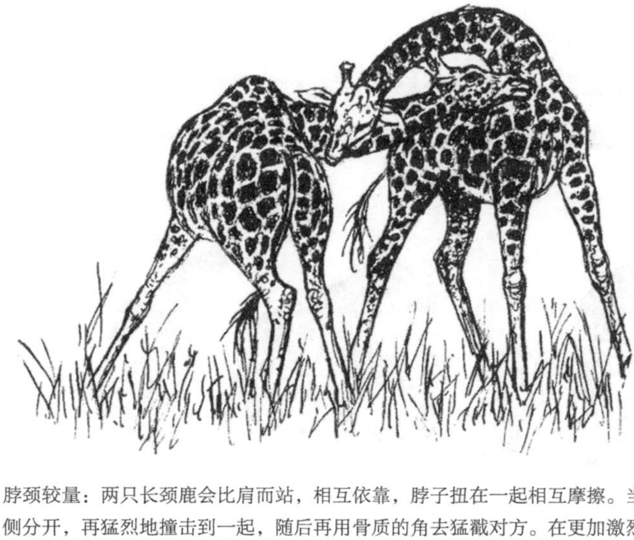

高强度的脖颈较量

脖颈较量：两只长颈鹿会比肩而站，相互依靠，脖子扭在一起相互摩擦。当这一行为激化时，它们会将脖颈向两侧分开，再猛烈地撞击到一起，随后再用骨质的角去猛戳对方。在更加激烈的战斗中，两只长颈鹿会头尾站立，直接用角去戳对方的腰腹部。

够增加防御能力；另一方面也能增加头部的重量，使其在打斗时成为更加可怕的武器。

在更为激烈的头尾较量中长颈鹿才会动真格。它们会肩并肩站立，但头冲着相反的方向，尽量将脖子伸向后方，并用角使劲撞对方的侧腹、腰部和大腿等部位。这样的打斗似乎能够起到刺激生殖器的作用，因而在冲突当中一方或双方的阴茎通常都会勃起。混战会一直持续到打斗的一方认输并往后撤退几步为止。获胜者可能会骑在败者身上展现爬跨行为，有时另外一只雄性长颈鹿也会加入，分别在它俩的身上展现爬跨行为。胜负一旦分出，长颈鹿通常不会心存记恨，在一场激烈的争斗后，它们很快就会肩并肩站着吃草，或者轻柔地相互摩擦脖颈。

年长的雄性长颈鹿通常能在群体当中平静地生活，直到它的等级序位被打破，或者有新的雄性长颈鹿进入这一区域为止。多数新来的雄性长颈鹿都是在繁殖季节追逐发情的雌性长颈鹿时闯入其他群体的。一旦有游荡的雄性长颈鹿出现，占优势地位的雄性长颈鹿就会同它“比试比试”，胜出的那一方会获得与发情的雌性长颈鹿交配的权利。

性行为

雄性长颈鹿结对 在全是雄性长颈鹿的群体当中，脖颈较量会带有明显的性意味。雄性长颈鹿在打斗时通常会出现勃起现象，而且在较量的尾声，获胜的一方通常都会骑在败者的身上展现爬跨行为。同性间的性行为在许多物种当中都能见到，但很少能得到合理的解释。行为学家通常会把雄性间的爬跨行为解释成一种展示优势地位的方式，或者是由于群体中缺少雌性而产生的结果。但是研究长颈鹿的学者很快就指出，雄性长颈鹿在有雌性长颈鹿存在的情况下也会相互爬跨。这样的爬跨行为可能只是雄性间熟悉性行为的一个过程，同时还可以激起它们的性欲，有助于两性之间的交配行为。

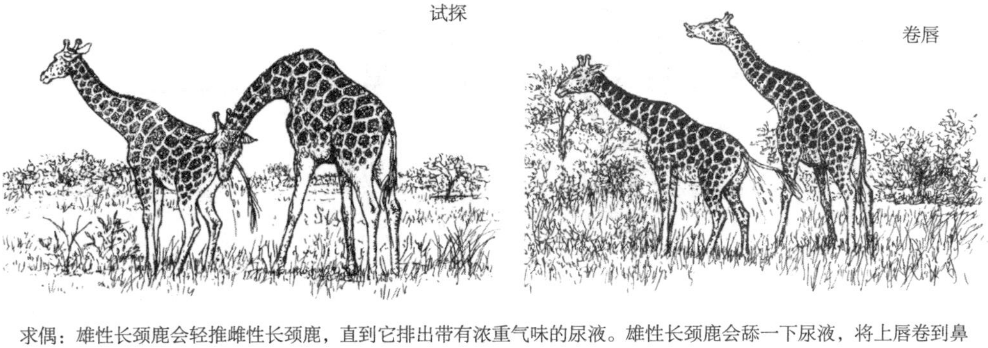

求偶：雄性长颈鹿会轻推雌性长颈鹿，直到它排出带有浓重气味的尿液。雄性长颈鹿会舔一下尿液，将上唇卷到鼻孔上来进一步分析气味中是否有发情状态的信号。

不管交配的意愿如何强烈，雄性长颈鹿都必须在等级序位中占据统治地位后才能获得与雌性长颈鹿交配的权利。处于从属地位的雄性长颈鹿在雌性长颈鹿发情的早期阶段可能会与其交配，但等到雌性长颈鹿真正发情的时候，只有占统治地位的雄性长颈鹿才有与之交配的权利。

求偶　雄性长颈鹿会从一个群体游荡到另一个群体，试探雌性长颈鹿是否处于发情状态。由于判断雌性的发情状况只能通过尿液，雄性长颈鹿必须嗅闻雌性长颈鹿的生殖器或者舔它的尾巴，直到它排出带有气味的尿液为止。他会将尿液含在嘴里，嘴唇向上翻，露出牙齿，呈现出卷唇状。这一姿势能够封闭鼻孔，将气味信息封存在密闭的空间内，让鼻腔中对气味敏感的犁鼻器充分分析尿液中的荷尔蒙信息。

交配　在发情期的早期，雌性长颈鹿会忽略雄性长颈鹿的追逐，如果雄性长颈鹿跟得太紧，雌性长颈鹿便会走开。但是当它做好了交配的准备时，它会站立不动。这时，雄性长颈鹿会骑在它身上，将前胸贴在它的臀部，两条前腿分别搭在它身体的两侧。

育幼行为

分娩　雌性长颈鹿在分娩前会变得焦虑不堪，紧张地来回走动，并在数小时内几乎不吃不喝。最终，小长颈鹿会率先从母亲的产道当中伸出前蹄，前蹄上覆盖着的果胶状的物质，既能保护母亲也能保护自己。每一次宫缩，长颈鹿妈妈都会伸展后腿，伸长头

照顾小长颈鹿：雌性长颈鹿通过舔舐和嗅闻小长颈鹿来熟悉小长颈鹿独特的气味和皮肤特征，让它能够在群体当中很快找到自己的孩子。

部和颈部，将小长颈鹿慢慢往外推。在两次宫缩的间隙，长颈鹿妈妈会频繁地站起和坐下，就像是拿不定主意。分娩的过程会持续 20 分钟至数小时，最终长颈鹿妈妈会奋力把小长颈鹿挤出体外，小长颈鹿会从约 1.8 米的高处落下来。在动物园中，分娩的时间可能会更长。由于没有捕食者的干扰，长颈鹿妈妈不用急于将小长颈鹿生出来。

照顾小长颈鹿　在小长颈鹿出生后的头几天里，雌性长颈鹿会用嘴巴舔、用鼻子嗅闻自己的孩子，这样做一方面能够让小长颈鹿保持清洁，另一方面也能够让雌性长颈鹿记住小长颈鹿独特的气味。在接下来的数月内，当雌性长颈鹿和小长颈鹿都处于群体当中时，这种气味识别能力就会派上用场。声音识别也能起到一定作用，雌性长颈鹿和小长颈鹿会通过哞哞叫保持联系。处于紧张状态的小长颈鹿也会通过哭叫引起母亲的注意。

共同育幼　新出生的小长颈鹿在 1~2 周大的时候会聚集成小长颈鹿群。这些小长颈鹿在出生时就已经是邻居了，因为多数雌性长颈鹿都会在同一片公共区域产崽。这些传统的产崽地会避开非洲稀树草原上的交通繁忙地带。

小长颈鹿聚集在一起时，只需要留一只成年长颈鹿照顾它们，其他雌性长颈鹿就可以趁机到远一些的地方寻找高质量的食物以保证产出足够多的奶水。在这些小长颈鹿出生后的第一个月内，除了每天两次妈妈回来给它们喂奶，其他时间它们都在不停地玩耍。群体生活能够帮助它们时刻警惕鬣狗、狮子、豹以及非洲野犬等捕食者。第一个月过后它们就很少再玩耍，开始展现出长颈鹿特有的冷静和漠然的表情。5~6 个月后，小长颈鹿就开始跟随自己的母亲（或者其他雌性长颈鹿）到处采食。6~18 个月后，它们会变得很独立，开始独自在群体当中游荡，雌雄两性通常都会分开生活。

摩擦脖颈：在最温和的冲突行为当中，长颈鹿会用自己的脖子缓慢地摩擦同伴的脖子，并使双方的脖子绕在一起。

动物园或野外可供观察的长颈鹿行为

- 基本行为
  - 移动：踱步　飞奔　飞跃
  - 采食：食嫩芽
  - 饮水：岔开双腿　跪下
  - 身体护理：梳理　摩擦　挥动尾巴
  - 睡觉
- 社会行为
  - 友好行为
    - 接触：嗅闻　舔舐　摩擦
    - 共同防御：警戒姿态　喷鼻
  - 冲突行为
    - 威胁：竖直脖子　脖子放平　用角威胁
    - 投降：撤退　鼻子向上
    - 低强度脖颈较量：斜靠、脖颈摩擦
    - 高强度脖颈较量：头对头打斗　脖子猛击　用角猛戳　头尾相接站姿　爬跨
  - 性行为
    - 雄性长颈鹿结对
    - 求偶：试探　卷唇
    - 交配
  - 育幼行为
    - 分娩
    - 照顾小长颈鹿：舔舐　嗅闻　哞哞叫　哭叫
    - 共同育幼

奔跑：雄性鸵鸟（左侧）和雌性鸵鸟（右侧）都会依靠快速奔跑来躲避捕食者。

非洲鸵鸟

Ostrich

重要参数

分类：鸵形目　鸵鸟科	学名：*Struthio camelus*
体型：2米，高2.7米	体重：最高达156千克
寿命：70年	
生境：从稀树草原到林地	

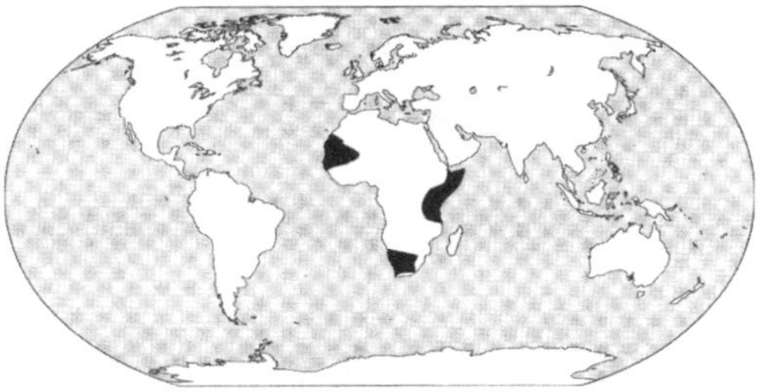

不知从何时起，鸵鸟在人们的印象中变成了富有卡通意味的形象——体型巨大却很胆小，腹部有一圈蓬蓬的羽毛，会把头埋进沙子里。但事实上，鸵鸟是凶猛且谨慎的鸟类，它们很好地适应了非洲草原变幻无常的气候和生存状况。在与躲在灌木后面虎视眈眈的狮子、豹子和猎豹相处的过程中，它们学会了时刻保持警惕状态。

关于把头埋在沙子里的传说，可能来自于那些碰巧看到鸵鸟在中午打盹的人们。可能是为了躲避风险或者为了孵卵，鸵鸟在打盹时会把身体展平。鸵鸟会把腿盘在身体下方，并把脖颈贴在地面上，全身上下只有圆圆的驼峰状的身体露在草丛之上。从远处看，这些圆圆的身影特别像非洲稀树草原上圆形的盐生灌木，鸵鸟短短的、毛茸茸的尾巴则像是灌木留下的阴影，而跟沙子一样颜色的脑袋则隐藏在背景当中。这也是为何人们会有鸵鸟把头埋进沙子里的印象。

但是当鸵鸟站起来的时候，2.7 米的身高使得它们成为捕食者眼中特殊的猎物。它们的最佳防御措施是通常所说的“待在大群中更安全”的策略，通过这一策略，鸵鸟群能够在水坑这种危险地带停留。多亏了它们网球大小的具有全景视野的眼睛以及敏锐的听力，鸵鸟才不至于错过从近身到远处的任何动静。它们会时刻保持谨慎，哪怕是一丁点动静就能像野火一样扩散开来，让整个鸵鸟群四散而飞。

当然，这里所说的“飞”并不是真正意义上的飞走。鸵鸟和鸸鹋、几维鸟、鹤鸵以及企鹅一样，都是无法飞起来的鸟，是鸟类演化史上独特分支的活生生的例子。与其他鸟类靠飞走来逃脱捕食者不同的是，鸵鸟靠它们长而有力的双腿以及坚硬的脚趾来把捕食者赶走。当无法逃跑时，这些重达 100 多千克的鸵鸟会停下来用脚猛踢捕食者。如果你曾经看过一只愤怒的守卫领地的雄性鸵鸟攻击对手的场景，你就再也不会认为鸵鸟傻了。

鸵鸟可供观察的基本行为

移动

鸵鸟在奔跑时，短时间内的速度可以达到 80 千米/时（比马跑得还要快），每一步都能迈出 4.5 米。通过抬高一只翅膀同时压低另一只翅膀，鸵鸟能够向左转、向右转，或者干脆来个大转身。和多数鸟类不同的是，鸵鸟的羽毛上缺少能把羽毛紧紧连在一起、使羽毛环环相扣便于飞行的羽小钩，因此鸵鸟的羽毛都是松散的，这使得鸵鸟在奔跑时的阻力更小。

鸵鸟也是不知疲倦的徒步能手，这一特性在旱季需要长途跋涉去寻找水源时就会派上用场。它们走路时并不是脚掌着地而是两个脚趾着地，并有一个突出的脚掌，在非洲稀树草原沙子很多的地面上行走时非常好用。鸵鸟腿的下半部分其实是脚的延伸，在我们看来像是膝盖一样的球状部位其实是它们的脚踝。

采食

由于鸵鸟可以在很大范围内活动，而且能够精准地啄食，因此它们能够在广阔的

鸵鸟警告

一旦发现危险后，鸵鸟群会突然往各个方向四散开来。处于优势地位的雄性鸵鸟会尽力把它的配偶们聚集在一起，它会朝着这些配偶们来来回回地折返，把翅膀举得很高，并做出精心准备的快速展示来吸引它们的注意力。雄性鸵鸟可能会尽力跑到这些配偶们的身后，将它们赶往一个固定的方向，再突然快速跑开，发出恐惧和威胁的信号。

鸵鸟群中的优势雌性鸵鸟也会在面临潜在的危险时利用自身的职权。例如，当一群小心谨慎的鸵鸟接近一个水坑时，它们会自然地停在原地，像是要等待一个勇敢的个体率先走出去。如果没有某只鸵鸟主动请缨的话，优势雌性鸵鸟可能会指定一只年轻的、社会等级较低的个体做出牺牲。它会在这只选定鸵鸟的身后用脚踢或者撞，直到这只鸵鸟往前走，以此来检验是否有捕食者在水坑附近埋伏。

稀树草原中选择那些高质量的树叶、树根、花朵或者种子为食。鸵鸟会把吃下的食物攒在食管中，等达到一定量时再一口咽下去。当你在动物园观察它们采食时，可以注意观察食物团顺着它们长长的脖子往下走的情景。

采食让生性谨慎的鸵鸟陷入了进退两难的局面：鸵鸟每次低头吃东西时，对潜伏的捕食者来说都是次进攻的好机会，但鸵鸟又必须吃东西，因此它们就采用了一种折中的办法：鸵鸟会在低头啄食和抬头眺望之间轮流切换，这使得它们在采食时也显得相当紧张。

理羽

鸵鸟会利用长长的脖子以及又宽又扁的喙，从头到尾梳理蓬松的羽毛。鸵鸟群中一旦有一只个体开始梳理羽毛，就会像打哈欠一样传染开来，其他个体慢慢地都转入理羽的状态。

沙浴

像许多鸟类一样，鸵鸟也喜欢在尘土中打滚，可能是为了去除身上的虱子和其他寄生虫，或者是为了让尘土吸去羽毛上多余的油脂。多只鸵鸟可能会聚在一起扇动翅膀来制造出尘土飞扬的场面。

喘气

像鸵鸟这么大的动物很难在稀树草原上找到遮阴地。它们会像狗一样利用喘气来给自己降温，通过口腔蒸发水分来带走热量。成年鸵鸟会扇动翅膀，或者让小鸵鸟躲在自己的阴影下面来为小鸵鸟降温。

睡觉

鸵鸟们会在开阔的地域睡觉，灵敏的耳朵会时刻关注可能的突然袭击。它们的身体倾斜，脖子呈“S”形或者直接放平在地面上。鸵鸟群中的所有个体都会一同进行打哈欠、躺卧下来、睡觉、醒来、再次打哈欠，直到再次开始活动的一系列动作。多亏了这些一致的行动，鸵鸟们才能够团结一致面对天敌。

打哈欠和伸懒腰

打哈欠和伸懒腰能够有效地促进身体内的血液流通。某只动物在睡眠或者站立段时间后，似乎体内血液的流通就会有些凝滞，当大脑“意识到”身体内血液携带的氧气不足时，就会发出指令，让动物个体通过打哈欠这种最快的方式吸收新鲜的氧气。

除了氧气之外，动物个体有时也会需要二氧化碳来帮助促进呼吸。大脑中的控制呼吸的中枢一旦变得迟钝，就会发出指令，让身体做出伸懒腰的动作。伸懒腰能够收缩肌肉，从而释放二氧化碳来加快呼吸过程。打哈欠和伸懒腰通常都会在睡眠之前或睡眠过后出现，而且通常会一前一后地发生。

在动物园你将会有许多机会看到鸵鸟们打哈欠和伸懒腰，因为动物园的生活与大草原相比要轻松得多，鸵鸟们也会变得更加懒惰。在动物园中，鸵鸟们在公共休息区域或者水坑（食槽）边排队时最常出现打哈欠和伸懒腰的行为。它们在守卫巢、安顿下来开始夜间休息或者被突然的干扰所惊醒时也会做出打哈欠或伸懒腰的行为。

鸵鸟群中一旦有一只个体开始打哈欠，用不了多久，群体中的其他个体（甚至是来动物园参观的游客）都会跟着打起哈欠。尽管这种行为不是专门为了交流，它却通过同步群体成员的行为起到了社交的功能。低等级的鸵鸟在看到比自己等级高的个体放松地打哈欠时，就能明白周围应该很安全。夜间，这一行为能够释放紧张的情绪，将所有个体带入睡眠的氛围当中。如果没有这种群体放松的机制，那些紧张的鸵鸟会对每一个细小的声响都做出反应，从而减少睡眠的时间，进而影响第二天整个鸵鸟群的行动。当黎明到来时，鸵鸟群中会再次兴起哈欠潮，将氧气送达每只个体的大脑和肌肉中，为它们即将到来的长途跋涉或者突然的撤离等做好充分的准备。

鸵鸟如何互动

友好行为

集群 鸵鸟会集结成群来增加抵抗捕食者的成功率，鸵鸟群越大，处于警戒状态的个体越多，狮子或猎豹在靠近鸵鸟群之前被发现的概率就越大。即便有一两只狡猾

伸懒腰和睡觉：鸵鸟将脑袋埋进沙子的传说可能正是源于鸵鸟的这种把身体平放在地面上的睡觉姿势。

的捕食者确实骗过了哨兵，身处在大群中依然会更安全。大的鸵鸟群会让捕食者选择困难，进而降低每只个体被捕食的概率。

鸵鸟在需要获取更加稀缺的资源，例如旱季的水源时，会集结成更大的群体。但是在水坑边聚集不仅是为了解渴，经过长途跋涉后，在大群集体防御的氛围当中，鸵鸟群会在水坑边休息、理羽、睡觉甚至社交。陌生的个体之间会逐渐熟悉，家庭群会收留落单的未成年个体，雄性鸵鸟和雌性鸵鸟会结成配偶对进而交配。在水坑旁活动时，鸵鸟会变得异常大度和包容，但是如果你仔细观察就会发现，有些鸵鸟依然展现出明显的优势地位。这种等级系统能够避免鸵鸟个体浪费太多的时间在争执上。

冲突行为

威胁 在水坑边与其他鸵鸟和平相处的黄金法则是找出占主导地位的鸵鸟并服从

威胁和投降：位于画面前方的鸵鸟鼓起羽毛、抬高尾巴、张嘴鸣叫着，像是在说“我已经做好了打斗的准备”；后方的鸵鸟则把脖子往下弯成“U”形，垂下尾巴，嘴巴紧闭，像是在表明“我投降”。

猛踢：鸵鸟强健的肌肉不仅能发动快速撤退，也能够发动强有力的攻击。

它的命令。幸运的是这不是件难事，占主导地位的雄性鸵鸟会频繁地做展示，哪怕是其他物种（例如我们人类）都能轻易将它们分辨出来。找那些站得直直的、尾巴朝上，并且不断地朝过往的个体发出嘶嘶、喷鼻、嘘嘘声或其他威胁叫声的黑白相间的个体（雌性鸵鸟是棕灰相间的）就是了。处于第二等级的雄性鸵鸟会把尾巴放平或者稍微抬高，其余等级个体的尾巴则处于顺从的、往下垂的姿势。

在有其他鸵鸟个体靠近，空中飞过鸟儿，大型爬行动物或哺乳动物甚至是饲养员靠得太近时，鸵鸟都会采用一种张大嘴巴的威胁姿势。想要区分张嘴威胁与打哈欠的话，仔细观察鸵鸟喉部的皮肤。在威胁模式下，鸵鸟喙下方的皮肤是紧绷的，而打哈欠时，这块皮肤是松弛下垂的。处于威胁姿态的鸵鸟也会发出叫声。就像有一个盖革计数器在手，你只要听一听它们的叫声，就能判断这只鸵鸟是否处于发怒状态。在威

人类和鸵鸟的关系

远古人类很早就开始利用鸵鸟蓬松的羽毛，很久之后西方社交圈才开始用鸵鸟毛装饰帽子。鸵鸟两边对称的羽毛在古埃及被视为公平的象征，而罗马人则将鸵鸟羽毛用作士兵头盔上的装饰品，非洲部落民族将鸵鸟毛用在祭祀的服饰上。直到16世纪，欧洲的女士才开始将带有鸵鸟毛的装饰精美的帽子带入社交圈。19世纪，当美洲的时尚界将带有鸵鸟毛的帽子重新引入公众的视野后，鸵鸟羽毛成了南非仅次于金矿、钻石和羊毛之后的第四大出口产业。但是1914年开始，随着敞篷汽车的逐渐普及，鸵鸟羽毛的国际市场突然间就衰落了，这种装饰精美的帽子在汽车行驶到32千米/时以上的速度时就变得非常不实用，那些紧贴在头上的帽子逐渐取代了这些装饰有鸵鸟羽毛的帽子成为流行。

但是这些行为已经对鸵鸟造成了伤害。在亚洲和中东地区这些曾经的分布区，鸵鸟已经被捕猎殆尽。如今，曾经的9种鸵鸟只剩下了5种。非洲鸵鸟正在非洲和美国以驯养的方式被饲养繁殖，来供给市场所需的绝大多数鸵鸟羽毛、羽毛制品、鸵鸟肉和鸵鸟卵等。如今，过度捕猎已经不再是野生鸵鸟面临的最大威胁，栖息地丧失才是。

胁的初期，鸵鸟会发出嘶嘶声，随着威胁的提升，叫声也会升级为大声刺耳的喘息声，最终变成只有两个音节的叫声。

投降 处于从属地位的鸵鸟只要向高等级的雄性鸵鸟展现出投降的态势，就能摆脱这种相互冲突的胶着状态。它们会尾巴下垂，压低身体，脖子弯成“U”形。

打斗 如果威胁不起作用，这两只鸵鸟就有可能会激烈地猛踢对方。它们会面对面站立，翅膀微微张开保持平衡，并用自己强有力的腿去攻击对方脆弱的腹部。尽管这种打斗很短暂，但却足以确定它们啄食的顺序。

性行为

雄性鸵鸟是交配时的抢手货。其中一个原因是雄性鸵鸟生存的环境要比雌性鸵鸟更危险，它们艳丽的黑白羽毛使得它们在孵卵时很显眼，这一身艳丽的羽毛不仅能吸引雌性鸵鸟，同样也能吸引捕食者。在长达6周的孵卵时间内，被捕食者杀死的雄性鸵鸟多于雌性鸵鸟，这可能是由于雌性鸵鸟的羽毛更容易隐藏在背景当中。此外，雌性鸵鸟成熟得更快，因此适合交配的雌性鸵鸟总会比雄性鸵鸟多。而且即使雄性鸵鸟适合交配，也不一定有自己的领地。鉴于以上的诸多原因，适合交配的雌性鸵鸟的数量通常是雄性鸵鸟的 2~4 倍。

求偶前 对于那些想要找到雄性配偶的雌性鸵鸟来说，水坑边是个不错的去处（在动物园中也会出现类似的情形）。因为急于交配，雌性鸵鸟会通过排尿、排便以及抬高翅膀展示它们新长出来的羽毛等方式大胆地引诱雄性鸵鸟。由于不愿跟其他鸵鸟分享这只雄性鸵鸟，它会通过猛啄、猛踢等方式将其他合适的雌性鸵鸟赶走，甚至那些不幸经过的未成年的小鸵鸟也会跟着遭殃。

与此同时，雄性鸵鸟结束换羽后开始步入发情状态。它们会发动短暂而疯狂的攻击，抬高翅膀，并发出喘息、嘶嘶和嘘嘘声。全身上下换上新的黑白羽毛，裸露的头部和腿部变成粉红色，阴茎和泄殖腔壁则是红色的——与那些处于非发情状态的雄性鸵鸟的苍白生殖器形成鲜明的对比。它们的阴茎会发红并竖起来，进行仪式化的排尿和排便，将鲜艳的翅膀和尾巴抬起来，在那些急于交配的雌性鸵鸟面前进行阴茎展示。通常情况下，当 40 只或者更多的全身上下装扮一新的雄性鸵鸟聚集在一起做这种展示时，会是一场超级视觉盛宴。

当性交仪式结束后，每只性成熟的雄性鸵鸟只会与一只雌性鸵鸟（群体中的优势雌性鸵鸟）结成长期的配偶对，通常这一配偶对能持续数年的时间。雄性鸵鸟也会与两只或者更多的次级雌性鸵鸟结成松散的配偶对，并在当年使它们受孕。有趣的是，优势雌性鸵鸟对哪些个体能获得交配机会也有一定的发言权。注意观察，它会利用自己的主导地位让某些雌性鸵鸟接近它的配偶，而把另一些雌性鸵鸟赶跑。

建立领地 在第一场雨到来之前，雄性鸵鸟或者独自行动，或者会与它的新配偶一起远离水坑占领一片领域做巢，这片领域可能是之前雄性鸵鸟用过的，或者是从其他雄性鸵鸟手中抢来的。如果雄性鸵鸟没能占领一片领地做巢，雌性鸵鸟甚至都不会看它一眼，更不用说同它交配了。年轻的鸵鸟通常需要同年长的经验丰富的鸵鸟争斗数年，在蒙受无数次脚踢之后才能最终获得自己的领地。

一旦雄性鸵鸟占领了一片领地，他会尽全力守护这片约 2.5 平方千米的领地，防止被其他雄性鸵鸟占领。领域展示包括重复性地拍打翅膀以及抬高两只翅膀来装腔作势。雄性鸵鸟也会花很多时间发出四音节的嘘嘘叫声，像是在说“这片领地是属于我

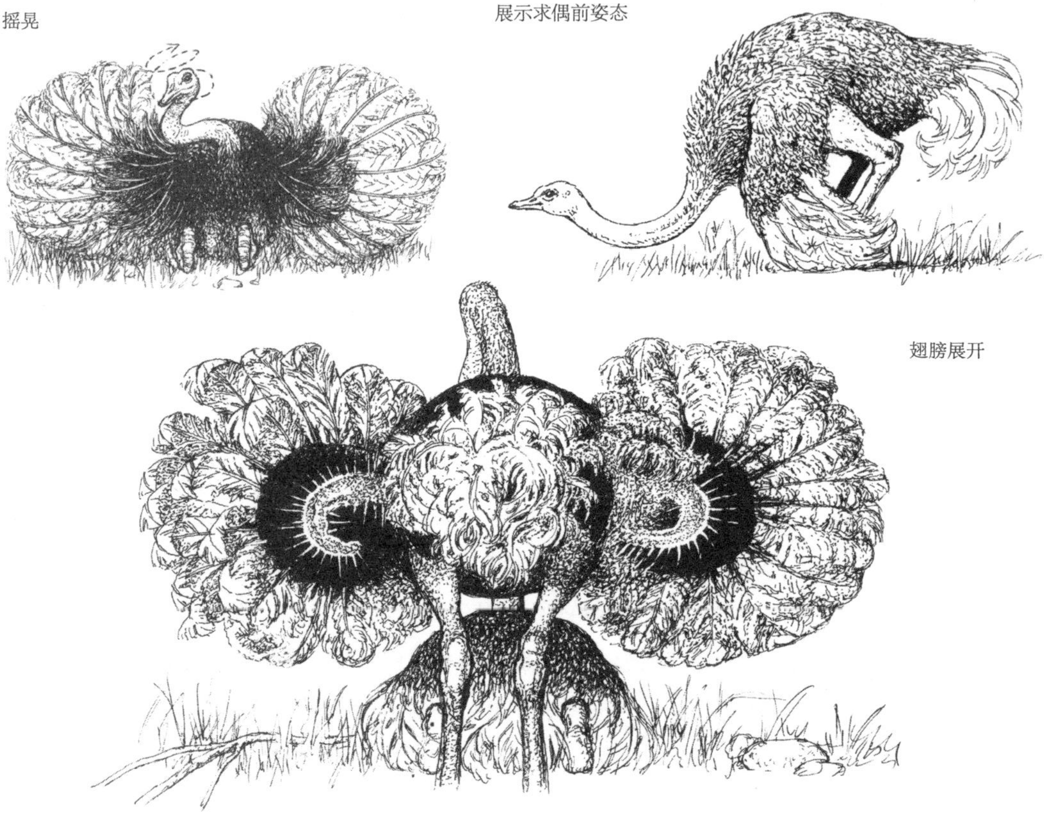

求偶：雄性鸵鸟把头扭成螺旋状，并用两只翅膀制造出一片沙尘暴。雌性鸵鸟在看到这些展示并做好交配的准备后，雄性鸵鸟会冲向雌性鸵鸟，张开翅膀为爬跨做准备。

的”。在早晨以及傍晚到午夜的这段时间最容易听到鸵鸟发出这种领域叫声。那些置这些警告于不顾的鸵鸟将会遭到领域主的追赶。

求偶　雄性鸵鸟会在守卫领域的间隙找机会跟每只雌性鸵鸟交配。它们会一同游走，翅膀往斜下耷拉着呈“O”形，头低着，像是在吃东西。但它们的注意力并不在食物上，它们只是在沙子、鹅卵石或者草地上迅速又轻轻地啄食。这种象征性的采食是为了让彼此的行为同步，直到双方的动作完全一样。

一旦双方步调一致，它们就会回到雄性鸵鸟挑选的象征性的巢址，做进一步的巢址展示。雄性鸵鸟会率先径直地张开翅膀（像展开的旗帜一样），进而轮番且有节奏地扇动左右两只翅膀，并露出明艳的白色羽毛来进行展示。之后它会卧倒在地上，开始摇晃展示，把尾巴弄得蓬松，并用两只翅膀清扫地面，直到尘土飞扬。在做这些展示的时候，雄性鸵鸟会一直发出隆隆的叫声，并把脖子扭成螺旋状。

与此同时，雌性鸵鸟仍然在假装采食，并以非常缓慢且有节奏的步法在雄性鸵鸟周围打转。最终，它会停下来并展示出求偶前的姿态：雌性鸵鸟会压低脑袋，把脖子放平到一个很小的弧度，尾巴放下，翅膀往斜下呈“O”形。这表明它已经做好了交配的准备。

交配 雄性鸵鸟会从它象征性的巢里跳出来，把翅膀举得高高的并保持这一姿态奔向雌性鸵鸟。雌性鸵鸟会卧在地面上，在交配时微微前后移动头部，啄食并移动着沙粒。雄性鸵鸟通过拍打张开的翅膀来保持平衡。经过 30~40 秒的晃动后，雄性鸵鸟会从雌性鸵鸟的背上跳下来，之后两只鸵鸟会分开。

育幼行为

产卵 雄性鸵鸟通常会在雌性鸵鸟的帮助下，在干透了的河床或沙地上挖出一个浅浅的直径约 3 米的巢。优势雌性鸵鸟每隔两天会产下 1 枚卵，总共产下约 7 枚卵。鸵鸟卵看起来非常大——是鸡卵的 24 倍，但优势雌性鸵鸟的身体大小足够孵化 20 枚

将卵滚到巢外：由于有多达 10 只雌性鸵鸟会在巢内产卵，而优势雌性鸵鸟最多只能孵 20 枚卵，因此它会把多余的卵滚到巢外，并小心翼翼地把自己产的卵留下来。这些被滚出去的卵能够吸引捕食者的注意力，从而使巢中的卵得到有效的保护。

这样的卵。这些卵当中，有一些会是它自己的后代，另一些则是十余只其他雌性鸵鸟的。优势雌性鸵鸟和雄性鸵鸟全权负责这些卵的孵化，孵化过程长达 6 周。其间，其他雌性鸵鸟会离开，根本不会照顾这些卵。

科学家被这种看似利他的行为困扰了多年。为什么优势雌性鸵鸟会把自己有限的精力用在照顾其他雌性鸵鸟的后代上呢？当他们进一步观察后发现，鸵鸟的巢对于捕食者来说是非常好的捕食点，因此时刻面临危险。这个开阔的巢不仅吸引了埃及秃鹫（它们会从空中落下把鸵鸟卵啄破）等空中捕食者，也吸引了胡狼、鬣狗、狮子和其他陆生捕食者。如果巢里的卵全部是优势雌性鸵鸟的后代，每个被销毁的卵对它来说都是直接的损失。但如果卵来自于多个不同的雌性鸵鸟，捕食者会有更多的选择，优势雌性鸵鸟后代的生存概率就能得以提升。

为了进一步提高自己后代的生存概率，优势雌性鸵鸟会为自己产下的卵提供优待。巢中可以容纳多达 40 枚卵，而优势雌性鸵鸟最多只能孵 20 枚卵，因此它会把多余的卵滚到 1 米开外，这些卵要么冻死，要么被捕食者吃掉。令人惊叹的是，优势雌性鸵鸟似乎有办法分辨哪些卵是自己下的。它会尽量小心把自己产下的卵全都保留下来，但依然会保留下一些其他雌性鸵鸟的卵并照顾它们。通过这种方式，那些处于次级地位的雌性鸵鸟能够在最小能量投入的情况下，将自身的基因传递下去。而雄性鸵鸟会抓住一切机会与更多的雌性鸵鸟交配。因为一个巢中的所有卵都含有它一半的基因，它也能从孵卵中得到好处。

孵卵　优势雌性鸵鸟和雄性鸵鸟轮流坐在巢上（雌性鸵鸟白天孵卵，雄性鸵鸟夜间孵卵），来保持卵孵化所需的温度，并防止捕食者偷袭。在这段时间内，鸵鸟会变得异常富有攻击性，甚至出现过鸵鸟用脚踢死小狮子的记录。偶尔也会有捕食者偷袭成功，但剩下的卵已经足以让它们繁衍下去。

保护幼鸟　当鸵鸟卵最终孵化成功后，鸵鸟爸爸和鸵鸟妈妈会将小鸵鸟带到隐蔽的地方，在避开捕食者的情况下教它们分辨哪些虫子和植物能吃。一旦有捕食者出现，鸵鸟爸爸和鸵鸟妈妈会发动一场精心准备的干扰展示，将捕食者的注意力吸引过去再领着小鸵鸟逃跑。通常都是由雄性鸵鸟作为诱饵来进行干扰展示。它会来来回回前前后后地跑，快速地张开和拍打翅膀，并发出重复的嘘嘘叫声。在这个过程中，有时它会突然卧倒在地面上，用翅膀扬起沙尘，再站起身来继续疯狂地呈“之”字形奔跑。一旦捕食者被雄性鸵鸟所吸引，雌性鸵鸟会召唤小鸵鸟，并把它们带到安全的地方去。

干扰展示：雄性鸵鸟会做出华丽的表演来将捕食者的注意力从雌性鸵鸟和小鸵鸟身上转移开来。

共同育幼 就像是精确计算过一样，鸵鸟幼鸟的破壳时期通常都会和短暂的雨季相吻合（雨季的时间和地点每年都会有所不同），因此小鸵鸟在孵出后会有许多嫩草可以吃。在小鸵鸟长大一些后，它们会聚集成 30~100 只的小鸵鸟群，由 2~3 只雌性鸵鸟看护。有共同孵卵的经历作为铺垫，雌鸟们在日间共同照料小鸵鸟似乎也变得顺理成章。对于这些负责照顾小鸵鸟的雌性鸵鸟来说，那些其他雌性鸵鸟的后代可以作为缓冲目标，当捕食者突袭小鸵鸟群时，被吃掉的很可能不是它们的后代而是其他雌性的幼鸟。

动物园或野外能够观察到的鸵鸟行为

- 基本行为
  - 移动——跑动　走动
  - 采食——啄食
  - 理羽
  - 沙浴
  - 喘气
  - 睡觉
  - 打哈欠和伸懒腰
- 社会行为
  - 友好行为——集群
  - 冲突行为
    - 威胁——举起尾巴　威胁叫声　张嘴威胁
    - 投降
    - 打斗——脚踢
  - 性行为
    - 求偶前——雌鸟诱惑、阴茎展示
    - 建立领地——领域展示、追赶、嘘嘘叫声
    - 求偶——象征性采食　展开翅膀　翅膀扫过地面　摇晃展示　求偶前姿势
    - 交配
  - 育幼行为
    - 产卵
    - 孵卵
    - 保护幼鸟——干扰展示
    - 共同育幼——小鸵鸟群

鸵鸟想要表达什么？

站立

- 翅膀朝上 → 脖子朝上
  - → 追赶 → 威胁或打斗
  - → 跳舞 → 性引诱
- 翅膀抵着 → 脖子呈“U”形 → 投降
- 翅膀向下向外呈“O”形 → 脖子向下 → 象征性采食

卧倒在地面上

- 翅膀向斜下呈“O”形 → 脖子直直地朝外 → 求偶前姿态摇晃
- 翅膀扫过地面 → 脖子呈螺旋状 → 展示

优势

中立

卑劣

伸懒腰：红鹳会轮流放松一侧的身体，促进血液里的空气流动。

大红鹳

Greater Flamingo

分类：红鹳目　红鹳科	学名：*Phoenicopterus roseus*
体型：身高1.04~1.55米，体长1.25~1.45米	体重：雄鸟约3.6千克
翅展1.4~1.65米	雌鸟约2.9千克
寿命：圈养环境下44年	
生境：浅的潟湖和盐碱湖	

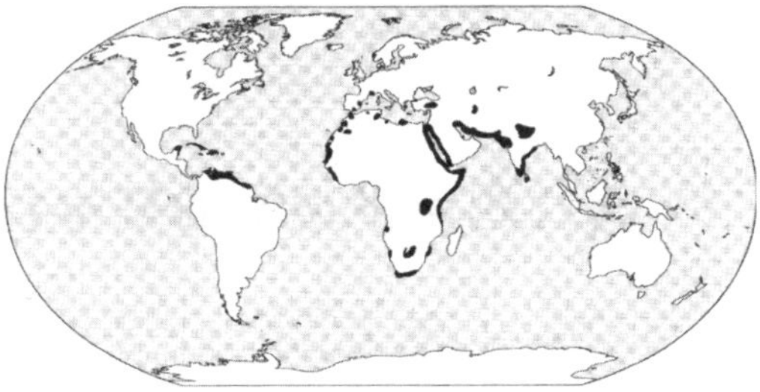

在看到红鹳时，你可能首先联想到的是椰树和棕榈树，别担心，很多人都和你想得一样。在太多的度假宣传册上，这些长腿的粉色大鸟都和碧蓝的游泳池、盛开的鲜花和夺目的绿色背景一起，成为吸引游客的标志。但是从生物学的角度来看，这样的组合肯定是有问题的。

在现实世界当中，红鹳栖息的区域是地球上最不适宜物种生存的一些湿地。它们会栖息在由蒸发作用形成的碱湖或者盐湖周边，这些地方十分偏僻，人迹罕至，条件非常恶劣，周围都是寸草不生的滩涂，更不用说花朵了。但是这些碱湖或盐湖富集蓝绿藻，并有成群的甲壳动物和其他动物。在湖底的淤泥中还有数以亿计的原生动物、环节动物和昆虫的幼虫，它们以营养丰富的蓝藻、硅藻无脊椎动物和浮游生物为食。

这样的场景怎么会是动物生活的天堂呢?

但是从红鹳的角度来说，它们所栖息的环境确实是天堂。红鹳依靠喙挖取和啄取食物，而那些富含蓝藻的淤泥中有很多美味的食物；没有了树木和灌木的阻隔，它们能集结成数百只或数千只的大群进行繁殖；而且碱湖周边通常都没有陆生捕食者、享受日光浴的游客以及滑水爱好者，因此红鹳能够在相对平静的环境下抚养后代。

那么关于红鹳生活在天堂般环境中的传言又是从哪里来的呢？这可能源于 1931 年，当时迈阿密海厄利亚跑马场从古巴引进了一群红鹳养在跑马场里，但这些鸟只在跑马场待了一天就全部飞走了，之后就不断有报道说在旅游业发达的佛罗里达州东海岸发现了它们的踪影。事实上，这些鸟只是偶然在此停留，就像冬季来临时，一些前往温暖的南方过冬的北方人搭乘从扬克斯出发的夜班快车一样。现在你知道事实的真相了吧。

大红鹳可供观察的基本行为

移动

红鹳极少单独行动，它们通常都会挤在很大的群体中。在地面上活动时，它们走得很从容，群体成员的步调一致，并远离任何可能的威胁。它们另一种腿部更加僵硬、更有规律的行走方式叫作“列队行走”，这其实是一种求偶展示，在这种展示中它们会迈正步行走。但是在遇到危险，特别是在换羽期没有飞羽的情况下，红鹳就会置端庄从容于不顾，迅速逃跑。红鹳在起飞前也会助跑，在助跑的同时会不停地拍打翅膀，在达到一定速度后再腾空飞起来。

在飞行时，这些身着粉色、深红色和黑色羽毛的大鸟与碧蓝的天空相映衬，形成了一幅奇妙的景象。每只鸟都把身体舒展成十字形，长长的脖子在前，长腿在后，翅膀横向伸展开来约 1.5 米长。成群的红鹳在飞行时会组成“V”形、对角线形，或者像小孩挥动的彩带那样松散的队形。在飞行时，红鹳们有时会齐声合唱，这些叫声在地面上的我们听起来就像是有一千只青蛙在乱叫。落地对它们来说是个严峻的考验。红鹳在飞行时产生了巨大的动力，因此它们会像飞机降落一样先在空中盘旋一阵，直到发现一片适合落地的宽敞区域，能让它们在落地后奔跑数百米的距离直到最终停下来。

采食：红鹳在采食的时候会把混有水分和淤泥的泥浆吞进嘴里，滤出其中可以食用的部分后再将剩下的泥浆吐出去。

在动物园，你可能没法见到红鹳起飞和落地的场景，但也许能看到它们游泳。它们的脚上长有蹼，个个都是游泳好手。

采食

红鹳堪称“鸟类中的须鲸”，这不仅是因为它们像须鲸那样体型巨大，还因为它们的采食方式也跟须鲸类似：红鹳会用喙衔取大量的泥浆，从中滤出可以食用的颗粒后再将泥浆吐出去，这种方式与灰鲸和蓝鲸的采食方式类似。红鹳喙的这种结构也是它们与其他鸟类最大的不同之处。

多数鸟类的上喙都比较强健，下喙则相对较小且更加灵活。而红鹳喙的结构则刚好相反：下喙很深，像个水槽，而上喙则很薄，像个盒子的顶盖。真实的情况是，红鹳在采食的时候会把喙倒转过来：薄的上颌（盒子顶盖）在底部，用来挖掘淤泥，而强健的下喙则处于上方。这样看来，红鹳的喙就和其他鸟类的喙几乎一样了。

红鹳有一条很厚且长满刺的舌头，这条舌头就像是一个活塞，每秒钟能将水分吸入和排出 3~4 次。水分被排出之前会经过一个过滤板，这个过滤板由长在上喙和下喙边缘的角质板组成，水中的任何食物都会被这个滤网截取，再吞咽进肚子里。大红鹳的过滤板网孔比其他种类的红鹳都要大，因此它们会选择昆虫、甲壳动物、软体动物和环节动物之类体型较大的无脊椎动物作为自己的食物。

注意观察红鹳在采食时的各种技巧。

原地转圈　红鹳会把喙放到淤泥中，一边慢慢转圈一边将淤泥都搅起来，在那些小型甲壳类动物落回到淤泥中之前将它们都吞进肚子里。在动物园注意观察展示馆中的浅水池，你就能发现一些端倪：淤泥堆的周围会有一圈挖痕。

挖掘淤泥　红鹳会一边径直往前走，一边将具有过滤功能的喙在富集藻类的淤泥中前后移动，留下一个浅浅的、蜿蜒曲折的痕迹。

漂浮采食　在那些脚掌碰不到底的深水中，红鹳就像巨大的粉红天鹅那样浮在水面上，只将头部潜入水中。在漂浮采食的时候，红鹳通常只会把粉色和白色的尾巴露出水面。

地面采食　在动物园中，红鹳也会采食一些较硬的食物颗粒，例如洒在地面上的谷物等。它们会把谷物抛起来接住后再咽下去。

红鹳群在采食时也会像鹅那样，用自己特有的三声鼻音“Cho-go-go”与同伴沟通交流。它们在南美洲的称呼正是源于这种叫声。这些连续不断的叫声，在我们人类听起来更像是“eep-eep”“cak-cak”“eep-eep”“cak-cak”。雌性红鹳发出声调更高的“eep-eep”，而雄性红鹳则发出声调更低的“cak-cak”。这些红鹳的叫声通常在数千米之外都能听得到，所以你可能还没进入动物园就已经听到这些叫声了。

舒适行为

你在动物园能看到的红鹳的舒适行为有理羽、伸懒腰和频繁地沐浴。它们在进入巢之前也会晃动双脚，甩掉上面的水分。

睡眠

红鹳通常以单腿站立的姿势休息，脖子沿着背部弯曲或折叠，喙塞进羽毛当中。在繁殖区域，红鹳会挤在一起睡觉，一旦其中的一只失去平衡就会引发一系列的多米诺效应。它们没有正式的睡眠时间，全天的任何时刻都可以用来打盹小睡。因为整个红鹳群的睡眠周期通常会保持一致，所以如果有一只红鹳在睡觉，整个红鹳群很快都会陷入睡眠的气氛当中。它们的生活也很有规律，每天几乎都在相同的时间睡觉。

大红鹳如何互动

友好行为

野生红鹳群的航拍照片非常令人震撼。数以万只的红鹳在天空飞行时，就像是闪闪发光的蓝色画布上的一团粉色颜料，当鸟群移动时，这抹粉色会慢慢往外延展和散开。尽管红鹳集结成超大群主要是为了繁殖，但它们也会在需要寻找充足的食物或者在旱季占领新的领域时集结成群。即使不是为了繁殖，红鹳群也会表现很多求偶展示行为，这些展示将在 214 页的性行为章节详细介绍。你所在动物园的红鹳群也可能会在非繁殖季进行这种求偶展示。

冲突行为

警告行为 一旦受到打扰，红鹳的行为会变得十分惹眼，以至于你都能在很远的地方觉察到，更不用说其他红鹳个体了。在警告姿势中，它们会立直身体，脖子抬得很高，拼命踮起脚尖，越过其他个体，头部来回转动四处张望，并从胸腔深处发出警告的叫声。

威胁 对红鹳来说，任何时候都可能发生冲突，但冲突在繁殖季节尤其常见。此时每只红鹳的脾气都很暴躁，任何事件都能成为冲突的导火索。当一只陌生的红鹳威胁到正在求偶或者孵卵的繁殖对时，优势个体（通常是雄鸟）就会做出令人生畏的钩状威胁。这种威胁在争斗前后或交配前后都可能出现。被激怒的红鹳会故意跟踪对手，伸长脖子并微微向前倾斜，肩部和背部的羽毛会鼓起来，让自己看起来更具威胁性。它的喙会向下弯成钩子状，并把尖端朝向自己的胸膛。如果入侵者对这种威胁置之不理，被激怒的红鹳通常会发起晃脖子威胁。

在晃脖子威胁中，红鹳会把头压得更低，脖子几乎伸直，以蜿蜒的水平方向弧线左右晃动。在这项展示的高潮，这只愤怒的红鹳可能会把喙颠倒过来，将尖端直接朝向入侵者，同时，它肩部和背部的羽毛则会完全竖起来。有位研究者曾经形容处于

警告姿势：红鹳会直直地站立，前后摆动头部来觉察周围奇怪的响动、气味和景象。

威胁：当求偶对受到其他个体的威胁时，优势红鹳就会展现钩状威胁来警告入侵者，如果入侵者不理会这种威胁，红鹳就会展现更加激烈的晃脖子威胁。

这一状态的红鹳就像是一朵“巨大的菊花”。随着这只个体的攻击性越来越强，它原本低沉的咕哝声也会变得更大、更刺耳，有时候音调也会变得更高。在威胁进一步升级为打斗之前，红鹳会微微张开嘴。

打斗 如果入侵者依旧不为所动的话，这两只鸟可能会试着出击，轮流做出晃脖子展示，并努力躲过对方喙的攻击。在一场架势全开的打斗中，两只红鹳会面对面站立相互啄对方。但是在伤势进一步恶化之前，落后的一方通常就会选择撤退。

投降 红鹳在经过另一只个体身边并且不想表现出威胁时，它会压低头部，收拢羽毛，动作与羽毛膨胀并竖起来的优势红鹳相反，这样它乞求休战和投降的意愿就十分清晰了。

性行为

红鹳的多数群体行为都有性的因素，这可以帮助这些鸟在繁殖季节（3~6 月）同步繁殖周期。对于它们来说，同步是很重要的，因为红鹳的栖息环境异常多变，如果红鹳在盐湖的生产力和水位最合适的季节没有做好交配的准备，它们可能会错失一系列机会。由于动物园中的红鹳在繁殖期前、繁殖期中间甚至是繁殖期过后都可能做出这些展示，因此在一年中的任何时期都很适合观察它们。

撕咬威胁和投降：被一只健壮的红鹳啄上一口会非常疼，所以威胁通常都会起作用。

求偶

摆动头部 一种最常见的性行为展示是摆动头部。这种行为和警告姿势类似但更加夸张，因此它只能被划归为一种沟通姿势。当群体中的一些红鹳开始大声发出只有两个音节的叫声，并开始用精确的、水平的弧度左右摆动头部时，其他红鹳很快就会加入。随着兴奋度越来越高，摆动的速度会越来越快。经过一两分钟的摆动头部展示后，这些红鹳通常会做出用翅膀敬礼的行为。

翅膀敬礼 在做摆动头部的展示时，这些红鹳会突然停止鸣叫和头部的摆动，喙朝向天空，发出一系列短促低频的咕哝声。它们竖起尾巴快速甩动，扬起肩羽，并迅速往两侧张开翅膀，在粉色的背景中增加一抹黑色，经过 3~4 秒钟的炫耀后，每只红鹳又会突然收起翅膀，进而开始扭转理羽的展示。

扭转理羽 这种展示是从理羽行为发展而来的，但由于其异常呆板，你很容易就能分辨出这是一种展示，而不仅仅是一种为了缓解搔痒的理羽行为。每只红鹳都会把脖子和喙转到身体的一侧，并短暂地往下拍打翅膀，将黑色的初级飞羽展露出来，紧接着，它可能会花费 1~2 秒钟假装整理羽毛。

颠倒的翅膀敬礼 在红鹳进行摆头展示和翅膀敬礼的过程中，时常能见到这种展示。它们会伸长脖子，每只鸟都会将身体往下并往前倾斜，直到尾巴高过肩膀，然后它会压低脖子，张开翅膀，把翅膀放在背后停留一段时间。此时其翅膀的转折处朝下，黑色初级飞羽的末端冲着天空。从正面观察，你会看到一抹红色快速一闪，并听到轻轻的、发自鼻音的一声叹息。经过 1~2 秒钟，每只红鹳又会直起身体，四散开来采食或者理毛，或者继续更多的摆头展示。

伸展翅膀和腿 类似于扭转理羽，这种展示与使身体舒适的伸懒腰动作相似，但是会比真实的伸懒腰更加僵硬和呆板。每当它们在身体的一侧往侧后方伸展腿部和翅膀的时候都会发出一声短暂的叫声，像是一种满足的表现。

列队行走 如果你足够幸运的话，或许能够见到这种红鹳群体中最不常见的展示行为——列队行走。这种行为一般发生在求偶季节的高峰期，此时红鹳们都像被催眠般地陷入狂热当中。列队行走时数百只甚至数千只红鹳会身体僵硬、站得笔直，并一同快速正步走动。它们会像是受到一个隐形的指挥官引导那样，突然转向另一个方向，快速行走一段时间，再突然转向另一个方向继续快步走。在外人看来，它们的这种列队行走像是一支跟着音乐节拍进行的群体探戈，只是这种音乐不在我们人类的听力范围内。

假装采食 像是要给这一系列已经非常奇怪且美丽的展示再加点乐趣，成百上千只正在列队行走的红鹳会突然放慢速度，统一将脖子往前弯曲，然后将喙放置在水中。尽管它们不是真的在采食，但它们的喙却会做出吞咽的动作并持续数秒，接着它们再次直起身体，它们的行走速度会提高到约每秒两步，以“红鹳的节奏”快速前进。

配对 如果你经常去动物园的话，你可能会注意到有一些红鹳个体每年都跟同一个配偶交配，而另一些红鹳的生活方式则相对混乱。群体性的展示给这些红鹳提供了寻找过去的配偶以及结交新配偶的机会。你很容易就能分辨出结成配偶对的个体，它们都会表现得比较团结：配偶对通常会一同睡觉和采食，相互帮助，肩并肩地进行列队行走或假装采食。

交配 求偶和形成配偶对的展示会持续数周甚至数月的时间，但多数交配都会发生在筑巢期间，仅仅在雌性红鹳产卵前发生。配偶对会离开群体，雄性红鹳（配偶对中个体较大的那只）开始以钩状展示的姿势追赶雌性红鹳。在这种情况下，钩状展示不再是一种威胁，而是一个逐渐增加交配兴趣的信号。在正式交配之前，雌性红鹳会将脖子弯曲成假装采食的姿势，跟在它身后的雄性红鹳会将脖子以对角线的形式伸过去，努力用喙或者前胸去触碰雌性红鹳。最终雌性红鹳会停下来静静地站着，展开翅膀，

群体展示：前景图，从左下方开始按照顺时针的方向依次是：红鹳左右摆动头部并发出刺耳的鸣叫，宣告展示行为的开始；接下来是带着咕哝声的翅膀敬礼；颠倒过来的翅膀敬礼，以及仪式化的扭转理羽展示。背景图中，这些红鹳随时都可能以群体探戈的方式列队行走，并在某一时刻突然停下来，垂下喙假装在吃东西。

人类和红鹳

多亏了太阳！如果不是被拔下的红鹳羽毛会在阳光下迅速褪色，时尚界恐怕会像对待鸵鸟那样对待红鹳。它们之所以能逃过人类猎杀的另一个原因，是这些美丽的大鸟都生活在偏远的地区，至少目前为止这些地方都不够吸引人类。但是最近几年，盐碱提取产业开始出现在红鹳的传统繁殖区域，它们生活的碱湖也开始被建成港口，为渔业提供方便。这两项开发项目将越来越多的人类带到红鹳生活的区域。人类到达后所带来的改变和所谓的“进步”可能会对红鹳的繁殖造成不利的影响。

哪怕是轻微的人类干扰对于红鹳来说都可能是破坏性的。例如，一架低空飞行的飞机会在红鹳群体中引起混乱，四散而逃的红鹳对卵和幼体可能会造成毁灭性的后果。人类散养的猪和狗对红鹳来说也是种威胁，在短时间内红鹳无法适应这些动物的存在。这些敏感的大鸟同时也非常挑剔。如果所在的环境条件对繁殖来说不够理想，它们甚至都不会筑巢。如果多个繁殖季过后都没有后代出生的话，整个红鹳群的数量就会开始下降。

但还有一些人类活动对红鹳的繁殖没有影响。具有讽刺意味的是，一些红鹳甚至开始在盐碱提取厂挖掘的盐碱湖里采食。只要村民们不在盐碱湖周边大肆动工，并且给红鹳的繁殖保留适当的区域，这些大鸟还是有可能和矿主们和平相处的。对红鹳来说，目前面临的最大威胁是栖息地的丧失，因此，如果人类能为红鹳开辟出更多的繁殖场所并且不去施加太多的人类干扰就再好不过了。

像是在发出“我准备好了”的信号，雄性红鹳会抓住机会跳到它身上，两只红鹳的泄殖腔会连在一起数秒钟来完成交配。交配后，两只红鹳会把脖子伸向地面，并一同鸣叫，像是进行一种庆祝胜利的仪式。

育幼行为

筑巢　一旦配偶对选定了某一位置做巢却有其他个体抢先占领这片区域时，它们会尽全力去争取。它们通常会猛烈且持续地攻击，直到把领域的原主人赶跑为止。如果这里原本没有巢，它们会用喙将淤泥一点点衔过来，并最终建起一个高 15~45 厘米，底部宽 43~50 厘米的高塔，塔的顶部会有个坑来放置唯一的一枚鸟卵。用高塔来将鸟卵托起来能够有效预防地面高温的烘烤或者突如其来的洪水。对于红鹳来说，筑巢行为是一项持续不断的工程，它们甚至会在产下鸟卵后不断对其进行修葺和完善。

并不是所有的红鹳都采取这种核心家庭的形式生活，雄性红鹳之间的求偶现象也很普遍，偶尔还会有一只雌性红鹳与两只雄性红鹳组成一个家庭的情况。有趣的是，两只雄性红鹳组成的繁殖对也会不厌其烦地筑巢，尽管它们根本没有卵可孵。

照顾鸟卵 雌性红鹳产下卵后，雌雄双方会轮流孵卵，最长可达 32 天。红鹳坐在巢上时会放松翅膀，形成一个临时棚顶，那些渗进来的雨水也能很快被羽毛吸干。无论是雌性红鹳还是雄性红鹳在这一时期都会竭尽全力保护鸟卵，因此它们很容易就会跟对手打起来，尤其是当有其他红鹳入侵时。

对于红鹳来说，孵卵期是非常关键的印痕期。成年红鹳会将头抵在鸟卵上，隔着卵壳发出高频的联系叫声“kurruck-kurruck-kurruck”。通过这种方式，幼鸟在孵化期就能熟悉父母的叫声，等它孵出后很快就能够在众多成年红鹳中辨认出自己的父母。这对于红鹳幼鸟来说非常重要，因为年幼的红鹳在生命的最初几周内完全依赖父母提供食物。幼鸟在出生后的 14 天内喙都不会像成鸟那样弯曲，且这个时期它们特化的滤食装置还没发育完全而无法使用。

哺育幼鸟 红鹳父母带回巢的不是小块的食物，而是从喙中直接吐出血红色的分泌液到雏鸟的嘴里。这种异常有营养的液体并非来自于它们的胃，而是产生于喉咙和上消化道的腺体。这种特殊食物的成分包含 15% 的脂肪、1% 的血红细胞和大量的角黄素（编者注：一种类胡萝卜素色素）。正是这种角黄素使红鹳的羽毛呈现出粉红色。这种角黄素最初储存在雏鸟的肝脏，因此雏鸟的羽毛是灰色而不是粉红色的。随着雏鸟逐渐长大，每一根新长出的羽毛都会呈现出更多的粉色。

成年红鹳在野外捕捉昆虫、甲壳类动物和采食蓝藻的过程中能够获取额外的类胡萝卜素（和胡萝卜中的天然色素相似）。因此动物园的营养师也会小心地选择那些富含类胡萝卜素的食物来让红鹳保持“粉色”。动物园的饲养员发现，如果这些红鹳身体的颜色发生了变化，它们自身也会对繁殖失去兴趣。

共同育幼 在巢内待上差不多一周后，还不会飞的小红鹳就开始出巢自行寻找食物，只在需要食物的时候回来找自己的父母。年幼的红鹳会聚集成数百只甚至数千只的大群，只有少数几只成鸟照顾它们，这些成鸟可能有自己的后代也可能没有后代。

当红鹳父母外出寻找食物回来后，它们会发出喂食的信号，小红鹳们在听到这些信号后就会跑到父母跟前。

在动物园中，红鹳群体很小，父母通常都会待在幼鸟身边，喂食会方便很多。幼鸟只需要鸣叫并啄取父母脖颈的羽毛就能讨到食物，甚至有一些年龄较大的幼鸟依然会跟在父母身边吃白食。成鸟会待在原地不动，而幼鸟会把脖子贴在地面上在成鸟胸前尽情摇动身体。一旦占据了恰当的位置后，幼鸟就会抬高脖子大声地频繁鸣叫，直到成鸟开始喂食为止。

给幼鸟喂食：红鹳双亲会从喉部的腺体分泌出一种富含营养的血红色液体，再将它们喂进幼鸟的嘴中。

动物园或野外可供观察的红鹳行为

- 基本行为
  - 移动：走动　列队行走　跑动　飞行　落地　游泳
  - 采食：原地转圈　挖掘淤泥　漂浮采食　地面采食
  - 舒适行为：理毛　伸展　洗澡　晃动足部
  - 睡眠
- 社会行为
  - 友好行为：（见性行为）
  - 冲突行为
    - 警告行为：警告姿势　警告叫声
    - 威胁：钩状威胁　晃脖子威胁
    - 打斗：试探性攻击　啄取
    - 投降
  - 性行为
    - 求偶：摆动头部　翅膀敬礼　扭转理羽　颠倒的翅膀敬礼　伸展翅膀和腿　列队行走　假装采食
    - 配对
    - 交配：钩状展示　假装采食　交配　胜利仪式
  - 育幼行为
    - 筑巢
    - 照顾鸟卵：孵卵　交流叫声
    - 哺育幼鸟：分泌液体
    - 共同育幼：幼鸟群　乞求食物

打斗：在两只鳄鱼打斗的最后阶段，它们会互相咬对方尾巴的根部。

尼罗鳄

Nile Crocodile

重要参数

分类：鳄目　鳄科	学名：*Crocodylus niloticus*
体型：雌性2.4~3米，雄性3~3.6米 最长可达4.8米	体重：最大纪录是998千克
寿命：超过50年	
生境：河流、湖泊及沿岸区域	

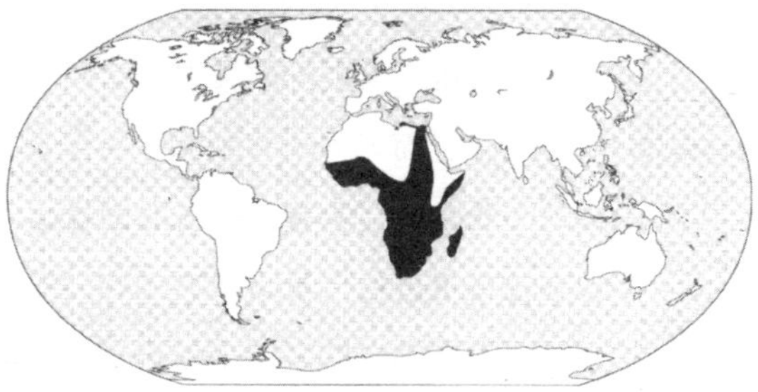

当曾经繁盛一时的恐龙在生物演化史上迅速灭绝的同时，它们的近亲——鳄鱼却成功存活了下来。现代的鳄、短吻鳄以及它们的近亲，从外表到行为都和 1 亿年前几乎一模一样。这样的体型构造从白垩纪到现代都适用，使得它们成了地球上存在时间最长的爬行动物。

它们存活至今的另一个原因是嗜睡。鳄鱼一天当中的大部分时间几乎都一动不动，这也正是让动物园的游客们很失望的一点。如果你不了解它们，你一定会认为它们很无聊。但事实完全不是这样，沉默和静止不动的行为方式是它们生存的法宝。鳄鱼在岸边或石板上晒太阳时会从阳光中吸收热量，促进身体的新陈代谢；而当鳄鱼隐藏起来时，它们全身都会处于警觉状态，伺机捕食猎物。此外，鳄鱼有时候会像木头一样

高脚走路：鳄鱼离开水面在陆地上行走时会把腿直起来，把腹部抬离地面。

静止不动，这能够帮助它们发动突然袭击。

在不需要移动的时候，鳄鱼会一直保持趴卧的姿态，这样能帮助它们节省能量，使得它们可以靠更少的食物生活同时还把能量节省下来长身体、与其他鳄鱼互动以及抚养后代，而无需一直捕猎。由于体型较大，鳄鱼能够吃从青蛙到水牛的任何动物，同时免受其他捕食者的攻击。同样地，它们用在社交上的能量也分配得很好，鳄鱼可以在住得很近的情况下依靠良好的交流系统维持较好的秩序。最后，它们在繁殖上的能量投入则是它们区别于蜥蜴、蛇、龟和其他爬行动物的重点。其他爬行动物产卵后就会离开，鳄鱼则会花费数月的时间保护它们的卵，帮助小鳄鱼孵化，并把小鳄鱼带到安全的地方。在河流或湖泊边守护小鳄鱼不被捕食者吃掉要花费它们很大的精力，但和其他行为一样，鳄鱼多数时间也是趴着来完成这项职责的。

尽管下面的章节主要介绍的是尼罗鳄，但鳄鱼家族的其他成员（包括短吻鳄、长吻鳄、印度鳄和凯门鳄等）的行为也基本相似。

尼罗鳄可供观察的基本行为

移动

如果警戒行为也算是一种行为类型的话，鳄鱼可以算作动物园中最活跃的动物之一。它们会一直待在水里，只把鼻子和眼睛露出水面张望，大尾巴来回摆动着巡游。在游泳时，尼罗鳄会通过摆动尾巴的方式获得前进的动力，腿紧贴身体，让整个身体呈鱼一样的形状。在需要转弯时，它们长有半蹼的一只脚会伸开充当方向舵。

必要时，尼罗鳄在水中也会以飞快的速度往前冲，或像大鱼一样跃出水面。通常来说，尼罗鳄只有在争夺领域或者美味的食物时才会出现这种快速移动的行为。在长时间的耐心追踪后，尼罗鳄会突然出击——它们会拍打尾巴并突然咬住猎物，之后晃动头部来回摔打猎物。

在陆地上，尼罗鳄有三种移动方式——高脚走路、飞奔和腹部着地奔跑。在高脚走路时，尼罗鳄会伸直双腿，把腹部抬离地面。它们的后腿比前腿略长，因此将身体的后半部分抬得略高于肩膀，同时后腿支撑着身体的大部分重量。当尼罗鳄从水面爬出来或者在陆地上移动时，注意观察它们对角线式的跨步方式（和四足的哺乳动物类似）。

在时间紧迫时，尼罗鳄也会飞奔，它们用前腿向后推时会将后腿置于身下。超过一定速度后，飞奔会变成腹部着地跑。它会用磨得锃亮的腹部鳞片贴着地面左右扭动，用四肢尽可能快地往前跑。当你有机会看到鳄鱼翻过陡峭的斜坡时，注意观察这种腹部着地奔跑的行为。

采食

对于这些移动缓慢且慢条斯理的尼罗鳄来说，两次采食之间会相隔很久。在野外，它们每年只需要进食 50 次左右就能存活下来，尽管无可否认，其中一些是饕餮大餐。发育成熟的尼罗鳄能够捕获到羚羊、斑马、疣猪，甚至是巨大的水牛。尼罗鳄在成长过程中的一堂必修课就是学会捕猎这些巨型猎物。年幼的尼罗鳄会以小型的青蛙、鱼类甚至是昆虫为食，但随着它们体型的增大，它们捕获大型猎物的能力也在提高。但无论长多大，它们始终不会失去对小猎物的兴趣，有机会也会突然出击捕获小青蛙或小鱼。

鳄鱼会一动不动地浮在水面上，只将鼻子和眼睛露出水面，嘴巴张开，等待捕猎机会。有时它甚至还会躲在一

猛扑：不过一眨眼的功夫，尼罗鳄就能完成从一动不动地漂浮到突然出击的转变。

段木头或其他物体的旁边来更好地伪装自己。此时它能够闻到、看到、听到，或者用敏感的下颚在鱼儿经过时感受水流的振动。当鱼儿经过时，这段“木头”会突然活过来，牙齿咯咯作响。在抢到小鱼后，它会把小鱼抛到空中，用更容易吞咽的姿势接住它。有时尼罗鳄也会游泳追捕猎物。

除了在水下捕鱼之外，尼罗鳄也会伺机捕食那些到岸边喝水的哺乳动物。尼罗鳄在发现潜在猎物后，会悄悄潜入水中，慢慢朝岸边游去。通过收缩身体的每一块肌肉，它会忽地冲出水面，直接扑向被吓坏的猎物，有时还会踩在泥地上往前快速飞奔数米远。如果河岸比较陡峭，它也能够直接跳上 1.5 米的高坡，甚至可以用头钩住河岸顶端向上翻越。

尼罗鳄巨大的下颚有多达 70 颗锋利的牙齿，有的牙齿在一生中能够更换 45 次之多。这些锯齿状的牙齿在咬住猎物的腿时不光能穿透肌肤，甚至还能把骨头咬碎。如果尼罗鳄咬住的是猎物的头部，它会用嘴咬紧猎物直到它窒息而死。如果猎物很大的话，尼罗鳄会咬住猎物的某一部位在水中来回旋转直到撕下一大块肉为止。通常它会先在猎物身上咬出一排洞，之后再沿着这排小洞撕开猎物。

在陆地上捕食猎物时，尼罗鳄在咬紧猎物之前有时会用坚硬的脑袋使劲击打猎物，直到把猎物打晕为止。它们也会使用尾巴进行多种方式的捕猎。其中一种方式中，它们会用尾巴把芦苇折倒，寻找河岸边鸟巢中的鸟卵。另一种捕猎方式中，尼罗鳄会沿着与河岸平行的方向游动，用尾巴顶端的鳞片制造出一片涟漪，在水面上层游动的小鱼会被吸引到这片涟漪之前，此时尼罗鳄只需要把头弯过来冲着河岸就能轻易地捉到这些小鱼。此外，尼罗鳄也十分愿意吃腐肉，甚至是与其他鳄鱼分享食物。

呼吸

虽然生活在水中，但鳄鱼却依靠肺部呼吸，因此它们必须定期浮出水面来补充氧气。好在它们的鼻孔和眼睛都长在头部上方，只需要将少数几个部位露出水面就能满足呼吸和观察的需要。在平静的水面游动时，鳄鱼只需要露出鼻孔和眼睛就能小心地进行潜望；但当风很大，河面或湖面泛起波浪时，它们就必须把整个头部都抬出水面才能呼吸。因此为了不暴露自己，它们通常都会避开这些水域活动。

当鳄鱼沉入水下时，它们会用强健的肌肉关闭鼻孔，防止水进入肺里。它们喉咙处长有防水的瓣膜，能够保证它们在张嘴捕鱼的时候不会被水呛到。

张嘴：当尼罗鳄的身体过热时，它会张开嘴巴让空气进入，通过蒸发水汽带走热量来降低体温。

取暖和降温

依靠环境调节体温的行为在所有爬行动物当中都很常见。爬行动物自身代谢产生的热量不足以维持体温，因此它们必须从太阳、温暖的水中甚至是室内展示馆的加热棒中获得热量。它们的活动根据空气温度的变化而变化。在漫长的寒夜过后，虚弱无力的尼罗鳄会在清晨时从水里爬出来到岸边晒太阳。在吃完东西后它们也会晒太阳，依靠吸收热量提升代谢率来帮助消化食物。

当太阳升起，天气越来越热导致体温过高时，它们自身的温度调节器就会发出警告。为了降温，鳄鱼会抬高上颚，张大嘴巴来让嘴里湿热的内部结构暴露在空气中。当口腔内膜的水汽蒸发时，鳄鱼身体的热量也会被带走。如果这么做依然无法将体温降下来，鳄鱼会寻找阴凉地或者返回水中。

鳄鱼会在傍晚再次爬上河岸，吸收当天的最后一点热量。因为白天太阳直射产生的热量在水中比在空气中保存的时间更长。所以当夜晚来临时，它们会再次返回水中。最终，在黎明到来前，水的温度也降了下来，这时鳄鱼已经做好了再次爬上岸享受日光浴的准备。

正如你看到的那样，无论是在野外还是在动物园，温度是决定鳄鱼能否存活的关键因素。如果动物园的展示馆中没有设置给鳄鱼升温的装置，它们就会拒绝进食，即便它们勉强吃了点东西，这些食物也只会在胃里腐烂而不会被消化。因此在动物园中观察时，你最好问问饲养员有没有给鳄鱼提供晒太阳的条件，尤其是当动物园中的鳄鱼出现了食欲不振的状况时一定要提醒他们应该注意给鳄鱼调节温度了。

鳄鱼如何互动

曾几何时，人们一直都把鳄鱼看作是相当原始、脑容量很小的动物，认为它们的行为仅限于那些“既定”的行为。但是当研究人员研究了它们的互动行为后，人们对鳄鱼的看法发生了很大的改变。鳄鱼群体的成员之间按照一定的等级序位相互关联，这种等级序位在繁殖季节或者采食点最容易被观察到。这一等级序位的独特之处在于它的灵活性：当鳄鱼需要其他个体的帮助时，即便是那些在争夺等级序位时进行过打斗的个体也会放下成见，互相合作。正如你观察到的那样，这些在其他现存的爬行动物当中非常罕见的社会行为可能也是鳄鱼的近亲——恐龙的常见行为。

友好行为

合作采食 我们知道，在做某些事情的时候，例如折床单，两个人做比一个人做要容易得多。同样，鳄鱼也发现在采食小型或中等体型的猎物时，合作会让它们受益。对付大型猎物时，它们只需在水中旋转猎物就能扯下肉块。但当猎物较小时，如果鳄鱼扯着猎物旋转，猎物会随着鳄鱼一起转。遇到这种情况时，它会衔着猎物寻找附近的伙伴，让其将猎物固定住，方便自己旋转猎物进行采食。作为回报，帮助者也会分得一些食物。奇怪的是，在分享这些食物的时候不会发生任何争斗。

合作捕猎 合作捕猎也需要鳄鱼之间暂时放下隔阂。在一年当中的某些时刻，由于雨水过多，河流会涌出河道汇入冲积平原的浅水池。这时，鳄鱼们会在这些池塘的入口处围成一个半圆，形成一个由鳄鱼嘴结成的网，以便将任何冲入池塘的小鱼都吞入腹中。同样地，在合作捕猎时，鳄鱼之间也不会争抢猎物。这可能是因为任何一只鳄鱼离开所在的位置都会使这张捕食网产生缺口。

冲突行为

威胁 如果你是鳄鱼，肯定也会想尽办法避免与这些全副武装的同伴们发生冲突，尤其是当对方跟你一样大，甚至比你更大时。优势雄性鳄鱼的体型是雌性鳄鱼的两倍，与处于从属地位的雄性鳄鱼相比，优势雄性鳄鱼体型更大也更富攻击性。这些占主导地位的雄性鳄鱼拥有交配对象、巢穴、食物以及生活空间的支配权。（雌性鳄鱼之间也有等级序位，但只会在争夺巢时出现。）

你很容易就能分辨出哪只鳄鱼是优势雄性鳄鱼。他在游泳的时候会大胆地把头部、背部和尾巴露出水面，以此来宣告自己的体型和优势地位。当有入侵者试图闯入他的领地时，他可能会用头部拍击水面来回应。在这种展示中，他会用后腿站立，身体抬出水面并张开嘴巴，在下颚碰到水面的瞬间猛地合上嘴巴，借此发出“砰”的一声巨响，如果这种展示发生在静谧的夜晚，突然爆发这种响声会显得格外惊心动魄。如果这种展示发生在白天，身体的活动及巨大的声响会引起非常明显的水波变化。如果你在动物园观察时有幸遇到鳄鱼展示这种头部拍击水面的行为，在听到响声后注意观察雄性鳄鱼通过嘴巴和鼻子呼出泡泡以及左右摆动举起尾巴的行为。

在另一种威胁展示中，雄性鳄鱼会张开嘴巴，身体放平呈汽艇状，不停地拍打尾巴并以很快的速度追赶入侵者。在追逐之后，雄性鳄鱼可能会用一个夸张的姿势将整个身体浮出水面，像是为了让自己的体型显得更大。如果处于从属地位的鳄鱼没有来得及撤退，他的尾巴基部可能会被占优势的雄性鳄鱼咬到——这是对即将发生的真正打斗的短暂体验。

投降 如果不想与对手扭打在一起的话，鳄鱼会把鼻子举出水面来表达投降的意愿。这些处于从属地位的个体只会把头部露出水面，身体的其他部位都躲在水里，与夸张的优势个体形成鲜明的对比。它们会竭尽全力尽快从水下逃出优势个体的视线范围。

打斗 两只雄性鳄鱼偶尔会在争夺领域或者决定某片水域的统治权时相遇。它们会面对面趴在水面上用鼻孔喷气，并把少量的水喷到空气中，形成被称为“鼻孔喷泉”的小喷泉。最终一只鳄鱼会发起攻击，它会张着嘴巴露出满嘴的牙齿，之后两只鳄鱼会猛扑、咆哮甚至猛咬一段时间。占优势的鳄鱼会将对手的口鼻或者尾巴牢牢锁定，如果被抓的一方设法逃脱，占优势的那一方会奋力追赶，并发起新一轮的水上大战。这种打斗会以一只鳄鱼的逃跑宣告结束，有时它会把口鼻举出水面来表明自己已经投降。

头部拍击水面：如果你试过用一个大铁锹去拍击水面，你就能了解一只愤怒的鳄鱼用头部拍击水面时究竟能够发出多么巨大的响声。

性行为

在一些分布区，尼罗鳄会在雄性鳄鱼常年守卫的固定区域内交配。但是在肯尼亚的鲁道夫湖，处于繁殖状态的鳄鱼会在它们的生活区域之外聚集成超过 200 只的大群。当它们到达聚集地后，雄性鳄鱼会争夺等级序位，最后只有不到 15 只鳄鱼会成为优势个体并占有自己的领地。这些优势雄性鳄鱼获得了与领域内所有雌性鳄鱼交配的权利，并且会威胁和驱赶那些试图闯入领地的处于从属地位的雄性鳄鱼。但是雌性鳄鱼对这些占统治地位的雄性鳄鱼并没有表现出特别的忠诚。只要其他雄性鳄鱼成功闯入领地，就能获得与雌性鳄鱼交配的机会。但这些溜进来的雄性鳄鱼必须尽快与雌性鳄鱼交配，因为优势雄性鳄鱼很快就会打断这些幽会，用头部击打和追赶的方法把这些溜进来的家伙赶出领域。除了这些攻击行为外，处于繁殖季节的所有鳄鱼都沉浸在交配的欲望中，因此在春末或夏初的时候去动物园观察鳄鱼，可以很容易看到它们的性行为。

求偶前 为了向雌性鳄鱼彰显自己的魅力，雄性鳄鱼会抬起头，从喉咙深处发出咆哮声。雌性鳄鱼似乎对这种咆哮声毫无抵抗力，它们会主动接近这些咆哮的雄性鳄鱼或者允许这些雄性鳄鱼接近自己。当这些雄性鳄鱼靠近自己时，雌性鳄鱼会把口鼻露出水面来向对方表明自己没有恶意。

求偶 当雌性鳄鱼表现出接纳的意图后，雄性鳄鱼会以溅水花或喷水的表演作为回应，有时这两种表演都会出现。在溅水花的表演中，雄性鳄鱼会把尾巴以及脖子和头部拱起并露出水面，同时发出我们难以听到的像是远处的雷声那样的次声波。如果是在清澈的水中，当鳄鱼发出这些声音的时候你都能清楚地看到它们身体肌肉的收缩。

溅水花表演：求偶的雄性鳄鱼会抖动身躯，依靠发出的低频声波来产生小水花。

求偶：雌性鳄鱼会抬高口鼻部来回应雄性鳄鱼诱人的喷水展示。

这些声波会在它的背后激起水波，它还会来回摇晃尾巴同时嘴巴不停地张开和合上来激起更多的水花。当雄性鳄鱼在雌性鳄鱼面前做喷水展示时，它会把鼻子沉入水中，脖子胀大，通过鼻孔排出空气，把一些水喷至数米高的空中。

随后雄性鳄鱼会赶上雌性鳄鱼，在平行游动一段时间后雄性鳄鱼会游到前面并转身面对雌性鳄鱼。之后它们会围成一圈游动，雌性鳄鱼会不时地抬起头部、发出呻吟声并猛咬下颚。这两只鳄鱼偶尔也会潜入水中，一同吹泡泡或者摩擦口鼻处。最终雄性鳄鱼可能会把一只前腿搭在雌性鳄鱼的背上，骑在它身上为交配做准备。

交配　雄性鳄鱼通常会在浅水中与雌性鳄鱼交配。它会用粗壮的前臂紧紧地抓住雌性鳄鱼，把尾巴和身体塞到雌性鳄鱼的身下，让双方的泄殖腔贴在一起。你会看到它们的尾巴在水中缠绕在一起，扭动一到两分钟后再彼此分开。

保卫巢　雌性鳄鱼会在巢附近的灌丛或树丛的阴影下密切关注自己的巢。尽管雄性鳄鱼也会在附近活动，但它不敢接近这个巢，而是把正面保护巢的任务交给了雌性鳄鱼。在 2~3 个月的孵化过程中，雌性鳄鱼不会走开也不会进食，它会冲着一切靠近巢的物体吼叫、猛冲或者攻击。但尽管雌性鳄鱼如此尽职尽责，它也会有疏忽的时候。不同的鳄鱼在警戒性上也有差异，那些坚持下来的捕食者最终能够在雌性鳄鱼疏忽的时候偷袭成功。

人类和鳄鱼

在很长一段时间内，鳄鱼都是非洲河流和湖泊中的顶级捕食者。它们与生存的环境和谐相处，其在水中食物链顶端的地位也不会被任何爬行动物、鱼类或哺乳动物所撼动。但这一情形在现代人类出现后就发生了变化。在不到一百年的时间内，人类对鳄鱼皮的需求，以及尽量使水域对人类“安全”的愿望，几乎令这些曾经盛极一时的爬行动物消失殆尽。其中有些鳄鱼是因为皮制品的需求而被杀害，但多数鳄鱼被猎杀仅仅因为它们是鳄鱼的这个事实。

人们对某一事物深深的敌意，如对于鳄鱼的敌意，多数时候是源于对这一事物的恐惧。毕竟鳄鱼太过强大，我们人类能吃掉的哺乳动物鳄鱼也能吃掉，仅这一点就足以使我们深感不安。由于动作笨拙，人类饲养的牲畜到水边喝水时很容易被鳄鱼捕获。同样，一个到水边给水壶加水的女人也符合鳄鱼猎物的标准。这个女人每天都会在几乎相同的时间到同一地点打水，她的体重仅为体型最大的鳄鱼的 1/14，动作反应也很慢,这些都符合一个猎物的条件。因此，当鳄鱼长到一定年纪，一些体型较大的个体就会将这些女人作为猎物。但是只要有一个人被鳄鱼拖下水吃掉，人类就会杀死数十条鳄鱼来为之报仇。

在这些强大又迅速的报仇杀戮之下，非洲那些原本鳄鱼分布较多的区域中的大型鳄鱼都已经被猎杀殆尽，剩下的小鳄鱼在看到人类时也会选择逃跑而不再发动攻击。但是人类杀死鳄鱼的欲望却没有停止，此时杀死鳄鱼已经不是为了报仇，而是为了钱。在 20 世纪 50~60 年代，鳄鱼皮在全球范围内受到热捧，鳄鱼的种群也被猎杀殆尽。到了 20 世纪 70 年代，由于野生鳄鱼已经很难见到，人们不得不开始饲养鳄鱼，同时那些有鳄鱼分布的国家保护野生鳄鱼种群的立法才终于得以通过。如今，只有那些由企业生产、打上标记的鳄鱼皮才能合法出口。

尽管野生鳄鱼产品的出口是被禁止的，但非法渠道或者盗猎得到的鳄鱼皮仍然会带来暴利。2013 年，一个鳄鱼皮做成的手袋价格高达 62 000 美元，而一双鳄鱼皮做成的鞋子价格则高达 2 000 美元。因此那些选择偷猎的人们一晚上得到的收益要远超过其他人数月辛苦劳作的收入。如今的鳄鱼偷猎者都装备精良，备有夜视仪和快艇，只需要几个晚上就能把整个鳄鱼种群杀光。即便他们不小心被捕，他们受到的惩罚与偷猎的收益相比通常也要少得多。

在偷猎的背景下，一些人认为抵制一切鳄鱼产品可能是减少需求的唯一途径，而另外一些人则认为抵制消费远远不够，他们寄希望于鳄鱼捕养产业的发展。在世界上的许多地方，只有在认为某一物种有价值时，人们才会考虑保护它。鳄鱼捕养企业依赖于野生鳄鱼来增加捕养种群的遗传多样性，因此只要这些企业能够赚钱，他们就会有兴趣投资于世界范围内的野生鳄鱼保护。

但是即便鳄鱼分布国完全禁止偷猎，鳄鱼种群也很难恢复到之前的水平。那些河边或湖边的原始生境已经发生了巨大变化。热带雨林被砍伐后，大量泥沙涌入河流，造成水域的深度变浅，水域中的鱼类变少，而破坏鳄鱼巢的洪水则变得更多。缺少植被保护的土壤也变得难以锁住养分，每次一下雨都会使大量的氮和磷从土壤中流入河流或湖泊。这些氮、磷会让藻类大量滋生，而藻类的生长又会吸收水中宝贵的氧气，造成鱼类减少，而这些鱼类正是鳄鱼的食物。除了淤泥外，矿场的残留物和其他污染物也在河道中富集，对水质造成污染，而这些河道正是鳄鱼养育小鳄鱼的场所。在人类聚居区附近，那些繁忙的船只也正在迫使处于繁殖状态的鳄鱼到栖息地的边缘交配繁殖，而这些边缘区域可能并不适于鳄鱼繁殖。

最终，无论是枪支、淤泥、化学物质还是螺旋桨，都是我们人类的原因才造成了鳄鱼的减少。我们只希望这些从恐龙时代幸存到现在的物种能够继续存活下去。

释放小鳄鱼　在逃过了捕食者以及偶尔的洪水后，鳄鱼卵会在充满淤泥的孵化地逐渐孵化。鳄鱼卵的壳会裂成数片，但皮质的内层依然保持完整，幸运的是小鳄鱼在出生时就已经有了一个破壳的工具——长在口鼻处的破壳齿。小鳄鱼冲向自由的最后一道障碍是压紧的土壤。在小鳄鱼孵化完成时，这个土壤压制成的屏障通常都会像水泥般坚硬。如果没有母亲的帮助，无论有没有破壳齿，多数小鳄鱼都无法冲破这道屏障。为了获得母亲的帮助，这些小鳄鱼们会集体大声叫喊，发出你也能清楚听到的叫声“eeau”。这些叫声会将它们的母亲召唤过来，随后它们的母亲会用爪子和下巴把这些小鳄鱼从孵化地里挖出来。

如果你足够幸运得以见证这样一场营救行动，你可能会对后续发生的行为感到担忧：在 3 个月内没吃一点东西的雌性鳄鱼会把一些仍没破壳的鳄鱼卵放在嘴里。它当然不是想要吃这些卵（虽然早期的观察者是这么认为的）。雌性鳄鱼只是利用舌头和上颚轻轻滚动这些卵，帮助其中的小鳄鱼破壳而出。在将这些小鳄鱼转移到水中时，雌性鳄鱼会把嘴巴大张并放在地面上，让那些只有几十厘米长的小鳄鱼爬进嘴里。当嘴巴装满小鳄鱼后，雌性鳄鱼会爬到水边，张开嘴巴在水中来回晃动，将小鳄鱼释放到水中。在圈养环境下，雄性鳄鱼有时也会帮忙转移小鳄鱼。

释放小鳄鱼：雌性鳄鱼会用嘴巴轻轻破开鳄鱼卵的壳，并把小鳄鱼衔到水中去。

小鳄鱼在接触到水面后就开始游动，并本能地朝着有植被的地方游去。小鳄鱼在演化的过程中学会了在捕食者密集的栖息地内保持隐蔽。小鳄鱼在出生后的最初几周内会集体生活在由水生植物包围的区域内，并时刻受到父母的保护。它们靠出生时携带的卵黄生存（和鸡蛋的蛋黄大小差不多），当这些卵黄被消耗完，它们就会依靠捕捉甲虫、抓蜻蜓，以及伏击大型的水生昆虫、青蛙和蟾蜍来充饥。

共同防御　当小鳄鱼遇到危险时，你就能见到鳄鱼社会网络的另一个非同寻常之处。只要有一只小鳄鱼大声发出长长的求救叫声，同一片区域的其他小鳄鱼也会跟着哭叫，这种高频叫声不仅能吸引它们自己的父母，也能将那些听到它们哭声的其他成年鳄鱼吸引过来弄清楚哭叫的原因，并迅速赶走甚至攻击任何潜在的入侵者。

小鳄鱼最多只会跟随父母生活 12 周，之后它们就会离开。当离开父母后，小鳄鱼对待成年鳄鱼的态度会与之前完全不同，它们再也不会靠近大鳄鱼来寻求安全，而是转而寻找那些没有被成年鳄鱼占领的池塘和溪流，并且尽量避开任何比自己大的个体。这些小鳄鱼只愿跟同龄的个体待在一起，并且它们会一起在河床上挖出 3 米多深的洞穴。在接下来的 5 年或更长的时间内，这些年轻的鳄鱼在被捕食者威胁或者遭遇极端温度时都可能会退回到这个洞穴中。

动物园或野外可供观察的尼罗鳄行为

- 基本行为
  - 移动：漂浮　巡游　游动　猛冲　跳跃　高脚走路　飞奔　腹部着地奔跑
  - 采食：静止捕猎　游动　后腿站立　突击　尾巴狩猎　觅食
  - 呼吸
  - 取暖和降温：晒太阳　张大嘴巴　寻找阴凉地　返回水中
- 社会行为
  - 友好行为
    - 合作采食
    - 合作捕猎
  - 冲突行为
    - 威胁：大胆地游动　头部猛击　吹泡泡　尾巴扭打　追赶　夸张的姿势　撕咬
    - 投降：抬起口鼻　潜入水中　撤退
    - 打斗：鼻子喷水　猛冲　咆哮　猛咬　牢牢锁定
  - 性行为
    - 求偶前：低吼　抬起口鼻
    - 求偶：溅水花展示　次声波咆哮　扭动尾巴　喷水展示　平行游动　转圈游动　抬起口鼻　呻吟　猛咬下颚　吹泡泡　蹭鼻子　骑背
    - 交配
  - 育幼行为
    - 筑巢
    - 保卫巢：吼叫　猛冲　攻击
    - 释放小鳄鱼：小鳄鱼鸣叫　挖出小鳄鱼　在嘴巴里翻滚鳄鱼卵　将小鳄鱼带到水边
    - 共同防御：求救叫声　探询　攻击

亚洲森林

采食：大熊猫会四爪并用剥开竹竿，剥落竹叶。

大熊猫

Giant Panda

重要参数

分类：食肉目　熊科

学名：*Ailuropoda melanoleuca*

体型：体长1.2~1.5米

肩高0.76米

体重：75~163千克

寿命：圈养条件下30年

生境：山地竹林

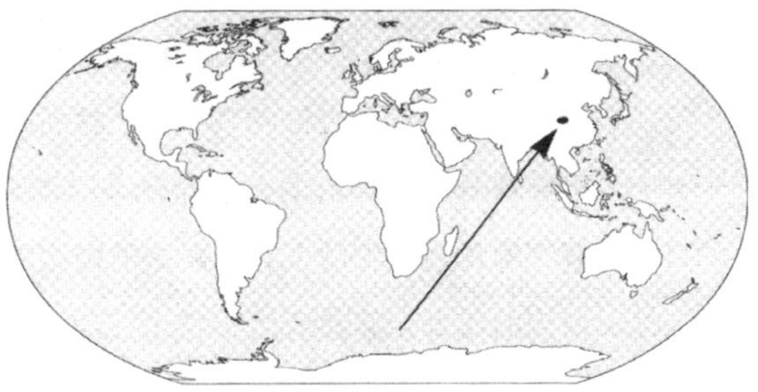

大熊猫被认为是世界上最可爱的动物，平均体重超过 90 千克，有巨大的下颚和手术刀般锋利的爪子，不喜欢生活在嘈杂拥挤的环境中。大熊猫在全球范围内广受欢迎，是完美的“海报物种”，旨在保护濒危动物的世界自然基金会（WWF）都把大熊猫用在了徽标上。

除了讨人喜爱，大熊猫黑白相间的体色究竟对它们在野外生存有何帮助呢？似乎没有人知道确切的答案。有人猜测这是一种伪装色，因为黑白相间的图案与竹林中明暗交替的环境互补。但是，大熊猫在野外没有天敌，这一理论似乎又解释不通了。另一种理论是也许这种黑白相间的体色能够传递某种社交信号，以帮助大熊猫在远距离时识别出同类，从而避免不必要的社交。还有一种理论认为黑色能够吸收热量，白色能够反射热量，这种黑白相间的体色能够帮助大熊猫维持恒定的体温。事实上，和动物生物学领域的许多问题一样，我们也不知道为什么大熊猫的体色是黑白相间的。

中国有一个关于大熊猫体色的传说。相传在很久以前,大熊猫是纯白色的。有一天，一个小女孩看见一只大熊猫正在和一只豹搏斗。眼看大熊猫就要被豹杀死了，小女孩挺身而出，救了大熊猫，自己却被豹杀死了。幸存的大熊猫悲痛欲绝，它把世界上所有的大熊猫召集在一起,为小女孩举行葬礼。按照习俗,大熊猫们会在葬礼上佩戴黑纱。在小女孩的葬礼上，大熊猫们非常悲伤，不停地哭泣、擦眼泪，并相互拥抱来寻求安慰。在这个过程中，黑纱上的黑色染料被染到了眼睛、胳膊和后背，甚至是耳朵上（因为它们全都捂住耳朵不忍心听到悲伤的哭声）。在我看来，这一传说的可信度与大熊猫黑白相间的体色能够恒定体温的传说是一样的！

大熊猫身上的另一个未解之谜是，它们的牙齿和消化系统都适合吃肉，但演化的结果，却变成了专门吃竹子的植食性动物。表面上看，这似乎并不符合演化生物学的规律。与其他植食性动物相比，大熊猫的消化道较短，这就意味着它们吃进去的食物不会在身体里停留太久，养分难以被充分吸收。此外，大熊猫的肠道中还缺少能够分解纤维素的微生物（纤维素是植物组织中很难被分解的一种成分）。多数植食动物都有相应的器官，能够消化 80% 的食物，而大熊猫只能消化不到 17% 的食物。

然而，如你所想，自然选择并没有将大熊猫置之不顾，使其陷入困境。为了弥补消化系统上的不足，大熊猫演化出了能够连续不停地大量进食的能力。它们拖拽、折断和剥开竹条的速度快得令人吃惊，而且常常是一根竹子还没吃完，它们就开始剥下一根了。大熊猫不断把竹子塞进嘴里,攒够一把竹叶后,再用一只爪将竹叶拿过来进食，那样子就像是在吃一束可口的花朵。在快速进食的过程中，大熊猫只取食竹子上那些最有营养的部位。

大熊猫的消化速度也很快，所以即使它们不停地进食，也不会被撑着。与马、牛需要 24 小时来消化一餐食物不同，大熊猫在进食 5~13 个小时后就会排便，以进食更多的食物。对它们来说，每天花 16 个小时以上的时间，吃下 18 千克的食物是再正常不过的事儿了。除了大量进食，大熊猫还通过减缓行动、避免社交、小范围活动，以及缩短怀孕周期等来节省能量。此外，与小型动物相比，较大的体型也使得它们的能量消耗得更慢，热量保持得更久。

人类与大熊猫

大熊猫已在地球上生存了几百万年，被誉为“活化石”和“中国国宝”，世界自然基金会以其作为标志和形象大使，也是世界生物多样性保护的旗舰物种。

大熊猫是中国特有种，主要栖息地是中国四川、陕西和甘肃的山区。它们生活在海拔 2600—3500 米的茂密竹林里，常年湿润，气温低于 20℃，有充足的竹子和树木可以栖身。大熊猫 99% 的食物都是竹子，可供大熊猫食用的竹类植物共有 12 属、60 多种。大熊猫善于爬树，也爱嬉戏，喜欢睡觉，每天除去一半进食的时间，剩下的一半时间多数便是在睡梦中度过。野外大熊猫的寿命为 18-20 岁，圈养状态下可以超过 30 岁。

大熊猫历史悠久，祖先可以追溯到二、三百万年前，距今几十万年前是大熊猫的极盛时期，大熊猫的栖息地曾覆盖了中国东部和南部的大部分地区，从北京到缅甸和越南北部都有分布。后来同期的动物相继灭绝，大熊猫作为孑遗物种生存至今，并保持着原有的古老特征。

中国人对熊猫的认识由来已久，早在文字产生初期就在古代文献上记载了熊猫的各种称谓。1869 年一位法国博物学家在四川雅安发现了这种外貌奇特的生物，从此这位匿居荒野的动物明星走入了人类文明的视野。其最初的中文名称叫“猫熊”或“大猫熊”，意思是它的脸型似猫那样圆胖，但整个体型又像熊，后来误传为熊猫，结果就以这个名字一直沿用下来了。

大熊猫由于食物单一，在生殖能力和育幼行为上高度特化，造成了繁殖率低、种群增长缓慢，在生存竞争中长期处在弱势地位。近几十年来的研究统计发现，对熊猫生存造成严重影响的是森林砍伐、矿产开发等人类活动造成的栖息地缩小、丧失，栖息环境受到破坏后形成互不联系的孤岛状，导致种群分割，近亲繁殖，物种退化。另外不定期的竹林开花也让大熊猫面临食物短缺，在 20 世纪 70—80 年代曾造成大批熊猫死亡。

为了保护国宝大熊猫，在过去的几十年里，中国政府和国际组织共同开展了多项保护项目，包括设立自然保护区、繁育科研计划、栖息地恢复工程等。到 2023 年，已经建立了 67 个大熊猫自然保护区。迁地保护是通过人工方式对大熊猫进行圈养和研究，并在适当时候将圈养大熊猫放归野外，目前已形成了以四川卧龙中国保护大熊猫研究中心为龙头的全国圈养大熊猫繁育发展体系。据 2024 年统计，大熊猫野外种群总量从 20 世纪 80 年代的约 1100 只，增长到近 1900 只。

住在一起，却单独活动

如果你在动物园见到过大熊猫，就会注意到大熊猫是如何活动的。尽管动物园给大熊猫设置了很好的配对机会和条件，但配对的双方多数时间仍然是单独活动的。它们就好像是共同生活在豪华展馆里的陌生人。后来人们才发现，这种离群和“冷漠”并不是某只大熊猫特有的个性，而是大熊猫在野外状态下形成的生活习惯。在野外，大熊猫生活在大山深处茂密的竹林中，在连绵的雾气和浓密植被的阻隔下，每只个体都过着独居式的生活。

对于某些动物来说，如果获取食物或者击退天敌时需要同伴的帮助，或者需要从其他个体那里学习很多生存技巧，那么群居生活就具有很大的优势。但对于大熊猫来说，生存很简单，食物较为充足，也没有能对它们产生威胁的捕食者。因此，大熊猫多数时间都单独活动，只会在需要交配时与其他个体接触。但是，研究者通过对生活在美国国家动物园的两只大熊猫——兴兴和玲玲的早期繁殖行为的观察发现，这两只个体在交配行为上无法保持一致。

这个棘手的问题不仅仅出现在动物园，即使生活在野外，大熊猫也不会随意交配和产子。当大熊猫为了交配而违背独居的天性去勉强生活在一起时，它们能不能和平相处常常是个问题。雌性大熊猫非常挑剔，但世界上圈养大熊猫的数量又非常有限，因此找到合适的配偶就像是在一个非常小的镇子里约会一样，概率很低。此外，大熊猫每年只发情一次，每次发情的时间只有2~3天，所以大熊猫的配对还必须非常准时。即使交配成功，雌性大熊猫顺利生下幼崽，这些幼崽也会因为体型太小、太脆弱以及必

搔痒：大熊猫会用锋利的爪子小心翼翼地搔痒。

须完全依赖母亲等原因而难以存活。

不管是哪方面的原因导致繁殖失败，自然保护人士都找不到解决的办法。目前，世界上野生大熊猫的数量不到 2 000 只，在未来，动物园可能会成为熊猫幼崽的唯一来源。我们期待着有一天能够找到让熊猫繁殖成功的秘诀，而这一天不要来得太晚。

观察大熊猫的基本行为

移动

大熊猫最可爱的特征之一就是它们胖嘟嘟的身体和内八字式的慢吞吞的行走方式。这是因为它们生活在食物充足且几乎没有天敌的环境中，不需要快速运动。这种悠闲的动作有助于它们节省能量，以适应低营养和低能量的食物。只有在受到惊吓时，比如动物园中突然出现一声巨响，大熊猫才会快速小跑。它们也会在需要侦察周围情况、逃避入侵者或者打盹的时候爬到树上去。爬树时，大熊猫将锋利的爪子插入树干，像使用老式脚扣一样把自己拉上去。树枝越细，大熊猫爬得越快。大熊猫还有一种不太常见的运动方式——后退。这种走路方式通常只会出现在求偶季节的雌性大熊猫身上。

采食

大熊猫是活的竹子加工厂，尽管它们的消化系统并不适合消化竹子，但它们还有其他身体结构来适应。比如说能够抓握竹竿的爪子、能够将竹竿固定在掌中的细长腕骨、布满臼齿的强有力的下颚、带有角质层的食管以及砂囊般的胃。另外它们较慢的新陈代谢（体型大的结果）也起到了一定的作用。这使得它们在食物营养成分较低的情况下，依然能够存活。

大熊猫会花大量的活动时间，用自己的爪子去收集、准备和吃掉食物。不管是直挺挺地坐着、懒洋洋地靠着还是平躺着，大熊猫总在不停地剥竹子和竹叶。在极特殊的情况下，它们手里可能会有别的食物，比如野花、藤蔓植物、野草、蜂蜜或者一小块肉（但即使是在动物园中，99% 的情况下它们手里的都是竹子）。

吃下去的所有食物总需要地方来排放。注意观察你所在动物园大熊猫展馆的地面。不管饲养员清洁得多快，都很难赶上大熊猫排便的速度——每只大熊猫平均每天能排出 22 千克粪便。

理毛

你可能还会见到的另一项大熊猫的单独活动是理毛。大熊猫会用前肢摩擦头部和面部，动作从颈部后部开始，经耳朵到口鼻部。这种行为和啮齿类动物的洗脸行为类似。它们还会四肢并用地搔痒，偶尔舔舔身上的毛。为了挠到那些爪子够不到的地方，大熊猫会靠着垂直的平面站立或蹲坐，上下磨蹭身体来搔痒。此外，它们还会开心地在地面上打滚。

大熊猫的肛周腺能够产生一种具有特殊气味的分泌物，因此，它们的一些理毛行为可能也具有标记功能（在第 245 页“大熊猫如何互动”中有详细介绍）。除了将自身气味散播出去外，大熊猫似乎也喜欢收集陌生个体的信息。比如，它们经常会刨开一片草皮，并在自己身上涂抹；或者在湿滑的地面上磨蹭和打滚，直到把身体弄脏为止。

但这些行为并不意味着大熊猫不喜欢干净。事实上，它们非常喜欢待在水里，通过洗澡让自己降温。当它们从水中走出来的时候，一定要离它们远一点。因为大熊猫会像狗一样抖动全身，把藏在又短又密的毛发中的水珠甩干净。在发情期，雌性大熊猫会禁不住想打滚、扭动和洗澡，它的皮肤仿佛受到了兴奋情绪的影响而变得十分瘙痒，搔痒变成了当务之急。

大熊猫为了更方便地磨蹭、翻滚或者搔痒，会做出一些不常见的姿态。而这些有趣姿态的产生，可能和大熊猫在长久的演化历程中都不需要担心天敌、食物短缺或者争斗的事实有关。在“无须担心，尽情享乐”思想的影响下，大熊猫逐渐演化出了看上去非常悠闲、放松的运动特征。

睡眠

在野外，大熊猫会在每次采食的间隙睡上 2~4 小时。此时，它们可能会侧卧、俯卧或者仰卧，有时四肢摊开，有时则蜷成一团。在动物园，大熊猫每天在两次特定的时间进食，其余时间都在休息。即使在睡觉的时候大熊猫看起来也很可爱。它们非常灵活，能够把笨重的身体摆成各种各样的姿势。其中，它们最喜欢的一个姿势是将腿撑在树上，并用前臂遮住眼睛。

大熊猫如何互动

对大熊猫种群来说，视觉信号是毫无意义的：它们的圆脸缺乏表情，尾巴很短，没有可以展开或者竖起来的冠羽或者鬃毛，耳朵也不能灵活地往前运动或者放平。如果你了解大熊猫的野外生活环境，就能理解它们为什么没有演化出这些视觉特征。大熊猫常年生活在浓密、多雾的竹林中，很难看清楚彼此。即使相遇，它们也会快速逃跑，根本没机会进行视觉交流。

因此，大熊猫之间的交流主要通过留在栖息地的气味标记来实现。而它们通常只有为了交配的需要，才会与同伴见面。此时，它们会根据气味标记来找到对方。双方见面后就转为有声交流。大熊猫依靠它们丰富的“语言”来表达自己从发情到发怒的诸多情绪（详见第 250 页“大熊猫的声音信息表”）。

沉默，是大熊猫的另一种交流方式，当它们处于玩耍或者友好情绪中，没有发情或者攻击的意图时，它们常常沉默不语。这种声音规则可以帮助人们判断在动物园中观察到的大熊猫的许多行为。

友好行为

社会玩耍　每年的春季（3~5 月）是最容易见到大熊猫玩耍行为的时间。此时大熊猫会打破社交屏障，为繁殖做准备。两只大熊猫会一起玩耍，比如将身体团成一个球或者翻筋斗。它们之间还可能会有毫无交配或攻击意味的爬跨行为，或是一只大熊猫站在另一只大熊猫身上。然后，这些行为会进一步发展成为摔跤比赛。这时，两只大熊猫会面对面坐着，用前臂和后肢去抓扯、推搡甚至猛击对方，有时还伴有摇头、猛扑或者绕着对方转圈的行为。但所有这些行为都以很慢的节奏进行，没有一点真正想要打起来的气势和趋势。当这对大熊猫处在不同高度的位置时，很可能出现用爪子猛击对方的行为，尤其是当雌性大熊猫在高处俯视雄性大熊猫的时候。

冲突行为

气味标记　大熊猫生活在浓密的竹林中。它们和平共处的秘诀在于，会用气味标记自己的领域，让其他个体知道它的存在。大熊猫通常会把肛周腺的分泌物涂抹在经常走的道路两侧，比如树桩、树干或者展馆的墙壁和地面上，来进行标记。不同的个用爪子猛击：这种打闹动作，有时候只是一种玩耍的姿势，有时候则是一种富有攻击性的威胁行为。

体根据这些气味接收到不同的信息：离开或者留下。通常来说，在交配期以外的时间闻到陌生个体的气味，入侵的大熊猫会选择离开。但是在交配期时，雌性大熊猫的气味标记能将它的发情讯息传递出去，以此来吸引雄性大熊猫。雌性大熊猫通常也倾向于选择气味熟悉的雄性大熊猫作为交配对象。这只雄性大熊猫可能已经在它的领域内活动了一整年，留下了大量的气味标记。

大熊猫经常用尿液或者尿液和肛周腺分泌物的混合物来做标记。它们还有一些特定的姿势来表明自己正在做标记。比如张着嘴巴，晃动头部。之后，它们会留下黏稠的分泌物形成的一些深色斑点。这些分泌物常常黏稠得必须用力刮擦才能清理干净。甚至，它们会在做标记的地方剥掉树皮或留下抓痕，以引起其他熊猫的注意。

攻击威胁　在野外，大熊猫通常会在繁殖季节发生冲突。此时，3~4 只雄性大熊猫会争夺与雌性交配的权利。有时候，雄性与雌性间也会发生争斗。在动物园中，同一展馆的个体之间可能会为了争夺食物、水或者最佳的休息地而发生冲突。多数冲突都以威胁开始，如果得不到合理的控制，就会升级为打斗。通常来说，一个瞪视的动作就足以平息一场战争。此时，如果被激怒的大熊猫抬起头，直直地盯着对方，处于劣势的大熊猫则会调转头、压低身体或者逃跑。

当两只实力相当的大熊猫相遇时，它们会紧张地围着对方转圈，展示一侧的身体，占据有利的位置。当紧张进一步升级时，它们可能会用爪子猛击对方，或者匍匐在地上，然后用全身的力气去推对方。在这个过程中，大熊猫会发出低沉且不友好的声音。通过它们的声音可以辨别此时大熊猫是在打斗还是在玩耍。

翘后肢

倒立

蹲坐

气味标记：大熊猫会用一系列不同的姿势，在整个采食区域内散播自己的气味信息。

气味标记的姿势（以出现频率从高到低排序）

1. **蹲坐**　蹲坐在后肢上，在较低的目标物上前后或转圈摩擦臀部来标记。

2. **四肢着地**　抬起尾巴，臀部对着墙或者杆等竖直的平面摩擦。

3. **翘后肢**　抬起后肢，用爪或者另一只后肢支撑身体，扭转身体的同时让肛周腺接触到标记物的表面。

4. **倒立**　大熊猫会头朝下、前爪着地、后肢抬高并倚靠在一个竖直的平面上进行标记（这个姿势很有趣）。

5. **全身摩擦**　利用整个身体去摩擦，使气味充分标记。

配对的雄性大熊猫和雌性大熊猫之间也有实力悬殊的时候。当它们对峙时，雌性大熊猫通常会发出带有攻击性的呻吟和吼叫声，提醒雄性大熊猫离开或者自卫。

防御威胁 如果雄性大熊猫选择留下来，它会做出直立的防御姿势，比如用后肢站立和竖直上半身坐着。雄性大熊猫这种直立后肢的动作并不是为了挑起战争，而是为了缓解冲突。它会用头部和前肢用力推对方，使雌性大熊猫失去平衡，或者威胁对方撤退。

打斗 如果两只个体都不撤退，其中一只可能会突然扑向对方，并抱住对方，然后咬对方身体上的黑色部位，如背部、耳朵和四肢。如果雄性大熊猫和雌性大熊猫在

直立：处于防守一方的大熊猫会用后肢站立的姿势来避免一场打斗。

非繁殖季节相遇，则很有可能发生冲突。雌性大熊猫通常会骑或者站在雄性大熊猫身上，用头撞击对方，并一边摇头一边咬它的背部或侧面，直到雄性大熊猫尖叫着离开为止。

性行为

求偶前 雌性大熊猫通常只在每年春天发情一次，最佳受孕时间只有短短的 2~3 天。因此动物园中那些希望大熊猫能够成功繁殖的饲养员，常常通过观察雌性大熊猫

求偶：雌性大熊猫会引诱雄性大熊猫进行交配。

大熊猫的声音信息表	
声音类型	**信息**
咩咩叫	性行为
唧唧声	性行为
吼叫	冲突
哼声	冲突
嗥叫	冲突
咬牙声	冲突
吠	冲突
呻吟	冲突
敲击上下颚	冲突
尖叫	冲突
鸣叫	害怕或处于压力下
啸 / 长声尖叫	害怕或处于压力下

在此期间的一系列行为，来判断它是否处于最佳受孕期。当然，你也能在动物园中观察到这些行为。

在发情前的 1~2 周，雌性大熊猫的乳头和生殖器就开始肿胀和变红。它会变得异常好动，不断地变换姿势，在地上磨蹭、打滚，或是更加频繁地到水中洗澡。与此同时，它会发出“咩咩”和“唧唧”的叫声，以及更多的咕哝声；吃得更少；常常在树桩和石头上摩擦肛周腺来进行气味标记。这也是雌性大熊猫一年当中仅有的一段定期进行气味标记的时期。当发情期越发临近时，如果注意观察，就会发现雌性大熊猫在后退时，会一边摇晃头部，一边发出咩咩的叫声。

求偶　当求偶状态更进一步时，雌性大熊猫的攻击性会降低，交配的欲望会更强。它允许雄性大熊猫靠近自己，并跟着自己走动，甚至还会翘起尾部后退到雄性大熊猫跟前，以吸引雄性大熊猫的注意。此时，雌性大熊猫翘起臀部，水平抬起尾部，压低前半身，在背部形成一个凹槽。它甚至会把头部缩到胸前，或者靠着墙或树抬高后半身。如果雄性大熊猫仍不为所动，雌性大熊猫则会躺在地上，扭动身体，并用前爪轻轻地触碰它。被取悦的雄性大熊猫可能会嗅闻和摆弄雌性大熊猫的尾部，获取它的气味信息，为交配做准备。

交配 交配时，雄性大熊猫几乎直立地站在雌性大熊猫的背后，抬高头部，发出咩咩的叫声。这不禁让人想起食肉动物典型的咬脖行为，它会在真正交配前不停地爬跨。一项研究表明，大熊猫在 3 个小时的时间内共爬跨 48 次，但真正用于交配的时间只有 4 分钟。数天的紧张交配之后，这两只大熊猫便会分开，继续独居的生活。

育幼行为

照顾幼崽 大熊猫繁殖的最独特之处是，幼崽只有约 0.11 千克重。如果按照同样的体重比换算，相当于人类的婴儿只有 0.07 千克重。由于幼崽太小，照顾幼崽就成了雌性大熊猫的重要工作。它会花费至少 8 个月，甚至 2 年的时间来照顾幼崽，直到下一只幼崽出生为止。

大熊猫幼崽通常在 9 月出生。在此之前，雌性大熊猫会寻找一个偏僻的地方，通常是一个树洞或者天然岩缝，并在洞口或者岩缝口堆满嫩竹条和嫩草。幼崽出生后，雌性大熊猫需要一直把幼崽放在臂弯处，而移动时，则把它们放在嘴里。此时，幼崽会大声尖叫，似乎是在提醒母亲一定要小心。幼崽每天最多要吃 14 次奶，因此大熊猫妈妈每天必须吃足够多的竹子，来为幼崽提供充足的奶水。奶水会让这些生下来只有 0.11 千克的幼崽，在一年之后长到 80 千克重。

生存现状 但是雌性大熊猫对幼崽的照顾也仅限于此。如果雌性大熊猫生下的是双胞胎（60% 的比率），它通常会抛弃或者忽略那只相对较弱的幼崽，而把更多的精力放在相对强壮的那只幼崽身上。在野外，这保证了至少有一只幼崽在最好的照顾之下存活下来；而在圈养条件下，饲养员会珍惜每一只出生的幼崽。研究人员也正在想办法，人工抚养那些相对较弱的幼崽，尽可能多地拯救大熊猫。

照顾幼崽：移动时，大熊猫妈妈会把幼崽叼在口中。

在动物园或野外可供观察的大熊猫行为

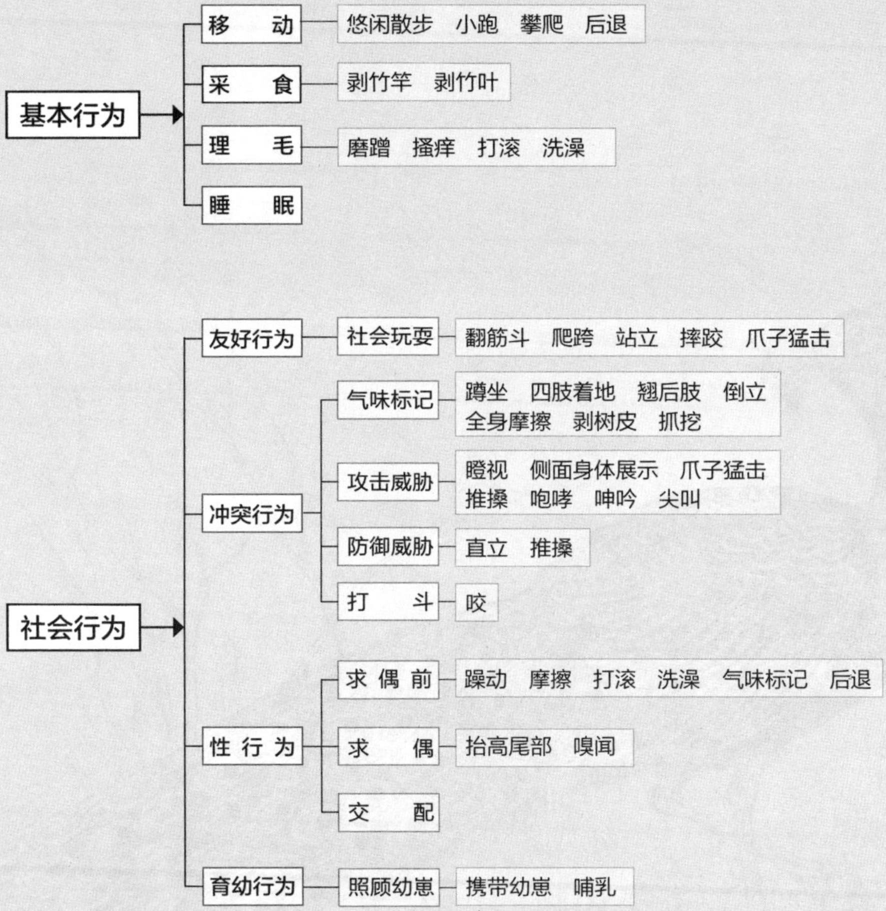

发出警告声：率先发现危险的孔雀会发出“kok-kok-kok-kok”的警告声。

孔 雀

Peacock

重要参数

分类：鸡形目　雉科

学名：*Pavo cristatus*（蓝孔雀）

Pavo muticus（绿孔雀）

体型：雄孔雀1.8~2.4米（包括尾羽）

雌孔雀0.6~0.9米

体重：雄孔雀8.1~11.7千克

雌孔雀5.4~8.1千克

寿命：20年

生境：稀疏乔木或灌木的空地

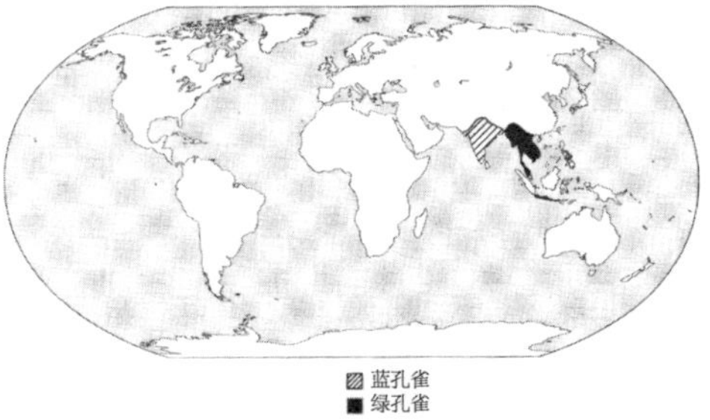

有天早晨，我正在办公室工作，突然听到窗外传来既像人声，又像狒狒叫声的尖叫声。此刻隔壁通常是没人的，孩子们都去上学了，父母都去工作了。我小心翼翼地把头探出窗外，寻找喧闹声的来源。原来是一只盛装打扮的雄孔雀正在卖力表演，而两只雌孔雀却无动于衷。它们正在我家后院进行求偶！

于是我打电话到科莫动物园反映了这一情况。很多动物园，包括我旧居附近的那个动物园，都会放任孔雀到处跑。动物园之所以能这么做，是因为孔雀是一种定居性鸟类，只要所处的环境有充足的食物、水和栖木，孔雀就能在此处停留。但是一旦它们栖居的环境受到干扰，或者到了繁殖季节，它们都会离开原居住地，到其他地方生活一段时间，正如我所看到的那样。

我注意到这些突然到访的孔雀们非常谨慎，它们在灌丛中采食时会不停地左右摇头并把头部抬得高高的，透过我家后院巨大的椴树丛查看周围的情况，还时不时地抬头观察天上的情况。在野外条件下，孔雀必须时刻警惕鹰、雕、豺、貂、虎、豹和灵猫等捕食者。它们会小心地挑选合适的采食地，更喜欢在开阔的地域活动，在这里它们能清楚地看到任何靠近的物体。它们也会跟同伴保持在可见或听力范围内，当遇到危险后可以第一时间发出群体警告。警觉的孔雀很少会留在原地看究竟发生了什么事。尽管它们长得像火鸡那么大，却可以快速逃走躲避，或在很短的距离内迅速飞到很高的地方快速撤离。如果它们不得不面对捕食者，它们也会像打斗的公鸡那样，用腿上尖利的距去击退攻击者。

但是对雄孔雀来说，即便有再多的防御策略也没法改变它们脆弱的现实，因为它们有一个致命的弱点——无论它们的眼睛和耳朵有多敏锐，或者反应有多快，雄孔雀都被身后长达 1.5 米，由 150 片羽毛组成的长尾巴所拖累。这个长尾巴不仅让捕食者很容易就能锁定目标，同时也影响了雄孔雀的逃离速度。在长尾巴的拖累下，雄孔雀在飞行过程中必须经常停下来休息，落地时还经常被地面上的植被困住而无法再次起飞。为什么自然选择忽略了雄孔雀这个身体设计上的重大缺陷呢？

动物行为学家多年以来都在寻找这个大尾巴存在的原因。长尾巴肯定有它的可取之处，足以弥补它的缺点，要不然雄孔雀不会自找麻烦长这么大个尾巴。事实上雄孔雀的长尾巴就像很多动物身上的特殊器官一样，能够帮助雄孔雀传递自身的基因。如果长尾巴足够华丽，一只雄孔雀能够吸引 3~5 只雌孔雀，如果它的求偶展示足够有说服力，它就能够打败其他竞争者，获得与这 3~5 只雌孔雀交配的机会，进而将自身的基因传递下去。

但又是什么具体特征吸引了雌孔雀前来交配呢？是斑斓的色彩，优美的外形，还是羽毛上的那些眼斑呢？事实是，那些吸引人类眼球的特征并不是雌孔雀所看重的，真正吸引雌孔雀的是尾巴的大小，因为尾巴的大小能够反映雄孔雀的身体状况。如果一只雄孔雀拖着这么大的尾巴都能活到繁殖季，那么它肯定既强壮又聪明。同样地，雌孔雀看重尾羽的色彩不是因为它漂亮，而是因为色彩亮丽表明这只孔雀身上没有寄生虫。能够识别这些特质的雌孔雀所繁殖的后代，就会像它们拖着长尾巴的父亲那样，有更高的存活和繁殖机会。

一旦你认识到雄孔雀的长尾巴是优质基因的象征，你也就能理解为何雄马鹿会有那么大的鹿角。在动物园观察时，你可能也发现了动物界演化过程中出现的其他

人类和孔雀

早在 4 000 多年前，人类就开始饲养孔雀。过去，只有统治者或者宗教领袖才有资格饲养孔雀。在古希腊，一对孔雀的价格高达 3 500 美元（而现在，一对孔雀的市场价格仅为 50 美元）。在南亚，孔雀被认为是高贵的象征，当地居民因为相信孔雀能够抵挡蛇、老虎和坏运气而尊崇它们。

时至今日，印度宗教依然禁止人们捕捉蓝孔雀（Indian peafowl）。因此，蓝孔雀都会聚集在深山里的民居和神龛附近，在这些地方它们有充足的食物，同时也能免受捕食者的攻击。蓝孔雀通常会几百只栖息在同一片区域，数量庞大到连它们栖息的树木都被装点得五颜六色，到处都充斥着孔雀的叫声。在印度宗教政策不变的情况下，这些半驯化的蓝孔雀会永远在当地受到保护。

但是绿孔雀（Green peafowl）就没有这么好的运气，完全无法享受宗教的庇护，这可能也是为什么它们比蓝孔雀更有野性也更富有攻击性。与蓝孔雀相比，绿孔雀虽然更为活跃，但它们也处于一个更为脆弱的状态。绿孔雀在自然分布区内几乎被捕猎殆尽，圈养繁殖计划正在致力于绿孔雀数量的恢复，并期望有朝一日能把圈养的绿孔雀放归野外。但问题又来了，哪里才是合适的野放点呢？随着越来越多的林地变成人类的农田和房屋，适合绿孔雀生存的区域越来越少。目前，动物园是这些绿孔雀唯一能够享受到自由的地方——它们可以随意造访别人的后院而不必担惊受怕。

奇怪和夸张的器官。在许多情况下，动物展示这些漂亮或奇怪的器官并不是为了满足自己的虚荣心，而是因为这是能够最快告诉异性“看我是个多好的配偶”的方法。

孔雀可供观察的基本行为

移动

尽管孔雀能够迅速起飞并急速上升，但它们每次的飞行时间都很短，对于雄孔雀来说更是如此。雌孔雀因为没有过长的尾巴的拖累，每次能够连续飞行数百米，但雄孔雀因为受到长尾巴的拖累，很快就得停下来。当雄孔雀把尾巴抬高并展开时，它会

喝水：和鸡一样，孔雀喝水的时候会先低头用喙吸水，然后再抬起头让水顺着喉咙流进去。

让尾巴尽量能够借着风的力量。这也就能解释为什么孔雀在做开屏展示时会步履蹒跚。尽管从我们的角度看，它们像是趾高气扬的舞者，但它们的舞蹈可能只是为了能够让自己站稳而已。

采食和饮水

除了理羽外，孔雀一天中最重要的活动就是采食和喝水了。整个上午，它们都会在溪流边、林中的空地以及森林的边界处寻找嫩草、谷粒、花蕾、花朵、树叶、蔬菜和浆果。它们会用巨大的带有爪的脚趾刨开白蚁堆，用强大的喙去寻找被太阳晒出裂缝的土壤之下的虫子。在野外条件下，孔雀也会以青蛙、老鼠、小型蜥蜴以及蛇类（偶尔甚至会采食小的眼镜蛇）为食。在圈养环境下，除了那些饲养员准备好的食物外，孔雀也会在地面上追踪、捕捉那些在空中飞过、从地下钻过或者滑行经过的所有动物。和鸡一样，孔雀喝水的时候会先用喙把水吸进去，再抬高头将水咽下去。

护理羽毛

如果没有了漂亮的羽毛，孔雀不仅会觉得冷，全身还会变得湿漉漉的，找不到伴侣且只能待在地上。这也就难怪无论是雄孔雀还是雌孔雀每天都会花费将近一个小时的时间来护理羽毛。理羽在黎明到来之前就已经开始了，此时它们还身处栖木上，等待夜晚凝结在身上的露水慢慢变干，直到羽毛再次变得适合飞行为止。

理羽

尘浴

护理羽毛：孔雀每天都会对羽毛进行梳理并给羽毛上油，让它们始终保持良好的外形；尘土用于吸收多余的油脂，驱除寄生虫。

在等待露水变干的时间里，它们会伸展全身，晃动翅膀，并清理每一根羽毛，伸长脖子去清理那些不容易碰到的部位。孔雀身上特殊的肌肉能将羽毛抬离皮肤，方便它们用喙去梳理和理直这些羽毛。在理羽之前，孔雀会用喙从尾巴基部分泌油脂的腺体上沾取油脂，再用喙把油脂均匀地涂抹在每一根羽毛上。正是这些油脂让羽毛变得防水和绝热。

这些油脂也是维生素D的来源。有了这种维生素，孔雀才不会患上软骨病。温暖的阳光能够激活维生素D，孔雀能够通过皮肤吸收这些维生素，在理羽的同时也会将其吞咽下去。

孔雀羽毛上的少量油脂是有益的，但过多的油脂则会破坏羽毛的防水性，进而引来以油脂为生的寄生虫。为了避免感染这些寄生虫，孔雀会在羽毛上沾一些尘土来吸收部分油脂。在动物园中，你经常能看到几只孔雀聚在一起尘浴——它们会在干燥的地面上挖一个洞，再用翅膀将尘土扬起来进行沐浴。

你可能会好奇，为什么像孔雀这么讲究的鸟类，它们的羽毛在每年夏天的数周内也会变得参差不齐，狼狈不堪。你可能刚好赶上它们一年一度的换羽期。在这个时期，它们的旧羽毛会脱落，之后再长出新的羽毛。尽管新的羽毛在夏末就能见到了，完全长好则需要7个月的时间——刚好赶上春季的求偶，此时每只孔雀都会将自己最好的状态展示出来。

栖息：孔雀群会一起睡眠，同甘共苦，并共同防御捕食者。

保暖和降温

蓝孔雀生活在印度干热的生境中，但奇怪的是，它们也能忍受零度以下的低温。无论外界温度有多低，它们能凭借自身的新陈代谢将体温始终保持在 41℃左右。为了保存热量，它们会令羽毛蓬松，将身体表面的空气围成一个隔热层。当温度升高，孔雀需要降温时，它们会让羽毛紧贴身体，将身体表面的空气排出去，也将热量散出去。汗液蒸发也能释放热量，但是孔雀不会出汗，它只能张开嘴巴，让空气进入肺中带走热量。尽管孔雀的腿部没有羽毛，但在腿部的骨骼之外有强健的肌腱和少量初级神经和血管，让它们可以不受周围温度的影响。

睡眠

孔雀夜晚睡觉时不需要隐私。事实上，它们也不介意被看到，只要能在对方靠近之前认出对方就好。它们最喜欢栖息在主干光滑、分枝较少的高树上，在这里它们不用担心那些会爬树的捕食者的偷袭。它们会在最靠下且光秃秃的树枝上栖息，顶着风依偎在一起取暖。当雾气来袭时，它们会把喙埋进羽毛中保存热量。白天，孔雀会在围栏、柱子或者其他足够高的栖木上休息，让它们的尾羽能够自然下垂同时又不会拖在地上。

孔雀如何互动

友好行为

孔雀本质上是社会性动物，为了安全考虑，通常以大群的形式移动和睡眠。少有的几个单独行动时间是：①春季雄孔雀占有领地时，它将在这片领地内进行求偶展示，并最终获得与 3~5 只雌孔雀交配的机会；②雌孔雀筑巢和孵卵时。一旦小孔雀长到一定大小后，孔雀家庭会再次聚在一起，并最终和其他孔雀共同组建一个大的孔雀群。

共同栖息　每当夜幕降临，孔雀就会从动物园的各个角落汇聚到它们最喜欢的栖枝上。它们的这种行为十分规律，因此非常值得观察。此时雌孔雀会在地面上等待，雄孔雀会到栖枝上仔细检查，排除可能存在的危险。它会在栖枝上大步走动，左右张望，并停下来仔细倾听周围的情况。当确认一切正常，没有危险时，它会在栖枝上小跑一段，拍动翅膀往上飞，并重重地落在最终用于睡觉的栖枝上——它用这些信号告诉在下面等待的雌孔雀周围没有危险。雌孔雀在看到这个信号后也会飞到这个栖枝上（与雄孔雀相比，它们飞上来就容易多了），之后这群孔雀会在集体鸣唱刺耳的“he-on”声后，全部安定下来过夜。

共同防御 孔雀也是动物园的夜间侦察兵。以前我在晚上散步的时候，经常会走到旁边的动物园去。每当我走到孔雀栖枝附近，脚步声将孔雀吵醒后，它们都会发出一连串“kok-kok-kok-kok”的警告声。在野外，这种群体防御确保了孔雀在低头吃东西或者睡觉的时候能够有相对安全的外部环境，它们知道群体中的任一成员在发现威胁后都会通知大家。

社会玩耍 动物园中能见到的另一种友谊形式是追逐游戏，在这一游戏中，游戏的双方通常是年轻的孔雀，它们会绕着灌丛追逐。由于某种未知的原因，它们通常会以顺时针的方向移动，游戏通常也会突然结束，之后参与游戏的孔雀们会朝各个方向散开。

冲突行为

动物园通常都会同时展示这两种孔雀。蓝孔雀有着扇状冠羽和白色的面部皮肤，羽毛主要呈蓝色；绿孔雀则有着高高的柱状冠羽和蓝色或黄色的面部皮肤，羽毛则偏绿色。绿孔雀比蓝孔雀更加具有野性，也更谨慎，脾气异常火爆。如果你在路上遇到绿孔雀的话，最好直接避开它。但是如果你遇到的是两只雄性绿孔雀，赶紧准备好相机，等着好镜头出现。蓝孔雀则只是简单地进行威胁展示就够了，多数时间都不会升级为真正的打斗。观看这些威胁展示或者偶尔出现的打斗场面的最佳时机是在春季繁殖季节开始之初，这是雄孔雀建立求偶领域的时候。

威胁 尽管领域周围没有确定的围栏，雄孔雀却知道边界的位置，

打斗：当精心准备的威胁展示无法奏效时，孔雀就会转入激烈的互踢大战，它们的腿上长着尖利的距，如果不小心被踢到，就会留下很深的伤痕。

它会威胁任何试图靠近领域的物体。它的第一种恐吓方式是打开尾羽，做出和求偶时相同的开屏展示。筑巢时，雌孔雀也会做出类似的防御举动，当有危险靠近时会迅速竖起短尾巴做出相同的威胁状。如果威胁展示不能逼迫对手撤退的话，占有领域的这只孔雀可能会大叫着冲向对手。如果对手还是不为所动，这两只孔雀可能会竖起尾巴，围着彼此转圈，进入战斗模式。

两只孔雀在争夺有利位置时，注意观察它们在守卫自己后方区域时是何等小心。长着长尾巴的一个缺点就在于看不到身后的情况，如果不多加防范，对手只要看准时机用力一啄，就能轻易结束它的展示。

打斗 孔雀的打斗场面就像是刮起了一场充斥着羽毛的龙卷风。打斗的双方会尽力踢打，用腿上的距尽力刺向对手，它们会扇动翅膀，有时甚至能飞离地面 3 米高。它们会疯狂地用脚踢、用嘴啄对方，同时尽量避免被对方踢到。受伤较重的那只孔雀通常会撤离，拖着被撕裂的羽毛快速逃离，并期待打胜者不会追上来。

性行为

对于一夫多妻制的雄孔雀来说，成功繁殖就意味着要与尽可能多的雌孔雀交配。在春季求偶期的高峰，这个鸟类界的“唐·璜”（编者注：欧洲传说人物，以风流好色著称）会时刻准备着，一旦有雌孔雀靠近，它便会立即收起尾羽与之交配。

求偶 在开屏展示中，雄孔雀会竖起尾部，支撑起长长的绚丽尾屏，并在雌孔雀临近时把尾屏展开呈半圆形，同时疯狂地拍打翅膀。它会从不同的方向展示尾屏，像是要找到最佳的展示角度，同时发出响亮的“ming-ao”尖叫声（丛林中的土著居民认为这种叫声是孔雀在告诫他们天要下雨了，事实也的确如此，孔雀恰恰是在夏季雨季开始的时候繁殖）。为了增加尖叫的效果，它还会剧烈地颤抖身体，使得硬挺的尾上覆羽咯咯作响，像是雨打在树叶上的声音。为了达到更强的效果，雄孔雀可能会展开尾屏，背对着雌孔雀，并在最后一刻转过身来，把由金色、绿色、蓝色、古铜色和紫色等一系列色彩组成的闪闪发光的尾屏展示给雌性看。

无论雄孔雀多努力地展示，雌孔雀一开始都会表现得很冷淡，甚至都不会抬头去看这些展示，而是埋头以一种象征性采食的姿势啄食。这种漠然的态度促使雄孔雀更加卖力地展示，对于雄孔雀来说，孜孜不倦地展示是赢得雌孔雀芳心的法宝，也能保证它的基因顺利地传递下去。持续不断地展示也证明了它体力很好，同时也给雌孔雀

求偶：雄孔雀会来回旋转，展示自己华丽的尾屏，而雌孔雀似乎厌倦了这一展示，只顾着埋头采食。

留下了充足的时间来为繁殖做好生理上的准备。

交配 经过差不多一个小时的展示后，雄孔雀的努力终于得到了回报。雌孔雀会慢慢靠近雄孔雀，但此时雄孔雀转而变得异常冷淡。每次雌孔雀试图靠近时，雄孔雀都会转身背对着它，因此雌孔雀必须围着雄孔雀转圈才能看到它的扇状尾屏。经过几番调情后，雄孔雀开始展示象征性的啄食行为，最终雌孔雀会走到雄孔雀的啄食点，蹲伏下来以便与雄孔雀交配。

鸣叫 雄孔雀一旦吸引到了雌孔雀的注意就会停止鸣叫，但是那些年轻的雄孔雀沙哑的叫声依然会充斥在整个繁殖季。但这样做并不会给它们带来什么好处，未成年雄孔雀的叫声更差，裙摆没有成年雄孔雀华丽，力气也不如成年雄孔雀大，因此多数雌孔雀根本没兴趣与它们交配。即便哪只雌孔雀对它们表现出了兴趣，守卫领地的雄孔雀也会在事态继续发展之前介入，将它们赶走。但这也无法阻挡这些性欲旺盛的年轻雄孔雀们继续努力，它们会日夜不停地鸣叫，哪怕在几千米之外都能听到它们的叫声。事实上，居住在华盛顿国家动物园附近的居民甚至正式地向政府提出了控诉，抱怨这些年轻的雄孔雀在繁殖季吵得他们睡不着觉。

向游客示好 有时你会突然发现一只雄孔雀好像正在朝着你做开屏展示，而实际上它针对的可能就是你。博物学家已经注意到，当有人站在周围时，雄孔雀用于开屏

幻想家

我们并不是第一个对孔雀漂亮眼斑的来源感兴趣的人。在古希腊神话中孔雀的眼斑来源于长有百眼的巨人——阿耳戈斯。天后赫拉曾经雇用阿耳戈斯监视她的丈夫宙斯，因为宙斯花了太多的时间在情人伊俄身上。宙斯派人用计杀死了阿耳戈斯，赫拉为了表彰阿耳戈斯，就把那些眼睛放在了孔雀尾巴上。而科学家关于眼斑的解释可能不像希腊神话那么著名，但同样不可思议。尽管这些羽毛看起来缤纷多彩，但事实上它们都是棕色的，每根羽毛都由很多层角蛋白组成，同样的角蛋白在人类的皮肤、毛发和指甲当中都存在。这些极薄（约 1/4 000 厘米）又透明的角蛋白层表面有着可以接收和分解太阳光的沟槽和脊线，同时这些角蛋白层中还散布着黑褐色的黑色素。当太阳光遇到这些黑色素和凹凸不平的角蛋白时，就呈现出了亮铜色、青铜色、金色、蓝绿色和紫色的彩虹色。就像肥皂泡呈现的颜色一样，孔雀尾屏的颜色也极具梦幻色彩。

人们对孔雀的另一个误会是认为孔雀的尾屏都是由很长的尾羽构成的。但事实上，孔雀尾羽又短又硬，它们仅在尾屏后面作支撑，便于将扇形的尾屏竖起来。组成扇形尾屏的 150 根羽毛其实是起到保护性的尾上覆羽，能够盖住尾羽。由于覆羽的长度不一，每根覆羽末端的眼斑就会分散开来。如果你仔细寻找孔雀真正用于飞翔的羽毛，就会发现它们长在展开的扇形尾屏后，但不同于拥有绚烂色彩的尾上覆羽，这些羽毛只展现出了朴实无华但耐用的棕色。

展示的时间甚至比在雌孔雀面前更长。这可能是一种挑衅式的展示，它们甚至会对着汽车闪亮外壳中映射出来的自己的样子做展示性的挑衅。

育幼行为

筑巢 在需要筑巢时，这些明艳的孔雀会用一套神秘的方法将自己藏匿起来，在高的草丛、密林深处、竹林、灌丛甚至是沼泽地筑巢。在野外，它们会挖一个 5 厘米深、30 厘米宽的浅坑，并在里面铺满树叶。动物园中的雌孔雀由于无需担心捕食者的威胁而不需要到隐蔽处筑巢，它们会随处产卵，再把这些卵集中到一个洞里孵化。

孵卵 雌孔雀每次产下 3~8 枚卵，有时会把这些卵与其他雌孔雀产下的卵集中到一个公共巢穴里。这些雌孔雀会轮流坐在这些卵上，保持孵化的适宜温度。雌孔雀胸部下方有一片专门用于孵卵的区域，这片区域的羽毛很薄，皮肤的温度要高于正常体温。注意观察你会发现，雌孔雀会把这些鸟卵聚拢在这片温暖的区域，并用周边的羽毛奋力将它们围拢。小鸟孵化后，雌孔雀也会用这种方式照顾小孔雀，使得这些小家伙在任何天气条件下都能保持温暖和干燥。

喂食和保护小鸟 起初雌孔雀必须频繁地离开巢去寻找适合幼鸟吃的高蛋白食物，例如虫子和昆虫等。等到雌孔雀返巢后，这些幼鸟会轻轻鸣叫并轻啄母亲的喙来乞求得到食物。用不了多久，这些小孔雀就能跟随雌孔雀一道去寻找食物，跟着母亲学习哪些食物最可口。这对于雌孔雀来说是一段非常紧张的时期，它会时刻注意那些想要靠近的物体，并且会毫不犹豫地冲到那些比它们大十几倍的物体面前，厉声尖叫并把扇状的尾巴完全竖起来。如果你见到过一只雌孔雀愤怒地冲着你，一定要注意观察那些躲在它身后被吓坏了的小孔雀们。

保护幼鸟：雌孔雀在某些情况下，尤其是在幼鸟受到威胁时，会变得十分凶猛。

动物园或野外环境中孔雀可供观察的行为

- 基本行为
  - 移　动：飞行　开屏
  - 采食和饮水
  - 护理羽毛：梳理　给羽毛上油　尘浴　换羽
  - 保暖和降温：抖松羽毛　使羽毛顺滑　张嘴
  - 睡　眠
- 社会行为
  - 友好行为
    - 共同栖息：仔细查看　呼唤叫声
    - 共同防御：警告叫声
    - 社会玩耍：追逐游戏
  - 冲突行为
    - 威　胁：开屏展示　冲锋　尖叫　转圈
    - 打　斗：猛击　猛踢　猛啄
  - 性行为
    - 求　偶：开屏展示　尖叫　颤抖　象征性采食
    - 交　配：雄孔雀转身　象征性采食　蹲伏
  - 育幼行为
    - 筑　巢
    - 孵　卵
    - 喂养和保护小鸟

直起身体走路：科莫多巨蜥偶尔也会直起身体，用后腿走路。

科莫多巨蜥

Komado Dragon

重要参数

分类：有鳞目　巨蜥科

学名：*Varanus komodoensis*

体型：雄性体长3米

体重：最大可达90千克

雌性体长1.95米

寿命：超过25年

生境：开阔的稀树草原

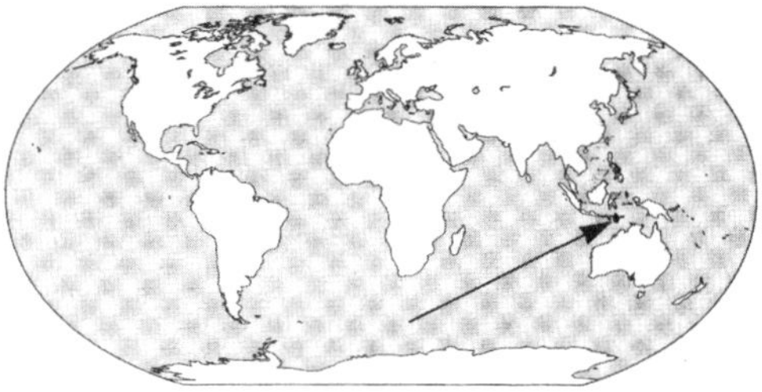

世界上很少有动物园饲养科莫多巨蜥，但是它们非常值得一看。目前，地球上的野生科莫多巨蜥只有大约 5 000 只，它们在印度尼西亚的栖息地正面临着人类资源开发的威胁。除了稀有性和脆弱性之外，科莫多巨蜥的独特性还在于它与其他任何你见到过、甚至想象中的爬行动物都不同。

想象一下，你正在科莫多岛的林地里穿梭，突然闻到空气中传来一股刺鼻的血腥味，并带有某种金属的臭味。继续往前走，你可能会撞见几只巨大的蜥蜴正在围着一头鹿大快朵颐。这些蜥蜴有鳄鱼那么长，全身布满鳞片，重达 90 千克。当它们撕扯鹿肉时，会露出满嘴像鲨鱼般锋利的牙齿。它们会用粗短脚趾上的爪固定住鹿的尸体，再猛烈地晃动脑袋，将大块的鹿肉撕扯下来。它们下巴的多个关节都可以移动，嘴巴能张得很大，可以将小鹿的整个后腿连骨带肉一并塞进嘴里。

如果继续躲在丛林中观察一段时间，你就能见到一些更为罕见的行为。在体型较大的巨蜥大快朵颐的同时，体型较小的巨蜥会在外围小心地移动步子。雄性巨蜥在花费大量精力取悦雌性巨蜥的同时，也会精准地攻击其他雄性巨蜥。这些行为之所以集中在此展现，是因为科莫多巨蜥通常情况下是独居的，只在采食的时候才能与其他个体碰面。因此它们会抓住一切机会展示社会行为，确定等级序位、求偶，甚至是交配都会在"餐桌"旁进行。

吃饱之后，巨蜥会回到各自的领域晒太阳、休息、狩猎和挖洞。科莫多巨蜥会用自身气味进行标记，占据一片领地，并与其他个体隔离开来。通过阻止其他巨蜥与自己抢夺食物，它们可以确保这片区域的食物量能够满足自己惊人的食量（事实上有时食物多得根本吃不完）。这种通过占有一定领地来获取特定食物的方法,在生态学上有其合理性。尤其是对那些生活在岛屿上特定区域内的物种来说，一旦猎物逃脱，它们也无法跟在后面追踪。这对于只能生活在地球上的人类来说也是一场非常好的教训。

科莫多巨蜥可供观察的基本行为

移动

通过抬高粗短弯曲的双腿，科莫多巨蜥能够以 12 千米/时的速度向前跑动约 500 米，它们会前后晃动强有力的尾巴来保持平衡，依靠后腿像皮划艇双桨那样的摆动来前进。在野外见过巨蜥的人认为，巨蜥双脚踩在地面上的声音听起来像是低沉的机枪声"tat-tat-tat"。行进速度较慢时，它们能够后腿站立，直起身体行走一段时间。对于年幼的巨蜥来说，爬树根本不是问题，它们喜欢待在树上捕捉壁虎，躲避危险，它们像鹰爪般的爪子能够帮助它们在粗糙、有很多裂口的树皮上爬行。巨蜥也很善于游泳和潜水，人们曾在 2 米深的水下见过它们的身影。

采食

巨蜥会吃下任何咬得动的肉类，它们乐意猎捕活的动物，也愿意翻找动物尸体。在气味的诱惑下，它们会跑到距离领地范围 10 千米外的地方寻找食物。猎物的体型大小也千差万别，但一旦确定目标，无论对方是一只蚂蚱，还是重达600千克的水牛，巨蜥都会认真对待，竭尽全力将其拿下。

不同年龄的巨蜥的食物种类也有所不同。年幼的巨蜥主要以昆虫和壁虎为食，长大一些后则以鼠类和鸟类为食，成年巨蜥则能够捕捉到那些比自己还大的动物，如鹿、马和水牛等。

巨蜥多在临近中午时候捕捉活的猎物，它们会趴在猎物时常活动的区域等待机会，保持独特的警戒姿势——尾巴下垂，抬高前半身，并抬起头部巡视整片区域。除了视觉之外，它们偶尔也会竖起脑袋，捕捉空气中的气味信息。如果在这片区域没有什么收获，它们会转到丛林深处，偷袭那些正在休息的鹿。

巨蜥也会跟踪那些体型是自己20倍的水牛，它们会静静地在水牛身后缓慢跟踪，并借机发动突然袭击，在水牛反应过来之前猛扑上去咬住水牛的后腿。巨蜥会使出全身力气趴在拼命挣扎的水牛腿上，用锯齿状的牙齿从它身上扯下一大块肉，将这个庞然大物摔倒在地面上。不一会儿的功夫，巨蜥就能将水牛的内脏掏空，并津津有味地吃起来。巨蜥能吃下巨大的肉块，进食的速度非常快，能尽可能多地吞咽更多的食物，这是它们在与同类竞争的过程中形成的饮食习惯。巨蜥分泌唾液的速度也非常快，这些唾液能够帮助巨蜥吞咽大块的食物。巨蜥在进食时，会把猎物的几乎所有部位都吞咽下去，最后只剩下一些毛发、胃内容物和肠道内容物。

一旦有猎物被杀死，通常很多巨蜥都会赶过来一同进食。在接下来的数天内，附近以及很远处的巨蜥都会循着猎物尸体的味道，聚集到

警戒姿势：在捕猎活体动物时，科莫多巨蜥会用眼睛巡视，用舌头捕捉空气中最细微的气味变化。

人类和科莫多巨蜥

如果你在看到巨蜥袭击鹿的时候感到厌恶或者害怕，相信我，很多人都会有和你一样的感受。很多人都害怕爬行动物，可能是因为我们的祖先需要跟很多毒蛇直接接触，而这种对爬行动物的恐惧就遗传给了我们。中世纪的文学家所描绘的喷火巨龙与全身处于警戒状态的科莫多巨蜥非常相像。这些故事是否仍在潜意识里影响我们对科莫多巨蜥的态度呢？无论是基因或者文化上的原因，目前的结果就是我们对科莫多巨蜥怀有恐惧之心。

因此生活在印度尼西亚小巽他群岛上的村民必须非常小心，因为这些岛屿有科莫多巨蜥分布。对于嗅觉异常灵敏的巨蜥来说，村民在自家后院里养的山羊具有极大的诱惑。一旦发现这些容易捕获的猎物，哪怕是在周围充斥着猎狗的尖叫和村民的高呼声的大白天，巨蜥也会去偷袭这些山羊。有些巨蜥会因此被村民们枪杀，但这并不是巨蜥面临的最大威胁。对于巨蜥来说（对于其他很多物种来说也是如此）最大的威胁是，这些岛屿（尤其是科莫多岛）富含石油和矿物质，人类对于这些资源的开发和开采迟早会影响巨蜥的自然栖息地。如果科莫多岛没有了科莫多巨蜥，那就完全是另外一种景象了。

科莫多巨蜥能够通过多种方式维持科莫多岛屿的生态平衡。在捕猎时，科莫多巨蜥通常会选择那些移动较缓、身体较差或者生病的个体作为目标，长期下来就会对猎物种群的遗传学特征产生积极的影响。

而且岛屿上的其他食肉动物也能受益于巨蜥，它们有些时候几乎不费吹灰之力就能获得食物。因为那些从巨蜥口中侥幸逃脱的猎物，在被巨蜥咬伤后很容易感染并生病，进而很容易就被巨蜥或者其他捕食者再次捕获。

最后，巨蜥的重要性还在于它们是科莫多岛唯一的食腐动物，会清理岛屿上的动物尸体，这对于维持岛屿生态系统的健康非常关键。如果科莫多岛上的科莫多巨蜥灭绝，全球范围内极少数动物园所饲养的巨蜥身上所具有的意义就远不止于长相古怪或者迷人这么简单，而是有着重大的生态学意义。

尸体周围。最多的时候，一天当中会有 17 只巨蜥聚集到同一处。此时场面会变得异常紧张，那些体型较小的巨蜥不得不面临被大巨蜥捉住和吃掉的危险。

饮水

巨蜥喝水的方式和蛇类相同：它们眼睛以下的部位会浸入水中吸水，然后再把头抬高，让水在重力的作用下顺着喉咙到达胃部。巨蜥在全身浸入水中时也能饮水。

吐食团

尽管巨蜥能够吞下猎物的各个部位，但很多部位却无法消化。因此，巨蜥不得不将那些无法消化的毛发、蹄子、牙齿和骨头吐出来。当巨蜥感到有食团要涌上来的时候，它会四腿站立，脖子弯曲，张开喉咙并大张着嘴巴，最终它会收腹，疯狂地左右摇晃脑袋，并尽力咳嗽将这些食团抛到很远的地方。在动物园观察的时候，注意展示馆地面上的那些大的食团（比粪便块要大得多也长得多）。

保暖和降温

爬行动物无法像哺乳动物那样依靠自身新陈代谢调节体温，它们必须借助外部的升温和降温设施，如太阳和阴凉地来调节体温，因此它们的生活节律也跟这些温度调节机制密切相关。科莫多巨蜥会在黎明前醒来，但在活动之前会花 3 个小时的时间晒太阳，让身体变热和进入活动状态，直到上午 9 点左右才开始活动。为了尽可能多地接受太阳照射，它们会尽可能地张开身体，趴在地面上。在多云的天气里，它们晒太阳的时间会更长。在饱餐一顿后，它们也得尽快晒太阳。如果没有足够的热量消化食物，食物会在胃里腐烂，给它们带来致命的伤害。

在下午晚些时候，巨蜥又会反过来寻找阴凉地，避免体温过高。它们会将上半

升温：这些冷血动物在经过一个寒冷的夜晚后，会完全张开身体，趴在地上晒太阳。

身和尾巴抬离炙热的地面，大张着嘴巴喘息，凉爽的空气进入口腔后会加快热量的散失。随着温度的下降，夜间它们会躲到浓密的丛林中，更多的时候，它们会躲进自己挖的洞穴里，这些洞穴通常都温暖湿润，帮助巨蜥免受外界温度变化的干扰。

挖洞

科莫多巨蜥会将锋利的长爪插入被太阳炙烤过的土地，在收爪子的过程中，它强健的前腿会从洞口带出来很多土。科莫多巨蜥的洞穴最深可达 9 米，但绝大多数洞穴远没有达到这个深度。它们在洞穴中栖息时一般会将身体弯曲呈“U”形，头和尾巴放在洞穴入口处，因此通常情况下，它们的洞穴的深度只有 1.2~1.5 米。它们最喜欢在溪流旁的土埂上以及山谷森林和高山草原连接处的开阔山坡上打洞。除了自己打洞外，它们也会占用啮齿类、灵猫、野猪或者豪猪的洞穴，或者靠动物园展示馆的设计者为自己建造洞穴。有时它们也会临时栖居在一些自然洞穴中、距离地面较低的植被下方、中空的树干中或者岩石的裂缝中。这些区域通常都比外界潮湿，可以帮助巨蜥在旱季的时候保持身体的湿润。

清理出一片活动场

活动场指的是地面上的一处休息区域，巨蜥可以在这里捕食猎物、消化食物和晒太阳。在安定下来之前，巨蜥会仔细地将该处的植被和落叶层清理干净。在动物园参观时，注意观察科莫多巨蜥展示馆里那些植被稀少的区域。如果运气好的话，也许还能看到巨蜥们清理和建造一片新活动场的场景。

在腐臭的食物里打滚

科莫多巨蜥另一种有趣的行为则是年轻巨蜥们专有的。这些年轻的巨蜥在吃东西时，如果见到了猎物的肠道内容物，便会在这些肠道里翻滚、扭动，甚至将身体塞进去，像是要将这些肠道内容物的气味印在自己的鳞片上。对于这种现象，研究者提出了多种解释：年轻的巨蜥急于让自己闻起来像是猎物的内脏，可能是为了掩盖自身的气味，减少被成年巨蜥吃掉的危险；年轻的巨蜥在采食时，有时也会被其他动物赶走，这时它们就能够根据自己身上的气味，重新找到这些腐肉。

巨蜥如何互动

冲突行为

爬行动物天生都是“扑克脸”，它们冷静且镇定，似乎从恐龙时代就遗传下来了这种表现。但是如果你了解巨蜥的话，就能够判断出哪只巨蜥正处于紧张当中，它们通常会在受到威胁的时候表现出紧张的情绪。对于体型较小的巨蜥来说，最直接的威胁是比它们大的巨蜥，这些巨蜥可能会攻击甚至吃掉它们。也正是由于这个原因，小型巨蜥生存的第一步就是保住自己。

气味标记 多数情况下，小巨蜥通过识别大巨蜥留在领域边界的气味标记就能避免与大巨蜥接触。巨蜥通常都会在道路的交汇处以及其他显著的区域留下粪堆，这些粪堆中会有气味标记物。当小巨蜥遇到一个粪堆时，它会仔细地查看，围着粪堆转圈，并用舌头舔粪堆，有时这一举动能持续长达 10 分钟。粪堆中会包含排便者的性别、年龄和繁殖状态，以及粪堆排出的时间等信息。一个新鲜的粪堆可能会告诉陌生者“另一只巨蜥就在跟前，这片区域不能进入”；一个略微陈旧的粪堆则表明“可以小心往前走”；而一个非常陈旧的粪堆则说明“放心往前走吧”。

仪式化行走：多个巨蜥集中采食时，体型小的巨蜥会在采食区域外围缓慢而谨慎地行走，向大巨蜥表明自己知道所处的位置，并在大巨蜥吃饱后再上前采食。

安抚　但是如果一只巨蜥想要参与集体盛宴，就必须抛去这些不情愿，和其他巨蜥比肩而站，即便是那些比自己大得多的巨蜥。像狗和狼那样，巨蜥社会也有明确的等级系统（通常根据体型大小划分），因此小巨蜥通常都非常了解如何取悦和安抚大巨蜥。在靠近猎物之前，它们通常会在采食圈的外围活动，以一种庄严的仪式化行走的方式表明它们毫无恶意。在仪式化行走中，它们会腿部僵硬着缓慢行走，并夸张地来回摇晃身体。它们会缩起身体，拱起脊柱，尾巴抬离地面直直地拖在身后，弓着脖子，鼓起喉咙。它们会压低头部，甚至竖起头部像是冲着优势巨蜥脱帽致敬。它们明白将武器藏起来的重要性，因此在做出这些举动时，都会紧闭嘴巴，不发出一丝声响。

这些安抚姿势传递着谦卑之情，也表明自己会耐心地等待大巨蜥们吃完。当这些处于次级地位的巨蜥终于获得采食的机会时，它们会紧张地关注优势巨蜥的举动，优势巨蜥的细微移动都会让这些小巨蜥放弃采食，乖乖地等这些优势巨蜥通过。科莫多巨蜥在见到人类时也可能会展现这些安抚姿势。在动物园观察时，注意观察在饲养员靠近展示馆时这些巨蜥的行为。

当科莫多巨蜥受到攻击或者被粗暴对待时，它们会因为过度恐惧而将胃或者肠道的内容物吐出来。这种情形通常发生在刚刚饱餐一顿之后，面对打斗或者逃跑时，它们会吐出胃内容物来减轻身体重量。

威胁　和其他动物一样，科莫多巨蜥想要威胁对手时会将武器展示出来。威胁展示通常包括张嘴（张开嘴巴露出牙齿）和勾起尾巴（冲着对手勾起尾巴，像是做好了攻击的准备）。处于威胁姿势的巨蜥侧身对着对手，伸长并弓着脖子，抬高背部并抬起身体——尽可能让身体看起来更大更富有攻击性。为了增强威胁的效果，它可能会左右抖动和抽动尾巴，嘴巴喷出少量泡沫，并发出充满敌意的嘶嘶声。与此同时，它还会用长在头部上方的突出的眼睛紧紧地盯着对手。

攻击　如果对手看到自己的威胁后还不撤退或者展现安抚行为，优势巨蜥就会抽动尾巴、跳出去或者用撕咬的方式维护自己的地位。你很容易就能分辨出哪些个体是优势巨蜥，它们会压低头部，将脖子弯成“S”形。那些正在打斗的巨蜥偶尔也会后腿站立（直立姿势），抓住对方的前肢，前后摇晃着试图撕咬对方。这些撕咬带来的伤痕有时甚至能将对手置于死地。当一方做出求偶时那样的象征性爬跨或者为另一方搔痒时，或者有一方撤退时，打斗也就结束了。

勾起尾巴

张嘴

威胁：优势巨蜥会隆起身体，勾起尾巴，做好攻击的准备。一个简单的张嘴动作就足以向对手传达自己的警告之意。

性行为

巨蜥在采食地聚集时，除了打斗和展现顺从行为外，也会把握好这个与异性相遇的好时机，向异性展现求爱行为。为了缓和与陌生个体相遇时的攻击情绪，巨蜥在每次相遇时都会做出求偶展示，即便是在非繁殖季节也会如此。通过这种方式，当繁殖季节到来时，雄性巨蜥和雌性巨蜥能够融洽相处，暂时放松警惕。这种长时间建立起来的信任感是很重要的，尤其是对于巨蜥这种不仅能伤害对方，甚至能吃掉对方的生物来说更是如此。

求偶 巨蜥求偶行为开始时，雄巨蜥会将舌头放在雌巨蜥身体的特定部位：后腿和身体的连接处、耳朵前方和侧脸。研究者认为雌性这些区域释放的激素能够告诉雄性它是否做好了交配的准备。除了用舌头舔舐之外，雄巨蜥也会用口鼻处轻推雌巨蜥，用下巴去摩擦雌巨蜥身体和脖子的两侧与上方。雌巨蜥可能会表现出展示威胁行为或者逃跑，此时雄巨蜥会紧紧跟着雌

直立姿势：打斗的两只巨蜥前肢会缠在一起，它们前后摇晃身体并尽力撕咬对方。

求偶：雄巨蜥会用舌头舔舐雌巨蜥分泌气味的部位，追逐并抓挠它的背部，使它平静下来。由于巨蜥轻易就能将对方置于死地，最后的爬跨只有在双方足够信任的情况下才会发生。

巨蜥。当雄巨蜥追上它时，可能会咬它的脖子，并用爪子给它搔痒，让雌巨蜥平静下来。

交配　哪怕经历数月的时间来建立信任，交配行为仍然有不确定因素。因为雌巨蜥更易用牙齿和尾巴进行攻击，雄巨蜥必须清楚地表明自己交配的意愿，以免被对方攻击。当最终确认安全时，雄巨蜥会尽快爬跨，轻咬雌巨蜥的脖子，并调整自己的身体，在把尾巴塞入雌巨蜥的身体下方时，它们的泄殖腔刚好能接上。

育幼行为

产卵　据动物园的饲养员观察，雌巨蜥在产卵前一天会变得焦躁不安，呼吸加快。在动物园，你会看到它们在地面上产卵，每产一枚卵，它们都会伸直腿，抬高并抖动尾巴。在野外，它们通常会将卵置于地下洞穴，可能是为了防止它们遭受包括其他巨蜥在内的捕食者的攻击。

幼年巨蜥的生活　一旦孵化后，年幼的巨蜥就只能靠自己生存了。它们在出生后的第一年，几乎全部的时间都会独自待在树上，以壁虎为食，并尽量躲避比自己大的巨蜥。它们在长到 1 米长的时候才会下地吃腐肉，并最终开始捕猎活体动物。幼年巨蜥在大型巨蜥身旁时会本能地展现出紧张情绪和保命的安抚姿势。

动物园或野外可供观察的科莫多巨蜥的行为

- 基本行为
  - 移　动：奔跑　直立行走　爬树　游泳　潜水
  - 采　食：卧着等待　警告姿势　跟踪　猛扑　撕咬
  - 饮　水
  - 吐食团
  - 保暖和降温：晒太阳、寻找阴凉地、喘气、挖洞
  - 挖　洞
  - 清理活动场
  - 在腐臭食物里打滚
- 社会行为
  - 冲突行为
    - 气味标记
    - 安　抚：仪式化行走　呕吐
    - 威　胁：张嘴　勾起尾巴　体侧展示　抽动尾巴　嘶叫
    - 攻　击：抽动尾巴　猛扑　撕咬　直立姿势　爬跨　搔痒
  - 性行为
    - 求　偶：舔舐　轻推　摩擦　追随　咬脖子　搔痒
    - 交　配
  - 育幼行为
    - 产　卵

温暖的海洋

在水面上行走：在野外或者室内表演时，海豚都会掀起水浪，在水面上“行走”。

瓶鼻海豚

Bottlenose Dolphin

分类：鲸目　海豚科

学名：*Tursiops truncates*

体型：体长2.1~3.9米

体重：150~200千克，最大可达649千克

寿命：圈养环境下42年

生境：温带和热带海洋，主要在近海区域活动，也会出现在海湾和环礁湖，有时也会游到大河中去

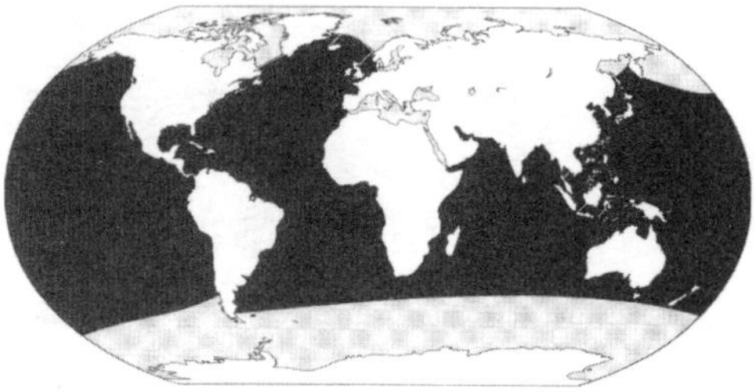

为什么我们如此喜爱海豚？是因它们迷人的笑容、优雅的动作，还是因为它们喜欢围在水手周围，帮助拯救落水的人类呢？无论出于什么原因，我们并不是率先研究并沉迷于海豚的人。远古人类认为这些海洋哺乳动物非常聪明，能够将自己的意愿传达给上帝。即便是到了今天，人们依然相信海豚是“生活在水中的有思想的精灵”，认为它们的智力和灵性与人类相当，甚至超过了我们人类。支持这一言论的科学家拿出的证据有：海豚的大脑比我们人类大；圈养环境下海豚能够学习数十种命令（包含一定语句的命令）；而且它们能够模仿声音；具有一套自己的语言系统，包括一系列复杂的口哨声、滴答声、大叫和噼啪声。

而对于海豚智力与人类相当甚至超过人类智力的这一论断，有的人提出了质疑。

与人类接触：在澳大利亚西海岸的芒基米亚海滩，有一群瓶鼻海豚经常游到浅水区与在此游泳的人们打招呼。

他们认为，海豚的大脑占身体大小的比例远低于人类，而且那些看似故意接近人类的行为可能只是海豚的自然行为，跟我们人类丝毫没有关系。当海豚接近人类船只时，可能只是为了借助船只经过时形成的海浪而快速前行，就跟它们会待在鲸鱼的身旁，借助鲸鱼移动形成的海浪往前游动一样。同样地，将溺水的人类送上岸可能不是出于“善良”，而是它们下意识的行为，它们会在同伴生病的时候将其举起来往前游动。那么海豚们追赶鱼群，将它们赶到钓鱼者的渔网或者岸边的行为又作何解释呢？这种海豚和人类的“合作”可能只是海豚的本能，它们会把猎物赶到岸边，从而更容易捕到猎物。事实上，在这些怀疑论者看来，是人类改变了自己的行为，利用了海豚天生英勇的捕猎能力，而不是海豚改变了行为来迎合人类。

但是这些怀疑论者也会遇到一些很难解释的事情，例如在澳大利亚西海岸的芒基米亚海滩，有一群海豚每天都会到浅水区域与人类互动。但奇怪的是，就算人类往海里丢小鱼，这些海豚通常也会忽略这些食物，而是把自己捉到的小鱼或者海草作为礼物送给那些在此游泳的人类。另一个例子是，在佛罗里达州一家餐厅所属的海域内，有一只海豚在此生活了 15 年，尽管它能够轻易地返回海洋当中，每天也都能看到其他海豚在海洋中自由地游动，但却选择一直待在这片餐厅所属的海域。

我们之所以这么喜欢海豚，一个原因是在许多野生动物见到人类就被吓跑的时候，海豚却展示出对我们的兴趣。从生存的角度来看，海豚也无需演化出对人类的恐惧，因为我们并非是海洋的一部分。如今那些习惯与潜水者或者训练师一同游动的海豚，会展现出与同类见面时的社会行为。

许多演化世代以前，海豚就演化出了群居活动的属性，这种生活方式能够保护它们，利于它们的生存。那些紧密团结在一起的海豚群，可以更好地抵抗鲨鱼和虎鲸等捕食者。而且与独自生活相比，生活在群体中海豚会有更广阔的视野，能找到更多鱼群。一旦群体当中某一只海豚发现了鱼群，它们就会一同将鱼群赶到浅水区，或者将鱼群团团围住，更加方便采食。群体生活对海豚来说是如此重要，以至于自然选择就将那些任何有利于群体和谐的行为都保留了下来。通信是社会形成的基石，在动物园观察海豚时，要仔细用眼睛看，用耳朵去听，因为海豚非常善于通信。

群体生活的海豚有多达 40 种不同的声音用于通信。一些科学家正在竭尽全力破解海豚的声音信息，而另一些科学家则致力于教海豚模仿人类的声音。如果能打破人类和海豚之间的语言障碍，有一天我们能够实现与海豚的沟通和交流，就能从海豚身上了解地球的历史，以及海洋的深度等。当你在动物园听到海豚们尖叫和吹口哨时，一定要凝神去听。

瓶鼻海豚可供观察的基本行为

移动

海豚是由生活在海边的四足动物演化而来的，随着它们待在水里的时间越来越长，身体也就变得越加适应水中的生活。它们的身体逐渐变成流线型——身体的前半部和尾部变窄，形成潜艇状；皮肤变得光滑而富有弹性，没有一处会阻隔水流。它们的前肢变短，只有手伸出体外，五个手指周围的皮肤合并成蹼状。后肢则完全消失，只在厚厚的腹部脂肪下有一些残余的小骨头。它们强有力的尾鳍则发展成游泳时最主要的推动力。

海豚在水里游动时，身体各部分是这么分工的：当海豚抬起尾巴时，尾鳍后缘会形成一个旋转的涡流，低压会让水流向海豚的头和背部，促使海豚往前和往下移动。这股水流还能阻止海水在海豚身体四周形成涡流，因此可以减少水流造成的阻力，保证海豚在水中以超常的速度往前移动。除此之外，海豚的眼睛还会分泌大量黏液，在皮肤表面形成一层油脂，尽量减少游动时的阻力，而它们的鳍肢则可以帮助它们保持平衡，在这些身体构造的帮助下，海豚能够以每小时 30 千米的速度快速游动。

由于体形优雅，速度较快，海豚是天生的体操健将。它们无需训练，就能做出水族馆表演中的绝大多数行为。下次你在野外或者水族馆表演中看到海豚时，注意观察它们翻筋斗、后空翻、跃身击浪，甚至是用尾鳍在水面上“行走”的行为。这些行为

游动队形：在游动时，海豚们会排成一定的队形，并在同一时间跃出水面换气。成年海豚会围成一个圈，将小海豚圈在里面，保证它们的安全。

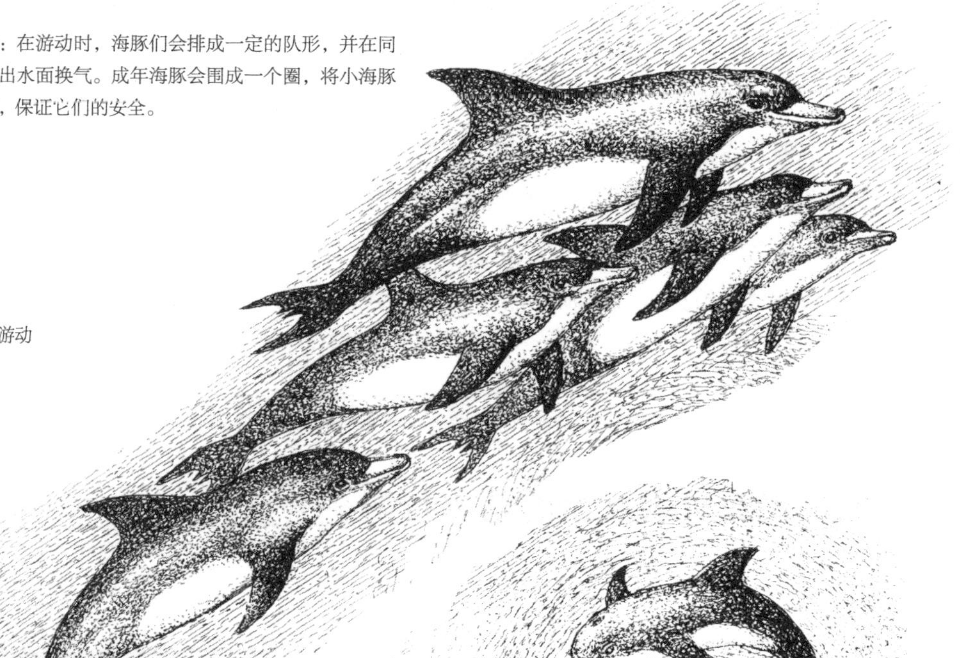

排成队形游动

照顾小海豚

跃出水面

当中，有些是刻意的表演，有些则是海豚的日常行为。像集群游动，或者一同跃出水面的行为，在海豚成群游动和离开水面呼吸时都能经常见到。排成队形游泳也是海豚在野外经常能见到的行为。

多数情况下，海豚都会在水面以下 50 米以内的范围内活动，利用海浪帮助自己完成高难度的体操动作。动物园中经常能见到海豚们欢快地跃出水面，通常能跃至水面以上 6 米多高。

呼吸

在演化的某一时刻，海豚的两个鼻孔变成了一个，并且慢慢移动到了头顶，形成了一个呼吸孔。海豚在潜水时，呼吸孔会在肌肉的作用下合上，防止水分进入身体。当海豚跃出水面时，它会打开呼吸孔，把空气呼出，再深吸一口气，为下一次潜水做准备。如果身体需要，海豚吸一口气能在水下待最长 7 分钟，其中的主要原因是海豚在长期演化过程中，血液、肌肉和肺部都形成了储存氧气的能力。另外它们在潜水时心跳也会减缓，单位氧气的支撑时间更长，而当它跃出水面呼吸时（每分钟跃出水面 4~5 次），它的脉搏又会加快，将氧气输送至全身。

采食

海豚一点都不挑食，这种演化上的适应性，使得它们在全世界的任何海域都能生存。它们最喜欢吃鱼类和乌贼，也会吃鳗鱼、蠕虫甚至是寄居蟹，在圈养条件下，每天最多能吃下 15 千克的食物。

在野外捕猎时，海豚有时会共同合作，把鱼群赶到一起，并在鱼群周围形成一个圆圈，在边缘和底部进食；有时海豚也会沿着海岸快速往前游动，形成的涡流能将鱼群赶到岸边。它们还会将鱼群赶向海岸或者珊瑚礁这样较为狭窄的区域，方便自己捕食。在多种捕猎方式的作用下，哪怕是飞鱼都能被跳起的海豚捕获。碰到太活泼的小鱼，海豚则会用尾鳍将其打晕，甩至十米开外，再冷静地游到水下找到它。

海豚也会以那些被商业渔船丢弃的鱼儿为食，有时也会吃掉那些跟随游轮以垃圾为食的鱼儿。

休息

海豚不会以我们人类的方式睡觉，它们在水中休息时，会轮流让一半大脑休息，另一半大脑控制运动和呼吸来确保自己不会溺水，并睁着一只眼睛来提防捕食者。一天当中，大脑两侧能分别休息 3~4 小时。

在圈养环境中，多数情况下，海豚都选择在夜间休息，但是它们日间采食后也会睡午觉。注意观察，它们在水池中休息时会平躺着身体，待在水面附近，并且通常会迎着水流。每隔一段时间，休息的海豚就会轻轻拍打尾巴，浮出水面呼吸。

渴望触摸

海豚异常喜欢触摸，以至于动物园的一些驯兽师在海豚表演中，不用食物奖赏，而是拍拍海豚的口鼻处，它们就会很满足。事实上，这种对于触觉的渴求，可能是海豚亲近潜水员和游泳者的部分原因。知晓这个道理后，动物园的工作人员经常会到水池当中，跟海豚一道训练，照顾海豚，或者仅仅是逗它们玩儿。

在没有潜水者的时候，海豚通常会在水池当中找些东西来触碰，比如说梯子、池底的刷子，或者水管等。在接下来的章节中你将会了解到，触觉在海豚的通信和交流当中极为重要。

瓶鼻海豚如何互动

海豚在野外通常会结成 2~15 只的群体，它们的基础社会群体在英文中被称为“pods”，即“小群”，由成年雌性和它们的后代组成，它们可以数天甚至数周一同活动。有时几个群体会一同游动，甚至一同捕猎数分钟或者数小时后再分开。当海水越来越深，或者越来越开阔时，海豚的群体也会变得更大。在这个流动且灵活的群体中，海

人类与海豚

数百年来，海豚都在包容我们人类，甚至信任人类。但不幸的是，我们并没有反过来这么对待它们。在日本的捕鱼村——太地町，每年都会有数千只海豚被屠杀，当地人认为海豚吃掉了很多他们赖以生存的鱼。在世界的其他区域,海豚也经常被杀害，用来作为食物补充蛋白或者作为螃蟹的饵料。在美国，海豚则会丧命于某些军事活动当中，美国海军会训练海豚去回收对人类潜水员来说太过危险的水雷，这一项目已经激起了海豚爱好者的愤怒。

海豚爱好者确实是一股不可忽视的力量，这一点金枪鱼企业深有体会。一直到最近，每年都会有数千只海豚因为捕捞金枪鱼而丧生，因为海豚和金枪鱼在自然状态下会一同游动，因此会被那些捕捞金枪鱼的网困住，多数海豚在被解救之前就已经溺水而死，而且有些船员根本就不会去解救这些被困的海豚。20 世纪 80 年代末的一场写信运动和抵制金枪鱼制品的活动，开始对金枪鱼企业施加压力，要求他们改变捕鱼方式，现在美国许多金枪鱼企业的产品上都会有一个“对海豚安全”的标识。这个例子证明了，当海豚爱好者真正愤怒和组织起来时，他们的确能做出一些成绩来。

豚多数时间都和同性、同年龄的成员在一起。成年雄性海豚通常会在家域的边缘区域游荡，而雌性海豚则始终处于家域的核心区域。

雌性海豚和小海豚之间的关系最为亲密，能时刻不离地待在一起长达 5 年之久。雌性海豚在生下小海豚后，通常会和其他刚生下小海豚的雌性海豚一道返回到自己母亲所在的群体。通常认为，这些外祖母级别的雌性海豚在群体当中起着至关重要的作用，它们知晓很多诸如不同季节哪里有最好的食物等知识。

年轻的雄性海豚在离开家族后，会结成全雄的海豚群，有些朋友关系能持续 15 年之久。与雌性海豚生下小海豚就会返回家庭不同的是，雄性海豚成年后会离开家庭，从一个雌性群游荡到另一个雌性群。

友好行为

触觉接触　触觉是海豚形成和维持社会关系中的关键因子，而社会关系又对海豚

吻部—生殖口推进：在这种友好的行为中，一只海豚会把吻部放到另一只海豚的生殖口中，推着它绕着水池旋转。求偶的海豚也会玩这种游戏。

的生存至关重要。当它们一同游动时，注意观察它们之间亲热的触碰，这些触碰不仅能缓解相互之间的紧张情绪，也能将附着在皮肤表面的甲壳动物和其他寄生虫去掉。海豚可能会在同伴的鳍上摩擦身躯，或者用尾鳍、下颚或者身体侧面轻轻地摩擦同伴。有时两只海豚还会腹部贴在一起游动，鳍相互摩擦或者简单地相互拍打。在水族馆的海豚表演中，这种行为被当作是拍手游戏。在动物园也能看到“吻部—生殖口推进”这种行为，此时一只海豚会将吻部放在同伴的生殖口（雄性海豚和雌性海豚都有）中，轻轻推着同伴绕着水池活动。

玩耍 动物园的饲养员发现，永远无法控制一只健康的海豚。当游客散去，也没有表演任务时，海豚会用任何出现在水池中的物品自娱自乐——玩具、清洁工具、驯兽师，或者是不小心吹进来的羽毛或树叶等。拾取游戏（找到物品并将它带回到人类同伴面前）是它们最喜欢的即兴表演之一。海豚也会用手头的任何物品与同伴玩游戏，它们也经常相互追逐，这些追逐通常都是友好并带有竞争性质的，会突然开始，像是有人发出了“预备——跑”的指令一般。

与其他动物相比，海豚的玩耍中，威胁或打斗的成分相对较少，但性行为的成分很多。在其中的一项新奇游戏中，雄性海豚会用竖起的阴茎去推水池中的物品。如果你能持续观察一段时间，你一定能见到很多其他行为。

保持联系 海豚的声音可以划分为 3 种基本类型：滴答声、口哨声，以及各种各样的尖厉叫声和吼叫等。滴答声可以用来回声定位，但是当海豚需要与其他个体交流时，它会使用口哨声和吼叫声。每只海豚都会发出带有自身特征的口哨声，其他海豚在听到后，能在不到半秒的时间内分辨出来它是谁。它们也能够模仿其他个体的口哨联系叫声：小海豚在出生后，就会与雌性海豚交流口哨声，帮助它们保持联系。

声，这可能是为了在混乱的大群当中呼唤对方的“名字”。当海豚一同发出口哨声时，它们是完美的合唱团，音调和振幅的变化可以彼此相吻合。多数情况下，海豚在发出口哨声时，呼吸孔会排出一连串稳定的泡泡。但有些时候，当海豚想要秘密地与同伴沟通时，它能在不排出一点空气的情况下发出口哨声。

除了自己发出声音外，海豚也会用其他声音进行交流，比如说用身体拍打水面、拍打上下颚、吹泡泡或者喷射水流等。这些声音中的多数都跟失望或者攻击情绪有关，但有时这些声音只是帮助海豚跟踪同伴。比如说，当一群海豚跃出水面呼吸时，它们同时喷射出的水流能够帮助它们数清同伴的个数，并聚集在一起。从呼吸孔发出的巨大的空气泡，可能意味着好奇，就像人类满脸迷惑的表情。

群体营救 当海豚生病或者忍受痛苦时，它们会发出两节的口哨声。有时，其他海豚会停止自己的呼叫声，像是在聆听同伴。数秒内，它们就能找到发出痛苦叫声的同伴，然后迅速冲到同伴的身下，将它抬到水面上帮助它呼吸。那些被海豚营救过的游泳者后来回忆说，这些营救的海豚们都非常小心、高效且持久。据目前掌握的资料显示，海豚们在营救受伤的同伴时，能持续数天在同伴需要呼吸时都将其举出水面，并且在接下来的数周内断断续续地提供帮助。

群体警戒 当海豚被身边的陌生物体，如人类、船只、鲨鱼甚至是动物园水池中的一个皮球等惊吓时，海豚会迅速安静下来。平时喧闹的水池突然安静下来，和尖叫的效果一样显著。海豚们会挤在一起，寻找恐吓的目标，再慢慢游过它。如果一切正常的话，好奇的海豚会快速游到目标物跟前，用声呐探测之后，再快速离开。最终它们会用身体触碰，甚至操控这些新奇的物体，并最后给出意见。如果这个物体是无害的，

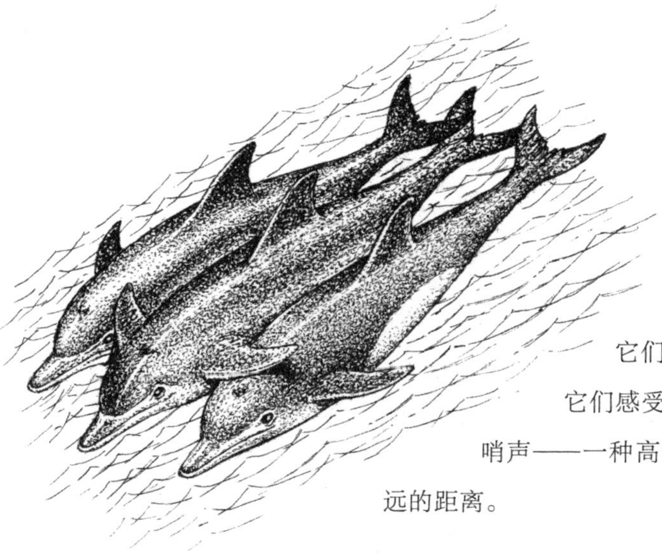

群体营救：当某只海豚无法游动时，它的同伴通常会将它举到水面帮助它呼吸。

它们会转回到正常的口哨声，但是如果它们感受到了危险，它们就会发出警告的口哨声——一种高音调、低音频的叫声，能够传递很远的距离。

冲突行为

等级和梯队 研究者发现在一些圈养的瓶鼻海豚群体当中存在着一种等级序位。在最常见的情况下，最大的雄性海豚位于等级的顶端，之后是其他雄性海豚、成年雌性海豚和年轻的雄性海豚，小海豚位于等级的最末端。同样地，最大最年长的雌性海豚的等级序位通常也比年纪较轻、体型较小的雌性海豚高。

优势个体很容易就能分辨出来，因为它们拥有随意使用水池的权利，它也会在表演中跳得更高，更有攻击性，也很少有其他海豚会来纠缠它。但是海豚群体的等级序位并非是一成不变的，因此在观察时要留心这些等级的变化，最好的分辨等级变化的方法是观察谁威胁谁。

威胁 海豚最轻的威胁姿势之一就是紧盯着对方。通常来说，优势个体只需一个瞪视，处于劣势的一方就会逃掉。如果碰到的是顽固不化的对手，优势个体想要将它从绝佳的位置（比如说驯兽师盛鱼的桶的正前方）赶走，它只需要

威胁：受挫的海豚会用尾鳍或者整个身体拍打水面。

游到对手的正上方，从上面压下来即可。在极少数情况下，一只或多只海豚会把不听话的海豚逼到水池底部。

在更加直接的攻击威胁中，海豚会张开嘴巴（并露出牙齿），或者拱起后背，头部朝下来展现优势。为了直中要害，海豚也会拍打着上下颚冲向对手，或者用尾巴或吻部击打对手。攻击姿势的特点是它的突然性，与通常情况下海豚缓慢、优雅的移动方式形成鲜明的对比。海豚展示不悦情绪的另一种方式是用尾巴、鳍肢或者整个身体拍打水面，发出巨大的声响，水花四溅。

观看威胁姿势的一个好时机是当海豚愤怒，或者对驯兽师表示不耐烦时，它会用尾巴重重地击打水面，将驯兽师和观众溅得一身水，这种表达方式类似于人类的跺脚。有时在用尾巴击打水面的同时，它可能会从呼吸孔中发出一种喧闹的、有节奏的“讥讽声”，有时则会从呼吸孔中喷出一股气流，并促使周围的同伴也从呼吸孔中喷出气流。

投降　为了表示投降，避免进一步的攻击，海豚会合上嘴巴（同时也将牙齿隐藏起来），脸部朝向其他区域，并把脆弱的身躯展示给对方，像是在说“你可以攻击我，但我没有攻击你的意思”。恐惧的海豚不会再去冒险，而是急匆匆地从优势个体身边逃跑。

打斗　如果你在野外仔细观察过海豚的身体，肯定能发现一些伤疤——说明在海豚的社会当中，并不总是友好的状态。海豚可能会为了一个物件、空间、食物甚至是队形中某一喜好的位置而打斗。通常来说，打斗的发起者都是年轻的雄性海豚，占优势的雄性海豚会用牙齿耙、撕咬、用下颚猛击，或者用强有力的尾巴击打来回应。打斗尤其常见于当优势雄性海豚已经占有某只雌性海豚，而其他年轻的雄性海豚硬要插进来时。

性行为

海豚曾被形容为“泛性者”，因为它们的性行为随意且没有约束。它们全年都可以发情，白天或晚上都会有性行为，异性之间和同性之间都会有性行为。它们甚至对海豚之外的其他物种也会产生兴趣，潜水的人类经常会遇到海豚的性骚扰。在美国佛罗里达州的萨拉索塔，甚至有报道一只海豚对着一艘帆船展示爬跨行为！但是这些行为中多数都只是社会性的，并不是为了达到交配的目的。带有性行为的姿势也是海豚玩耍行为的主要组成部分，从年轻的海豚到年纪很大的海豚，从雄性海豚到雌性海豚都会开心地展示这些行为。

展示性游动：求偶的海豚会绕着彼此转圈，上下翻筋斗、螺旋式移动，并跃出水面。

求偶 尽管全年都能见到海豚的性行为，但是它们的主要繁殖季节是春季到秋季的这段时间。在这一时期，当某只成年雄性海豚护卫并将注意力放在某一只特定的雌性海豚身上时，注意观察它们。雌性海豚会发出明显的性暗示，包括在雄性海豚的前侧身游动，将生殖口在雄性海豚面前展示。为了进一步引起雄性海豚的兴趣，雌性海豚还会将头放到雄性海豚的背上慢慢摩擦，侧鳍轻抚它的腹部。继续往下看，你会发现雄性海豚又会反过来在这些性行为中占据主动。

另一种更加常见的性行为是展示性游动，此时，一只海豚会绕着另一只海豚转圈，有时会螺旋式移动，或者上下游动。这种游动通常会转变成伴侣之间的追逐，它们会轮流螺旋式移动，跃出水面，并将腹部朝下重重地砸到水面上发出巨大的响声。在这些兴奋的追逐中间，会时常出现一些暂停，这些海豚会一动不动地浮在水面上，像是为了呼吸氧气，雄性海豚可能会在水中头朝下做垂直倒立展示，直到雌性海豚，通常情况下也会有其他同伴都模仿它的姿势为止。

结成配偶对的双方会频繁地用身体的各个部位去爱抚对方，位置集中在生殖器、尾部和鳍肢。有时它们也会绕着水池巡游，一方的侧鳍尖端会放在另一方的生殖口中。雄性海豚会在雌性海豚之下，以典型的“S”形姿势游动，不断发出声音，并用声呐系统去探测和识别雌性海豚的腹部。同时也注意观察它们拍击下颚、用鼻子爱抚、摩擦、轻轻地用牙齿耙对方和发出叫声的行为。如果看到这对海豚不断地撞击头部，也不要感到奇怪，尽管这一行为看起来只会让双方头疼，但却能将它们带入交配的氛围当中去。

交配 如果雌性海豚还没做好交配的准备，它可能会将背部冲着焦虑的雄性海豚，甚至用鳍肢拍打雄性海豚。当交配的时机到来时，它会全身放松，让雄性海豚在自己身边游动。雄性海豚会轻轻地将它推到水面，自己腹面朝上，让双方的腹部相接，生殖器区域能够连在一起。雄性海豚还会用鳍肢紧紧抱住雌性海豚，经过数次插入后，两只海豚会优雅地分开，各自休息。

育幼行为

产子 海豚的妊娠期持续约一年时间，小海豚出生的时间刚好在下一年繁殖季的中间。此时雄性海豚最具攻击性，因此雌性海豚会离开海豚群去产子。通常会有一个帮手——一只尚未生育的雌性亲属会跟它一起，在生产和随后的育幼阶段帮助它。为了模仿野外的情景，动物园的饲养员会将临产的雌性海豚和雄性海豚分开，有时也会将首次产子的雌性海豚和已经有多次产子经历的雌性海豚放在一起，让它们学习产子的过程。

照顾小海豚：当小海豚生下来很虚弱或者流产时，雌性海豚会把小海豚举到水面呼吸空气。

雌性海豚在临产时，身体和尾巴会夸张地拱起来，有时甚至会倒立在水中，尾巴露出水面。海豚的分娩时间从20分钟到数小时不等。随着每一次子宫收缩，雌性海豚的乳房都会喷射出一些乳汁，小海豚露出的身体越多，分泌的乳汁也越多。最后一次用力收缩子宫，会把小海豚挤出体外，随着一股血流，小海豚的尾部先出来，之后雌性海豚会转圈，将脐带扯下来，小海豚会游到水面去呼吸。

在小海豚出生后，同一个水池的所有海豚通常都会发出嘈杂的叫声和口哨声，包括雌性海豚和小海豚之间的连续口哨声。雌性海豚和小海豚可能正在试着通过声音识别彼此。之后，一旦小海豚不在视线范围内，雌性海豚只需要发出口哨声，就能将小海豚召唤回来。

结队游动：小海豚会借助母亲移动形成的水流游动。

回声定位法：通过听觉判断物体

1946 年，迈阿密动物园的管理者提出了一个在当时看来十分荒谬的观点：海豚可能是用它们的超级听力“识别”水中的物体。它们在游动当中发出的滴答声，可能都以回声的形式返回——这也正是我们人类声呐系统的工作原理。科学家随后证实了这位管理者的想法是正确的。与海豚相比，我们声呐系统的解读非常基础和不完善。海豚会发出一系列不同频率的声音，这些叫声返回的详细回声能够描绘出一幅三维画面，在这个详尽的三维画面中，海豚能够区分出埋在泥沙中的两枚硬币。这种识别物体的能力，在野生海豚追踪猎物和躲避风险时也非常重要，尤其是在昏暗的海水当中更是如此。

海豚是怎么做到这一点的呢？科学家们认为这些叫声是从海豚鼻子当中的特殊气囊发出的，这些声音会通过海豚头顶透镜状脂肪结构集中到一种管道内。每当海豚需要“识别”物体的时候，就会从这些管道发出一系列声波，这些声波在遇到目标物后会反射回来，回声在撞击到海豚突出的下颚时，会沿着下颚骨传输到下颚基部的脂肪层，进而传输到中耳。最终这些声波会在海豚的大脑描绘出一幅三维的画面。这一系列过程发生在极短的时间内，同时拥有超高的精确度，这一切都让声呐工程师们惊羡不已。

哺乳　雌性海豚和小海豚之间还会通过触摸和摩擦巩固彼此之间的联系。小海豚的哺乳时间约为 18 个月。每当饿的时候，小海豚就会游到母亲的身体下方吃奶，海豚的乳汁中富含营养物质，只需要一年时间，小海豚的体重就能增长到 75 千克，体长能达到约 0.6 米。

保护小海豚　在一个到处都是鲨鱼和虎鲸的海洋当中，如何保护刚出生的小海豚是个很大的难题。雄性海豚在这段时间会变得极富攻击性，对于脆弱的小海豚来说也是个威胁。因此雌性海豚会谨慎地照顾小海豚，让它们远离一切奇怪的物体，保护它们不会被跃出水面的海豚伤到，同时避免受到雄性海豚的猛烈攻击。

由于小海豚的协调性不好，也不善于游泳，它多数时间都会在雌性海豚上方或者侧面，在母亲游动时形成的低阻力水流中活动。在结队游动的过程中，小海豚与雌性海豚的身体颜色会很好地混合在一起，在捕食者看来，它们就像是一只海豚。一旦小海豚离得太远，雌性海豚会立马将它召唤回来。

共同育幼 多亏了海豚社会的共同合作机制，随着小海豚慢慢长大，雌性海豚也能从这种紧张的警戒状态当中喘口气。当雌性海豚外出觅食时，亲缘关系很近的海豚通常会充当临时保姆，照顾这些小海豚。小海豚们有时也会在由 2~3 只雌性海豚围成的护栏当中玩耍。在这些相对安全的日间托儿所中，小海豚逐渐学会了如何与同伴互动。在小海豚长至 18 个月后，雌性海豚就会停止哺乳，并鼓励小海豚们自己游动。即便如此，每只小海豚都会继续同母亲保持亲密的关系长达六年之久，让自己有充足的时间学习海豚社会的规则。

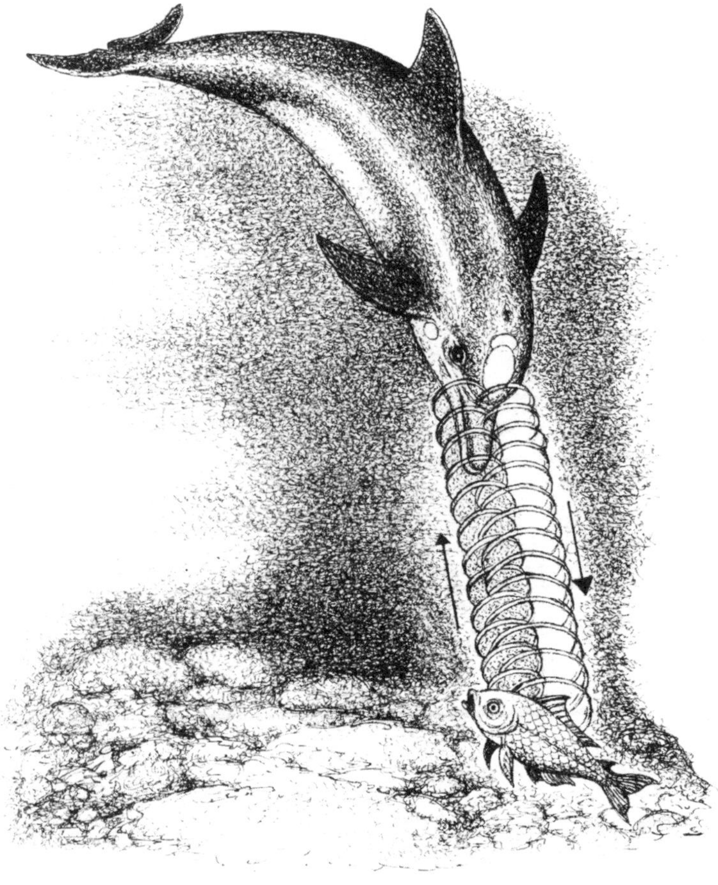

回声定位：为了激发自身的声呐系统，海豚会先将发出的声波汇集到头顶的透镜状脂肪结构中。发出的声波在遇到鱼时，能从鱼的身体上反射回来，经过下颚骨到达下颚基部的另一个脂肪层中。这些反射回来的声波能够在海豚的脑中形成猎物的三维图画。

动物园或野外可供观察的瓶鼻海豚的行为

- **基本行为**
  - 移动：游动　翻筋斗　后空翻　跃身击浪　“走动”　跃动　列队游动　跃出水面
  - 呼吸
  - 采食：包围　猛冲　设圈套　重击
  - 休息
  - 自我刺激（渴望触摸）
- **社会行为**
  - 友好行为
    - 触觉接触：摩擦　拍手游戏　吻部—生殖口推进
    - 玩耍：拾取　追逐　比赛　性意味的玩耍
    - 保持联系：独特的口哨声　其他声音
    - 群体营救：痛苦叫声　群体托举
    - 群体警戒：突然安静　聚集　试探　警戒叫声
  - 冲突行为
    - 威胁：瞪视　向下压　攻击性威胁　拍打水面
    - 投降
    - 打斗：用牙齿耙　撕咬　用下颚猛击　用尾巴击打
  - 性行为
    - 求偶：展示　摩擦　展示性游动　追逐　爱抚　“S”形姿势　拍击下颚　轻触　轻轻地用牙齿耙　尖叫　撞击头部
    - 交配
  - 育幼行为
    - 产子
    - 哺乳
    - 保护小海豚：结队游动
    - 共同育幼

移动：海狮是身体冲浪的天然践行者，它们会像海豚那样跃出水面来呼吸。

加州海狮

California Sea Lion

重要参数

分类：鳍脚亚目　海狮科

学名：*Zalophus californianus*

体型：雄性2~2.5米

雌性1.5~2米

体重：雄性200~300千克

雌性50~100千克

寿命：20年或者更长

生境：海洋、岩石海岸或沙滩

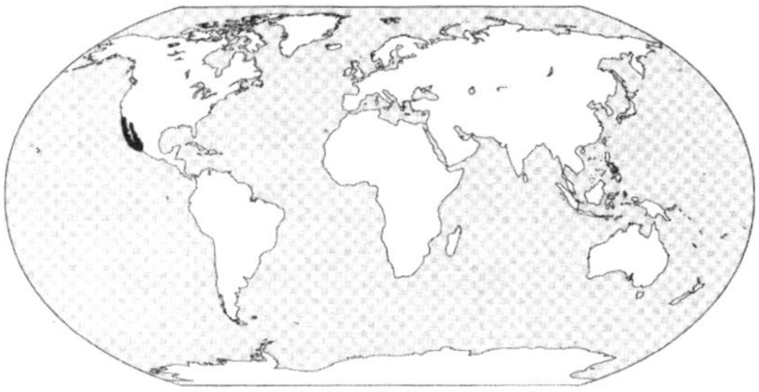

海狮在马戏团里的地位类似于小丑，它们会用鼻子转球，也会穿着芭蕾舞裙转圈，或者耐心地展示一些曾经在观众当中广受欢迎的滑稽表演。如今，尽管仍有一些马戏团、动物园和水族馆会让海狮做这些表演，但多数马戏团、动物园和水族馆都开始尽可能地鼓励海狮展示自己的天性。

但是海狮不需要劝诱就能做出这些表演。在加利福尼亚或者墨西哥的岸边，经常能见到野生的海狮们从岩石上往下跳水、身体冲浪、跃出水面、追逐打闹并相互投掷小片的海藻等，它们这么做只是因为好玩。海狮能有这么多时间玩耍，其中一个原因是它们异常熟悉所在的栖息地，轻易就能把捕食者甩在身后，在狭小的空间内身体也能灵活自如，而且能够迅速捉到章鱼。

海狮的身体呈鱼雷状，灵活的脊柱、强壮的脖子和胸肌，使得它们能够灵活自如地运动。像海豚那样，它们依靠宽大的前鳍划水，后鳍用于控制方向。为了保持流线型的身体特征，在演化的过程中，它们的四肢逐渐缩短，最后只剩下了手和脚。它们的耳朵逐渐缩小成细小的卷状，生殖器和乳房也都缩到了身体内部，尽可能保持身体的光滑，以便在水中游动。

在海狮的自然栖息地同它们玩耍嬉戏过的潜水员们能够证明它们在游动时是何等地英勇，又有多爱玩。许多第一次潜水的潜水员都会被海狮们拖入一场“胆小鬼游戏”当中，海狮们会开玩笑地吹着泡泡，或者猛地合上牙齿，向着早已被吓坏的潜水员们冲过去，并在最后时刻改变方向。如今我们在动物园中所能看到的那些表演，有很大一部分是海狮的自然行为，这么做不仅可以引导观众，也能够保持海狮较高的表演热情。

但是有些最好看的表演，恰恰出现在海狮表演的间隙。那些你能在动物园的人造岸礁上见到的嘈杂场面，往往是海狮的自然行为。在陆地上时，海狮们喜欢叠在一起，相互触摸。但是当海狮需要占有繁殖领地，或者守卫后代时，它们又会抵触社交活动，埋头于精心准备威胁仪式，偶尔还会与其他个体打斗。了解海狮的一些社会行为后，你会更容易理解那些你将在动物园中看到的海狮所展现的吼叫、追逐、打斗和友爱等行为。

加州海狮可供观察的基本行为

移动

只需要观察它们在水中的游动方式，你就能分辨出哪些动物是真海豹，哪些是突耳海豹（海狮和海狗）。真海豹会摆动后鳍，像鱼儿摆动鱼尾那样往前游动，而海狮和海狗则通过前鳍往后划水让自己往前游动。靠这种办法，海狮游动的速度能达到 32 千米/时，在需要逃跑时，它们会将身体弯成一定的弧度，像海豚那样跃出水面来增加速度。海狮群一同游动时，年轻的海狮们会排成一排，一个接一个地跃出水面，看起来就像尼斯湖水怪在水底捣乱一样。海狮也是身体冲浪这项运动的天然实践者，它们会利用海浪将自己送到岸边或者推至岩石暗礁上。

走路：和许多四条腿的哺乳动物一样，海狮也会利用手和脚，交叉着往前行走。

海狮是水陆两栖动物，它们爬上岸后，会将身体抬离地面，和其他四条腿的哺乳动物一样，交叉着迈步往前行走。由于海狮的四肢只有很少一部分露在身体外面（其他部分都退化收回到身体内部，使得身体呈现出流线型），因此海狮其实是在用“关节”和“脚后跟”走路。每走一步，海狮都会转动肩膀和屁股，并左右摆动头部。

海狮在需要的时候也能飞奔，它们的两只后鳍先动，再一同移动两只前鳍，同时头部也会上下摇动。它们飞奔的速度最快能达到 24 千米/时，几乎赶上了游泳时的速度。在光滑的平面或者浅水区域，海狮也会大幅度往前划动，后鳍离开地面，全身的重量都集中在腹部，前肢迈着大步，拉动整个身体往前移动。占有领域的雄海狮在冲向入侵者时也会采取这种大步划动的移动方式。

采食

海狮通常都需要在深海进行一番快速而曲折的追逐才能吃到食物。它们主要以乌贼为食，也会采食鳀鱼、鲱鱼、太平洋鳕鱼、石斑鱼、狗鳕、鲑鱼和章鱼，它们主要靠视觉发现食物，也会使用触觉——利用敏感的胡须感受鱼儿经过时水流的震动来捕猎。一些研究者推测海狮可能还会使用自己的叫声（声呐）来定位猎物，但这一推测还没有得到证实。

同样未被证实的是，海狮导致了鲑鱼和其他商业性鱼类储量大大减少。尽管受到法律的保护，每年仍然有许多海狮被海洋捕捞业的从业者所杀害。生活在俄勒冈州罗格河水域的海狮的确会在鲑鱼溯流的路程中捕食，但这些被吃掉的鲑鱼只占很小的比例，根本无法对整个捕捞业产生影响。而且多数情况下，海狮都以非商业性鱼类和乌贼为食。

理毛

海狮后鳍末端长长的富有弹性的瓣膜能够往后弯曲，露出三个脚趾和爪子，它们会像狗一样，用爪子去抓挠。它们的脊柱很灵活，爪子能够触及到身体三分之二的部位。它也会把头部和脖子伸直,用一个前鳍摩擦身体,用另一个前鳍来保持身体的平衡。它们也会侧着身体在岩石上摩擦、在沙地里蠕动，或者弯曲身体在其他动物身上磨蹭。最后，在动物园观察时一定要留心海狮摩擦胡须的行为——它们从水中上岸后，会在岩石上轮流摩擦两边的面孔。

保暖和降温

海狮是水陆两栖的温血哺乳动物，在海洋中它们得竭尽全力保持体温，在陆地上它们又时常受到温度过高的威胁。海狮的身体是如何适应、解决这种困境的值得我们仔细探究。

温血动物在水中散失热量的速度是在空气中的25倍，为了尽可能减少这种损失，海狮在不断演化的过程中，逐渐形成了体型大，但体表面积较小的特征（相对于它们的体重来说）。为了进一步减少热量的散失，它们的身体表面覆盖了一层10

挠痒：海狮会用藏在鳍肢尖端的爪子来挠痒。

厘米厚的油脂。但它们的鳍肢并没有完全布满油脂，这也是为什么它们在休息时总是将一个鳍肢竖起来露出水面。海狮为了保存热量而呈现的这种姿态就像水壶，它的一个前鳍和两个后鳍会弯曲呈水壶的把手状，它们也能通过往这些特殊的区域增加或减少血液流通量来保存热量或者降温。

像雨衣一样披在身上的厚厚的油脂层在水中能够帮助海狮保存热量，在陆地则变成了不利的因素。在灼热太阳的炙烤下，海狮必须定期将自己全身浸泡在水中才能达到降温的目的，这种需要也影响了海狮的许多行为。比如说为了繁殖的需要，海狮们会聚集到岸上，为了离海水更近，它们全都会挤在岸边。占有领域的雄海狮们会聚集在临海区域，这样就可以随时下水乘凉，而不需要离开所占有的领地。雌海狮在身体过热的时候，也会带着它们的幼崽们返回到海洋当中降温。在天气很热时，这些挤在一起的海狮们可能会等到午夜才开始活动。

玩耍

在海狮表演中你会看到很多玩耍行为，它们似乎永远都玩不够。年轻的海狮们尤其喜欢玩耍，时刻不停地摇晃或投掷海藻片、在岩石或岸边啃咬、在涌来的海浪上冲浪、全身跃出水面等。当有同伴在身旁时，它们会玩得更尽兴。

睡眠

该睡觉的时候，海狮会离开舒适的水面，爬上岩石。它们睡觉时，通常会用前鳍撑起身体，头往后仰，鼻子冲着天空，这一姿势在我们看起来极其不舒服；有时它们也会腹部着地，鳍肢塞在身体下方睡觉；有时则会侧着身体睡觉，前鳍放在胸前，后鳍伸展开来放在身后。在休息的时候，海狮会收起胡须，像是把不用的天线收起来一样。海狮也会在水中小憩，如果你见到一只海狮正在水中侧躺着，鳍肢露出水面，呈“水壶把手”的形状时，注意观察，它们正在做美梦呢。

加州海狮如何互动

友好行为

身体接触　如果不需要守卫领地或者保护幼崽，海狮似乎永远不会厌倦同伴。它们会紧紧地挤在一起，任何一只想要挤进来或者挤出去的海狮，都必须爬过这堆海狮。几乎所有见过海狮的人都会提到它们的面部表情，它们的胡须、眼睛和鼻子都能传递信息。注意观察那些配偶对或者海狮群之间友好的爱抚或者磨蹭鼻子的行为，尤其是

休息姿势：海狮会在固定的区域休息。

在秋季和冬季不需要占有领地的时期。

社会玩耍 海狮在社会玩耍中也会使用触觉。小海狮们会一同冲浪、用脖子摔跤、追赶、啃咬、爬跨或者冲着对方猛冲等。年幼的海狮们会玩“争当山大王”的游戏，推着挤着去占领巨石或暗礁的最高点。这些玩耍行为和攻击性的竞争以及性行为有很多相同之处，能够为日后占据领地和传递基因做准备。

群体防御 海狮群中有一种带有传染性的行为是警戒反应。在被巨大的噪声、人类活动或者海鸥的警告叫声惊吓时，海狮会急匆匆地返回水中，即便这意味着要跳下悬崖再穿过布满岩石的海岸。这种逃离是群体行为，眨眼间，整个海狮群都会跳入水中，一起发出警告声。但是最终在好奇心的驱使下，会有个体返回岸边，头部露出水面远远地潜望和探究。在动物园参观时，注意观察这种群体性的逃离行为，它们通常会在你意想不到的时候发生。

冲突行为

每年的 5~8 月，加州海岸那些海狮的聚居地会频繁地暴发冲突，因为此时雄海狮会占据和守卫繁殖领地。雌海狮则会以小群的形式聚集在一起，它们多数情况下都能容忍同伴的存在，只会在其他个体靠近它的幼崽时发出警告。圈养环境下，在繁殖季节到来时，雄海狮们都会被隔离开来，以避免发生严重的冲突。但是以下所说的某些威胁行为在其他时间也能见到，因为在圈养条件下容易形成优势—从属的等级序位。最大的雄海狮通常会追逐和恐吓体型较小的雄海狮，尤其在争夺稀缺资源，如食物、最佳休息地或者返回水中的通道时等。

爱抚：海狮们会用竖起的胡须和湿润敏感的鼻子相互打招呼。

雄海狮的威胁 在野外聚居地为繁殖做准备时，每只雄海狮都会在海滩划定一片领域，并尽量不让其他雄海狮进入这片区域。两只雄海狮之间相隔大约 15 米，它们会竭尽所能地守卫这片区域，当有雌海狮经过时，想尽办法与之交配。那些没有占据领地的雄海狮，如果想要交配并将基因传递给下一代就会很困难，为了能与雌海狮交配，它们首先必须面对占有这片领地的脾气暴躁的雄海狮。

为了防止流浪的雄海狮偷袭，那些占据领地的雄海狮在数周的繁殖期内几乎没时间吃东西，它们得时刻提防这些偷袭者，不停地大声吼叫，像是在说“我在这里，我会攻击任何入侵者”，它们甚至在水下也能发出吼叫声。除了声音警告外，雄海狮通常也会做出威胁姿态。

雄海狮的威胁：雄海狮领域的边缘充斥着警告的叫声。随着紧张情绪的升级，它们会越来越快地前后摇晃头部，最终它们会胸贴着胸，头部往侧面转，眼睛紧盯着对手。

占据相邻领地的雄海狮们会定期在隐形的领域边缘相见，明确彼此的领地范围。它们会冲向对方，兴奋地吼叫着，并尽可能往外伸胡须。在到达边界之前，它们会趴下来，停止吼叫，将所有能量都用于激烈的头部晃动上，同时大张着嘴巴（张嘴威胁），缓慢地左右摆动脖子。在最激烈的威胁姿势中，它们用后鳍支撑身体，胸贴着胸，转过头用一只眼睛盯着对方（斜眼盯视）。如果哪只海狮不小心越过了边界，它们就会面朝相反的方向，假装去撕咬对方的胸膛和鳍肢。整个画面看起来就像武术表演那样仪式化，尽管它们离得很近，但都不会去触碰另一只个体。

雌海狮的威胁　雌海狮在产崽季节会展现防卫行为。如果另一只雌海狮离得太近，海狮母亲会先绕着幼崽不停地转圈，之后再冲向入侵者。这两只雌海狮会面对面，伸长脖子，左右晃动头部，并张大嘴巴（典型的张嘴威胁姿势），它们可能会一同晃动头部，长声尖叫之后再闪开。随着紧张情绪的进一步升级，这种长声尖叫会变成威胁程度更高的，闭着嘴发出的长长的打嗝声，最后演变成最激烈的声音威胁——不规则的厉声低吼。这些威胁或竞争还没到被激怒的程度，极少会演变成撕咬，即便真的有撕咬，伤口也不会很严重。多数威胁都会以某只雌海狮往后撤退数米结束。

打斗　雄海狮之间的威胁则会引发极其严重的打斗，尤其是在繁殖季节，当入侵者不顾那些仪式化的信号而闯入雄海狮的领域时。对于入侵的雄海狮来说，打斗可能是获得与雌海狮交配的唯一机会。在长达数分钟的打斗中，两只雄海狮会胸贴着胸，朝着对手的胸部、躯干和鳍肢快速猛烈地撕咬。打斗的双方会不时地停下来凝视对方，每一只都尽力让自己看起来比对方更大。这些小插曲过后，会有更加猛烈的冲击，有时候这些冲击过于猛烈，如果被攻击的一方躲开的话，攻击者可能会跌倒在地上。在水中有时也会有这种短暂和爆发性的攻击，此时攻击通常会转变成绕圈追逐，两只雄海狮会尽力抓住对手的后鳍。当某只雄海狮受够了这种追逐后，它会撤退，频繁地旋转，并保护后鳍不被对方捉住。

摇头

性行为

一旦海狮在岸上聚集，雌海狮会在同一个时间段内产子和交配，这样做对它们是有好处的。雌海狮会先产子，大约 27 天后就准备好与雄海狮再交配。雌海狮在照顾小海狮的时候，雄海狮便忙于建立自己的领地，等到雌海狮进入发情期后，雄海狮就能拥有属于自己的领地。

群栖地蓝图　如果你能从空中俯瞰一个典型的群栖地，你就会发现占有领域的雄海狮会在海滩上均匀地排成一排，雌海狮在它们的领地当中或者在领地周围。单身的雄海狮在群栖地的边缘活动，偶尔能够进入群栖地。如果雄海狮没有自己的领域，它也可以趁着某只雄海狮睡觉或者被打扰的功夫混入它的领地，偷偷与雌海狮交配。如果它的速度足够快，就能在被发现和赶走之前与一到两只雌海狮交配，甚至使之受孕。但是如果它想要占有雌海狮，就必须与领域占有者打斗，并最终征服和替代对方。领地的归属是不断变化的，雄海狮通常只能占有一块领地数周的时间。

求偶　每一只雄海狮在被其他雄海狮赶出领地之前，都会本能地与尽可能多的雌海狮交配。它们首先会嗅闻雌海狮的生殖器区域，探寻雌海狮是否做好了交配的准备。雄海狮会绕着雌海狮转圈、吼叫并晃头，这和雄海狮之间的攻击行为类似。但在求偶状态下，这种行为多了一种试探和探索的意味，雄海狮只是将胡须抵在雌海狮的身体表面，轻轻地咬住它的肩膀和身体侧面，像是要获取气味信息，而不是发动暴力攻击。雌海狮在发情时，也会有一些视觉信号，生殖器区域会变红，并且会微微出汗。

偶尔雌海狮也会做出发情展示，向雄海狮表明自己已经做好了交配的准备。它会通过在雄海狮面前侧卧、俯卧或者仰卧，在地面上扭动、抬头看着雄海狮，并将自己的身体在雄海狮身上磨蹭和挤压等方式来吸引雄海狮的注意力。有时雌海狮也会爬到雄海狮的肩膀和后背上，像是要做出爬跨的举动。雄海狮则会嗅闻雌海狮的生殖器区域，诱导雌海狮拱起背部，摊开后鳍。这些交配的前戏在水中或陆地上都能见得到。

交配　雄海狮通常会从雌海狮身后爬跨，有时会将整个身体压在雌海狮的身上，用前鳍紧紧抓住雌海狮。交配可能会持续一个多小时，包括数次爬跨、从雌海狮身上爬下，有些海狮甚至会在中间打个小盹。

交配后　交配后雌海狮会率先打破温存的状态，它会突然抬高头部和前半身，撕咬雄海狮的脖颈来逃脱。它一旦挣脱后，就会拒绝交配的这只雄海狮以及其他任何试图向它示好的雄海狮靠近。受精完成后，受精卵会在它的子宫里休眠三个半月，然后

人类和海狮

虎鲸和鲨鱼一直以来都以海狮为食，但它们的捕食几乎不会对海狮种群产生什么影响。同样地，土著居民数千年的可持续捕猎也不会对海狮种群构成威胁。但是19世纪以来，大型船只和众多的船员开始加入到商业性猎捕的行列，为了油脂和肉而大规模猎杀海狮。在1972年通过的《海洋哺乳动物法案》的保护下，海狮能够免于这些大规模的屠杀，但仍有一些海狮会被捕鱼的渔网意外杀害，而且仍有盗猎者猎杀海狮的现象出现。更严重的威胁是DDT和PCB等农药以及重金属的污染，这些农药和重金属会在海狮的油脂层或肝脏富集。

尽管有这么多威胁因素存在，全世界范围内的海狮数量似乎正趋于上升，目前有数十万只个体。部分原因在于它们的灵活性——如果群栖地附近有人类干扰的话，它们会逃到其他区域（前提是有其他合适的区域存在）。但这些都要付出一定的代价，选择新的区域生活就意味着雄海狮必须花费精力重新建立领域。因此如果我们不够小心，持续不断的干扰给海狮带来的压力终有一天会超过它们能够承受的范围，造成出生率降低，进而使整个海狮种群数量下降。对于海狮这种对人类好奇又友好的动物而言，人类对它们的种群造成干扰是一种不可原谅的失信行为。

再继续生长。多亏了这种延迟生长的策略，小海狮能够在温暖的夏季出生，此时食物充足，而且海狮们也会重新聚集在一起。

育幼行为

受孕的雌海狮直到生产前才会上岸，在加利福尼亚是5~6月。你很容易就能分辨出哪些是怀孕的个体，通常情况下，海狮的身体纤细光滑，且活泼欢闹，怀孕的海狮会变得相当笨拙、不舒服并且易怒，它们外表会变得臃肿，且活动缓慢。

产崽　在生产时，雌海狮会变得坐立不安，经常转头用鼻子去触碰生殖器区域。仔细听的话，你可能还能听到雌海狮向即将出生的幼崽发出交流叫声。刚出生的幼崽重4.5~6.3千克，长约0.7米。在幼崽出生后，雌海狮就会发出大声的、像军号般的吸引幼崽的叫声，而幼崽则会以颤抖的咩咩声回应母亲的呼叫。它们会连续不断地呼

交配：雌雄海狮的体型相差很大，它们会在陆地或者水中交配，交配能断断续续持续长达一个小时之久。

叫和回应长达20分钟，足以让它们在心底记住对方的声音特征。自此以后，一旦母亲采食回来，它们就能通过这些交流叫声找到彼此。

保护幼崽 在幼崽刚出生的数天内，雌海狮会时刻不离地陪在它身边。雌海狮会频繁地抓住小海狮蓬松的颈背，让它依偎在自己身旁。一旦有危险临近，便抓住小海狮的颈背，将它带到一个相对安全的区域。在这些时间里，雌海狮时刻都处于警戒的状态，会不断冲着那些靠近的个体吼叫，或者做出张嘴威胁，冲着它们猛击。

小海狮聚集成群 雌海狮必须定期返回海洋寻找食物，当它们返回海洋时，这些留在陆地上的小海狮们会聚集在一起。这些带有玩耍意味的小群可以在群栖地中自由活动。它们会毫无顾忌地穿越领域的边界，通常会由一两只小海狮领头，其他小海狮会跟在它们的身后飞跑。它们会频繁地来回滚动、打斗，并且利用任何冲上岸的新奇物体玩耍。它们尤其喜欢将小段的巨型海藻抛到空中，再欢快地摇晃它们。

哺乳 当雌海狮从采食旅程返回后，它会呼叫小海狮。如果其他小海狮靠近它的话，它会用张嘴威胁来回绝，或者用嘴巴衔住对方扔到远处。它自己的幼崽会继续用咩咩叫来回应母亲的呼叫，直到这两只个体最终找到彼此，并用触碰鼻子和嗅闻的方式确认彼此的身份为止。小海狮吃奶和咂嘴的声音非常大，你在十米开外都能听到。哺乳期最少持续 3 个月，有时甚至长达一年之久。在哺乳期过后，雄海狮会沿着海岸往北迁徙，而雌海狮和小海狮会继续待在群栖地，或者往南迁徙过冬。

动物园或野外可供观察的加州海狮的行为

- 基本行为
  - 移 动：游泳　跃出水面　身体冲浪　走路　飞奔　大步走
  - 采 食：追逐
  - 理 毛：挠痒　磨蹭　摩擦胡须
  - 保暖和降温：身体呈水壶状　浸入水中
  - 玩 耍
  - 睡 眠
- 社会行为
  - 友好行为
    - 身体接触：鼻子爱抚　鼻子摩擦
    - 社会玩耍
    - 共同防御：警戒反应
  - 冲突行为
    - 雄海狮威胁：猛冲　吼叫　摇头　张嘴威胁　撕咬　发情展示
    - 雌海狮威胁：张嘴威胁
    - 打 斗：撕咬　互推　猛扑　绕圈追逐
  - 性行为
    - 求 偶：嗅闻　吼叫　摇头　磨蹭　轻咬　发情展示
    - 交 配
    - 交配后行为：撕咬
  - 育幼行为
    - 产 崽：吸引幼崽叫声　回应母亲叫声
    - 保护幼崽：张嘴威胁、吼叫、推搡

北美洲

咆哮合唱：狼通过咆哮进行远距离交流，每只狼都以不同的音调，参与狼群的咆哮大合唱。

灰　狼

Gray Wolf

重要参数

分类：食肉目　犬科	学名：*Canis lupus*
体型：雄狼体长1.5~1.9米，雌狼体长1.4~1.8米	体重：雄狼20~80千克
肩高0.39~1米	雌狼18~54千克
寿命：野外10年，圈养条件下16年	
生境：非常适应偏远的栖息地	

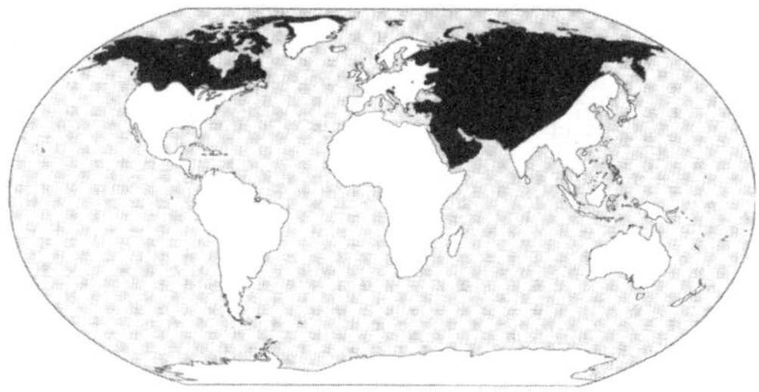

每当我们从动物世界寻找人类行为的参照物时，肯定会想到类人猿，因为它们与人类的亲缘关系最近，也是人类在演化尺度上的祖先。古人类在许多行为上可能都与类人猿相同，但正是那些与类人猿的区别，能让我们更多地了解自己。和其他灵长类不同，我们不是严格意义上的素食主义者，除了采集土地上的食物外，我们也能结成群体，追踪和猎杀那些体型更大、跑得更快的动物。为了达到这一目的，古人类完成了进化飞跃：学会合作。

在这一点上，狼和我们人类一样，也会以团队的形式合作捕猎，是所在栖息地的顶级捕食者之一。此外它们也能适应不同的生境，最终占领了除沙漠和偏远的山顶之外的所有生境。狼曾经是仅次于智人的，地球上分布范围最广的哺乳动物。

在数千年内，人类和狼都在同一区域生活和捕猎，相互之间形成了亲密的关系。人类学家的研究表明，人类早在1万~1.5万年前就开始把狼带回自己的家园，并开始驯化狼崽，经过许多代的培育后，选育出了人类喜欢的一些品质，如取回东西、挖洞、牧羊，或仅是举止优雅。几千年后的今天，狗的品种达到了上百种。尽管不同品种的狗在外形上有很大差异，如哈巴狗和爱尔兰猎犬，但它们都和野外生存的狼有共同的祖先。因此到动物园观察狼群，是了解狗的行为动机的最好方法之一。

狗对待同类和人类伙伴的方式，和狼在野外对待同伴的方式类似。在多数情况下，狼都以5~8只的群体一同生活、捕猎和养育后代（猎物越大，狼群就越大）。狼群的基本单元是家庭群，包括一只优势雄狼（狼王）、一只优势雌狼（狼后）和它们的后代。狼群的成员需要相互帮忙，才能成功追捕和猎杀驼鹿或马鹿等比自己大得多的猎物。它们也会一同保护和养育狼崽、生病的个体，以及那些无法照料自己的年老的个体。

由于群体合作对于狼群的生存是如此重要，因此狼的多数行为都是为了促进狼群的和谐。狼群靠一定的等级秩序维持，其中狼王和狼后位于其他个体之上。优势地位也意味着额外的好处和附加的责任。作为整个狼群的首领，狼王拥有享用最好的食物和交配的权利，但是它也必须承担狼群的某些活动，在遇到入侵者，需要保护整个狼群时必须站在队伍的最前端。

在狼群内部，也有固定的等级。狼王和狼后占据最上层，其他未繁殖的成年个体处于中间地位，而那些被社会摒弃的成年个体则位于最末端，在群体所有成员聚集时只能待在群体的外缘。那些未成年的个体（2岁以下）通常有自己的等级秩序，直到长至性成熟，才会参与成年个体的等级。

每只狼都通过展示来表达自己所处的等级：面对面相遇时会采用视觉展示；而在视觉范围以外，则通过气味标记和嗥叫展示给群体成员或者敌人（见319和320页的远距离叫声和隐形标记）。如果你很有耐心，并且认真观察的话，这3种交流方式你都能在动物园见到。但是如果你所在动物园的狼群没有互动，你至少能见到狼的那些基本行为——即便是单只狼，也会展现这些行为。

远距离叫声

嗥叫是狼的典型特征，也是人类联想中真正的荒野的标志（如果某个动物园充斥着狼的嗥叫，肯定能吸引更多游客）。当我第一次冲着狼群嗥叫，并得到它们的回应时，我胳膊上泛起一阵鸡皮疙瘩，脖子后方的汗毛都竖了起来。这是种本能的反应，可能是基因中的某种远古记忆在起作用。

像弗雷德·哈林顿（Fred Harrington）这样的科学家们已经花了很多年冲着狼群嗥叫，搜集了大量的数据，同时也肯定经历了很多全身起鸡皮疙瘩的情景。他们的研究发现狼群嗥叫有3个原因：①同狼群中走散的个体交流；②向邻近的狼群表明自己的存在；③有时只是为了好玩。典型的嗥叫开始时只有一只狼吼叫，进而增加到两只，然后是多只，就像是多股细流慢慢交汇在一起。每只狼都以不同的音调吼叫，事实上狼群的嗥叫像是大合唱。如果你模仿某只狼的声音加入到嗥叫的行列，那只被模仿的狼会自动改变声调。它们这么做可能是因为嗥叫是为了交流，每只狼的声音对于其他个体来说都是独特的，就像是身份标签一样。区分不同的音调能够让它们通过声音判断出对方是谁。那些相邻狼群的个体可能也能够分辨出这些不同，从而了解对方的个体数，进而判断是否闯入一片陌生的领域。

狼群在嗥叫后，会暂停15~20分钟，给听觉范围内的其他个体留下回应的时间。有时如果相邻狼群的嗥叫已经越过了领域边界，这些狼群就会选择不做任何回应，因为嗥叫会暴露自己所在的位置，如果相邻狼群想要闯入，它们就知道己方的位置。但是如果一个狼群正在捕猎，或者保护狼崽，它们就更愿意嗥叫，像是在说“我们在这儿，最好不要突然过来”。如果它们没有猎物或者幼崽需要保护，这个谨慎的狼群可能会选择保持沉默，当相邻的狼群嗥叫时，如果对方个体较多，就会选择偷偷溜走。

那些正在竭力占有领地的单只狼很少嗥叫，可能是因为嗥叫大多会暴露自己。但是大的狼群由于战斗能力更强，可能会嗥叫得更多。在繁殖季节，每只个体都会莽撞行事，此时不管狼群大小，都会急切地嗥叫。在大片的领域内，狼群的成员即便分散成单只或者两只的小群，也会步调一致，像是被一根巨大的橡皮筋牵着一样。它们能够步调一致的原因就在于通过鼻子和耳朵建立起来的远距离通信网络。气味标记和嗥叫一样，既能传递友好的信息，也能传递威胁信息。

隐形标记

在野外，不同地区狼群的活动领域有很大的差异，明尼苏达州狼群的家域大小为130平方千米，而阿拉斯加狼群的家域能达到13 000平方千米。当狼群在家域范围内追踪猎物时，它们会通过尿液和粪便中的特殊气味，或者直接用分泌气味的腺体在标记物上磨蹭来标记。动物园中的狼群也会在领域标记，这也是你在动物园可以看到的一种行为。

当一只狼以8千米/时的速度移动时，它每隔2分钟就能遇到一处标记或者进行一次气味标记。如果以粪便的形式进行标记，它通常会用前爪将粪便抹一地，在传递化学信号的同时，也留下视觉信号。狼脚趾中间的汗腺也会在走过的区域留下另一种信号。撒尿时，不管是雄狼还是雌狼都会抬起后腿，使得尿液能够喷洒在竖直的目标物上，这样留下的气味高于地面静止的空气，也更接近狼的鼻子。

狼会在领域内的道路交叉口、转角处和桥梁等显著的地点留下气味信息，这一点和人类用火焰或者石堆在重要路口提醒同伴类似。具体的气味标记点包括岩石、树桩、木材、雪堆甚至是树枝等。

这些标记可在下次狼群经过时帮助它们判断方向。它们也可能通过嗅闻标记来判断这是哪只狼做的标记、它的繁殖状态如何、它从哪里来、多久之前从这里经过、它的健康状况如何、它是朋友还是对手等。你可能会好奇为什么它们能从如此细微的气味信息中分辨出这么多信息，要知道在分辨某些气味方面，狗的鼻子比我们人类的鼻子要灵敏一百万倍。

在相邻领域的边界，狼群们会留下双倍的气味标记，除了能分辨出标记对象外，这些气味也有威胁的作用，能够告诉来访者“这片区域已经被我占领了，不能再往前走了”。当狼群遇到相邻狼群做的标记时，它们通常会在这些气味之上再次标记，并返回自己的领域。在这种情况下，相邻的狼群能保持和谐的关系，都不会越过边界到对方的领域当中去，也就能避免危险的情景发生。

灰狼可供观察的基本行为

移动

灰狼流线型的身体非常适合长途跋涉，它们的肩部和臀部一样宽，有四条长腿。这意味着它们的前腿和后腿可以在同一个平面上移动，能够步幅平稳、摆动自如，看起来似乎毫不费力。如果以 8 千米/时的速度小跑，狼群每天能够移动 200 千米。在追捕猎物的最后冲刺阶段，它们的速度能达到 72 千米/时。

采食

狼群在追踪和猎杀大型猎物，如驼鹿、驯鹿、马鹿、野牛、麝牛和雪羊方面十分擅长，在某些区域，它们也会捕猎一些像河狸这样的小型猎物。一旦捕到猎物，它们会立刻填饱肚子，每次最多能够吃下 18 千克的食物，这相当于一个体重为 90 千克的人，一口气吃下两大只感恩节火鸡。但是对于狼群来说，这并不是暴饮暴食，只是因为下一餐可能要很久之后才能吃到。

尽管狼王具有进食的优先权，但其他个体也都有进食的机会。即便是等级最低的狼也能够享用嘴边 30 厘米范围内的食物，只要它将食物抢到手，其他狼就不能再将食物抢走。狼群在吃饱之后，会把剩下的骨头等埋掉，这种行为也解释了为什么你家里的狗总是将吃剩下的骨头埋在花园里。

排泄

对于狼来说，排尿和排便有着双重甚至三重功效。除了将废物排出体外，排尿或者排便也可能是恐惧或者投降的信号。那些遛过狗的人都知道，尿液也能作为气味信号标记领域。

在恶臭物品中翻滚

为什么狗喜欢在恶臭的东西，如粪便或者腐烂的尸体当中翻滚呢？狼也喜欢在恶臭的东西当中翻滚，即便是在动物园中，它们也会闭着眼睛，以一副满足的表情在恶臭的东西当中翻滚。关于这种行为有多种解释：一种解释认为，当狼在这些带有强烈信号的物品当中翻滚时，它自身的气味和这些强烈的信号融合在一起，能够留下更加强烈的气味信号；

另一种解释认为，当自身的气味与恶臭的气味融合后，狼在与同伴或者与陌生个体突然相遇时能够免受直接攻击，因为狼群在遇到一只浑身臭味的狼时，会首先探究和了解而不是直接攻击，而近距离探究之后，它们就会发现这只新遇见的个体并非陌生个体；第三种解释认为，这种臭味其实是用于掩盖狼自身的气味，让它闻起来不那么明显。

舒适行为

狼群在野外或者模拟自然生境的展示馆中，在安顿下来睡觉之前，会一遍遍地绕圈，将脚下的草踩成适合睡觉的床。在家养的狗身上，依然能够看到这种转圈行为的残余——即便有很厚的地毯或床垫，根本不需要再踩踏。狼会以侧卧或者俯卧的方式睡觉，但在深度睡眠中，它们会蜷缩身体，将鼻子放在尾巴下面来保暖。在冬季当它们离开巢时，身上覆盖的积雪能够帮助身体的其他部位保持温暖。

其他帮助自己舒适的行为有：喘气、搔痒、打哈欠、抖落水珠、伸懒腰和修饰行为（舔毛和啃食刺激物）。

灰狼如何互动

灰狼能够制服那些十倍于自己体重的驼鹿，毫无疑问也能对相同体重的同类造成异常严重的伤害。为了避免这种危险情况的发生，狼群社会演化出了非常多友好的仪式、展示和姿势。哪怕双方已经燃起了怒火，优势个体仪式化的展示也能够化解多数冲突，而不至于演变成打架（甚至是撕咬）。灰狼的身体结构也能够帮助它们准确无误地传递这些信息。它们的尾巴和面部都极富表现力，尾巴、四肢末端、耳朵、眼睛和口鼻处的深色条纹能够夸大姿势的效果。灰狼也演化出了一套完整的“吼叫词典”——呜咽、哀鸣、尖叫、嗥叫、吠声、哀嚎和低吼——用来放大和表明身体语言。而维持和平的最重要的展示是投降展示，这时处于从属地位的狼会“乞求”任何比自己地位高的个体的容忍。在狼群友好地打招呼以及产生具有攻击性的冲突时，都能见到很多这样的投降姿势和展示。投降的另一面则是统治和支配，在这两方面的共同作用下，狼群得以保持稳定和安全。

友好行为

个体之间打招呼 狼会经常互相确认身份，用眼睛、耳朵和鼻子来确定对方是朋友还是对手，比自己的等级高还是低。最常见的社会探究包括嗅闻其他个体的鼻子、面部和生殖器等。当两只狼彼此嗅闻时，占优势的个体会抬起尾巴，处于劣势的个体则会垂着尾巴。为了进一步表明自己顺从的意愿，处于劣势的个体可能会压低身体，匍匐在地面上，耳朵朝后、尾巴卷起来并抬高口鼻，尽力去舔舐优势个体的面部。这种面孔舔舐仪式也被称为“主动投降”，有时也包括摇尾巴、转着圈跳舞以及哀鸣等，其目的都是为了表明友好的态度。如果你在看到这些描述时感到很熟悉，那是因为你家的狗在每次迎接你的时候都会展示这种行为，它会跳起来，尽可能地触碰你的面孔。

群体问候 主动投降也是灰狼在日间睡醒后，或者分散之后再次相遇时欢乐的问候仪式的核心内容。此时狼群的每只个体都会吼叫着争先恐后地去舔舐和触碰狼王的口鼻，而狼王则表现得威严和不容侵犯。狼群在闻到猎物的气味或者完成猎杀后也会进行这种展示。在动物园，你最有可能在喂食时间见到这些仪式。

如果没有这些问候仪式，狼群在相遇时会非常紧张，因为在它们的遗传基因里编码了“攻击并驱赶那些陌生的个体”。在这些庆祝场面中，狼群的同伴可以亲密接触，

肛门展示：狼会读取彼此肛门的气味来掌握双方的状态，充满自信的优势个体会抬高尾巴，而感受到不安的从属个体则会垂下尾巴，隐藏气味信息。

让它们有机会分辨出哪些个体是老朋友，并提醒彼此：它们是同一群体的伙伴，而不是陌生个体。它们也能借机向狼王表明自己的忠诚，狼王为整个狼群的活动设定方向，并决定狼群活动的核心。

嗅闻 灰狼最温柔的姿势之一是嗅闻——用鼻子穿过同伴脖颈的毛，轻轻地触碰下面的皮肤。嗅闻是表明两只个体之间亲密伙伴关系的一个信号。人类出于好奇，也会在拥抱家里的狗时去嗅闻，也会被狗反过来嗅闻。

抬起爪子 你是否也奇怪为什么小狗这么容易就能学会抬起爪子？这是因为狼在乞求关爱和食物，或者请其他个体帮忙理毛时也会本能地做出这个举动。通常它们在做出抬起爪子的行为时，也会伴有哀鸣或者呜咽声。

用鼻子触碰 狼表达情感的另一种方式是抬高口鼻，用鼻子去触碰另一只狼的脸颊。狗在想获得人类的注意时，也会做出这种行为，但是表达的方式略有不同。如果它们没法触碰我们的脸颊，会用口鼻触碰我们的手，我们的一位作者在提到这种行为时满脸苦笑，因为很多时候，我们的手中正拿着一杯热咖啡。

气味标记和嗥叫 气味标记可以友好地告知同伴自己刚刚经过。这能够帮助狼群成员保持联系，以便在需要的时候快速集合。另一种保持联系的方式就是著名的狼嗥，这种长距离的交流方式，使得成员之间即便在数千米之外也能够保持联系。嗥叫能够帮助狼群成员确定彼此的位置，并且引导它们聚集在一起，尤其是当群体成员分散开来单独或者以小群捕猎时。

社会玩耍 通过观察狼崽的玩耍、模仿成年个体的行为、抢占等级，甚至是争夺毛球等，就能了解到很多狼群的社会属性。狼群的玩耍行为有 3 个基本要素：追逐、伏击和假装打斗。这些游戏中都有攻击的成分，但仍有多个方法可以和真正的打斗区分开来。第一，玩耍游戏中，双方的角色是不断变化的，追逐的一方和被追逐的一方瞬间就可能发生变化；第二，玩耍行为经常被相对平静的行为如采食和凝视等打断，最有说服力的是特殊的邀请玩耍信号，灰狼会发出特定的信号来邀请同伴一同玩耍。多数养狗的人都熟悉这种玩耍面孔，狗会张着嘴喘气，嘴唇水平往后拉像是在咧嘴笑。同时它们也会伸展前腿，前半身压低放在前腿上，像是在说“让我们一起玩耍吧”，尤其是结合玩耍面孔、摇动的尾巴和叫声后，玩耍的意味更加明确。更加明确的姿势是，狼会前腿弹跳，后腿旋转。还有一种邀请姿势是夸张地把目光移开 ：一只狼会把头转开，越过肩膀看向对手，将眼白展示给对方，并把耳朵放平，咧着嘴笑。

抬起爪子：小狼会抬起爪子从雌狼那里乞求食物，而这一行为在其后的生活当中也会一再出现，用于乞求其他个体的喜爱和友好。

对于狼群来说，玩耍非常重要，能够加强狼崽之间的亲密关系，特别是在狼崽出生后的头五个月之内。这种幼年结成的伙伴关系能够维持一生，因此狼群玩耍的意愿也会持续一生，这一点相信那些家里养有活泼的老年犬的人深有体会。

合作捕猎　尽管狼以非常好的捕猎能力著称，它们在速度、耐力或者武力等方面都不是许多有蹄类的对手。尽管狼的瞬时速度能达到 72 千米/时，这种速度最多只能持续 20 分钟。即便它们能够尽可能地靠近猎物，也不容易得手，一只健康的成年驼鹿只需要用力一踹，就能轻松地将靠近的狼杀死。

出于这个原因，狼在捕猎的时候，多数情况下都是通过试探性地追逐来衡量猎物是否值得一追。当狼群中的成员在所在的区域内发现猎物后（即使在 2.5 千米远），它们也会竖起耳朵，指向猎物所在的位置，呜呜叫着并摇动尾巴，跟伙伴们一起兴奋地庆祝。在一番庆祝过后，狼王会率领狼群一字排开，去往鹿群所在的位置。在距离鹿群还有一定距离时，它们会转成群体追逐，并仔细观察鹿群中虚弱、生病、受伤或者年老的个体，这些个体相对容易捕猎。一旦锁定目标，狼群会分散开来，和牧羊犬围着羊群的方式类似，将目标物围在中央。它们 5 厘米长的犬齿和猛禽爪子的功能相当，能够刺穿猎物的身躯，或者紧紧地咬住猎物的鼻子，直到猎物死亡为止。

但是多数捕猎过程都不会这么顺利，一项研究显示，狼群对马鹿的131次捕猎当中，54只马鹿靠奔跑就逃过了狼的追逐，有77只马鹿被狼群追上并遭受了攻击，但71只马鹿最后都挣脱或者成功自卫。最后所谓的“捕猎高手”只捕获了6只马鹿。由于捕获率只有4.6%，狼群不可能将猎物捕光。它们只是充当了调控机制，将猎物群中那些年老体弱或者生病的个体去除掉，避免猎物种群大爆发或者在栖息地内过度繁殖。

冲突行为

狼群中每只个体都清楚地知道自己所处的位置，这个位置是它们早在幼年时期就形成的。狼群首领在统治的鼎盛时期，只用视觉威胁就能表明自己的地位，这些视觉威胁集中在尾巴、头部、耳朵和嘴部。一旦你掌握了这些要点，就能轻易地判断出你所在的动物园中哪只狼是优势个体，哪些狼处于从属地位。它们在仪式化的威胁和投降互动中都扮演着固定的角色，来保持狼群的稳定。

在动物园中能见到真正打斗的机会非常少，只会在狼群决定要驱逐一名成员，或者推翻一个年老的狼王时，才会出现。在野外，真正的打斗会在陌生的狼群相遇时发生。

低强度的威胁 程度最轻的一种威胁是直接盯视，在这种威胁当中，优势个体只是把身体抬到最高，竖起尾巴，直直地盯着从属个体。通常这种威胁就足以让那些缺乏自信的个体一动不敢动。

之后，优势个体可能会接近从属个体，做出肛门展示，它会抬起尾巴，将肛门区域展示给其他个体检查。肛腺分泌的气味包含很多分泌者的信息，包括它的状态和身份等。当优势个体想要嗅闻从属个体的肛门区域时，后者会用卷起来的尾巴盖住肛门，表明它不够自信将自己的身份透露出去。

另一种展示优势的方式是跨立，此时从属个体会躺在地上，优势个体会压倒它的上半身，从属个体甚至会转过身来，舔舐优势个体的腹部。另一种展示优势的常见方式是骑在另一只个体的身上，此时优势个体会站在从属个体的侧面或者后面，将前腿搭在从属个体的肩膀或者背部，像是要展现爬跨行为那样骑在它的身上。它甚至会象征性地用爪子抓住从属个体的脖子，但这些仪式化的撕咬都很“温柔”，极少能到见血的程度。

高强度的威胁 狼王是毫无疑问的“首领”，它极少会展现高强度的威胁。而那些等级最低、被驱逐出去的个体则由于太不自信，不敢展现这些威胁。因此那些精力充沛又好斗的中间等级的狼，最可能展现这些高强度威胁，它们将这种威胁作为提升自身地位的一种方式。

高强度威胁的一个例子是撕咬威胁，此时狼会把头抬得高高的，拱起脖子，前额肌肉绷紧，耳朵向前倾斜，轻轻张开嘴巴，嘴唇上下咧开，露出犬齿，带有威胁性地将舌头伸出和缩回。这时候的狼看起来已经做好了行动的准备，它会腿部僵硬、抖动尾巴，并竖起全身的毛发。灰狼将颈部和尾部的毛发竖起来后，部分腺体能够释放一些气味，这些化学信号能够增强视觉的效果。为了增加威胁的效果，灰狼在展示的时候，有时也会嗥叫或者吠叫。

另一种高强度的威胁方式是伏击，此时优势个体在远远地看到低等级的个体时，会像狮子一样压低身体，紧贴地面，做出要扑过去的姿势。在被威胁的对象没有撤退或者做出投降的举动时，这两种威胁都可能会升级成真正的打斗。

主动投降 在威胁的作用下，感到恐惧或者想要投降的灰狼会尽力让自己看起来毫无威胁。它会遮住牙齿，捋平耳朵和前额，将眼睛眯成一条缝，嘴巴抿起来，发出投降的哀鸣声。它的身体姿态正好与占优势的狼相反，它会蜷缩身体，尾巴下垂或者夹在两腿中间。

骑在同伴身上：狼崽在玩耍时会轮流骑在同伴身上，当它们长大后，这种行为就变成一种展示优势的方式。

在主动投降中，处于从属地位的狼会蜷缩在优势个体的身下，舔舐优势个体的脸颊，轻推甚至轻轻啃咬优势个体的口鼻。为了增加展示的效果，它还会发出高音调的哀鸣和尖叫声，摇动尾巴，并做出转圈的动作。这种展示也会用在集体庆祝的场合，是狼幼年时期乞求父母吐出来一些食物给它的动作。通过呈现幼年时的姿态，从属个体在向优势个体表明“我知道你的等级比我高，我只想友好地对待你，别无他意”。

被动投降 当灰狼遇到另一只比自己等级高很多的个体，或者比自己等级高的狼群时，它会表现出更加夸张的被动投降。它会仰卧在地上，张开双腿，将生殖器暴露在优势灰狼的面前（和狗乞求你给它挠肚子的行为很像）。耳朵朝后，将尾巴放在两腿中间，挡住生殖腺。它也会慢慢摇尾巴，稍微撒点尿，或者彻底躺在地上不动，以此来显示自己的无助。这种被动投降，可能要追溯到狼崽期，它们的母亲会用这种办法刺激它们撒尿和排便。

防卫 处于从属地位的狼在展现投降姿势后，如果依然无法平息优势灰狼的怒火，或者在面对一群狼时，它通常会转而做出防卫威胁。它会拱起后背，耳朵朝后，尾巴向下卷起，头部朝后。尽管它的眼睛冲着别的地方，它会张开嘴巴露出牙齿，然后猛地合上，这种姿势同时传递了恐惧和攻击的信号。这两种情绪会相互抵消，猛然合上嘴巴的行为也不会升级为真正的打斗。灰狼越有信心，就会离优势个体越近，它也会发出更多的嗥叫和咆哮声。地位很低的灰狼甚至都不会接近优势个体，它只会在十多米外的地方张嘴并砰然合上。当被狼群围住时，外来的灰狼在极度紧张的情况下，可能会展现出逃跑的迹象，或者紧紧卷起尾巴，有时甚至会不自觉地拉肚子。

远距离威胁 狼群会在领域的边界留下化学信号，或者进行气味标记，像是在告诉其他个体“不准越过”。狼群之间的嗥叫也起到了相似的作用，可以通过嗥叫告诉对方自己是谁。

性行为

通常来说狼群中只有等级最高的个体才享有交配的权利，这种行为上的生育控制机制自然而然对狼群种群数量起到了必要的限制作用，使得每个繁殖季，每个狼群只有一窝狼崽。如果生育太多狼崽，将很难养育成功。

这种生育机制也能避免近交的发生，那些处于从属地位的灰狼，由于在原生家庭群中无法交配，而不得不离开去组建自己的狼群，进而在地理方面实现基因的扩散。

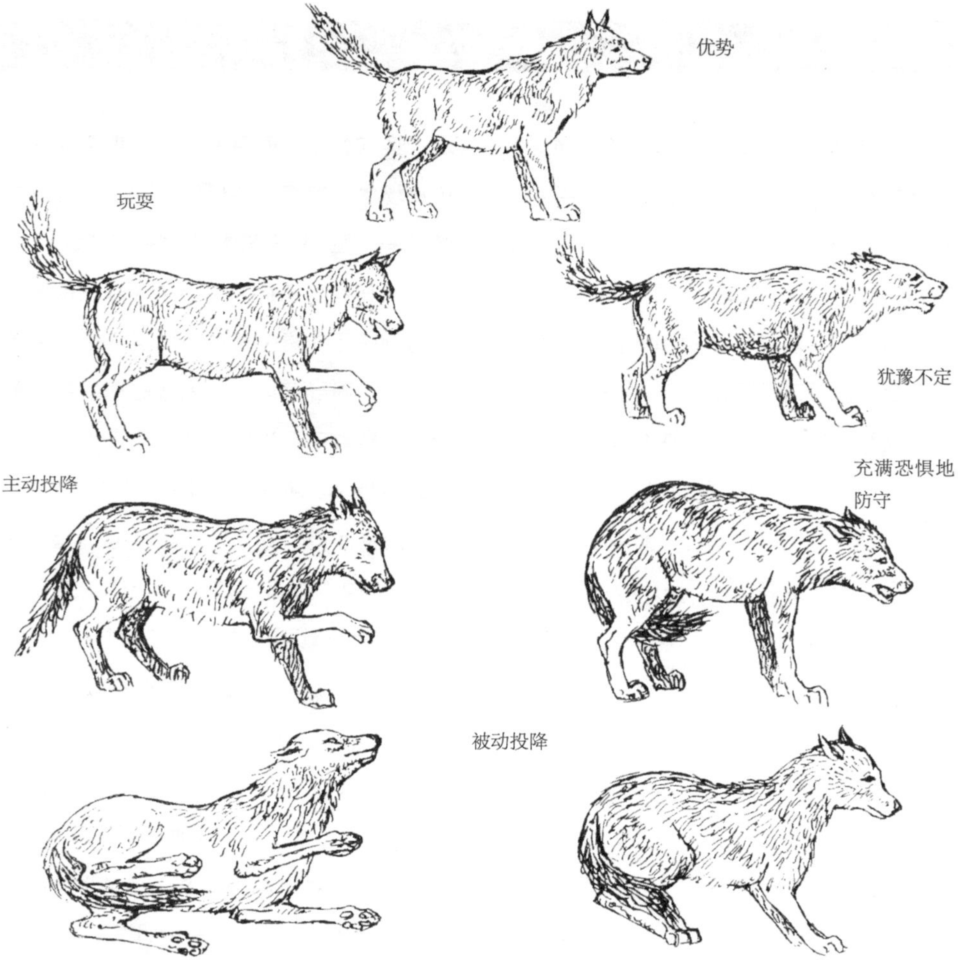

身体语言：狼在不同状态下，会利用耳朵、尾巴和身体躯干的位置，来传递一些清晰的信息。

这些狼在离开原生族群之前的一到两年内，在原生族群中发挥着重要的作用，会为狼群中刚出生的狼崽提供食物和保护。

求偶前行为　灰狼在交配时会有所偏好，它们只会向终生伴侣展现求偶行为。求偶前行为由玩耍和频繁接触的运动组成，包括磨蹭头部、嗅闻、轻咬、轻推和衔住口鼻处等，在做出这些举动的同时，它们也会频繁地摇动尾巴。

灰狼的发情时间集中在1~4月，持续5~15天，不同区域的发情时间不同。在这段时间，雌狼排出的经血、分泌物和尿液中带有的一些气味信息，会极大地引起雄狼的注意。在嗅闻到雌狼的尿液后，雄狼通常也会舔舐这个位置，并在相同的地点排尿。这

人类和灰狼

就像我们把狗看作是家庭的一员，狗也会把我们当成它们群体的一员。事实上我们和狗相处得非常好，我们一同分享食物和居住地，并且和它们进行很多互动：帮它们理毛、哄它们睡觉和玩耍等。我们甚至会陪它们走很远的路，沿着领域巡逻。作为回报，它们给我们带来很多欢乐，也会保护我们免受陌生人的打扰。

狗通常认为家中每个伙伴都比自己的等级高，但只会将其中一个作为群体的首领。为了获取首领的好感，狗会对他格外热情，会冲他打招呼、舔舐、斜靠在他身上，或者跳起来扑向他，也会在他情绪不好的时候试图安慰他。

知道人类对狗是多么喜爱，你就会奇怪为什么人类会如此厌恶它们的近亲——狼。为什么政府会雇用专门的猎人，成百上千地猎杀这些美丽和聪明的动物呢？这些曾经分布极为广泛的物种，为什么在多数原始分布区内都灭绝了呢？即便是在那些有限的分布区域内，它们通常也都处于灭绝的边缘。

造成这种结果的部分原因是狼的捕食天性，而多数人类在内心深处对捕食者充满偏见和厌恶。人类也是群体捕猎的物种，过去一度认为狼群和人类面临直接的竞争。狼群会捕食野生动物，而这些野生动物正是人类的食物，而且它们偶尔也会从农场和牧场偷食家畜。我们解决问题的办法就是射杀、诱捕和毒杀遇到的每一只狼。

现在我们知道通过猎杀狼群来保护猎物的办法是非常短视的。如果不去人为干涉的话，狼群可以控制鹿或驼鹿的种群数量，使鹿群不会过度繁殖以至于破坏掉自己的栖息地。事实上，我们现在已经知道，只有捕食者 / 猎物的食物链条完整，整个生态系统才能发挥最好的功能。当然，灰狼原本生存的生态系统都是野生和完整的，后来在人类的长期驯化过程中，这些栖息地逐渐被分割成许多小片，不再是原本的样子。灰狼也只能在原本栖息地的一小部分中见到：美国的阿拉斯加、蒙大拿西北部、爱达荷、明尼苏达东北部，加拿大，亚洲北部和意大利的山区，中东和中亚南部等。

好在法律的保护让这些没有容身之处的灰狼有了喘息的空间。但是在那些与人类和家畜接触频繁的区域，狼群依然会被射杀，即使相关研究已经表明狼群极少会捕食家畜。在加拿大和阿拉斯加那些狼群分布较多的区域，每年仍有许多狼因为狩猎运动或者生计的需要而被猎杀。光是犹他州一个州，从 2009 年到现在已经花费了 80 万美元用于控制灰狼种群。在过去的 20 多年间，灰狼被引入黄石公园，20 世纪 70 年代时，黄石公园还没有狼群存在，在这 20 多年间，由于不断的努力，黄石公园目前已有 10 个灰狼种群，大约 100 只灰狼。

很少有动物能像灰狼这样，让人类对它又爱又恨。在有些人看来，灰狼是美丽的动物，能够与人类做长久的朋友，也是食物链的重要组成部分，而对另一些人来说，灰狼则是必须加以控制的害兽。在对灰狼的态度依然存在争议的今天，我们只能寄希望于它们赖以生存的荒原能避免遭到人类修路、开矿或者砍伐的影响。

种仪式能够帮助灰狼结成配偶对、维持和向外宣告它们的配偶关系，同时让两者的繁殖周期保持一致。

求偶　求偶行为在真正的繁殖季到来之前的数个月内就开始出现。这时候去动物园的话，一定要去看狼的嬉戏行为。如果有足够的空间游荡，求偶行为可能会包括相互追逐，雌狼会引诱雄狼，再拒绝雄狼进一步的行为。在狭小的空间内，追逐经过减缩后，看起来像是在跳舞。雌狼的邀请有多种表现形式，可以是轻轻地将爪子或者头颈放在雄狼的肩膀上，也可以是像诱惑的舞蹈一样的动作。著名的研究狼的学者鲁道夫·申克尔（Rudolph Schenkel）曾经对这种舞蹈进行了优美的描述：优势雌狼会抬起尾巴，迈着轻柔的舞步，轻声呜咽或嗥叫，同时将生殖器慢慢地、轻柔地上下摆动。

交配　但是这些舞蹈很少能发展成交配行为，因为雌狼通常会在最后时刻卷起尾巴或坐在地上，不愿再继续。只有经过长时间的求偶，雌狼状态达到顶峰时，它才会最终接受交配。为了表明自己交配的意愿，它会将尾巴拨到一边，将生殖器露出来，让雄狼

衔住口鼻：虽然这种求偶前行为看起来很粗暴，但这样的衔咬实际上是很温柔的。

从身后抱紧它。一旦雄狼找好位置后，便会将前爪搭在雌狼的背上，这种姿势能让两者更深入地交配，完成犬科动物独有的交配锁。雄狼阴茎头部膨大的肿块会紧紧地锁在雌狼阴道里面，形成交配锁，在完成交配后，雄狼会转过身去，两只狼会背对背，但仍会保持锁住的状态长达 30 分钟。这种行为能保证雄狼多次射精，将精子射入雌狼体内，同时也能避免雌狼再与其他雄狼交配。

育幼行为

建窝　在早春时节，雌狼就开始挖洞，为 3~5 周后的产崽做准备。它可以选择挖一个新洞，也可以选择扩建或者修补去年的旧洞，或者改建那些狐狸、獾或者其他动物的洞穴。除了挖洞外，它也会利用那些凸起的树桩、石缝或者中空的木桩作为狼洞。在圈养环境下，怀孕的雌狼也会创造或者寻找类似的场所。在一些动物园，由于管理人员在狼洞里放置了摄像机，游客甚至有机会近距离观察狼崽的出生过程。

随着生产日期的临近，怀孕的雌狼和其他狼开始将一些肉带回狼洞，并将肉埋起来供日后食用。最终在生产的前一天，雌狼会爬回洞穴待产。狼群中的其他成员会给它带一些肉块，或者吐出来一些食物给它。

照顾狼崽　雌狼平均每胎生下 5~6 只狼崽，这些狼崽在出生时眼睛都是闭着的，孤立无助。如果你离狼洞很近的话，就能听到狼崽在饿的时候发出的哀鸣声，身体不舒服时发出的尖叫声和寻找雌狼乳头时发出的呼噜声。在一个月大时，它们就停止吃奶，开始吃狼群成员吐出来的食物块。它们很快就学会了在其他狼进入狼洞后围在它身边，不停地舔舐和撕咬它的口鼻处，像是在说“你给我们带什么好吃的了？”（如果你觉得这些举动有些奇怪，试想我们人类的一些部落，现在还会将食物咀嚼后再嘴对嘴地喂给婴儿，事实上，这也是一些记载中吻是如何流行起来的。这一切将让你重新审视狗为何会舔你，不是吗？）

在狼崽出生后的数周内，雌狼会投入大量的精力在狼崽身上，会舔掉狼崽身上的脏东西，让它们保持干净，并仔细教它们生存技能。当狼崽长到 8~10 周大时，它们就会被带到面积约几千平方米的场所去玩耍。由于狼崽太小，无法参与捕猎，狼群的成员会将它们留在这些场所，在捕猎结束后再回到这里会合。一些狼崽会在第二年就离开出生的狼群，组建自己的狼群，其余狼崽则会留在出生的狼群，帮助父母亲照顾弟弟妹妹。

动物园或野外可供观察的灰狼行为

- 基本行为
  - 移　动：小跑　冲刺
  - 采　食：狼吞虎咽　埋藏食物
  - 排　泄
  - 在恶臭物品中翻滚：满足脸孔
  - 舒适行为：睡眠　喘气　挠痒　打哈欠　抖落水珠　伸懒腰　理毛
- 社会行为
  - 友好行为
    - 打招呼：社会探究、主动投降
    - 群体问候
    - 嗅　闻
    - 抬起爪子
    - 用鼻子触碰
    - 气味标记
    - 嗥　叫
    - 社会玩耍：追逐　伏击　假装打斗　玩耍脸孔　俯身　弹跳　移开视线
    - 合作捕猎
  - 冲突行为
    - 低强度威胁：盯视　肛门展示　跨立　骑在同伴身上
    - 高强度威胁：撕咬威胁　伏击
    - 主动投降
    - 被动投降
    - 防　守：防卫威胁
    - 远距离威胁：气味标记　嗥叫
  - 性 行 为
    - 求偶前行为：磨蹭头部　嗅闻　轻咬　轻推口鼻　衔住口鼻　嗅闻尿液
    - 求　偶：相互追逐　雌狼邀请
    - 交　配：交配锁
  - 育幼行为
    - 建　窝
    - 照顾狼崽：哺乳　吐出食物　吞下废弃物　教导

盯视

进攻性威胁

玩耍脸孔

投降

满足脸孔

防卫威胁

优势威胁

攻击

中性

投降

防卫

灰狼想表达什么？

耳朵朝前

- 尾巴朝上
  - 抬起前半身
    - 没有嗥叫 → 盯视
    - 高声嗥叫 → 进攻性威胁
  - 放低前半身
    - “微笑”的嘴巴 → 玩耍

耳朵朝后

- 尾巴下垂
  - 前半身和后半身下蹲 → 长长的嗥叫，舔舐 → 投降
  - 背部拱起来 → 长长的嗥叫，牙齿咯咯作响 → 防卫威胁

威胁叫声：海雕会用高音调的叫声警告其他海雕远离它的巢穴或采食地。

白头海雕

Bald Eagle

重要参数

分类：鹰形目　鹰科

学名：*Haliaeetus leucocephalus*

体型：体长0.86~1.09米

翼展1.8~2.9米

体重：雄鸟3.6~4千克

雌鸟4.5~6.4千克

寿命：圈养环境下50年

生境：在水边搭窝和采食，沿着山脊迁徙，秋冬季在食物富饶的区域聚集

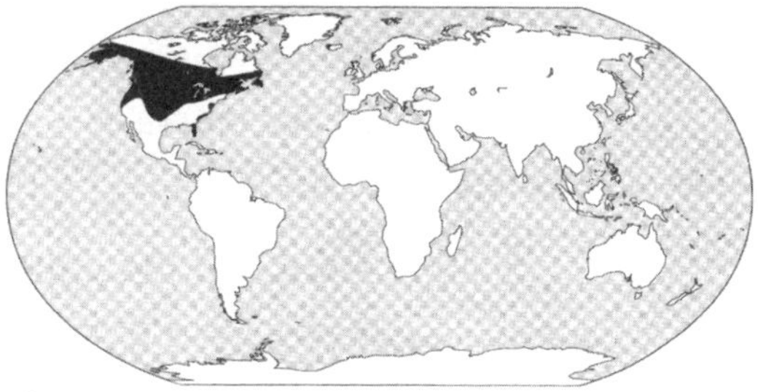

海雕并非一直都是栖息地的主宰者，从它们目前展现的行为来看，我们推测出它们在演化的某个阶段肯定经历了饥饿难耐的绝望时光，或者遭遇了大饥荒，或者遭遇了残酷的竞争，那些挑食的海雕最终都饿死了，而那些学会了捕食不同的食物，包括活的猎物、死尸，甚至从其他个体那里偷取食物的个体得以存活和养育后代。这一智谋在后代当中流传下来，变成了白头海雕这一物种得以存活的制胜法宝。如今，白头海雕作为美国的国鸟其实是一个食腐者、一个小偷，但也是个绝佳的猎手，展现出了对逆境的灵活适应。

在萧条的冬季，当鱼类被封存在冰面以下时，足智多谋的海雕们会寻找其他食物。这些大鸟会聚集在食物丰富的区域，即便这意味着它们要和数百只海雕一同竞争。如今这些聚集地成了世界上观赏野生动物的最佳场所之一。在阿拉斯加海恩斯附近的奇尔卡特河，每年会有3 000多只海雕聚集在此，在鲑鱼产卵之后以这些死掉的鲑鱼为食。此时奇尔卡特河周围的树上落满了海雕，天空中也全是飞翔的海雕，河两岸充斥着吵闹声。数十只海雕会为了一只猎物而大打出手，而另一些海雕则会挤在一起共享一条死鱼。在海雕的其他分布区也都有类似的混战场面，如蒙大拿州的冰川国家公园和华盛顿州的斯卡吉特河等，但都不如奇尔卡特河规模这么大。

对于海雕来说，最初聚集成群也许是个意外，但它们的适应能力很强，很快就在多个方面适应了集群生活。它们学会了像秃鹫那样寻找食物。数十只海雕在一只大型猎物尸体上空盘旋就表明了此处有食物。但是想要吃到食物还得费一番力气，因为找到食物后，它们还得同其他饥肠辘辘的个体竞争采食的权利，但即便如此，只要不断努力，它们总能吃到一些食物，而且往往要比自己在贫瘠区域单独采食的收获要多。由于在越冬区域食物并非特别难找，这些海雕绝大多数时间（99% 的时间）都待在栖枝上休息，保存能量。集群的另一个好处是它们可以为即将到来的繁殖季挑选合适的配偶。

冬季海雕聚集成群的规模，很多人可能一生都不曾见过。由于动物园装不下这么多海雕，所以这种集大群的盛况你在动物园肯定见不到，但是如果你所在城市的动物园饲养了不止一只海雕，你就能在较小的尺度上，观察海雕的社会互动行为，肯定也能够见到一些个体行为。

白头海雕可供观察的基本行为

移动

海雕展翅翱翔的景象给很多人留下了深刻印象。几乎所有的美国土著部落都相信海雕是神的信使，能够载着祈祷者穿破云层，与神对话。

如果你仔细观察它们翅膀的结构，你就会明白为什么海雕能够飞至这么高的高度。平滑的造型及2米多的翼展使得它们可以轻松获得很大的升力。适当调整后，它们手指样的翼指（翅膀末端大型飞羽的间隙）能够帮助这些大鸟保持平稳的飞翔模式，精准地操控，并在运送较重的猎物时增加升力。它们的体重与体型相比偏轻，由于它们

翱翔：海雕能借助从炽热的地表升起的热气流自在地翱翔。

的骨骼充满空气，全身骨骼的重量还不及 7 000 根羽毛重量的一半，平均体重只有 4 千克左右，与一只营养较好的家猫大致相当。

在长期自然选择的作用下，海雕很好地利用了身体较轻的优势，在空中翱翔时，它们会借助从地表快速升起的热气流，轻松飞上高空，在这里视野更远更开阔，也就更容易发现猎物。它们也会借助在高山区域空气抬升而形成的上升气流。借助热气流和上升气流，海雕几乎不用拍动翅膀就能飞很远。

当一只飞得很高的海雕发现食物时，它必须想办法尽快到达地面，它会收起翅膀，像子弹头那样加速，以 312 千米/时的速度冲向地面，在到达地面之前，它会再次展开翅膀，并张开尾羽来降低速度，这种行为和飞机着陆时调整机翼的情形类似。

采食

海雕令人惊叹的灵活性还体现在它们五花八门的食物上，除了它们最喜欢吃的鱼类外，不分物种或大小，哺乳动物、爬行动物、两栖动物和鸟类都可以作为它们的食物。同一天内，它们可能会捕食小的鲈鱼，也会食用搁浅的鲸鱼尸体。

它们也很乐意吃别的动物吃剩下的食物，这也让它们有机会吃到那些通常情况下吃不到的猎物。事实上，如果条件允许的话，海雕通常更喜欢吃腐尸，或者从其他动物口中夺食，而不愿自己猎食。尽管我们可能会认为它们懒惰，但这种“逼不得已才自己捕猎”的策略对海雕来说的确很划算，它们可以消耗更少的能量，最终依靠更少的食物就能存活下去。但是当需要去捕食，或者有机会摆在面前时，它们也会变成富有攻击性的捕食者。

海雕有 5 种基本的捕食方式：①从空中捕猎，②从栖枝捕猎，③从地面捕猎，④涉水捕猎，⑤合作捕猎。尽管你在动物园可能见不到真正的捕猎，也能在大的鸟笼或者猛禽秀中见到它们展示相关行为。一旦你掌握了观察海雕的窍门，如果哪天你在野外真的见到了海雕，就能派上用场。

空中捕猎时，海雕会在空中盘旋，它们晶状体结构使得它们的视力范围比人类远 3~4 倍，能够从千米之外捕捉到小型哺乳动物的身影。之后它们会迅速俯冲，伸出锋利的爪子，从水中抓起小鱼，从栖枝上抓起小鸟，或者从尘土中抓起小型哺乳动物，偶尔它们也会抓住那些正在飞的小鸟。在栖枝上捕猎是种非常节省能量的方法：它们会待在树枝上一动不动，花费数小时的时间紧盯着地面或者水面，等待猎物出现。一旦猎物露出头脚，海雕会以迅雷不及掩耳之势，用两倍于步枪子弹的力道冲向猎物。海雕也会步行捕猎，它们会偷偷溜进枝叶繁茂的区域，捕捉藏在其中的动物，甚至会在浅水中跋涉来找鱼吃。最有趣的是它们的合作捕猎，此时海雕会把小型兽类赶到附近同伴布置好的埋伏区内。

不管用哪种方式捕猎，海雕最后都是用脚抓住猎物，当腿部肌肉收缩时，它们长长的锋利的爪子会穿透猎物的身躯，力道足以让猎物窒息并捏碎骨头。它们脚趾内侧带刺的肉垫能够帮助固定湿滑和扭动的猎物，面对更小的猎物，它们则会用喙啄取。

海雕通常会将猎物带回栖枝

捕猎：海雕轻易就能从水中抓起一条扭动的鱼儿，只用一只强有力的爪子就将其杀死。

集体沐浴：在冬季聚集成群时，海雕们有时会一同沐浴。

食用，除非猎物太大，它们叼不走。在奇尔卡特山谷，海雕通常会把翅膀张开，像桨一样划动水面，将肥美的鲑鱼赶到岸边。不管在哪儿采食，它们都必须时刻注意，总会有一些饿坏了或者大胆的家伙不请自来，打算分得一杯羹。

海雕还非常善于偷窃，它们能从地面上掠走其他动物的食物，也能从飞行中的鸟类嘴中截获鱼类。在这些空中截获的事件中，鹗是最常见的受害者，你在野外真的能见到这些场景。海雕会追逐并冲着体型更小的鹗俯冲，直到这些受惊吓的鹗慌乱不堪，将猎物丢弃为止。当猎物往下掉落时，海雕会迅速下降，像长着翅膀的超人那样，在鱼儿掉入水中之前，接住这些猎物。海獭也是很好的劫食对象，它们喜欢肚皮朝上漂浮在水面上，将食物放在胸口，这给了海雕从空中袭击，掠取海獭即将入口的贝类和蚌类的机会。

海雕获得食物的第三种方法是找腐肉吃。它们在高空盘旋时，很容易就能发现那些病死、冻死、饿死甚至是被子弹打死的个体。一旦锁定目标，它们会有绝对的优势，将乌鸦、秃鹫和其他食腐动物赶走，但如果对手是郊狼、家犬、美洲狮和熊等哺乳动物，海雕只能就此作罢。

海雕会用爪子紧紧地抓住动物的尸体，用弯曲的喙将尸体撕成碎片。宽大的喉咙使得它们能够咽下大块的食物，并在竞争者到来之前吃下尽可能多的食物。当食物充足时，海雕吃掉的食物会超过所需，并将多余的食物储存在嗉囊当中，再找时间消化吸收。在动物园中观察海雕时，注意观察它们喉部的肿块，有差不多 2 千克的食物会暂存在此，靠这些食物，海雕可以很多天都不用再采食。

在饱餐过后的次日早上，你可能会看到海雕往外咳出一小团东西，这是它们吃进去食物中未消化部分的浓缩物，包括一些毛发、羽毛和骨头等。

白头海雕如何互动

友好行为

集体栖息和沐浴　在全年的多数时间里，海雕都具有领域性，它们会守卫领地、栖息地、栖枝和巢，只要有其他个体靠近，它就会猛啄或者追赶，但这种领域性在冬季则是例外，此时它们愿意跟其他个体栖息在同一棵树上，只守卫身边的一小片区域。集体栖息的好处在于它们能获取更多优质采食地的信息，也能在繁殖季到来之前就找到配偶或者重新结成配偶对。

另一个在海雕集群时能见到的社会行为是集体沐浴，尽管这种行为极其少见，但却具有感染性，能从一只海雕传到另一只海雕，直到所有个体一同沐浴为止。

集体捕猎和采食　海雕配偶对偶尔也会合作捕猎，它们会将猎物赶到同伴所在的方位，期待同伴能够一举捕获。海雕也会聚集在搁浅的鲸类等大型动物的尸体旁采食。由于尸体太大，没有哪只海雕能独霸这份美食，它们也就接受了跟同伴分享食物的事实，偶尔在出现摩擦的情况下才会展现攻击行为。但是它们在聚集地和冬季狂欢地的这种克制并不是真正的友好行为，而是相互容忍，让每只鸟都有自己的一席之地。

冲突行为

不论何时何地，只要海雕们需要守护某些重要的东西，就会发生冲突。配偶对会守卫领地，包括巢穴、最爱的栖枝和后代等，以免其他海雕或者其他大型的捕食者侵入领地。冬季当海雕集群生活时，需要守卫的资源更少，通常情况下只是尸体的一角，或者栖枝的一根侧枝等。但是不管需要守卫的资源多大，守卫行为都是大致相同的。

威胁　成年海雕的体色是一种被动式的威胁。它们醒目的白头从很远的地方就能警告其他海雕这片区域已经被占领。为了更好地利用这一醒目的标志，精力充沛的海雕会停歇在显眼的树枝上，以最少的打斗来最有效地守护领地。

如果入侵的海雕无视这些体色的警告，依然选择进入其他个体的领地，配偶对的一方争夺栖枝：寻找落脚地的海雕试图赶走另一只海雕并抢夺其栖枝。

或双方可能会发出高频的威胁叫声。如果这些叫声依然不能将入侵者赶走，配偶对会进行一种转圈展示，它们会在入侵者上方不停地盘旋和尖叫，直到入侵者离开为止。但是海雕最常用的，也最具攻击性的威胁方式是直接的领域追逐，此时配偶对会一同飞向入侵者并追赶它，直到它离开这片区域，或者转而进入打斗模式。追赶的一方可能会朝着入侵者伸出脚和爪，表明自己是认真对待这次追逐的。

冬季集群时，那些公共栖枝也是冲突的高发区域，特别是在傍晚时候，海雕们会为了争夺最佳的休息区域而大打出手。一旦其他个体与自己的距离在半米之内，海雕就会竖起颈部的羽毛、压低头部，并以一种典型的栖枝展示的姿势向入侵者猛啄。一旦某只海雕被赶走，它就得再想办法将其他个体赶走，进而引发一连串的抢占栖枝的行为，直到最后一只海雕找到地方安定下来后，整个海雕群才能平静下来。

争夺食物 海雕的多数直接攻击行为都跟食物相关，而且大都发生在海雕们聚集在一起采食时。一只饥饿的海雕会用空中追逐、俯冲攻击、跑动或走动攻击，或者跳跃攻击等方式强迫另一只海雕放弃眼前的食物。有时海雕也会冲着对手举起爪子，或者展开翅膀等来恐吓对手放弃食物。

如果这些恐吓都不起作用，两只鸟可能会通过锁紧爪子的方式发动一场小规模的打斗。双方脱离后，一方会用脚抓住猎物，尽力将猎物拖走，另一只海雕则要夺回猎物，于是双方开始相互“爪击”。海雕也会用喙去啄对方，或者去偷取其他个体的食物。注意观察这些偷盗者，每偷到一些食物，它们都会将头部压得比被偷者更低，像是在向对方表明“我只对食物感兴趣，不想与你打斗”。如果偷盗行为的发出者是亚成体，头

争夺食物：在某只海雕进食时，另一只海雕会突然冲过来，试图从它口中抢夺食物。

部没有醒目的白色羽毛，也能帮助它们免受优势个体的攻击。

被骚扰的海雕会用很多相同的展示回击骚扰者的进攻。它们会尖叫、竖起头部和颈部的羽毛，用喙啄骚扰者，并用翅膀往前戳。作为一种防守的方式，它会张开翅膀，盖在猎物的尸体上，以免骚扰者看到这些食物。如果你所在的动物园有多只白头海雕，并且一同展示的话，你应该能看到许多类似这样的挑衅举动，特别是在喂食期间。

性行为

求偶　晚冬时节，海雕会结成配偶对，这些配偶对一旦结成，就会是终生的伴侣，它们会在天空中嬉戏玩耍，这些展示的目的是减少攻击性，并同步彼此的繁殖周期。海雕在空中盘旋时有3种姿态，每种姿态看起来都惊心动魄：①追逐展示，②过山车式飞行，③翻滚展示。

追逐展示看起来像是两只被线缠住的风筝在俯冲、翻滚，或者以不规则的“之”字形在天空盘旋。它们会来回变换位置，像是被困在一个滚下山坡的大球中，偶尔某只海雕也翻滚展示：海雕配偶对在空中时会两只爪子紧锁，来回翻滚着以极快的速度自由下落。

会倒转身体，用爪子去触碰头顶上方配偶的爪子。

过山车式飞行则正如其名，一只海雕会径直飞得很高，到达最高处后再猛地俯冲下来，像是坐着过山车一样。在到达地面之前，它会转个身朝着另一个方向急速上升。它的运动轨迹像是一个接一个巨型U字，像是王牌飞行员在做飞行表演。

但真正有耍把戏意味的则是翻滚展示，两只海雕会一同飞到高处，爪子紧紧锁在一起开始自由坠落，像一个充满羽毛的圆球从数千米的高空急速落下。眼看就要撞到地面了，它们才脱离并各自飞走，动作刺激又漂亮。不管是在空中还是在栖枝上休息时，海雕配偶对都会不断地用求偶叫声交流——空气中会充斥着它们的高声尖叫，这也是一种野性美的代表。

交配　在喧闹的求偶过后，海雕的交配只持续数秒，最多只有2分钟的时间，但一天当中可以多次交配。通常交配行为都是由雌性引导的，它会做出诱惑展示——它的身体会压低呈与地面平行的蹲伏状，压低头部，张开翅膀。雄鸟会回应它轻柔的诱惑叫声，拍动翅膀，并上下移动尾巴。当雄鸟站在它后背上爬跨时，会收起爪子，以免伤到它，拍动翅膀并再次鸣叫。最终雌鸟会将尾巴移到一边，让它们的泄殖腔能够连接在一起。交配后，配偶对有时会共同理羽一会儿，之后一起归巢。

育幼行为

筑巢　海雕会建造巨大的巢，堪称北美洲鸟巢中的豪宅。爱荷华州的一个使用时海雕的寿命很长，在漫长的生命当中，它们知道了去哪里找最好的捕猎地、巢址和栖枝，也知道了如何寻找最好的上升流和热气流来协助自己到达越冬地。当它们性成熟后，它们会仔细地抚养后代，每窝只有 1~2 只幼鸟。但是这种寿命较长、生育率相对较低的生活方式，使得它们容易受到突发情况的影响，尤其是在人类发展如此迅速的今天。如今海雕们喜欢的成熟林、位于湖边可用于建窝的不受干扰的大树，以及不受污染的猎物都越来越少。我们已经认识到，DDT 等农药能够在寿命较长的海雕体内富集，使海雕卵壳变薄，进而孵化失败。但我们仍然不清楚从酸雨或者被污染的地表水中富集的重金属如何影响它们的生存和繁殖。由于繁殖率很低，海雕并不具备快速产生突变，抵抗这些压力的能力。

除了栖息地丧失和人类干扰等威胁外，尽管受到法律的保护，许多海雕仍面临被捕杀的威胁。尽管猎杀海雕获取赏金的年代已经过去了，但很多人仍在内心深处对海雕怀有憎恨之情。一些人指出为了保护家畜的安全，牧场主应该有在牧场范围内射杀海雕的权利。在 1970 年，怀俄明州的多个牧场联合起来进行了一场系统性的运动，旨在消灭整个怀俄明州的海雕。使用直升机和大威力步枪，猎人们每天能猎杀 30~40 只海雕。

尽管大规模的屠杀已经停止了，但海雕羽毛在黑市仍有很大的需求和巨额的利润，非法盗猎仍然很猖獗。白人和印第安土著都会用海雕羽毛做仪式用的头饰，这些海雕羽毛每根的售价高达 25 美元，而一顶全部用海雕尾羽做的羽毛头饰价值高达 5 000 美元。除此之外，每年还有数十只海雕意外死亡——被外露的电线电击身亡、被风力发电机击中、被动物陷阱捕获、因为吃掉毒饵或者猎物体内的铅弹而死亡等。

在这些因素的共同作用下，1963 年时，美国奥杜邦协会在全国范围内只发现了 417 个白头海雕的在用巢。幸运的是，许多人做了很多努力来保护这一物种：DDT 和其他长效的有机氯杀虫剂已经被禁止使用，许多海雕栖息地在恢复计划的作用下逐渐得以恢复，圈养繁殖的手段也开始用于海雕种群的扩增等。经过这些努力，1994 年的一项调查表明，在美国本土的 48 个州内，共发现了 4 450 个白头海雕的繁殖区域。1995 年，美国鱼类与野生动物管理局将美国本土的白头海雕种群状态从“濒危”重新划至“受胁”。2006 年的调查表明，美国本土 48 个州共发现了 9 789 个白头海雕繁殖对。

动物园给我们提供了一个近距离观察

这些空中霸主的绝好机会。尽管我们可能见不到它们盘旋着急升急降，或者紧张刺激的捕猎场景，但我们能够近距离地凝视这些在分布区的几乎所有文化中都受到尊重和敬畏的大鸟。希望当这些大鸟俯视我们时，能看到我们的文化已经发生了转变，我们现在的尊重和敬畏只有一个目标：希望海雕们重返天空。

间超过 40 年的海雕巢，最终因不堪重负跌落到地面上时，重达 1 800 千克。海雕会用爪子从树上搜集筑巢的材料，从空中飞过时会攫取粗短的树枝和藤蔓植物。雌鸟会用喙将树枝整理成网格状的结构，这样才能经受大风、大雨和大雪的冲击。每个繁殖季雌鸟都在巢上再添加一些材料，用新鲜的绿色树叶重新装饰，像是在对外宣称这个巢又重新使用了。在野外，一个典型的海雕巢宽为 1.5~1.8 米，高为 0.6~1.2 米，一般位于领地内最高树木的顶端附近。海雕也会在附近建造一个备用巢，以便在受到干扰或者遇到寄生虫问题时有个容身之处。

照顾鸟卵 海雕每个繁殖周期只抚养 1~2 只幼鸟，因此它们会精心照顾鸟卵。在雨季它们会用翅膀盖住巢，宁愿自己冻得瑟瑟发抖，也不愿意让鸟卵受一丁点伤害。阿拉斯加的研究者发现，如果你离白头海雕的巢太近，它们会变得异常凶猛。一只发怒的海雕能够轻易将一个人从树上推下去。尽管海雕在其他区域的攻击性不会太强，只是在干扰者上空盘旋几圈后就飞走，但在巢附近则完全不同。因此不管你是否在海雕的巢附近，都不要去挑战它们的极限，因为持续的干扰可能会让海雕父母在鸟卵孵化出来前就弃巢而去。

喂养小海雕 如果孵化期一切正常，3 枚鸟卵中至少有 2 枚能成功孵化，这会让海雕父母疲于应对。如果你所在动物园中有小海雕的话，一定要经常去观察它们是如何成长的。它们会在你眼前不断成长和发育起来，开始时每 4~5 天就能长差不多 0.45 千克，只需要 3 个月，就能从一百余克长到 5 千克。为了满足小海雕成长和发育的需要，海雕父母必须轮流外出捕食，源源不断地带回食物。每当有新的食物带回来时，这些小海雕就会不断发出乞食叫声，直到父母中的一方将食物撕成它们能吃的大小，并喂给它们为止。如果你有机会看到小海雕喂食的纪录片，注意观察海雕父母是如何放下第二层眼睑的，它们会用这层眼睑保护眼睛，防止被饥饿的小海雕意外啄伤。

同胞相争 同窝的小海雕们相互竞争非常普遍，如果有一只小海雕明显比另一只

喂养小海雕：海雕父母会把猎物撕成小条喂给小海雕，而小海雕们会尽力争取每一条食物。

小海雕大（刚孵出的最初几周尤其明显），这种竞争甚至会导致同胞间的杀戮。小海雕会用很大的力气去啄同胞的头部，用的力气极大，如果一不小心啄空了，它自己都会因此摔跤。体型较大的小海雕可能会钳住较小个体的喙，抓住它的翅膀，沿着巢拖拽，直到较小的个体筋疲力尽直至死亡。有趣的是海雕父母极少会参与这些打斗，可能是因为对于它们来说，竭尽全力只抚养那只强壮的个体，也是它们最好的选择。

为真正的生活排练　小海雕们进食和打斗之外的时间会用来理羽、玩耍、睡觉或者练习。就像人类的儿童一样，小海雕们会上蹿下跳，把棍子当作玩具，拍打翅膀，做出模拟攻击的动作，或者与它们能在鸟窝中找到的任意物品玩拔河游戏，如旧的羽毛、树叶、树枝、剩下的猎物，甚至是充满敌意的同胞兄弟等。小海雕们也会来来回回地从同胞那里偷取食物，直到某只小海雕真正占有这块食物为止。通常被偷者也会等待机会，再从对手那里偷回食物。这些年幼时期的游戏对于它们成年后的生活异常重要，因为成年后它们食物的一大来源就是偷取。在独自玩耍时，它们在巢内踩踏、腾跃和大幅跳跃的时候，也能锻炼那些新长出的肌肉，这些举动能够帮助它们在随后的生活中对付那些顽固的猎物。

在 5~6 周大时，小海雕就会在有其他物体，包括人类靠近巢时展现出防守行为。它们会张开翅膀并微微卷曲着，朝入侵者发出嘶嘶声，甚至会用爪子或者喙去攻击入侵者。迫不得已时，小海雕可能会从巢中跳出来，这一举动通常会伤到自己。为了避免这种情况发生，在野外时最好不去干扰海雕的巢，而动物园最好能给海雕的育幼室提供一个单向窗户。小海雕在长到 10 周大小时就可以离开巢，但不能走得太远，因为它们直到 3 个月大都得依赖父母提供食物，3 个月之后，它们就能够单独捕猎了。

动物园或野外可供观察的白头海雕的行为

- 基本行为
  - 移动：盘旋　降落
  - 采食：空中捕猎　栖枝捕猎　地面捕猎　涉水捕猎　合作捕猎　偷取食物　食腐肉
- 社会行为
  - 友好行为
    - 集体栖息和沐浴
    - 集体捕猎和采食
  - 冲突行为
    - 威胁：体色威胁　威胁叫声　转圈展示　领域追逐　栖枝展示
    - 争夺食物：空中追逐　俯冲攻击　跑动或走动攻击　跳跃攻击　爪子展示　展翅展示　锁住爪子　爪击　猛啄　偷取　翅膀护住食物
  - 性行为
    - 求偶：追逐展示　过山车式飞行　翻滚展示　求偶叫声　发情展示
    - 交配：诱惑展示　爬跨
  - 育幼行为
    - 筑巢
    - 照顾鸟卵
    - 喂养小海雕：乞食叫声　撕碎猎物
    - 同胞相争：打斗
    - 为真正的生活排练：理毛　玩耍　睡眠　练习　偷取　防守行为

低头冲锋：在高强度的威胁当中，一只被激怒的鹤会瞄准并冲向入侵者，偶尔会咬掉对方的一根尾羽或者飞羽。

沙丘鹤

Sandhill Crane

重要参数

分类：鹤形目　鹤科

学名：*Antigone Canadensis*

体型：体长1~1.46米

翼展1.8~2.1米

体重：2.6~6.5千克

寿命：圈养环境下24年

生境：在较浅的开阔湿地休息，在开阔地域采食，在莎草草甸、沼泽和苔原繁殖

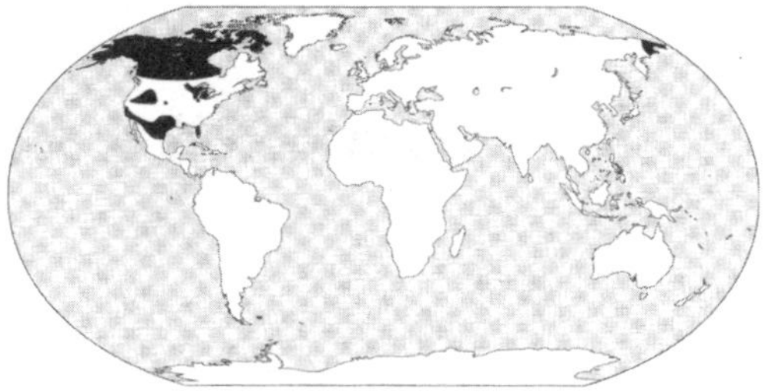

每年春天会有两个物种以超大群经过美国内布拉斯加州，其中一个物种脖子上会挂着双筒望远镜，有的手上拿着三脚架，有的没拿三脚架，大声嚷嚷着交流，这是观鸟的游客。在清晨的早些时候，这些哺乳动物会聚集在水边，来观看另一个迁徙的物种：一种漂亮优雅的大鸟，它们会结成 40 万只的大群，一同鸣叫、跳舞和采食。

沙丘鹤的繁殖地从哈得孙湾到东西伯利亚都有分布，它们在去往繁殖地的路上，会在内布拉斯加州普拉特河长约 112 千米的河段休息和补充体力。它们选择在此歇脚，一方面是因为普拉特河又宽又浅，它们能够站立在其中休息，另一方面是因为这条河的周边有充足的玉米和肥嫩的昆虫。每年从 2 月份就开始有沙丘鹤在此歇脚，到 3 月的第三周，整个普拉特河就会站满沙丘鹤。

成千上万只鹤发出的吵闹声，听起来又古老，又有野性，让听到的人们不禁为之折服。沙丘鹤的脖子很长，且像圆号那样弯曲，能够将洪亮的鸣叫声放大。考虑到在普拉特河停歇的沙丘鹤群可能要同千米高空飞过的同伴交流，这种放大声音的设计也就合理了。它们也用声音交流来协调群体的活动、防卫领地、寻找配偶以及保持终生的伴侣关系。在视距范围内，它们也会依赖复杂的视觉展示，炫耀独特的灰色飞羽、白色颊斑和鲜艳的红色顶冠。

在一个地方见到这么多沙丘鹤，听着它们的吵闹声，就像是在一个包厢的雅座观看自然界最盛大的事件之一。如果没有条件去普拉特河，在动物园也能见到许多类似的场景，一旦你学会了如何观察圈养沙丘鹤的行为，你就可以预订机票到内布拉斯加州，去观看这场野生沙丘鹤的视觉盛宴，你在动物园中所掌握的要领肯定能够派上用场。

沙丘鹤可供观察的基本行为

移动

沙丘鹤走路的步态和我们人类相似，但跑起来的时候则是一跳一跳的。当它们需要为起飞助跑时，它们会扇动翅膀来保持平衡，并最终离开地面飞往高空，在迁徙的过程中，沙丘鹤会在离地面 500~1 000 米的高度飞行，每飞行 480 千米或更远的距离才会停下来休息。

如果没有翱翔的能力，沙丘鹤飞这么远所需要的能量将会高得惊人。沙丘鹤像是活的滑翔机，通过展开 2 米多宽的翅膀，借助一个又一个上升气流翱翔，而不是靠自己扇动翅膀来飞行。在天空飞翔时，它们的脖子通常伸直呈长矛状，两条腿也会在身后伸直。但是如果天气很冷，它们也会像鹅那样，将一条腿或者两条腿伸进腹部的羽毛内取暖。

采食

清晨野生沙丘鹤会离开河边，结成 20 只或者更大的群体，一同到山地区域活动，并在中午之前返回湿地休息和理羽，下午再到山地吃东西。在自然的开阔草原区域，它们会采食谷物、浆果以及藏在茎秆中的昆虫、鼠类、蛙类、蜥蜴和蛇等。它们也会用喙去啄取藏在地下的植物根茎和蠕虫等食物。在农区，迁徙的沙丘鹤会以那些收获时遗漏在地里的玉米为食。

在动物园中，沙丘鹤的饲料是谷物和蛋白质的混合物，它们也会采食那些长在展示馆的植物或者在地面上爬过的虫子。它们喝水的样子和鸡一样，先吸取一些水，再抬起喙让水顺着喉咙流下去。

理羽

就像所有依靠羽毛飞行和防水的鸟类一样，沙丘鹤在清理羽毛上也会一丝不苟。它们每次只清理一根羽毛，先咬住羽毛根部，再用嘴将羽毛捋顺，让羽毛的连锁处紧紧地合在一起，减少羽毛之间的间隙，以免对沙丘鹤的翱翔造成影响。

为了增加羽毛的防水性，沙丘鹤会精心地梳理后背：它们会将喙插入位于尾巴根部的分泌油脂的腺体中，再将这些油脂涂抹到所有能触及的部位。观察沙丘鹤理羽的最佳时期是8~10月，此时它们身体、脖子和翅膀上会长出新羽毛。一旦旧的飞羽脱落，在地面上的沙丘鹤就会压低身体，藏在浓密的丛林中花费数小时的时间来理羽，直到能重新飞起来为止。

为了更全面地清洁，沙丘鹤也会到水中沐浴，它们会蜷伏在浅水中，上下摆动并拍打翅膀来打湿身体并达到清洁的目的。

为羽毛上色

沙丘鹤在精心梳理后背时偶尔会在羽毛上涂抹泥浆和青草的混合物，而不是油脂，从而在身上留下一些鲜艳的锈棕色斑块，这种行为令研究者十分费解。一种解释认为沙丘鹤用这种亮黄色的斑块来伪装自己，另一种解释则认为

理羽和为羽毛上色：沙丘鹤会梳理羽毛、在羽毛上涂抹油脂，并用青草和泥浆的混合物将羽毛涂成锈棕色。

这是性成熟的一个标志，但真正的原因恐怕只有沙丘鹤自己知道。

舒展身体

如果你仔细观察沙丘鹤舒展身体的行为，就能发现有四个基本的活动模式：其中最常见的一个是单侧伸展，每次只有一侧（一条腿和一只翅膀）伸展；第二个是两侧身体伸展，此时沙丘鹤会同时展开两只翅膀，并竖直脖子；第三个是低头伸展，沙丘鹤也会张开两只翅膀，但脖子往前伸而不是往上伸；第四个是下颌伸展，看起来像是打哈欠，但其实是缓解肌肉疲劳的一种方式。

沙丘鹤如何互动

友好行为

集群活动 沙丘鹤通过聚集成大群迁徙来保护自己免受捕食者的攻击，并且最高效地利用零散分布的食物。集群活动的沙丘鹤会共同留意周围的风险，在寻找食物的时候也能跟随其他个体而不用自己花费力气寻找。它们会沿用祖先们一直使用的迁徙路线，而不会开辟新的路线，在固定的停歇点补充食物。通过这种方式，它们几乎不会因为走错路或者找不到食物而浪费能量。

沙丘鹤在大群活动时，定位叫声能帮助它们统一和协调步调，它们用一种悲伤的哭叫声定位和召唤同伴。如果鹤群中部分个体停下来采食，它们会发出定位叫声，告诉其他同伴“这里有很好的食物”。当它们准备再次起飞时，它们会迎着风直立，用高频的飞行意图叫声来告诉同伴。

沙丘鹤的舞蹈除了用在性行为当中外，也会用于和同伴交流，缓解鹤群成员的紧张气氛，或者只是让自己高兴而已。

集体栖息 在夜间沙丘鹤也会集结成大群集体栖息，此时，数千只耳朵共同作用，能够觉察出极其细微的声响，因此捕食者很难在此得手。成年沙丘鹤睡觉时，会单腿或者双腿站在浅水里或者地面上，它们的喙或者朝前放在胸口，或者往后弯，放到羽毛下方。未成年的沙丘鹤在睡觉时，有时会把全身的重量都放在踝关节处，而不是站着。

集体防御 每当狗、人类或者其他可疑的物体在野外或者动物园靠近沙丘鹤时，它们都会展现出一种昂然的警戒姿势，此时它们会脖子竖直，喙放平，身体几乎呈垂直状态站立。只要有一只沙丘鹤展现出这种姿势，整个鹤群就像进入紧急警戒状态一样，全都展现出这种姿势，为起飞或者打斗做准备。在做出警戒姿势的同时，全身羽毛会光滑平顺地贴紧身体，以便用最小的阻力起飞。

当沙丘鹤感到好奇而不是惊慌时，它们会展现一种警戒的探究姿势，这种姿势同昂然的警戒姿势相似，但身体或者水平，或者竖直，头部会前后晃动扫视四周。通过观察其他鹤的反应，也能区分这两种行为，警戒姿势带有感染性，会在鹤群当中传播，而探究姿势并不具有感染性。

冲突行为

在繁殖季节，野生的沙丘鹤配偶对会离开大群，建立自己的领域，这些领域通常会由山丘或树林等天然屏障来划定。在繁殖季节，动物园管理人员会把沙丘鹤分别安置在不同的展示馆里，模拟野外的这种领域状态。如果不这么做，这些沙丘鹤为保护领域会变得极具攻击性，它们会为争夺边界而大打出手，很容易伤到彼此。当相邻的沙丘鹤有部分身体越过围栏时，你也能看到一些攻击行为的端倪。

在繁殖季节过后，当沙丘鹤重新聚成大群时，它们会竖起脖颈上的羽毛，重新确定等级序位。除了主动的攻击展示外，沙丘鹤也会用静态的信号如颜色来传递信息，颊斑越白越鲜艳，个体的等级就越高。另一方面，如果没有红色的顶冠或者白色颊斑，就意味着这只个体是未成年个体，能够免受其他个体的攻击。

非定向威胁 沙丘鹤的一些威胁展示并没有固定的目标，而是向所有可能的对手传达警告的信息。沙丘鹤在飞入一个群体或者当领域内有入侵者时，有时会做出深深的低头展示。挑战者也会在展示高强度的威胁后做出这种低头展示（见下文）。沙丘鹤会使劲往下弯脖子，低头让鲜艳的红色顶冠更清晰。通过收缩和放松肌肉，沙丘鹤能够控制红色的多少，以及充血量的多少，这会决定皮肤有多红。另一种竖起羽毛的低头展示和前一种低头展示类似，只是沙丘鹤在展示时会晃动羽毛。第三种无方向的威胁方式是嘴巴朝上的齐鸣，用于防卫领域，这种叫声在求偶时也经常能听得到。

低强度威胁 针对目标物的首要防御措施是直接的走动威胁。此时展示的沙丘鹤会低着头、冠羽张开、飞羽竖起来呈竖直的扇形，它会绕着对手转圈，腿部僵直，小

深深低头的威胁：为了发出警告的信号，沙丘鹤会压低头部，调整脖颈的肌肉让头部鲜艳的红色顶冠显露出来，这种深深低头的威胁通常也会被用来结束一个高强度的威胁。

心地迈出每一步，快速地晃动头部，并炫耀红冠。最后沙丘鹤可能会低吼，将头部压低至腿部或者躯干处，做出假装理羽的举动。

高强度威胁　攻击情绪更进一步的话，深深低头的展示则会演变成低头冲锋，此时沙丘鹤会收紧翅膀，伸长脖子，喙抬起来，像长枪一样冲向对手。如果对手没有立马撤退的话，冲锋者会毫不犹豫地啃咬对方的翅膀，并撕扯它的羽毛，这种冲锋也会进而演变成一场空中追逐，此时冲锋者会朝着逃跑的那一方猛踢。

当优势沙丘鹤想要占据一处饮水或者采食地时，它可能会朝着其他鹤做出用喙猛戳的展示——这是低头冲锋展示的僵化版，此时沙丘鹤并不奔跑，但会做出类似的举动。如果等级较低的沙丘鹤识时务的话，它会挪到一边，表现出服从的姿态。

投降　当一只沙丘鹤想要投降时，它会压低身体，让自己的身体和红冠都尽可能地不明显。在缩回脖子的投降姿势中，沙丘鹤会将身体放平，将脖子往回拉，并松散地收起翅膀。与优势个体僵直的步伐和肿胀的头冠相反，投降的个体会以松散的步态行走，并压低头冠。为了减少被误解的风险，投降的沙丘鹤有时会做出撤退这种最安全的举动。

用喙打斗　如果两只沙丘鹤攻击性相当，哪一只都不愿意撤退的话，你可能会见到它们用喙打架的场景，这种场景通常出现在两只雄鹤之间，尤其是在争夺诸如淡水等稀缺的资源，或者形成配偶对的过程中。这些简短但重要的决斗能向对手展现自己，并在啄序中占据一定的地位。一旦啄序确定后，这些鸟只要稍微展示一下头顶或者僵硬的步态，就能解决冲突。

齐鸣：雄鹤和雌鹤会以经典的姿势站立，断断续续地轮流鸣唱。这种二重唱的齐鸣通常被用于防卫领域，也能够增强配偶对之间的纽带关系。

投降：处于从属地位的沙丘鹤会压低头顶和尾羽，收紧翅膀，并弯着脖颈，来向对手表明投降的意图。

沙丘鹤的打斗会以两只鹤面对面用喙做出互戳的举动开始，接着它们都会张开翅膀，两只抬高的喙几乎碰到一起，然后这两只鹤会一同跳到空中，互相用脚踢，但这些踢打极少会留下严重的伤疤，因为其中的一只通常很快就会撤离。为取得最后胜利，占优势的那只鹤可能会用喙去刺、低头冲锋或者深深低头的展示来结束这场打斗。

抵御捕食者　一旦有哺乳动物或者人类闯入沙丘鹤的大群，它们就会展现出多种威胁方式。它们首先会做出一种用喙去戳的展示，如果捕食者不撤退的话，它们则转而使用低头冲锋的方式，如果此时捕食者主动发起攻击，沙丘鹤则会用脚踢或追逐来反抗。尽管你在动物园见不到这种沙丘鹤和捕食者之间的冲突，它们在面对展示馆的其他动物时也可能会有类似的举动。

沙丘鹤用喙打斗时，有一些关键的举动：沙丘鹤会静止不动，做出将要用喙戳的举动，向对手发出特定的警告，而对手则会张开翅膀，让自己看起来更大，同时用喙往前猛刺，最后两只鹤都会跳到空中，在落下时用脚猛踢对方。

性行为

当小鹤离开父母后，它们会同其他幼鹤一同生活 2~3 年，在此期间它们会找到相伴一生的伴侣。形成配偶对的过程中充满了复杂混乱的展示和欢乐的舞蹈，所有这些举动都是为了加强配偶对之间的联系，并且同步彼此的繁殖周期。

求偶前　尽管两只鹤齐鸣通常用来防守领地，但听起来像二重唱的这种叫声也会被用来形成配偶对和加强配偶对之间的联系。两只鹤会肩并肩站在一起，当它们鸣唱

人类和沙丘鹤

鹤类的舞蹈让人们备受鼓舞，可能是因为这些舞蹈像是在表现一种欢乐的情绪，而这种情绪也在人类心中存在。在全世界范围内，许多土著居民都会模仿鹤类的舞蹈，并在鹤类迁徙的季节举行庆祝仪式。如今当我们想起鹤时，在庆祝的同时不禁觉得悲伤。在现存的 15 个鹤类物种当中，有 11 个种类的数量都非常少，甚至面临灭绝的风险。

眼下沙丘鹤似乎还能撑下去，但它们的栖息地却面临一些问题。就拿普拉特河来说，75% 的北美洲沙丘鹤种群往北迁徙时都会在此停留，这条河过去是沙丘鹤最好的停歇地，1866 年时河道宽 1.6 千米，有着蜿蜒流淌且较浅的河水以及充足的空间，给沙丘鹤提供了理想的停歇地，它们不用担心陆地捕食者，而且河两边的农田能给它们提供充足的食物。

但仅仅一个多世纪后，普拉特河就再不是原本的模样了，70% 的河水都被转移用作其他用途，多数是为了灌溉之用。在内布拉斯加州欧佛顿地区以西的主河道，平均河道宽度只有 900 米，而且水量逐年减少。在干旱的季节，当流量减少时，那些美洲黑杨和柳树的种子就会在裸露的沙地上生根发芽。过去这些幼苗不会造成很大的问题，因为春季的河水足以将它们冲走，保持河道的开阔。但现在即便是在流量最大的时候，水流也冲不走这些树苗，这些长起来的美洲黑杨和柳树正在阻塞沙丘鹤停歇的河道。恐怕有一天沙丘鹤就得抛弃普拉特河，到一些相对贫瘠的区域停歇。

而另一个迫在眉睫的威胁来自于沙丘鹤集大群的生活方式。这么多鸟同时出现在一个区域，一场暴风雨、疾病大暴发、有毒化学品的泄漏，或者其他环境方面的意外事故，就会造成极大的悲剧。再加上沙丘鹤的繁殖力很低，每年每对沙丘鹤只抚养不到一只小鹤。在这些因素的共同作用下，严格的栖息地保护对于沙丘鹤的生存至关重要。万一我们野外保护的努力失败了，动物园的人工繁育就成了确保该类物种不至于灭绝的唯一希望。

时，雌鸟的喙会放平，而雄鸟的喙则会竖起来。通常都是由雌鸟发出第一个音节，接着两只鸟会轮流发出一系列长长的断断续续的二重唱。尽管在鸣唱时两只鸟的外羽都紧贴在身上，但雄鸟可能会竖起里羽，让尾巴竖起来。

求偶 沙丘鹤以既激动人心又扑朔迷离的求偶舞蹈而著名。在它们的求偶舞蹈中有几种引人注意的展示。在竖直展翅的展示中，雄鹤会抬起翅膀，以全身警戒的状态在雌鹤面前走动。在水平晃头的展示中，雄鹤和雌鹤都会张开翅膀，头部贴近地面再回到正常位置，并接连重复这个举动。另一种引人注意的展示则是垂直抛掷。此时两只鹤会压低头部，从地上衔起一根木棍或者一片植物，在头部抬起的过程中将木棍或者植物扔到空中。

在低头展示中，两只鹤看起来都像是在为舞蹈中跳跃的部分热身。它们开始是蜷伏的姿势，脖子缩回，腿部弯曲，身体往前倾，翅膀张开或者举起来。突然间，像是玩偶盒的弹簧一样，它们会伸长脖子，直起身体，静止一段时间，再返回到原本的蜷

求偶舞蹈：就像芭蕾舞演员在横杠前热身一样，沙丘鹤会蜷伏、弹起再蜷伏。当舞蹈开始时，配偶对的一方会弹到空中，而另一方则会象征性地往空中扔一片植物。

伏姿态。在两次低头展示的间隙，每只鹤都可能会突然跳起来。

充分热身之后，两只鹤会进行垂直跳跃展示，这也是沙丘鹤舞蹈的精髓。每只鹤都会蜷缩成半蹲状，再弹起至 4~5 米的高空，翅膀张开，腿部悬吊着来保持平衡。它们的头部像芭蕾舞演员那样高高地抬起，在降落到地面之前最多能拍打五次翅膀。沙丘鹤群体中有一只鹤做出跳跃的举动，就会带动其他个体一同跳跃，直到整个鹤群都上下跳动，像是站在蹦床上一样。这些舞蹈当中所传达的热情是具有感染性的，能够轻易俘获人心。

幸运的是，沙丘鹤的这种舞蹈并非只在繁殖季节出现，幼鹤会通过跳舞来发展肌肉，而从属地位的鹤也会通过跳舞来缓解优势个体的攻击情绪，受威胁的沙丘鹤在紧张时也会跳舞，而有些鹤仅仅是因为喜欢就会跳舞。

交配　雄鹤或者雌鹤都可能会揭开交配的序幕，但通常两只鹤会一同做出举动。雄鹤会迈着正步走向雌鹤，飞羽直立、喙冲着天空，头部的红冠像是在说“我准备好了”。雌鹤的姿态和雄鹤类似，当雄鹤离它足够近的时候，它会收起翅膀，在腕关节处弯曲。此时注意那些被称为“交配前鸣叫”的咕噜声，雄鹤靠近时会压低喙，张开翅膀，跳到雌鹤的背上，并不断拍打翅膀来保持平衡。经过短暂的交配后，它会后退或者跃过雌鹤的头部来结束交配。

交配后　与多数动物交配行为相反的是，沙丘鹤交配后仪式并不会马上结束，交配完成 20 秒钟后，两只鸟会肩并肩站立，红冠展开，喙冲着天空，之后它们会步调一致地做出深深低头的展示或者竖起羽毛低头展示，为了放松，它们也可能会一同理羽，或者简单跳支舞蹈来庆祝一下。

育幼行为

筑巢　沙丘鹤会在长满莎草、香蒲和湿地植物的宽阔而偏僻的湿地建造直径为 0.9~1.5 米的巢。这些碟状的巢，通常会建在洪水的安全线以上，由一堆树枝、苔藓、枯芦苇和灯心草组成。如果你在动物园见到沙丘鹤正在筑巢，注意听它们在筑巢过程中，或者雌鸟在孵卵的过程中发出的轻声嘟哝叫声。

照顾幼鹤　沙丘鹤的幼鹤在孵出时已经发育得很好了，孵出 2~3 天后它们就能跟随父母到达采食地，试着跟踪和啄取食物，但是在准确性得以提升之前，这些幼鹤必须依赖父母获得大块的食物。在动物园你肯定能听到它们隐隐的乞食叫声，也能看到沙丘鹤成鸟与幼鸟的喙相接，这是传递食物的一种表现。多亏了这种稳定的食物供应，成群的幼鹤能在 3 个月的时间内长成足够大的个体，加入鹤群进行长距离的迁徙，并返回越冬地。

除了不断供应食物外，沙丘鹤的双亲还要不停地巡视，谨防捕食者闯入。两只鹤会协同合作，包围像狗、狐狸或者人类等的入侵者，并大声发出单音节的守卫呼叫，直到入侵者离开为止。如果巢中有鸟卵或者幼鹤，沙丘鹤双亲中的一方可能会做出展翅展示，来转移捕食者的注意力。

由于幼鹤在很小的年纪就能够四处游荡，因此召唤声在它们的保护环节异常重要。幼鹤在采食或者还在卵里孵化时会频繁发出呼噜声，通过这些叫声，沙丘鹤双亲能确保它们在附近，或者在卵里发育得很好。一旦幼鹤离开父母、受凉或者饥饿难耐时，它们会大声发出连续的紧张叫声。

沙丘鹤在孵化后会跟随父母一同生活 10 个月，在这期间它们会学习生活的方方面面：最佳的采食地、栖息地、食物种类、迁徙路线，甚至是交配对象的性别等。它们也会为日后的生活做练习，所以你肯定能在它们的嬉戏玩耍中见到舞蹈、低头展示和往空中抛枝条等行为。

分散注意力展示：沙丘鹤双亲中的一方会装出虚弱的样子，将捕食者的注意力从鸟巢转移到自己身上。

动物园或野外可供观察的沙丘鹤的行为

- **基本行为**
  - 移动：走动　跑动　拍动翅膀　翱翔
  - 采食：采食　跟踪　啄取　饮水
  - 理羽：清理羽毛　清理背部　换羽　沐浴
  - 为羽毛上色
  - 舒展身体：单侧伸展　两侧伸展　低头伸展　下颌伸展
- **社会行为**
  - 友好行为
    - 集群活动：定位叫声　飞行意图叫声
    - 集体栖息
    - 集体防御：昂然的警戒姿势　使羽毛平顺　警戒探究姿势
  - 冲突行为
    - 非定向威胁：深深低头展示　竖起羽毛　齐鸣
    - 低强度威胁：走动威胁　假装理羽
    - 高强度威胁：低头冲锋　空中追逐　用喙戳
    - 投降：缩回脖子投降姿势　撤退
    - 用喙打斗：低头用喙猛戳　展翅展示　脚踢
    - 抵御捕食者
  - 性行为
    - 求偶前：齐鸣
    - 求偶：竖直展翅　水平晃头　垂直抛掷　低头展示　垂直跳跃展示
    - 交配：正步走　交配前叫声
    - 交配后：深深低头　竖起羽毛低头　理羽　跳舞
  - 育幼行为
    - 筑巢：搭窝　筑巢叫声　孵卵
    - 照顾幼鹤：乞食叫声　触碰喙　守卫叫声　分散注意力展示　召唤声　紧张叫声

两　极

求偶游动：求偶的白鲸会用特有的优雅举止，一同“舞动”。

白　鲸

Beluga Whale

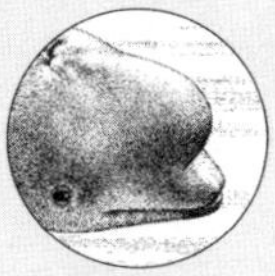

重要参数

分类：鲸目　一角鲸科	学名：*Delphinapterus leucas*
体型：雄鲸3.6~4.8米，雌鲸3.3~4.3米	体重：雄鲸平均1 500千克
最大体长6.6米	雌鲸平均1 360千克
寿命：30年	最大体重1 996千克
生境：北极和亚北极海域，通常冬季会在浮冰区，夏季会转移到海岸和河流入海口区域	

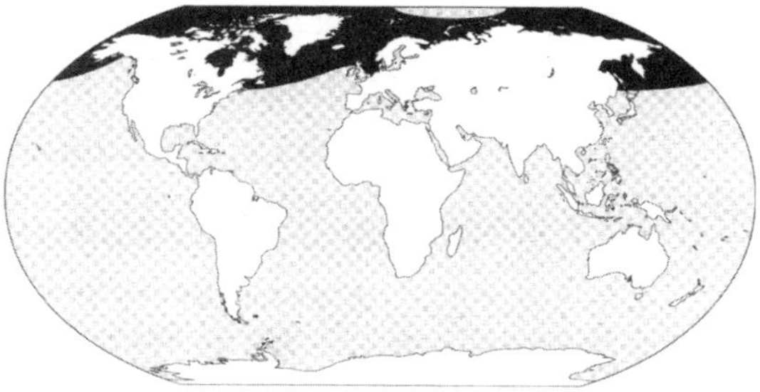

化石资料显示白鲸的祖先是靠四肢在地面上爬行的、呼吸空气的温血哺乳动物。大约 2 亿年前，它们开始到海洋中生活，并在自然选择的作用下逐渐适应水生生活。如今它们生活在环绕北极的极地和亚极地海域，在盐分、水和冰等环境因子的共同作用下，形成了如今的外表和行为。

在水中生活多年后，在水流的不断作用下，与它们的祖先相比，白鲸的身体更具流线型。但光是流线型的身体结构并不能解释为什么白鲸的实际游动速度比数学模型模拟的理论速度更快。生理学家不得不推开这些数学公式，用显微镜来寻找白鲸身体的秘密。他们发现组成白鲸光滑皮肤的细胞能够不断生成和死亡，这一过程中会形成润滑层，从而减少皮肤

浮窥：好奇的白鲸会将头部探出水面仔细观察四周。

与水流的摩擦，让白鲸在水中能够往前冲。这种润滑作用以及像潜艇一样光滑的身体，使得白鲸几乎不费力气就能在水中游动。

白鲸陆生生活的遗留物——肺，使得它们必须在距离水面一定范围内活动，为了更容易呼吸，它们的鼻孔逐渐转移到了头部上方，并且演化成了一个呼吸孔。当白鲸浮出水面时，一个肌肉垫会控制呼吸孔的开关，在呼出空气的同时，呼入新鲜空气,并能保证不吸入海水。呼出的空气在喷出来的时候,看起来像是一股喷泉般的水流，这是因为温暖的废气从密封的肺部排出后，遇到外面的冷空气会形成水雾。白鲸在需要更加谨慎时也会身体潜在水下呼气，需要吸气时，它们只用把呼吸孔露在水面，这一举动很难被捕食者察觉。

很难想象一头长达 4.5 米，重达 1 吨的庞然大物能在不被觉察的情况下做出很多事，但事实上它们经常这么做。研究者们曾经亲身经历过，一群白鲸悄无声息地游到船底下，浮出水面朝着他们看了一会儿，又消失不见了，在做出这些举动的时候，整个船只的位置没有受到丝毫影响。白鲸之所以能如此优雅，主要是因为它们的关节很灵活。你会发现当你观看白鲸（它们也在看你）时，它们能够在身体不动的情况下，来回摆动头部。它们也能以极其缓慢的速度，往前或者往后挥动圆形的鳍肢，在一些容易困住其他鲸鱼的区域进进出出。这种灵活性不仅让它们在动物园备受欢迎，也增加了它们在浮冰海域和多岩石的浅海海域的存活率。由于在水中特殊的适应能力，白鲸能够自由调节所在的深度，它们能够减慢心跳，将血液送往关键的器官，并且能最大限度地利用吸入的空气。为了延长待在水下的时间，白鲸还演化出了忍受高浓度二氧化碳的能力，在这些因素的作用下，它们憋气的时间能够长达 20 分钟。和多数哺乳动物不同的是，它们也能忍受富含盐分和水分的食物，为了去除多余的盐分，它们在演化的过程中形成了巨大的肾脏，它们的肾脏由400个肾叶组成，每个肾叶都有自己单独的排泄管，这些肾叶增加了过滤面积，能够帮助白鲸将多余的盐分从身体排出去。

除了适应盐分和水分外，白鲸还演化出了多种方法来应对北极海域冰冷的海水。它们身上15~20厘米厚的防水脂肪层，约占体重的40%，脂肪层外面还有一层厚厚的皮肤，这层皮肤不仅能防水，也能保证它们在冰面上滑动的时候不被刺伤。事实上，它们头部接近头顶的皮肤已经厚到能直接破冰的程度。白鲸一身雪白的皮肤也为它们在浮冰海域活动提供了完美的保护色，这种伪装能力不仅能骗过诸如虎鲸和北极熊等传统的天敌，也能骗过现代的天敌——人类。

白鲸也有敏锐的感知能力，能让它们在不断移动的冰块中准确地找到采食和呼吸的机会。白鲸嘴部的感觉区域被认为能够觉察前方开阔水域（呼吸点）的化学物质变化。此外特殊的声呐系统也能帮助它们像蝙蝠和海豚那样“用耳朵去看”，精准地确定目标。但是感知能力或者声呐系统对白鲸的远距离迁徙有什么帮助，我们还不知道。

但是我们已经发现白鲸的某些特定种群每年春天都会准时地离开浮冰区域，去往河流入海口或者河流中，那里温暖又安全，适宜抚养小鲸鱼。一些白鲸会沿着西伯利亚的大河溯游2 027千米，到达固定的区域产崽。对于那些居住在白鲸夏季生活区域的人们来说，每年白鲸的回归，就预示着又一年过去了。

白鲸可供观察的基本行为

移动

不管白鲸是往后游、往前游或者上下游动，都会是一幅优雅敏捷的画面。再去动物园观察的时候，找一个水下的观察窗，你一定会被这些小型鲸鱼的日常活动所迷住。它们会经常来到观察窗前，朝各个方向扭转身体，甚至将头部贴近旁观者。它们会用尾鳍作为动力源，悠闲的时候，会以3~8千米/时的速度游动，但在受到惊吓或者试着逃跑时会以22千米/时的速度游动。带有幼鲸的雌鲸必须放慢速度，最快只能达到9~11千米/时。

呼吸

尽管白鲸在水下的憋气时间最长能到20分钟，但采食的时候，它们通常至少每隔

3~5 分钟就会浮出水面呼吸。在迁徙的时候，它们每隔 10~40 秒就会浮出水面，停留不到 3 秒钟，就会重返长长的迁徙之旅。由于白鲸的身体结构已经适应了海水的盐度，更适合海中生活，在产崽期，当它们到盐度更低的河流入海口或者内陆河时，它们必须消耗更多能量才能到达水面。冬季当冰面太厚无法顶破的时候，呼吸也会是个问题。但是白鲸非常善于在冰面找到自然出口，而且如果需要的话，白鲸也能游动 3 千米去寻找下一个呼吸洞。

采食

在一年的多数时间，白鲸都会在大陆架附近布满冰块的浅海海域采食，但是在游荡的过程中，它们也会到深海（最深达 637 米）以及内陆河流的淡水区域采食。这种采食地点的多样化使得白鲸的食谱很广泛，它们也成为在食物方面最具冒险精神的鲸鱼。它们的食物从海底底栖生物到开阔海域的生物，从沙虫到章鱼，唯一限制它们的是嘴巴的大小和食管的粗细。

高度灵活的脖子使得饥饿的白鲸可以用头横扫过去，在海底巡航时，它们或者用噘起的嘴唇将猎物吸到嘴里，或者喷出一道水流将它们赶起来。白鲸群也会合作将鱼群赶到倾斜的海岸或者浅海，在这些海域，鱼群很快就会惊慌和筋疲力尽。

在典型的水族馆或者动物园，白鲸的食物十分丰富，包括鲱鱼、毛鳞鱼、银白鱼和鲭鱼，以及鱿鱼和一些维生素。一只体格健硕的白鲸每天能吃掉 274 千克的食物。

磨蹭

也许某天你会注意到，你所在动物园的这些冰淇淋色的白鲸的皮肤开始发黄，不用担心，白鲸每年会褪掉一层皮，脱下这身旧的黄色装扮，露出下面新的白色皮肤。为了加速褪皮的过程，它们经常会在池底的物品上磨蹭，像是要扯下一块大的疥疮一样。

如果你有机会到白鲸的野外栖息地，注意观察那些在浅海海域或者河流入海口浅水湾中“磨蹭聚会”的白鲸们，你可能见不到它们的整个身体，但当它们在布满鹅卵石和砂砾的海底磨蹭侧面、背部和腹部时，你能见到很多尾鳍在水面上激烈地摆动。

休息

如果你在动物园见到的白鲸没有那么敏锐和警觉，它们可能只是在打盹休息，此

磨蹭：每年白鲸都会在岩石上磨蹭，褪去旧的黄色皮肤，露出新的雪白色皮肤。

时它们会在一个位置停留很久，轻柔地挥动鳍肢，使得身体停留在海平面附近。并不时地（不会像清醒时那么频繁）浮到水面呼吸，再缓慢地沉入水中，继续踩水休息。在休息时，它们一半的大脑是警觉的（有一边的眼睛也是睁着的），另一半则会休息，这种轮流休息的方式使得白鲸在充分休息的同时，也能保证吸入足够的空气。

白鲸如何互动

在野外，根据季节的不同，白鲸会聚集成 100~10 000 只不等的大群活动。在夏季的产崽季节，所有白鲸种群都会聚集在西伯利亚和加拿大北部的河流入海口和河流的传统产崽区域。

这些大群当中，有很多家庭群和雄性群。家庭群由一只雌鲸、新出生的幼鲸和一只或多只更大一点的幼鲸组成。早期的家庭生活对于这些年轻的个体来说就像是一个社会行为和导航的训练营，在迁徙的过程中，幼鲸会紧跟在母亲身边，学习白鲸世代使用的迁徙路线。雄性群则由 8~16 只雄鲸组成。

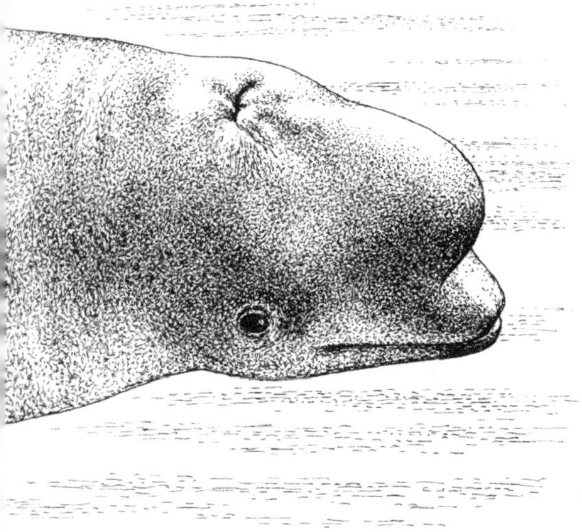

发出叫声：当白鲸发出口哨声和响亮的叫声时，它会收缩下巴上方的肌肉，并前后移动肿胀的额隆。

在深海当中，这些鲸群会以一定的队形游动，便于它们捕食群居或成群的小鱼。当它们在浅海或者岸边活动时则会分散开来，可能是为了采食海底分散的食物。

白鲸群体成员之间通过面部识别、互碰鳍肢、相互摩擦、做出口型以及更重要的声音进行交流。口哨声和响亮的叫声等声音信号比视觉或者触觉的信号传播的距离更远，其他鲸鱼即便在昏暗的海水中也能听到这些信号。事实上声音信号太好用了，以至于白鲸已经变得非常爱唱歌，它们的曲目数量巨大（人类能听到其中的许多叫声），以至于早期的水手将它们称为“海洋中的金丝雀”。

友好行为

通过观察白鲸头部上方的额隆就能分辨出它们是否处于放松或者友好的气氛当中，一个松弛的额隆能告诉同伴它们很友好，这种悠闲的同伴关系在群体交流当中很常见。吃饱喝足的白鲸会异常好动，在动物园完全受保护的大水池中，你应该能够见到白鲸们玩耍追逐以及其他游戏项目。由于白鲸丰富又善于沟通的社会生活方式，使

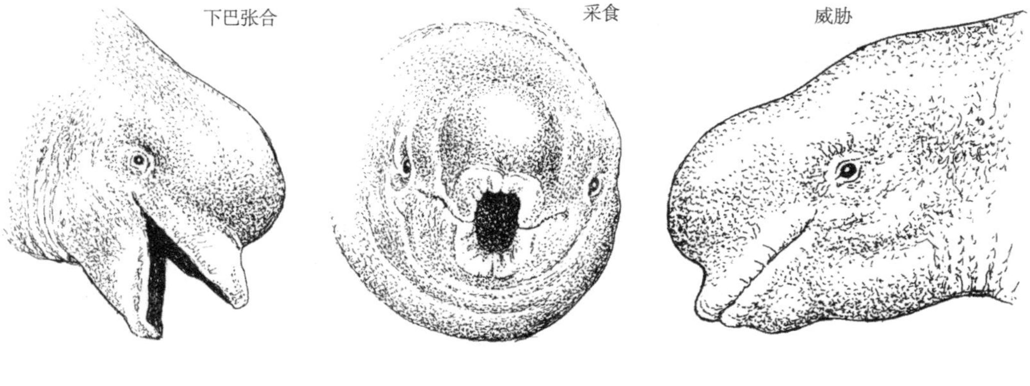

面部展示：白鲸的嘴唇非常灵活，能够从海底吸取底栖生物，当被惹怒时，白鲸会突然合上下巴，来表明自己的态度，如果白鲸的额隆肿胀且前伸，也表明它心情不快。

得合作捕猎这种友好又需要包容的行为成为可能。

冲突行为

威胁 我们对白鲸的语言知之甚少，但我们能够识别它们的部分面部信号。如果一只白鲸的头部的额隆肿胀且前伸，说明这只白鲸正处于恼怒状态，（但是如果额隆开始前后移动，则表明白鲸可能没被惹怒，它可能只是在发出声音）为了威胁对手，白鲸可能会张开嘴巴，露出40颗像钉子一样的牙齿，如果对手没有丝毫投降或者撤退的意思，它可能会激烈地摇晃强有力的尾巴，张着嘴巴追逐对手，并做出一系列开合下巴的行为。当上下颚撞击在一起时，白鲸方形的、破旧的牙齿碰撞会发出很大的响声，像是在说“我不高兴”。白鲸在不高兴的时候，也会用鳍肢、尾鳍或者整个身体拍打水面。动物园的饲养员曾经见过多次，装食物的桶被放入水池后，在几分钟内就会被这些缺乏耐性、容易发怒的白鲸们给打湿。在野外，无声的击打和拍打，以及一系列的吼叫、呻吟、尖叫和大叫，在多数情况下能够迅速解决群体成员之间的冲突。

撕咬 当这些威胁和叫声都不管用的时候，被激怒的白鲸就会转而采取一种更加粗鲁的行为：撕咬对方，由于它们的牙齿相当粗钝，撕咬只会传达信息而不会造成严重的伤害，但是由于它们的皮肤是柔软的，这些撕咬也会在白鲸身上留下一些伤痕——你很容易就能见到它们身上2~3条平行的沟槽。

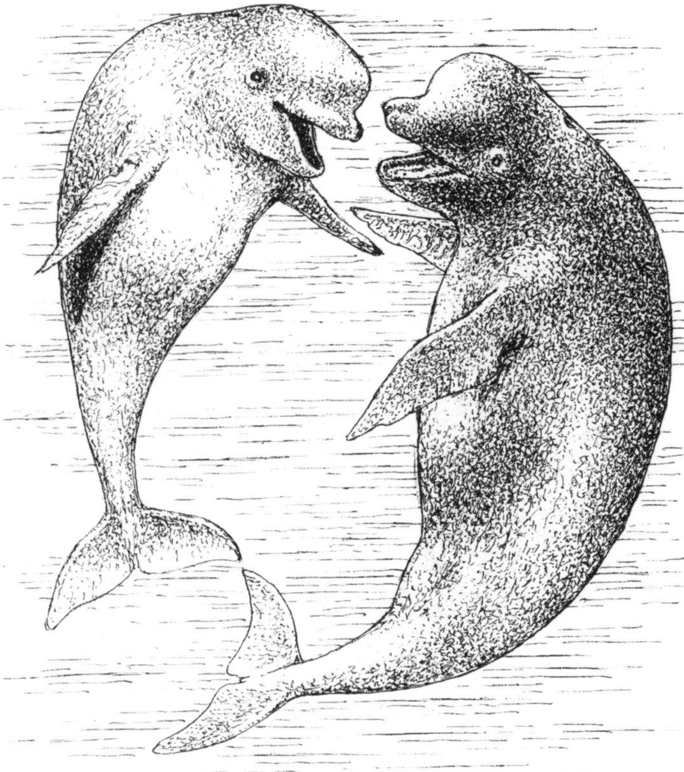

撕咬：在打斗当中，白鲸可能会用粗钝的牙齿撕咬对方柔软的皮肤。

人类和白鲸

白鲸见到人类时，好奇要多于谨慎。因为我们并不是它们日常生活的环境中的一员，它们没有演化出对我们人类的恐惧。相反，我们是一种新奇的事物，一旦它们习惯了人类的长相和声音，它们通常不会抗拒我们的轻抚和喂食。这种信任使得它们会与喜欢的饲养员形成异常亲密的关系。但是一旦经受过一次人类的骚扰后，它们就会变得多疑，在面对人类时也会更懂得自卫。那些经历过同胞被捕鲸船掳走的鲸鱼们，就会极少再出现在捕鲸船活跃的区域。哪怕它们一不小心撞入渔网，通常也能想办法逃脱，并带领其他鲸鱼一同逃脱。

不幸的是，即便是鲸类世界最好的“魔术师”，白鲸也不是每次都能逃过人类的迫害。在 18、19 世纪，捕鲸者会将许多白鲸赶上海滩，杀死数百头白鲸来弥补北极露脊鲸鲸油的缺口。20 世纪早期，一些捕鱼企业宣称白鲸吃掉鱼类后，会让他们捕获的鱼量受损，20 世纪 30 年代，在一项由政府发起的“控制白鲸”行动中，为了躲避炸弹和神枪手，白鲸不得不到圣劳伦斯湾去寻找安全的避风港。

如今世界上约有 10 万头白鲸，生物学家希望能密切关注这些残存的白鲸种群。《濒危野生动植物种国际贸易公约（CITES）》已经禁止了白鲸的商业猎杀，希望能帮助这些白鲸重建种群。

哪怕所有捕鲸的国家都遵守了这个条约，白鲸依然要面临一些威胁海洋生物的隐形危险，如 PCB、DDT 和灭蚁灵等剧毒的化合物在美国和加拿大已经被禁止使用，但在圣劳伦斯航道频繁出没的白鲸体内仍检出很高的浓度。原因是这些不溶于水的化合物能被鲸脂吸收。由于白鲸的寿命很长，几乎处于食物链的顶端，它们的体内会不断地富集这些危险的化学物质，并通过富含脂肪的母乳传递给幼鲸。就像作家乔恩·卢奥马（Jon Luoma）所写的那样：对于圣劳伦斯和整个五大湖区域来说，这些因体内富含鲸脂而富集了高浓度有毒物质的白鲸，可能会从“海洋中的金丝雀”变成“矿井中的金丝雀”。

那些白鲸栖息地中的用来开采油田的钻井和水力发电的大坝也会对白鲸的生存造成致命的威胁。水温的上升会让原本温暖的河流入海口变成危险的浴缸。出于这些考虑，哪怕人类活动仅出现在白鲸繁殖的河流入海口，都可能会对白鲸造成难以计量的影响。尽管这些经常被拍到的鲸鱼似乎喜欢聚集在货船或者观光船的周围，但事实上它们也许并不像看起来那么舒服。正如我们从其他数量下降的物种身上所吸取的教训，在坏的环境中默默忍受和在好的环境中蓬勃发展，物种的未来是不同的。

性行为

在野外，白鲸的繁殖期在 2~6 月份，它们会在返回靠近海岸的夏季活动区域之前，在水中或者浮冰区域交配。占优势的雄性白鲸能与多头雌性白鲸交配。动物园也能见到白鲸的交配行为，雄性白鲸与雌性白鲸很容易区分，它们的体型要比雌性长 50 厘米，有更大的额隆，体色相对更浅。雌性的呼吸孔和眼睛周围则呈灰色。

求偶和交配　白鲸求偶的过程中会有很多追逐、磨蹭、做口型、依偎、故作姿态和下巴张合等行为。雄鲸会纠缠雌鲸，在追逐对方时会展现出和威胁姿势类似的举动，雌鲸在交配之前，可能会多次诱惑雄鲸，但拒绝它的追逐和示爱。雄鲸会在雌鲸身边翻滚，一只鳍肢露出水面，雌鲸会腹面朝着雄鲸，或者在它身上摩擦，直到它的生殖器肿胀，之后它们会腹面贴在一起交配，在交配完成后会分离开来。

育幼行为

到目前为止，人们在白鲸的人工繁育方面已经做了很多努力，圈养环境下也有幼崽出生，但它们都只活了数周或者数月。每只幼崽的出生，都能告诉我们一些生出健康白鲸的知识，帮助我们营造更加适宜的产崽环境。如今在白鲸幼崽出生过程中和出生后，雄鲸都会被移出所在的水池，因为它们会攻击幼鲸和焦虑的雌鲸。通过这些方式，研究者正在寻找最佳的人工繁育技术。但目前观看白鲸育幼行为的最佳地点仍然是一些自然观察节目，或者观鲸船上。

野生的白鲸会在早春时节离开浮冰区域，迁徙到浅海湾、河流入海口和河流，从 6 月中旬到 9 月中旬都会待在这些区域。这些浅水区域能够保护它们免受捕食者的攻击，也能为幼鲸提供温暖的抚养地。在这些区域，幼鲸有足够的时间富集脂

结队游动：白鲸幼崽会紧贴着母亲，漂浮在母亲游动时形成的涡流中。

肪层，来抵御即将面对的冰冷的北极海域。成年雌鲸也能从温暖的环境受益，由于不需要太多脂肪来保暖，它们就能将一些鲸脂用于生产富含脂肪的母乳，喂养小白鲸。到海岸附近取暖，也能免去继续往南迁徙数千千米到温带海域的麻烦。

产崽 经过 14~15 个月的孕期后，白鲸妈妈通常会离开大群，与一头尚未参与繁殖或者未成熟的雌鲸一起，找个合适的地域产崽。它们这么做，究竟是因为这些雌鲸的确能帮助白鲸妈妈，还是仅仅因为好奇，还值得进一步讨论。研究者相信它们当中的有些个体可能是该母亲稍大一点的孩子，这么做是为了增加与母亲待在一起的时间。

照顾幼崽 白鲸亲子之间的纽带关系异常牢固，如果刚出生的幼崽呼吸存在问题，雌鲸会身体倾斜，把幼崽放平在尾巴上，再将它举出水面。如果幼崽不幸死亡，雌鲸也会不停地试着唤醒它，或者不管游到哪里，都会将它推在身前，之后它可能在伐木等替代物品上继续展现出母爱。

如果幼崽身体健康，它在刚出生的最初几周内会时时刻刻跟在母亲身边，借助母亲游动时形成的涡流，在它身下、身上或者身边游动，这样能节省宝贵的能量，将更多的能量用于自身的生长上。这种结队游动的方式也能保护小鲸鱼，鲸鱼妈妈能将自己置于小鲸鱼和船只等陌生物体中间，如果入侵者离得太近，带着幼崽的雌鲸也会选择冲锋或者撕咬对手。

小鲸鱼在水下吃奶，它会和母亲保持合适的角度，哺乳期最多能持续 2 年，幼鲸长至第二年的时候，在吃乳汁的同时，也会吃一些容易捕捉的猎物，如软体动物、环节动物和甲壳动物等。长长的哺乳期给了幼鲸充足的时间来学习生活的方方面面——采食和迁徙策略、危险因素和逃跑路线等。你会发现幼鲸除了比成年白鲸体型小很多之外，体色也会更暗，它们出生时身体呈深棕色或灰黑色，在长大成熟的过程中体色会不断变浅，雄鲸在 9 岁时，雌鲸在 11 岁时，身体就会变成纯白色。

哺乳：深棕色或灰黑色的幼鲸吃奶的时间可能长达 2 年。

动物园或者野外可供观察的白鲸行为

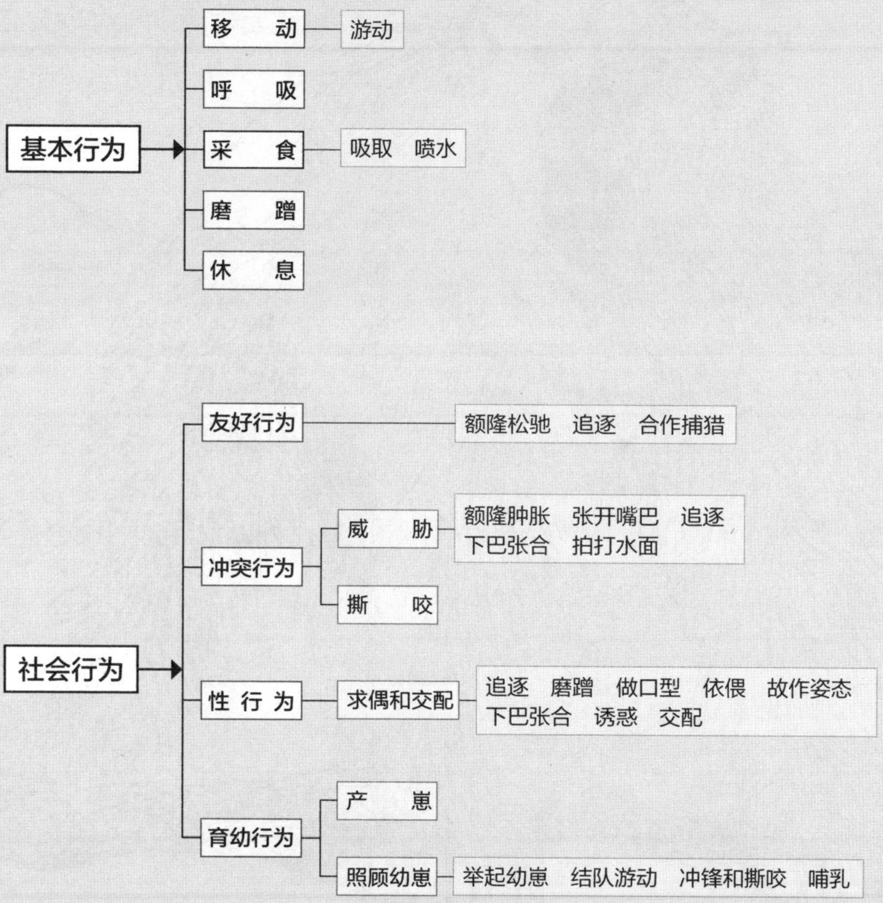

威胁：如果一只北极熊张着嘴盯着你看，说明它正在传达这样一个信息：我不是好惹的。

北极熊

Polar Bear

重要参数

分类：食肉目　熊科	学名：*Ursus maritimus*
体型：雄性体长2~2.5米，肩高1.6米	体重：雄性300~800千克
雌性体长1.8~2米	雌性150~300千克
寿命：野外30年，圈养环境下41年	动物园中最重的个体能达到350千克
生境：浮冰的边缘；有些种群夏季会到陆地上活动	

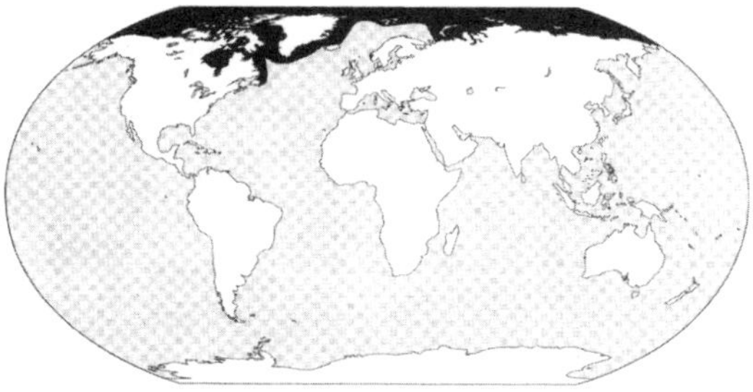

北极这片区域有很多极端现象，夏季有极昼，冬季有极夜，冰盖永远不会消融，到处都能见到驯鹿的身影。除此之外，北极还生活着世界上最大的食肉动物之一——北极熊。与熊科其他物种相比，北极熊更加强壮有力也更危险，但在其他许多方面则更温和一些。

即便如此，你肯定也不想去挑战北极熊的底线。它们后腿站立时有 3.6 米高，能与大象平视。它们宽约 30 厘米的爪子重达 23 千克，从冰面的洞口将海豹拖出来的时候能将海豹的骨头全都捏碎。我们人类建造的房屋或者设施在它们面前也都不堪一击，就像你在一间被北极熊毁坏的小木屋中所能见到的：弹簧床被撕得四分五裂，寝具破破烂烂散落一地，炉子被掀翻，水管都被压碎了，各种瓶瓶罐罐都被打烂了，罐头被撕开或者被牙咬穿，所有塑料制品都被撕成了碎片。这些破坏行为就仿佛是它们的恶作剧。最后在兴奋之余，北极熊会穿墙而出，尽管大门是敞开着的。*

正因为北极熊的破坏力如此之大，北极熊在与同伴相处时也会非常小心。在决斗中，只需一记重拳就能将对手打倒，锋利的牙齿及爪子轻易就能在对方身上留下致命的伤痕。因此，北极熊在面对同伴时会异常谨慎，并会尽量控制自己的力气。北极的其他动物也学会了尊重这些大熊，并且最大限度地利用它们捕猎的能力。北极狐和渡鸦会跟随北极熊的脚步，在北极熊吃饱了之后拾取它们吃剩下的食物饱餐一顿，在北极这片荒原之上，这些残羹已经是非常难得的大餐了。有趣的是，这些跟随在北极熊身后的狐狸或者渡鸦却很少成为北极熊猎食的目标。

北极地区的土著居民对于北极熊也怀有类似的尊重和感激之情。传统意义上，他们会猎杀北极熊，获取肉类和其他产品，但同时也能接受北极熊偶尔吃掉一两个人类的情况。事实上，这里的人们认为垂死的老人在雪屋里被一只北极熊发现是一件非常幸运的事。如果北极熊吃了这个人，部落的成员会杀死并吃掉这只北极熊，并相信这样就能让老人获得重生。他们也认为北极熊都是萨满——与精神世界存在某种链接，掌握着丰富的知识，非常聪明。在物质层面上，北极熊为土著居民做出了很好的示范，土著居民能够从北极熊身上学会如何捕猎、导航以及在北极区域保暖等知识。哪怕你是在圣地亚哥动物园观看北极熊，你也能从它们身上学到诸如如何保暖以及在食物链的顶端吃饱等技能。

北极熊可供观察的基本行为

移动

由于某种原因，北极熊和许多北极的土著居民一样，都是罗圈腿（膝盖内翻）。走动时，它们的爪子是内翻的，当它们迈着“内八字”走动时，其姿态轻易就能俘获人心，很受摄影师的欢迎。当它们快步走动时，它们身体同侧的两条腿会一同移动。在崎

* Richard C. Davids, *Lords of the Arctic:A Journey Among the Polar Bears.*New York: Macmillan Publishing Co., Inc. 1982

岖不平的冰面上攀爬时，它们的速度能达到19~28千米/时。在平地上它们还能快速跑动，有记录显示北极熊在苔原上奔跑时的速度能达到56千米/时。

和北极地区的土著猎手一样，北极熊会花费很长时间孤独地走很远的路来寻找食物。它们首先会捕捉空气中的气味信号，再跟随气味找到食物源。这些气味信号的传播可能并不明显，为了集中精神捕捉到这些信号，北极熊偶尔会直立起来并左右晃动头部。它们每天可以很轻松地行走70千米或者更远的路程，一只在阿拉斯加海岸被追踪到的北极熊一年之内走动了1 116.88千米。

嗅闻空气中的信号：在依靠气味追踪猎物的过程中，北极熊会经常尽可能地竖起身体并左右晃动头部来确定气味来源。

这些在海洋和浮冰区域活动的北极熊也很善于游泳，它们会用前爪划水，以6.4千米/时的速度平稳地游动。在野外，它们最多能不停地游动160千米，潜水时两次换气之间最长可以间隔2分钟。现在，许多动物园都设置了水下的观察窗，游客能看到北极熊在水下活动的场景。它们潜水时头部先入水，会溅出很多水花，之后用前爪往后拨水，用后爪掌握方向以潜得更深。在水下活动时，它们的眼睛是睁着的，鼻孔闭合，耳朵紧贴在头皮上。

采食

北极熊的食物包括鱼类、哺乳动物，甚至是青草，而它们最爱的食物是富含油脂的海豹。它们会跟随不断进退变化的浮冰，来来回回地寻找海豹。找到那些体长1.5米、重达90千克的环斑海豹的最佳地点是冰块不断破碎并跟随季风或者洋流漂流的区域，这些地方通常都是海湾的入口或紧邻大陆的海岸。冰块断裂后会形成断断续续的水道，而这些水道会再次结冰。由于新结成的裂缝区域通常都比较脆弱，因此成为海豹们最佳的破冰区域。它们会选择在这些区域呼吸新鲜空气，并到冰面上休息。

经过多年的捕猎后，北极熊已经非常熟悉海豹的举动。它们仅凭海豹呼吸时留下

准备潜水：笨重的北极熊是优雅的游泳者。它们防水的毛发和厚厚的脂肪层可以抵御北极海水的冰冷。

的气味就能找到海豹的呼吸洞或出口，也学会了在这些洞口捕猎海豹。它们会在这些洞口静静地坐上数小时，在海豹头露出冰面的瞬间迅速猛击，捕到海豹。在靠近猎物方面，北极熊可以算是专家级别。它们能够将身体放平，用腹部慢慢匍匐前进，偷袭正在晒太阳的海豹们。它们会在海豹打盹的时候不紧不慢地往前移动，在它们清醒的时候则僵直不动，直到距离足够近的时候才发动致命的一击。如果它们需要潜水接近猎物，它们会用前爪先入水而不溅起一点儿水花，随后会像一只潜水艇一样无声无息地前进。

在海豹的繁殖季节，北极熊也会寻找那些由洋流或者季风形成的冰脊，海豹会在这些冰脊的背风面建造洞穴来抚养幼崽。海豹在挖洞的时候会尽可能迅速，并时刻盯紧附近，提防北极熊的袭击。在洞穴建好之后，这些小海豹依然不安全。即使藏在1米多深的冰面之下，一只饥饿的北极熊依然能够嗅闻到海豹幼崽的气味，并像狐狸抓取鼹鼠那样，用一只爪子探进去将海豹幼崽从冰洞里抓出来。

共同生活在北极地区，无论是海豹还是北极熊都卷入了一场经典的生存适应之战，它们都在想尽办法战胜对方。一些观察者发现，有些北极熊在接近海豹的时候会举起一只爪子放在口鼻处，来遮掩醒目的黑鼻子；而海豹也演化出了应对的方法，它们会用视野开阔的双眼密切关注周围移动的物体，并用灵敏的听力去留意最细微的脚步声。

在战胜狡猾的海豹后，北极熊得到的回报是富含能量的厚厚的脂肪。这些脂肪能够让北极熊的体重迅速增加，并转变成它们自身的脂肪储备，让它们能够度过食物短缺的夏季。尽管北极熊的食量大到能够吞下一整只海豹（它们的胃最多能容下90千克的食物），但它们通常只吃脂肪。它们会认真地剥去海豹的皮，并将脂肪以外的部分留给跟在它们身后的狐狸或者渡鸦。

理毛：北极熊在吃完东西后会仔细清理爪子，就像只大猫一样。

饮水

尽管北极熊和我们人类一样需要饮用淡水，但它们已经找到了能够在放眼望去全是海水的冰面上生存的方法，早期在北极地区探险的人们也知道这个办法。随着时间的流逝，海冰中的盐分会慢慢渗到冰块的底部，北极熊只需要寻找那些存在时间比较久的冰块并吸取这些冰块表面的水分就好。

理毛

在吃完海豹以后，北极熊会把它们巨大的爪子舔干净，并像猫洗脸一样将脸上的毛捋顺。如果吃东西的时候不小心将食物残渣撒到了身上，这些细心的北极熊通常会在干燥的雪面上磨蹭和翻滚来把自己清理干净。在动物园，北极熊吃完东西后也会做出类似的举动。如果你所在动物园的北极熊长着一身黄色的外皮，也不要怪它们没清理干净。由于季节和个体差异，北极熊的皮毛会有不同的颜色。

保暖和降温

想要知道北极熊为什么在冬季也不会冻僵，你可能需要一个电子显微镜。经过放大，你会发现它们的毛发都是中空透明的，不具备一点白色的色素。它们的毛发之所以看起来是白色的，就和雪花看起来是白色的原理一样：这些中空毛发的粗糙内壁能够反射可见光。太阳发射的紫外光能穿透这些中空的毛发，并被北极熊黑色的皮肤尽可能吸收和储存。最终，这些毛发会像温室玻璃一样将热量锁在北极熊体内。在这些毛发之下是结实的兽皮和厚达 11 厘米的脂肪层。当风太大，甚至穿透了这层“盔甲”之后，北极熊会钻进雪堆里，利用隔热的积雪盖住上半身，只将屁股露在寒风中。

由于它们的身体结构主要是为了保暖而演化的，所以当温度上升时，北极熊经常会感到很痛苦。尤其是在夏季，当浮冰融化后，许多北极熊被迫到陆地上活动，这时它们就得忍受高温的痛苦。此时它们会十分不安，你在动物园也能见到类似的情形。它们会大口喘气，趴着或者侧躺在湿的沙地上，或者在空中挥动爪子等。北极熊爪子上的毛发很少，但布满了血管，热的血液会被输送到爪子和肩膀处，就像汽车靠散热器冷却发动机一样，将热量辐射出去。

当气温继续升高到无法忍受时，生活在马尼托巴湖和安大略湖岸边的北极熊会在凉爽的沙堆或者泥炭小丘挖一些浅的洞穴，并年复一年地重复利用这些洞穴乘凉，每年都会挖得更深一些，暴露出新的冻土层（冻土层露在外面后会融化），最终精心制作出深达 4.5 米或者更长的地下洞穴。

睡眠

生活在北极地区，北极熊不得不面对至少两个挑战：调节体温，以及储存足够多的能量来应对两餐之间的间隔。而睡眠在这两个方面都能对北极熊有所帮助。北极熊在睡觉时能够避免暴露在寒风中，也不需要消耗太多宝贵的能量。同样地，当外界温度很高时，它们也会尽量少走动。趴在冰面上睡一觉既能降低体温，也能节省能量。

北极熊在睡觉时会选择不同的姿势，这取决于它们是想保存热量还是散发热量。当它们觉得冷的时候，它们会把头埋在雪堆里，或者用长满毛发的爪子盖住往外辐射热量的鼻子。但当它们觉得热的时候，它们又会将腹部贴到冰面上，或者仰卧在冰面上并举起爪子。

和其他熊科动物一样，北极熊也能降低代谢率进行深度睡眠。当它们到内陆度过夏季时，它们会挖掘洞穴，并进入被称为“夏眠”的休眠状态。此时它们的代谢率和心跳会逐渐减慢，同时停止进食，几乎不用补充能量也能度过食物短缺的夏季。即使是在苏醒的情况下，它们也能几个月不吃不喝，靠自身的脂肪储备生存。有趣的是，这种内部消化只会产生水和二氧化碳而不会排出其他任何废物。哺乳期母熊的母乳则全部来自于自身的脂肪储备。

在冬季（9 月至次年 3 月），北极熊在需要节省能量的时候就会进入睡眠。在短暂的日间休息中，北极熊的脉搏会从正常的 53~85 次/分钟下降到 8 次/分钟。在紧急情况下，北极熊能瞬间从这种休眠状态中苏醒过来，这也是为什么这种休眠被称为“半冬眠”。

睡眠：北极熊会花费很多时间在睡眠上，以此节省能量。

科学家目前正在寻找引起北极熊冬眠的激素或者其他物质。想象一下，如果我们人类可以用这种物质来让生病的身体休息，或者在漫长的太空飞行中睡过去该有多好。冬眠的研究并不是保护北极熊的唯一目的，但一定是非常重要的一个因素。

刻板行为

熊科动物在圈养环境下非常容易展现出重复、刻板的行为。在我之前的住所旁边有个小动物园，里面的北极熊有一个很大的室外展示馆，并拥有一个很深的游泳池。即便有这样大的空间，北极熊也会沿着固定的椭圆形路线游动，每次返回的时候都用爪子触碰同一个位置。其他常见的刻板行为包括走“8”字、倒行、踱步和摆头等。尽管这些行为也能部分起到锻炼的目的，但却可能会对熊造成伤害，尤其是当熊已经开始自残时。虽然很难，但动物园管理者应该也必须考虑到展示馆内的合理设计，以增加熊科动物的行为多样性，进而减少这些刻板行为。相比它们带给我们的诸多快乐，我们至少应该为这些庞然大物们提供一个有更多刺激的环境。

人类和北极熊

没有人知道北极熊开始使用熊洞的确切时间，它们只是代代都会返回这些安全的区域。不幸的是，这些熊洞即将变得没有那么安全了。自从人类逐渐在北极地区落脚，就开始不断地将垃圾、狗、外放录音机和木材烟尘等物品带到这里。从很久之前我们开始寻找石油和其他可用的资源时，我们就将这些“进步”的烙印深深地印在了这些永久冻土层。正如我们不知道这些熊洞的历史有多长，我们也不知道将北极熊从北极地区赶走的代价会有多大。

在北极的沿海区域，污染和商业性捕鱼总有一天会威胁到环斑海豹的种群。由于北极熊以环斑海豹作为食物，它们势必也会受到牵连。

研究北极熊的专家介绍说，这种连带的栖息地丧失是对北极熊最大的威胁。目前全球的北极熊数量乐观估计也只有2万~2.5万只。另外，北极熊的繁殖速度很低。由于抚养每只幼崽的时间都很长，多数母熊在它们20~30年的一生中只会生产2次。这一特征意味着北极熊的种群一旦遭受大的重创将很难恢复。

世界自然保护联盟（IUCN）的《濒危物种红色名录》将北极熊的濒危等级列为易危，距离濒危只有一步之遥。北极熊面临的威胁包括过度开发、栖息地丧失和人类干扰等。1973年，当时世界上北极熊数量最多的5个国家（加拿大、挪威、丹麦、苏联和美国）联合签署了一个条约，约定了以下内容：①禁止所有肆意屠杀，包括利用飞机和大型汽艇进行猎杀（但有些国家仍然允许原住民传统的可持续猎捕）；②每个国家都承诺要研究北极熊的栖息地；③保护那些对北极熊生存非常重要的区域。这个条约的缔约国定期会面，并同意在2011年10月对北极熊保护采取进一步的合作措施。

北极熊如何互动

友好行为

打招呼仪式　当两只北极熊彼此靠近时，个体较小的那只会尽力站在个体较大的那只的下风处，通过嗅觉来了解彼此的情况。如果对方的气味是熟悉的，它可能会尝试着与对方打招呼。开始时，一只北极熊会不安地迈着缓慢的步子绕着另一只北极熊转圈，耳朵朝后，并以优雅的舞步般的步伐移动。经过1~2轮的转圈之后，两只熊会

转圈

嗅闻

轻咬脖子

打招呼仪式：两只熊都试图站在对方的下风向，获取对方的信息，在观察过对手之后，它们会彼此凝视，磨蹭彼此的下巴和脖子，并轻轻啃咬，表明自己毫无恶意。

玩耍邀请

打着玩

社会玩耍：北极熊会左右晃动头部来邀请同伴一同玩耍，它们会站起身来，前臂抱在一起，并推搡、撕咬和猛击对手，所有这些举动都是无声的，是带有玩耍性质的慢动作。

越来越近，直到鼻尖碰到一起。接着它们会坐下来，歪着头、张着嘴巴，磨蹭彼此的下巴，打大大的哈欠，或者轻轻地啃咬对方的脖子。它们的举止很慢也悄无声息，就像两个哑剧演员在表演，这也许是因为它们两个都不想惹怒对方。

社会玩耍　在繁殖季节以外，北极熊会尽量避免打斗。在打过招呼后，它们通常靠玩耍来缓解紧张的情绪。一只北极熊会快速地左右晃动头部来邀请同伴一同玩耍。之后它们可能会站起来，推搡、轻咬或者用爪子击打对方等。尽管这些举止看起来和打斗很像，但这其实是雄性北极熊之间的友好仪式。北极熊倾向于找一个固定的玩耍伙伴（通常会是兄弟姐妹），并在夏秋季节和这个伙伴一同活动。但是带着幼崽的成年雌性北极熊是不会参与玩耍的，它们要尽全力让其他北极熊远离它的孩子，而不是去营造良好的社会关系。

冲突行为

打斗　北极熊之间的打斗行为并不都是开玩笑的，公熊为了争夺与雌性的交配权会非常认真地大打出手。尽管这些打斗看起来和打着玩类似，但是在真正的打斗中，它们会表现出惊人的力量、速度和效率。从很远的地方你就能分辨出这两种行为的不同，就像你很容易就能区分出哪些青少年是在打闹，而哪些是真正打起来一样。

一场典型打斗的开始时，两只熊都会低着头，噘着上嘴唇，全身毛发竖立，并且挑衅地看着对方。这些平时非常安静的大熊会突然变得异常吵闹，它们会顺着口鼻滴下一些泡沫，发出噗噗声（收缩胸膛和腹部），喷气、咬紧牙关、呻吟、咆哮，并且像是被逼在角落的猫一样发出嘶嘶声。它们会突然站起身来冲锋，用前爪拍打，用嘴撕咬，用爪子去抓对方的脖子和肩膀，尽管北极熊脖子和肩膀的皮肤很厚，但能够在如此激烈的打斗中存活下来也很令人惊叹。

性行为

雌性北极熊进入发情期后会频繁地撒尿，不断对走过的路径进行标记。这些尿液中包含的激素信息表明它已经做好了交配准备，很快就会有 1~2 只雄性北极熊尾随它。这时也正是雄性北极熊最容易打架的时间，它们会为了交配机会而争斗。

获胜的雄性北极熊会与雌性北极熊维持一段相当悠闲的关系，它会和雌性北极熊一同游荡数天甚至数周。尽管雌性北极熊体型比雄性小很多，但如果它没做好交配的准备，也会毫不犹豫地拒绝雄性北极熊。同样，只要它愿意交配，它会保持谨慎的求偶策略。最终雄性北极熊会爬上雌性北极熊的背，并用爪子抓住雌性北极熊的脖子。它们会进行多次交配，有时候交配太过激烈，以至于雄性北极熊的阴茎都可能会突然折断。繁殖可能会在 4~6 月的任何时间发生，幼崽会在 12 月或者次年 1 月出生。

育幼行为

产子　每年 10 月和 11 月，怀孕的雌性熊会离开海豹聚集的场所，到岸边的雪堆或者雪坡处挖产房。它们首先会做出一个能保存热量的入口，再往里挖出一个 1.5~2 米深的洞，这个洞是斜着往上的，因此温暖的空气能被储存在洞穴深处的产房中。这样的洞穴保暖效果很好：科学家放入北极熊洞穴内的温度计显示，洞穴内的温度要比洞外高 4.44℃。即便是在圈养环境下，北极熊妈妈也只会在单独且安全的环境下，在用自己的体温就能保持温暖舒适的洞穴中产下幼崽。

在隆冬季节，冬眠当中的雌性北极熊会醒来，产下 1~3 只眼睛还未睁开没有毛发的幼崽。这些幼崽的体型比老鼠还要小，在接下来的 3~4 个月内，这些幼崽会边哼哼边吮吸母亲富含 33% 脂肪的乳汁，体重能增加到十几千克。由于北极熊妈妈在这段时间内不吃不喝，这些乳汁全部是由储存在它体内的脂肪转化而来的。

玩耍　春天，产房内就会出现多个被爱玩的幼熊挖出来的凹槽。它们会从产房里爬出来，像其他物种的幼崽一样，热切地观察外面的世界，也做好了玩耍和恶作剧的准备。雪层成为幼熊的天然滑梯，同时也成为幼熊藏匿和翻滚时的柔软垫子。这个年纪的北极熊通常会非常吵闹，发出呜咽和咕噜声，甚至偶尔还会发出低吼声。它们有时候也会将上下两片嘴唇“啪”地合上，发出很大的声响。如果一只幼熊被另一只幼熊制服的话，它通常会发出像猫一样的尖叫声与婴儿般的哭叫声和嚎叫声。

守护幼崽　北极熊幼崽在接下来的 2~5 年内会和妈妈生活在一起，学习生活中方方面面的知识，同时依赖妈妈获取食物并受保护，免受其他生物的侵扰，包括成年的雄性北极熊。尽管雄性北极熊杀死幼崽的可能性非常低，但雌性北极熊也不会冒这个风险，它会尽可能地避开雄性北极熊。一旦幼崽离开它的视线范围，雌性北极熊就会大声吼叫，直到幼熊回到它身边为止。

照顾幼熊：雌性北极熊在遇到可能的天敌时会低下头凝视对方，幼熊会被藏在它身后安全的区域。

动物园或野外可供观察的北极熊的行为

- 基本行为
  - 移　动：“内八字”走路　快走　跑动　游动　潜水
  - 采　食：突袭　静止捕猎　接近猎物　水下接近猎物
  - 饮　水
  - 理　毛：舔毛
  - 保暖和降温：埋头雪堆　喘气　俯卧　挥动爪子　挖洞
  - 睡　眠：半冬眠
  - 刻板行为：走“8”字　倒着走　踱步　摆头
- 社会行为
  - 友好行为
    - 打招呼仪式
    - 社会玩耍：玩耍邀请　推搡　撕咬　猛击
  - 冲突行为
    - 打　斗：用前爪拍打　用力抓　撕咬　发出噗噗声　喷气　紧咬牙关　呻吟　咆哮　嘶叫
  - 性 行 为：气味标记
  - 育幼行为
    - 产　子：挖产洞　哺乳　哼哼
    - 玩　耍：滑动玩耍　打着玩　哭叫　咕噜声　低吼　尖叫　嘴唇“啪”地合上
    - 守护幼崽：噗噗作响　吼叫

上岸喽！企鹅在爬上冰崖时会蹿出水面。

阿德利企鹅

Adélie Penguin

重要参数

分类：企鹅目　企鹅科	学名：*Pygoscelis adeliae*
体型：高0.6米	体重：14千克
寿命：圈养环境下18年	
生境：海水、冰面、岩石、大陆架和岸边	

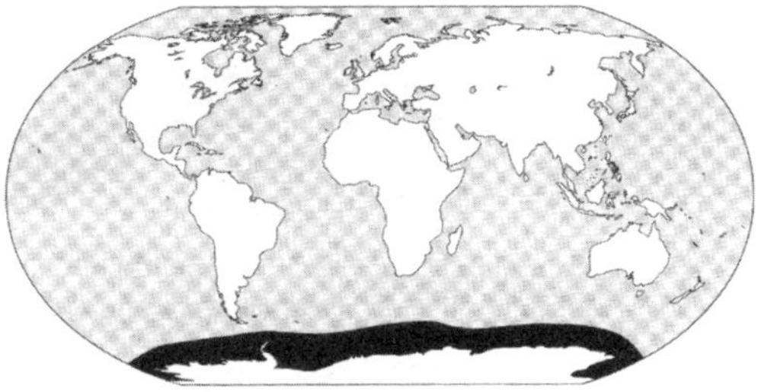

企鹅并不了解它们有多滑稽。当它们在冰面上摇摆着行走时，看起来既正式又自大，就像是在模仿人类！据一名观察者说，将上百只企鹅放到一起的话，就像是数百名商人趁着芭蕾舞剧的幕间休息聚集在一个大厅内。

阿德利企鹅和其他动物一样，肯定不能靠滑稽的外表生存，它们这种看似可笑的特质其实是对南极冰冷的水生生活的完美适应。拿直立行走来说，这些鸟必须站起来走路，是因为它们的腿和鸭子或者鹅不同，长得太靠后，尽管这样让它们在陆地上行走时看着有点奇怪，但这种靠后的设计使得它们在水下既优雅又高效。许多动物园的企鹅馆都有水下观察的窗口，让你能透过玻璃观察企鹅在水下的“之”字形游动方式，它们会把腿当作船舵。在野外它们靠这种曲折游动的方式来追踪快速游动的磷虾，这

移动：企鹅能够跃出水面呼吸，再返回水中继续快速游动，而不会打断它们快速游动的节奏。

些和虾很像的动物是它们的主要食物。

在另一种游动适应中，企鹅的翅膀逐渐变窄，变成僵直的桨状，这对翅膀从身体表面直直地探出去，在水下推进企鹅的游动。它们的身体结构——头部呈锥形，身体在约 1/3 处最宽，这种巧妙的设计使得水流经过时几乎没有阻力（如果求助工程师设计一款最适合在冷水中活动的鸟类身体构造时，他们在电脑上画出来的图形和企鹅的身体结构非常相似）。企鹅身体表面的黑白色“燕尾服”也是个精妙的设计，既能够帮助它们保暖又能迷惑对手。当企鹅在海水表面附近游动时，它们背部的黑色皮肤能够吸收南极微弱的太阳光，而白色的腹部对于身下的捕食者和猎物来说又像是天空，能够迷惑它们。

企鹅在聚居地集群生活也是对环境极好的适应。南极适合企鹅繁殖的时间很短，能用于繁殖的海岸也有限。由于阿德利企鹅都需要在同一时间到相同的海岸，利用温和的天气繁殖，它们选择容忍对方就显得合情合理，这也是为什么你所在的动物园能够以群体的形式展示企鹅。

在野外生存时，企鹅在繁殖季节选择待在群体当中十分有用，那些试图从空中发动袭击的捕食者将会面对一片竖起的、愤怒的鸟喙，这要比一两个鸟喙难对付得多。另外待在群体当中，将有更多的眼睛提防周围，能更早地发现埋伏在附近水域中的豹形海豹和虎鲸。即便捕食者确实能得手，它们也需要从数千只企鹅中挑选一只作为猎物，也让每只企鹅的生存概率都得以提高。繁殖季节结束后，为了安全考虑阿德利企鹅会再次结成群体，共同采食和往北迁移到越冬区域。

显然，只要阿德利企鹅能克服彼此的攻击情绪，保持和平就能从中受益，其中一个办法是它们演化出了一套复杂的交流姿势，能够吸引和安抚其他个体，并能迅速解决矛盾。阿德利企鹅的多数互动行为都能在动物园见到，而且你都不用穿长筒靴走到企鹅的跟前就能见到这些行为。

阿德利企鹅可供观察的基本行为

移动

尽管阿德利企鹅能够在陆地上活动，像卓别林一样迈着外八字步走路，或者腹部着地慢慢往前滑动，但它们更适合在水中生活。在追击猎物的时候，它们的双脚会紧贴在身后，这样涡流和漩涡都不会降低它们游动的速度。为了提高游动的速度，它们还会像在空中那样上下拍动翅膀，只不过击打的是水而不是空气。与普通鸟类不同的是，它们的骨骼是实心的，而多数鸟类的骨骼都是蜂窝状的，这些实心的骨骼在企鹅潜水的时候能够起到下沉的作用。

阿德利企鹅在水中游动的速度能达到 17.6 千米/时，它们甚至都不需要减慢速度去换气，而是像海豚那样跃出水面，在空中划出一道弧线，在落入水面之前呼吸几口新鲜空气，这种从水中突然“消失”的伎俩也能帮助它们迷惑主要的水下捕食者——豹形海豹。尽管动物园中的阿德利企鹅不需要担心豹形海豹，它们依然会采用这种跃出水面的方式来快速呼吸。

采食

好在阿德利企鹅最喜欢的食物异常丰富，每只阿德利企鹅至少每 6 秒就得抓到一只磷虾，才能满足它们快速游动、保持体温和喂养小企鹅的能量需求。当位于南奥尼克群岛的劳里岛上的 500 万只阿德利企鹅聚在一起筑巢时，它们每天能吃掉 8 800 吨磷虾和小鱼！这相当于 70 艘现代拖网渔船同时捕鱼。但是南极地区并不只有阿德利企鹅这一种企鹅，可能你所在的动物园也不止这一种企鹅，南极地区几乎 90% 的鸟类都是各种企鹅，能消耗掉这一地区多达 70% 的水下食物。

为了和平共处，这些不同种的企鹅不会在同一区域争夺相同的食物。一些物种会以近海的物种为食，另一些则会到远海区域，占据完全不同的生态位。潜水能力的不同也决定了它们能利用这些栖息地的不同位置。帽带企鹅能潜至 76 米深的区域，与阿德利企鹅共同在上层水域捕鱼，而巴布亚企鹅则能潜至 120 米深，它们会捕食更深海域的食物。

不同企鹅物种的繁殖周期在某种程度上是分开的，这能减少繁殖高峰的竞争强度。阿德利企鹅比巴布亚企鹅早两周，而巴布亚企鹅又比帽带企鹅早两周，当帽带企鹅开始需要大量磷虾抚养雏鸟时，阿德利企鹅的雏鸟早已羽翼丰满了。

换羽

一年一次，企鹅会换下它们的“潜水服”。由于羽毛是企鹅主要的隔热工具（保证了 80% 的隔热效果），因此每

换羽：阿德利企鹅的羽毛在换羽期看起来破破烂烂的，新的羽毛正在替换旧的羽毛。

年换下旧的、破烂的羽毛就非常重要。在3周的换羽期内，企鹅只能任由暴风雨摆布。当隔热用的羽毛正在修补时，它们不敢到水中捕鱼，为了换新羽毛，它们身体消耗的能量是日常需求的两倍。由于没有任何可吃的东西，换羽期过后，企鹅的体重能降至换羽前的一半。

在动物园观察时，你很容易就能分辨出那些即将换羽的企鹅，此时它们的羽毛会丧失光泽，末端会变成棕色，看起来也比通常情况下更蓬松。它们的鳍肢会充血，以至于饲养员都要松开这些企鹅的标记带，让它们的血液更好地循环。

梳理羽毛

新的羽毛长出来以后，阿德利企鹅会花费大量时间在清理、为羽毛上油和梳理羽毛上。每当阿德利企鹅上岸时，仔细观察它们的理毛行为。由于潜水时需要将羽毛中的空气排干净，当它们上岸时，阿德利企鹅必须重新整理这些羽毛，让它们变蓬松的同时再重新排列，恢复羽毛的隔热功能。其他护理身体的举动包括抓挠皮肤瘙痒处和晃动身体甩去多余的水分等。

降温

由于企鹅的身体都是为了保存热量设计的，当气温超过0℃时，它们就得忍受高温的痛苦并想办法释放多余的热量。由于鳍肢和脚掌的油脂含量更少，就成了将多余的热量辐射出去的绝佳部位。企鹅也会大张着嘴喘气，充分利用蒸发作用释放热量。在温暖的天气里，小企鹅会躺在地面上，腹部朝下，脚掌冲上，两条腿伸开并张着嘴喘气来降温。

睡眠

完全清醒的企鹅时刻都处于警戒状态，因此对比一下，你就能识别出那些睡眠的个体，它们会异常安静。哪怕是站着，它们的羽毛也处于放松状态，鳍肢放在身体的两侧，脖子缩回，眼睛闭着。它们或者脸朝前，喙水平放置，或者将头转向一侧，越过肩膀，将喙插在鳍肢下。在动物园，你也能见到企鹅们伸展身体，趴着休息的场景，当它们苏醒过来后，注意观察它们伸懒腰和打哈欠的行为，这些行为能够帮助它们促进体内的血液循环，加速氧气进入大脑和肌肉当中。

阿德利企鹅如何互动

在一个集群活动更加安全的环境中，企鹅学会了如何共同捕鱼、集体迁徙，以及在大的繁殖领地内一起繁殖。这些岩石和冰面形成的绿洲能够在一定程度上帮助企鹅免受豹形海豹这个最主要的水下捕食者的攻击。在这里它们会用石块建造巢穴，为自己的利益而打斗，并且年复一年地与同一只配偶交配，抚养毛茸茸的小企鹅。动物园的设计者正努力效仿这些繁殖地的环境（不断拍动的海浪等），企鹅的反应也很好，它们会在此安顿下来并抚养小企鹅。当你有机会观看这些场景时，记得用下面的指南来解释所有的行为。

友好行为

在繁殖季过后，企鹅会往北迁徙，到达位于大陆稳定的冰原和开阔海域中间的浮冰带，在这里它们能在开阔的水域捕食磷虾，并爬到漂浮的冰块上躲避贪婪的豹形海豹。为了到达这些浮冰带，企鹅会一同迁徙，排成一队越过冰盖。只要有一只企鹅腹部着地，在雪堆划出一道沟壑，其他企鹅就会跟随这只企鹅，沿着这道沟壑前行，而不需要自己再划出新的沟壑，节省能量。当它们到达开阔水域后，它们会在边界处排成一排，像学生一样挤在冰面游泳洞口的边缘。哪只企鹅都不想第一个跳下去，不是因为海水太冷，而是因为它们知道豹形海豹可能正在下面等着。一旦有企鹅跳入水中，并没有招来饥饿的海豹，其他企鹅就会觉得安全，并跟随它的步伐，接连跳入水中。

哪怕是在忙碌的迁徙过程中，企鹅也不会停止玩耍，跳上一块漂动的冰块是它们最喜欢的游戏。当冰块靠近陆地后，这些企鹅会迅速跳上岸，等待下一个免费搭乘的机会。那些试图解释这种行为对企鹅生存有什么意义的研究者，最后不得不承认企鹅这么做可能只是为了好玩。在动物园中，因为没有捕食者在附近徘徊，生活也相对容易，你会发现企鹅们会花费更多时间玩耍。

冲突行为

500 万只企鹅在同一片布满积雪和浮冰的区域交配、生卵和抚养小企鹅，气氛肯定是剑拔弩张、一触即发的，但即便如此，由于有捕食者在周围晃悠，筑巢地还是离同伴越近越好。企鹅用石头建成的巢穴之间会有一定的距离，相邻的企鹅即便伸长身

人类和企鹅

出于某些原因，我们倾向于相信，由于人类不在南极居住，就不会掠夺南极的资源。同样，我们一度相信，世界上的海洋不会受到人类干扰的影响。它们无边无际，之前的记录显示，海洋中遍布鲸类，空气中全是它们呼吸的臭味。如今我们认识到了我们的影响力有多大，那些曾经到处都能见到的鲸鱼，如今却越来越难见到。

具有讽刺意味的是，某些区域须鲸数量的下降，实际上促进了企鹅种群的增长——由于须鲸也吃磷虾，它们数量下降后能够减少与企鹅的竞争。从 20 世纪 70 年代开始，这些企鹅开始有了新的竞争者——两条腿的人类，随着人口数量的快速增长，这些饥饿的人们需要寻找新的蛋白来源。在有些区域，大规模的商业性磷虾捕捞已经对企鹅种群造成了影响。另外越来越多的人类开始到达南极，给南极地区带来干扰的同时，也带来了狗和新的疾病。而潜在的最大威胁是空气和水污染，这些污染能够到达地球的任何区域。研究者已经发现阿德利企鹅体内的氯化烃农药残留量和北半球生活的动物相当。油田开发和臭氧层空洞更加剧了这一物种面临的困境。

除了这些间接的干扰和伤害外，还有一些人仍然试图用这些企鹅来牟取商业利益。最近的一次是 1982 年，南美又一次提出商业捕捉企鹅的计划，在这些区域企鹅曾经被大肆屠杀来获取它们的皮、肉和油脂。

希望能有足够多的民众愿意支持企鹅的保护，目前全世界有数百万的游客在动物园见过企鹅后，被它们所打动。希望越来越多的人们能转变观念，愿意为了保护它们而努力，而不是想办法靠它们赚钱，因为它们不仅美丽，还能教给我们战胜逆境的道理。

体，它们嘴的末端也不会碰到一起。这样做会降低它们互啄的概率，但这无法完全杜绝冲突行为。当入侵者试图偷取它筑巢用的石头，或者方向搞错了的企鹅走回到错误的巢穴时，守在巢穴中的企鹅会疯狂地防守它的这片领域。

企鹅有办法将吵闹的威胁展示和安抚展示区分开来，这些行为在动物园都能见到。一旦你能分辨出不同展示的意义，观察企鹅是会上瘾的，因此下次去动物园一定要留足时间给企鹅。

安抚 除非巢穴正好在岸边，要不企鹅想要返回海中进食时，都得经过其他个体

伸长身体走路：急匆匆地经过一片企鹅巢穴时，为了不让那些高度警惕的筑巢者误会，它必须采取这种姿势，表明自己毫无恶意。

的巢穴，此时它们会采用伸长身体走路的方式，通过这种安抚展示，向对方表明“我并无恶意”，在这种行为展示中，企鹅会采用完全没有威胁的姿势，尽可能快地通过这片巢穴，它们会保持羽毛顺滑服贴，鳍肢在身体两侧或者身后，嘴巴朝上，即象征性地收起这个攻击的武器。由于不同企鹅筑巢的位置不一样，有些企鹅得保持这种姿势连续穿过多达 90 个巢穴。

在巢穴里待着的企鹅会密切关注入侵者和经过的个体，每当有陌生者靠近，它们就会做出一系列威胁展示，根据入侵者反应的不同，这些威胁展示会不断升级。

低强度威胁 在有陌生个体或者邻居靠近，需要守卫领域时，阿德利企鹅会做出以下展示：

嘴巴冲着腋下 企鹅会 45° 往前倾斜身体，将头转到一边，用嘴巴触碰腋下或者腋窝，同时它可能会上下晃动或者左右摇动头部，竖起胸前的羽毛，转动眼球（虹膜移到眼角，露出部分眼白）。在某些情况下，当企鹅尽全力做这种展示时，它可能会发出低吼声，并随着眼球的转动拍打鳍肢。

侧面凝视 随着焦虑进一步加剧，企鹅会把头转到一边，并保持这个动作，用一只眼睛盯着入侵者，鳍肢贴在身体上，嘴巴冲下或者斜着冲向入侵者。

摆头凝视 如果侧面凝视对入侵者没用，没有把它吓走的话，企鹅可能会来回摆动头部，每次只用一只眼睛凝视入侵者。企鹅在站立或者蜷伏的姿态时，都可能会做出这种展示。企鹅使用这种摆头凝视时，最多能来回转头 18 次，与此同时，它们会缓

冷水活动的温血鸟

当企鹅的祖先离开天空，将翅膀换成鳍肢时，它们就面临着两个新的危险。首先就是南极冰冷的海水，由于企鹅是温血动物，它们和我们人类一样，只能靠自身代谢维持体温。为了在冰冷的海水保存难得的热量，企鹅演化出了两种隔热方式：油脂层和紧披在身上的羽毛和绒毛。这层光滑的羽毛能够锁住身体表面的空气，让企鹅能相对舒适地应对南极冰冷的海水。

第二个危险之所以存在，是因为尽管企鹅大部分时间都在水中活动，它们却没有演化出鳃，每次潜入水中都需要携带氧气，因此就会面临和携带呼吸器潜水的人类相同的问题。在往下潜水的过程中，水压会发生变化，因此每下降 10 米，企鹅体内的空气就会压缩 50%。为了最有效地利用这些有限的空气，企鹅的身体会扩展呈六角风琴状，在肺部和位于脖子根部的特殊肺泡之间输送空气。当富含血管的肺泡表面接触到空气后，血液就能吸收更多的氧气。企鹅也能在肌肉当中储存氧气，它们的肌肉中有一种跟呼吸相关的被称为肌红蛋白的特殊色素蛋白。最后，企鹅在水下活动时比它们在陆地上活动消耗的氧气更少。当它们潜水的时候，心跳能从每分钟 100 次下降到 20 次，让它们能够小口吸气，而不需要大口呼吸，进而能在水下待更长的时间。

慢地上下拍动鳍肢，并竖起羽毛，转动眼球。

企鹅使用以上 3 种方式来威吓入侵者，如果入侵者对这些威胁全都置之不理，继续往前移动的话，守卫领域的企鹅就会停止这些威胁展示，开始做出高强度的驱逐威胁。

高强度威胁　在更加积极的防御阶段，守卫领地的企鹅会发出信号，表明自己已经做好了战斗的准备。下面的威胁方式根据威胁强度由低到高排列：

指向对手　企鹅会停下来，脖子往前伸（以站立或者俯卧的姿势），将闭紧的嘴巴直冲入侵者，同时转动眼球，竖起胸前的羽毛，多数时间保持沉默，偶尔会发出一声低吼。

张嘴凝视　这种威胁方式是打斗的前奏，通过张开嘴巴，企鹅在表明“我已经做好了撕咬的准备”。它会大声尖叫，有时会向前倾斜身体，跳着小步子冲向入侵者。在

威胁：随着威胁程度的增加，企鹅做出的不同威胁展示，注意它们作为武器的嘴在后来的展示中是如何越来越突出的。

一场张嘴决斗中，两只企鹅都会张开嘴巴，随时准备打斗。

冲锋　此时企鹅已经表达了警告之意，并做好了随时打斗的准备，为了表明自己准备得很充分，攻击者会冲着入侵者移动数步，脖子冲前，嘴巴（张开或者合上）向下倾斜或者直直地冲前。

打斗　有时所有这些威胁姿势都不管用，真正的打斗就不可避免。两只企鹅会用喙互相攻击，啄击并拧对方，拉扯或者抓住对方的身体。一旦抓住对方，它们可能会用鳍肢猛击，或者用胸膛将对手撞翻。被痛打一顿的企鹅会将喙压低或者藏起来，或者彻底逃跑来宣告投降。胜利者会再追打一段时间，注意观察胜利者在追打的时候是如何竖起胸前的羽毛，并且将胸膛往前推的，而被追打一方的行为则完全相反。

防御捕食者　当有捕食者试图进入企鹅的繁殖领地时，你会发现企鹅会变得异常紧张。在野外，如果找到机会，大贼鸥会偷袭采食企鹅卵和小企鹅。一旦有企鹅发现捕食者，就会发出警告声，并在企鹅群中传播开来。如果贼鸥是从空中发动袭击，它将要面对一大片嘴巴朝上，并且发出吵闹尖叫声的企鹅。如果它想要走进这片繁殖领地，它会被愤怒的企鹅逐出领地，此时企鹅会竖起羽毛，转动眼球，张着嘴巴。在这种严密防守的情况下，贼鸥能得手的只有那些失去照顾的鸟卵和小企鹅，以及那些生病或者走丢了的小企鹅。由于贼鸥得手的概率非常小，一个有10万只企鹅的领地，通常只能够养活不超过10对贼鸥。

豹形海豹从水下发动袭击，它们非常擅长突然袭击，会在薄的、新结成的冰面下埋伏，当有企鹅在头顶经过时，它们会破冰而出。由于非常了解这个危险，通常情况下，企鹅在经过这些薄冰区域时都会尽量迅速。开阔的水域有时会更加危险，豹形海豹会在暗礁下等待，一旦有企鹅跳下水，它们就会像致命的潜水艇一样冲过去。为了避免这些捕食者的攻击，企鹅在经过一些开阔的沟渠时，通常会等上数小时，等冰面足够厚的时候才会走过去。或者当有大的冰块经过时，它们会跳上去，借助冰块漂动上岸，哪怕有时候通过这种方式要多花数小时。当企鹅必须下水迁徙或者采食时，它们会结成群，一旦豹形海豹出现，它们会迅速分散开来，危险结束时再聚在一起。

性行为

求偶前 在10月中旬（南极地区的春天），企鹅会往南迁徙，到南极大陆上活动，那里有它们建造的，并使用多年的繁殖筑巢地。它们会返回自己的孵出地，通常会年复一年地利用相同的筑巢地。圈养环境下的企鹅也会有固定的筑巢地。

雄企鹅率先到达筑巢地，宣告领地的所有权，并守卫领地，防止其他个体占有。它会一遍又一遍地做出令人印象深刻的兴奋展示，这是雄企鹅宣告所有权和吸引雌企鹅的一种方式。这个兴奋的展示者会直直地站立，头朝后，嘴巴直冲着天空。它会抖动胸前的羽毛，将眼球往后转直到露出眼白。它的胸部会颤抖，先是发出轻柔的跳动，再发展成刺耳的、不断重复的“gaa-aah”叫声，最后在展示的顶峰，它会微微张开嘴，以固定的节奏前后摇晃鳍肢。在展示的间隙，雄企鹅会搜集石头，并用这些石头搭建巢穴。同时，数千只雄企鹅也会在繁殖地来回游荡，选择合适的筑巢地，而已经占领筑巢地的幸运企鹅则更加兴奋地做出展示。这种场景疯狂且嘈杂，但也是在动物园观察企鹅的最佳时间。

求偶　雌企鹅会被大声鸣叫的雄企鹅所吸引，但在交配之前，两只企鹅必须克服自己的攻击倾向。雌企鹅会小心翼翼地靠近雄企鹅，在雄企鹅面前做出侧面凝视，甚至是摆头凝视。接着它可能会做出深深弯腰的姿态，头部几乎贴近地面。雄企鹅可能也会做出侧面凝视展示，两只企鹅可能会一同做出深深弯腰的姿态，逐渐适应与对方相处。最终雄企鹅会趴在自己搜集的石堆上，并用脚挖出一个洞。

吵闹的相互展示和安静的相互展示是企鹅最漂亮的两种结合仪式。尽管这两种展示看起来几乎一模一样，只是一种有声音，一种没有声音。两只企鹅会面对面站立，抬高嘴巴，前后晃动头部，两只企鹅的动作会略有不同。如果双方以前不认识，它们会做出安静的相互展示，通过紧闭的喙轻声地呼叫。如果它们是熟识的伴侣，它们就会做出吵闹的相互展示，来确认终生的伴侣关系，此时你在 1.5 千米外就能听到它们闹哄哄的叫声。

兴奋的展示

吵闹的相互展示

求偶：雄企鹅会挥动鳍肢，发出大声的“gaa-aah”叫声来吸引雌企鹅的注意，在贴近身体一同做出弯腰展示后，它们会抬高嘴巴，冲着天空，在发出叫声的同时挥动鳍肢。

交配　一旦雌企鹅打破了沉默的状态，它们就会进行交配。雄企鹅会站在趴着的雌企鹅前面，将颤抖的鳍肢垂下来，放在身前，在它侧身接近雌企鹅并爬上其身体的时候，它会压低头部。雌企鹅会抬起身，将颤抖着的喙尖放到雄企鹅喙的基部。雄企鹅同时抖动喙和鳍肢，一边晃动尾巴一边向后踩踏雌企鹅的背部（雌企鹅背上泥泞的脚印能让你在动物园很容易区分雌雄企鹅）。在交配行为的高潮，雌企鹅会抬起尾巴，雄企鹅会压低尾巴，这样两只企鹅的泄殖腔就能连在一起。交配的全过程不超过一分钟，之后雄企鹅会从雌企鹅背上跳下来，站在雌企鹅身边，它们可能会静静地并肩站立一段时间，然后再次交配。

交配后　在交配过后，这对企鹅也会继续做出亲密展示，这一方面能增强对彼此的信心，另一方面也能为育幼阶段做准备。正如你将要看到的那样，育幼阶段需要雌雄双方都做出一些牺牲，这也是对配偶对的一个考验。

育幼行为

产卵和孵化　在野外，雌企鹅与雄企鹅交配后，会在接下来的数周继续跟雄企鹅待在一起，当它在 2~3 天的时间内最终产下 2 枚卵后就会返回水中寻找食物。而已经在筑巢地待了 3 周的雄企鹅还得继续留在筑巢地，在孵卵的同时，保护这些卵免受捕食者的攻击。雄企鹅会把两枚卵分别放在两只脚上，避免企鹅卵接触冰冷的南极大陆，再躺下来用胸腹部的两个孵卵斑（两个特殊的温暖区域）盖住企鹅卵。如果入侵者此时发动袭击的话，正在孵卵的雄企鹅会做出被称为“撤退蜷伏”的安抚姿势，它会一动不动地躺着，羽毛平顺，并且将喙藏在身体的一侧，像是在说“我没有兴致跟你打斗”。此时打斗的话会非常危险，因为雄企鹅得从巢穴离开，这样会让企鹅卵暴露在空气中。

两周后，当雌企鹅结束觅食之旅返回筑巢地时，已经饿了 5 周的雄企鹅就能解放出来，它会带来一块石头作为礼物，它们会一起做出吵闹的相互展示。在接下来的数周内，它们会轮流孵卵，慢慢缩短孵卵时间，更加频繁地采食，频繁采食能让它们有足够多的脂肪储备和足够强壮的身体来抚养嗷嗷待哺的小企鹅。

动物园中的企鹅会采用略微不同的育幼策略，由于它们有充足的食物在身边，不需要游动很远的路程获得食物，也不需要跟配偶分开。在圈养环境下，企鹅的孵化期会更短，也会更加频繁地轮流孵化，同时也有更多的时间与配偶互动。

照顾小企鹅 到3周大的时候，小企鹅就已经长得足够大，此时企鹅父母必须同时离开巢穴去寻找食物。在野外，由于寒风呼啸，气候恶劣，再加上经常有贼鸥出没，邻近巢穴的小企鹅们为了安全会聚在一起，形成20~30只没有亲缘关系的小企鹅群。但是你只能在野外或者纪录片中看到这种情形，动物园应该不会有这种行为。

一种育幼展示发生在喂食的时候，企鹅父母中的一方吃饱返回巢穴后，会发出大声的呼唤叫声，小企鹅识别出父母的叫声后，会朝着父母跑过来，通常情况下其他企鹅也会跟着跑过来。为了避免在陌生小企鹅身上浪费食物，它们在进行喂食追逐后才会将食物反哺出来。在这种展示中，企鹅父母会从饥饿的小企鹅群中逃走，只有它自

孵卵：企鹅双亲会用胸腹部的孵卵斑来孵化它们的卵，孵卵斑是一片羽毛很少的区域，能够让企鹅卵直接接触它们温暖的皮肤。

喂食追逐：从捕鱼的旅程返回后，企鹅父母会被一群小企鹅包围，有一些并不是它们的后代，它们不得不逃离这群小企鹅，那些不是它们后代的小企鹅，过一会儿就会主动放弃，只有自己亲生的小企鹅会继续跟随父母，并吃到父母反哺出来的食物。

己的后代，才会为了吃到食物跟随它跑出来。

玩耍 小企鹅是所在群体中的重要成员，与众不同的灰色毛发使得它们不用顾及领域的问题，能在喜欢的区域任意玩耍。你也能分辨出那些小企鹅，它们外表毛茸茸的，会绕着展示馆跑动，相互啄、拍打鳍肢，并撞来撞去。它们很喜欢玩一种“山中大王”的游戏，争相抢占某一区域的最高点，可能是一堆隆起的冰块，甚至是一只正在熟睡的威德尔海豹。这种游戏能为它们日后为了躲避捕食者而爬上真正的冰峰做准备。

在野外，企鹅双亲会率先去往更北的换羽区，小企鹅会在它们父母之后最后离开这片繁殖地。这场去往浮冰区域的旅程危险重重，最后只有10%~15%的小企鹅能活下来，这些活下来的个体在之后的2~5年内会在浮冰区域不断长大成熟，再返回繁殖地开始新一轮的生命周期。

动物园或野外可供观察的阿德利企鹅的行为

- 基本行为
  - 移　动：蹒跚走动　滑动　潜水　跃出水面
  - 采　食
  - 换　羽
  - 梳理羽毛：清理羽毛　梳理羽毛　给羽毛上油　抓挠　晃动
  - 降　温：喘气
  - 睡　眠：伸懒腰　打哈欠
- 社会行为
  - 友好行为：群体采食　群体迁徙　玩耍
  - 冲突行为
    - 安　抚：伸长身体走动
    - 低强度威胁：嘴巴冲着腋下　侧面凝视　摆头凝视
    - 高强度威胁：指向对手　张嘴凝视　冲锋
    - 打　斗：啄击　用鳍肢猛击　追打
    - 防御捕食者：警告叫声
  - 性行为
    - 求偶前：兴奋展示
    - 求　偶：侧面凝视　摆头凝视　一同弯腰　安静的相互展示　吵闹的相互展示
    - 交　配：鳍肢动作　爬跨　抖动喙　晃动尾巴　往后踩
    - 交配后
  - 育幼行为
    - 产卵和孵化：撤退蜷伏　吵闹的相互展示
    - 照顾小企鹅：共同鸣叫　喂食追逐
    - 玩　耍

阿德利企鹅想表达什么？

羽毛

- 平顺 → 安抚
- 竖起来 → 威胁或打斗

喙

- 藏在羽毛中或冲着天空 → 安抚
- 冲下或侧面 → 低强度威胁
- 冲着或刺向对手 → 高强度威胁或打斗
- 末端相接一同冲着天空 → 求偶

眼睛

- 转动 → 多种展示
- 每次只有一只眼睛凝视 → 低强度威胁

在那些改良过的、创新型的动物园，黑猩猩可以像它们在野外从白蚁堆钓取白蚁那样，用树枝去“钓取”食物。

动物园评论

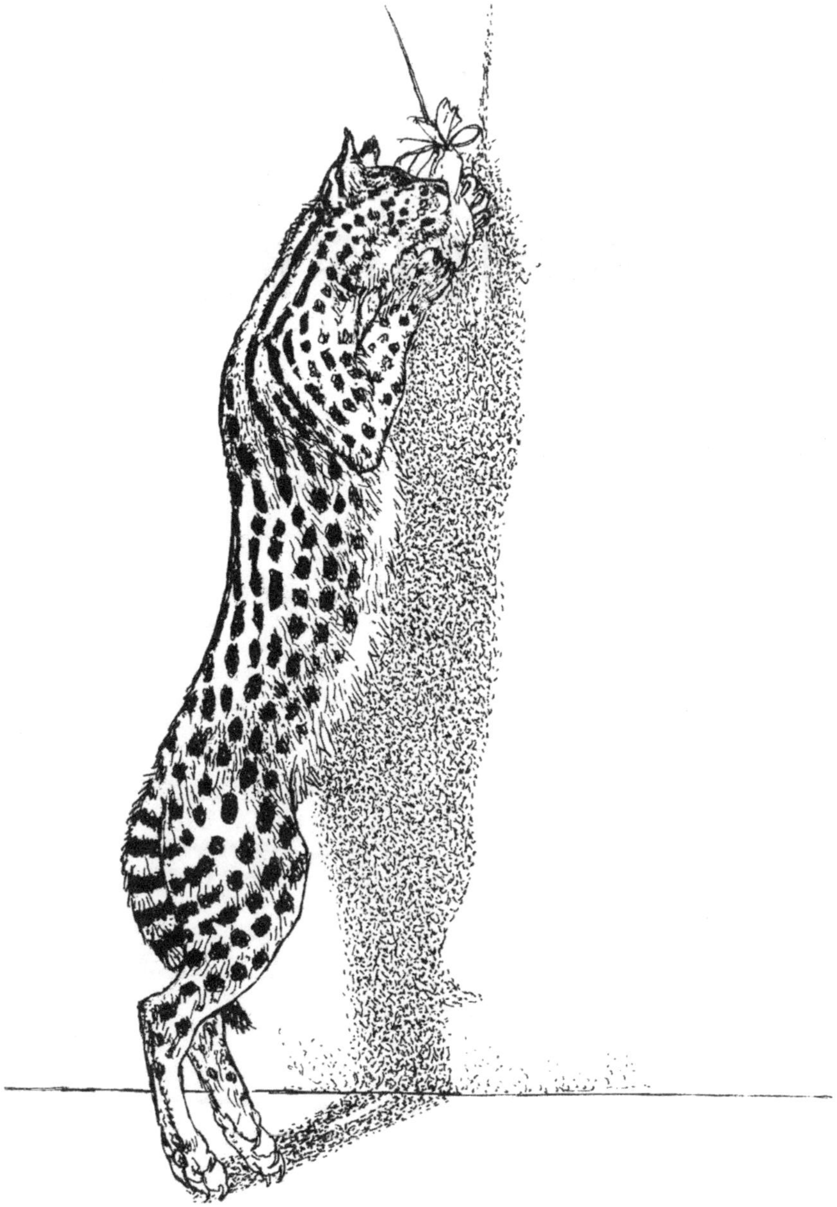

当食物通过一根晃动的绳索挂到豹子面前时，它会更加积极主动地采食。

如何分辨动物园的好坏

如果不亲自对比那些好的动物园和差的动物园，就无法得出对动物园的完整评价。在美国，只有10%的动物园通过了美国动物园与水族馆协会的认定测试。只有这些动物园才会在资金和政策上得到支持，使生活在其中的动物能够得到合适的照顾，保证它们在生理和精神方面都健康。剩下的没有通过认证的展示馆包括宠物动物园和街边摊等。这些机构和摊位通常只是用动物来招揽游客、吸取资金或其他的目的。这些展示馆的所有者很可能既没有接受过专业培训，也不会考虑动物的生存状况。正是由于这些展示馆设施较差，对待动物的方式残忍，才抹杀了正规动物园所做的很多努力。美国动物园与水族馆协会正在致力于奖励那些好的动物园，而美国人道协会正致力于找出那些仍将动物当囚犯一样对待的展示馆。

你自己也能做出评价，不需要成为专家，也可以发现动物园的不足。通常情况下，你只需要分辨出动物是否饿着肚子、喂得太多、生病或者有更差的状况即可。那些精神受刺激的动物通常都会有一些异常行为，它们会重复地做出一些刻板行为，如踱步、迂回行进、自残、精神恍惚、过度理毛、性欲亢奋，以及虐待幼崽等。这些刻板行为的形成，有些是因为受过虐待，有些是因为现有展示馆设计上的缺陷。在对动物园进行打分时，你可以参考以下几点内容。

自由意味着什么？

多数人都自然而然地认为，任何圈养动物都想要自由生活在草原或者森林中。事实上，动物在野外也不是完全自由、想去哪儿就去哪儿的。它们受到季节、栖息地内资源的丰富程度以及领域状况的严格限制。它们能够花费的能量代价也会限制它们的自由。动物在野外状态下异常节俭，会不断地权衡能量消耗。比如，如果走很远去获得食物不是必须的，那么它们一定不会去做。一只松鼠如果能在有限的范围内找到足够多的坚果并找到配偶，同时又能躲避捕食者的话，它一辈子都会待在只有几十平方米的森林中。狼之所以走很远的路，不是为了好玩，而是因为它们的猎物——驼鹿要比橡子难找多了。

如果动物基本的生存需求在动物园中都能得到满足，那么一个拥有良好设计的展示馆并不需要十分宽广。事实上，那些我们认为会让动物们缺乏自由的围栏和边界，对许多动物来说都是安全的保障，它意味着入侵者（游客）不会越过这条线。某只动物一旦将某片区域划为自己的领地后，通常情况下都不愿意离开。

好的展示馆应该具备什么？

真正重要的是空间的质量而不是大小。展示馆就算有溜冰场那么大，如果动物待在里面不能展现正常的行为模式，对于动物来说它还是个牢笼。评价一个展示馆质量的好坏时，要考虑这种动物的野外生活状况。它是在地上采食、在树上搭窝、在地下挖洞，还是在海里游泳呢？它是日间活动、夜间活动，还是昼夜都活动呢？它是群居还是独居呢？它不爱活动还是精力充沛呢？（这本书前面的章节能够帮助你回答这些问题。）在你评价一个展示馆的好坏时，试着将这种动物的野外生活方式和展示馆的环境现状进行对比。

首先要看这个展示馆的硬件设施是否根据动物的特殊需要而设计。比如说斑马需要一些立柱来磨蹭那些够不到的身体部位，河马需要水塘来洗澡，河狸需要水来排便，狮子和虎需要柱子来磨爪子，爬行动物需要加热和照明设施帮助它们在寒夜过后恢复体温，犀牛和长颈鹿需要一片硬的、粗糙的地面帮助它们磨蹄子。一些动物只要被放到地面上就会感到害怕，而另一些动物没有湿泥打滚则会不安。展示馆越是能够满足动物的这些需求，你就能见到它们更多的自然行为。

展示馆的物理结构也可能会对动物造成社会或者心理方面的影响。比如说，每种动物都有一定的“惊飞距离”，即入侵者可以靠近的最近距离。在一个狭小的展示馆内，人类和其他动物频繁靠近和越过被展示动物的惊飞距离，由于无处可藏，动物很容易发疯。在设计逃跑路线时，展示馆的设计者必须考虑到这种动物在野外的逃跑路线。为猴子设计展示馆时，需要将场馆建得很高，因为它们在遇到危险时通常会逃到上层的树枝当中。而为食草动物设计展示馆时，就必须保证场馆在水平方向上的面积足够大，这样它们在快速奔跑时不至于撞到一起。空气状况也会影响动物的紧张情绪，那些人类意义上的清洁对于野生动物来说不一定是最好的。过分的清洁会让那些领域性动物发疯。它们不得不一遍又一遍地重复标记领地。

社会行为的设施方面呢？

社会需求和生理需求一样重要。对于像大象和斑马等群居动物来说，单独饲养是一种非常不自然的安排。将哪些动物凑成一个社会群体，就像吃饭时挑选合适的朋友一同用餐一样，需要十分了解动物的行为。但是某种意义上的合适伴侣，换种角度来看可能就会变得十分致命。比如说在繁殖季节，两只优势雄性动物之间，或者是那些没有雄性动物陪伴的雌性动物之间，很容易发生争斗。

每当有新成员加入群体，它通常都需要靠争斗来赢取在等级序位中的位置。这也让我们有机会观察到一些非常有趣的行为。但是饲养员必须密切关注这些互动，因为过多的压力对哪一方都不好。一种解决的办法是给那些处于劣势的从属动物提供视觉屏障或者躲藏的场所，让它们能够躲避优势个体。如果没有这些屏障，优势动物的频繁攻击可能会让从属动物生病，甚至导致它们死亡。

动物们的精神状态好么？

野生动物的美，部分源于它们面对野外环境中的盛宴与饥荒、危险与机会时所展现出的不屈不挠的适应能力。在动物园，由于我们满足了动物的所有需求，它们在生活中遇到的挫折或低谷不管是从数量还是挑战的难度上讲，都比野外生存时要少很多。当我们将它们从野外转移至动物园后，最起码可以为它们寻找一些合适的刺激替代物。动物园的动物们由于每天都面对食物富足且完全相同的环境，最容易发展出异常行为。

许多动物，尤其是那些更聪明的动物，需要一些新鲜的元素来保持思维敏锐和精神健康。大象、海豚和鲸类表演的最大好处是能够锻炼大脑。鸟类也喜欢各种刺激，会花费数小时玩木球或其他物品。灵长类动物可能是对新奇和刺激需求最强烈的动物，为了给旧的展示馆增加新的元素，有些动物园会定期改变绳索的设置方式，让这些喜欢攀爬的动物们有机会开拓新的路径。

还有一些动物园正在试验新的喂食方式，试图模仿这些动物在野外的自然生计方式。比如说将蜂蜜放在一段木头中，鼓励熊像在野外挖蜂巢那样挖取蜂蜜；在白蚁堆里堆满食物，鼓励黑猩猩用树枝或者木棍钓取食物；给海獭提供蚌类和石块，它们在仰躺着浮在水面上时，会将一个石块放在胸前，用另一个石块将蚌类砸开；用绳索将肉挂起来，能够让那些大型猫科动物回忆起追逐活的猎物所花费的精力；灵长类动物会花费数小时寻找那些被分散在草丛里的食物。对这些新型展示馆的研究表明，哪怕有现成的食物放在眼前，这些动物也愿意自己寻找食物。和我们人类一样，它们也喜欢靠自己的努力而让事情有所改观，这样可能会感觉更自如。饲养员面临的挑战是在保证基本营养和卫生的基础上，如何营造机会让动物们感觉更好。作为游客，如果我们能在动物园看到那些在书本上读到的动物行为，如老虎猛扑、海獭潜入水中捕鱼、河狸建造巢穴，以及企鹅在巢穴内的喧闹声等，才会觉得不虚此行。

以下是展示馆自我评价的要素列表。有些要素可能对你所观察的动物至关重要，有些则不会。这个列表至少能够提供一些问题，让你向身边的饲养员咨询。也许你的关心就能帮助饲养员为动物们提供更好的环境。

如果你所在的动物园在这些展示馆评论问题上的答案都是“是”的话，说明这个动物园非常努力。也许在某些方面还有提升的空间，但整体上这个动物园是个不错的机构。如果有哪个问题你得出的答案是“否”的话，说明你所在的动物园可能需要做出改变。参考下面的列表来看你能做些什么。

如何改善你所在的动物园

如果你所在的动物园不好

1. 问强硬的问题 动物没有任何理由生活在危险、单调或者惊恐的环境中。圈养环境下的动物完全能够在精神和生理上都舒适。如果你所在动物园的动物不是这样，去问动物园的园长为什么会这样，得到答案前不要放弃。

2. 向投资机构投诉 对于市立或者州立动物园，联系市政府或者州政府的工作人员、公园管理部门、当地动物保护机构等。如果你所在的动物园是依靠私人捐赠的话，去找基金会的理事会或者捐助者。那些慷慨捐赠的人们或许有兴趣听你说话。

3. 联系美国农业部动植物检疫署 美国农业部动植物检疫署对动物展示馆设置了最低标准。这些标准是由《动物福利法案》确定的，包括食物、水分、光照等基本需求。如果你所在的动物园连这些基本要素都缺乏的话，动植物检疫署就有权力让它们整顿，甚至将它们关停。但是需要记住的是，动植物检疫署的视察员可能只会遵守法律的规定，无法要求动物园给动物提供我们上述讨论的那些需求。如果你已经尽可能地使用了法律，但仍对动物园不满意，你可以联系动物保护组织。

4. 通知人道协会 美国人道协会致力于阻止那些残忍对待动物的行为，包括动物园的动物。它们有一个调查部门来跟进你的投诉。

5. 影响公众的想法 你也可以靠自己的力量，在小镇会议上发表演说、向媒体写信、发请愿书或者邀请记者参观动物园等来影响公众的想法。由于公众是门票收入的主要来源，动物园承受不起负面的后果。

6. 不要放弃 记住金枪鱼和海豚的教训。美国的金枪鱼企业最近开始改变捕鱼的方式，不会再伤害到海豚。最终并不是抵制金枪鱼事件造成的经济损失让他们妥协的，而是接二连三的信件、立法呼吁和负面宣传的狂轰乱炸让他们转变了态度。不停地抱怨，直到面红耳赤、脸色发青才可能有用。记住不要放弃！

帮助你所在的动物园再接再厉

1. 成为动物园的朋友 通过“动物园之友”组织，你能有机会为所在动物园提供资金或者时间上的援助，帮助它们提升。有些动物园提供了一些项目，你能够花钱领养一个特定的动物一个月或一年。你也可以成为志愿讲解员，在动物园引导游客，或者在展示馆前解答游客提出的问题。成为志愿者能够帮助你了解动物园的真实情况，你可以看到动物休息的状态，也能够看到动物园技术人员如何照顾它们。动物园的朋友越多，就越能起到教育游客的目的。

2. 帮助好的动物园募集资金 就像菲尼亚斯·泰勒·巴纳姆（Phineas Taylor Barnum）所说的那样，如果你想要讲故事给别人听，首先得让他们进入你的帐篷才行。动物园能告诉大家一些很重要的知识，但是现在却不得不和迪士尼等大型乐园竞争来吸引公众的注意。它们不像博物馆或者舞蹈团能够接受美国艺术基金会的资助，绝大多数动物园只能单纯地依靠当地政府的资助、私人捐款和门票收入。而且饲养一头黑犀肯定要比展示一幅画的成本要高。我们猜测世界上最后一只金狮狨的价值至少应该不会低于一幅伦勃朗的画作，但资金分配的优先权向来不会偏向动物。因此如果你能帮忙募集资金并让更多的人走进动物园将非常有帮助。

3. 确保一些资金用于栖息地的保护 现在有许多组织都在跟风参与保护，但你应该确保你所在的动物园将资金用在合适的地方。一些资金应该直接用于最终目的：阻止物种野外栖息地的丧失。以保护为目的的繁殖工作是一项令人敬佩的事，但如果最后没有合适的栖息地进行重引入，这种繁殖也就毫无意义了。

对展示馆设计进行评价

围栏设计

展示馆是否具有以下要素？如果有的话，这些要素是否适合这种动物？想要评估要素的适合性，你需要了解这种动物的生物学背景。如果有疑问，记得去问饲养员。

空间 足够大，动物觉得舒适，在人类或其他动物干扰时有足够的惊飞距离

卫生 条件干净但不是毫无气味

光线 有日光或者加热灯来供动物享受日光浴

温度和湿度 适合该物种，不会太热、太干、太冷或者太湿

地面状况 对挖洞的动物来说，地面应该足够柔软；对需要磨蹄子的动物来说，地面要硬且粗糙

土或沙子 适用于那些喜欢尘浴的动物

水 有饮用的、玩的、洗澡用的、建造大坝的或者生活在里面的

离水环境 哪怕是再离不开水的生物也需要偶尔离开水面

植物或者替代物

1. 食物：如叶子、种子、树皮、根和茎
2. 支撑物：用来攀爬、遮蔽、作为栖枝、搭窝等
3. 研磨材料：用于磨牙和磨爪子
4. 舒适：蹭痒痒
5. 标记柱：做气味标记
6. 刺激替代物：改变攻击的对向
7. 消遣玩物：为了精神和生理刺激
8. 工具：获取食物、赶走昆虫
9. 建筑材料：搭窝所用
10. 清洁物：除去角上的绒毛
11. 覆盖物：为了隐藏和消除紧张
12. 伪装：为了隐藏身体

蹭痒柱子 为了保持角、爪子和毛皮的形状

攀爬装置 为了练习或逃跑

社会群体 适合该物种；同一展示馆的不同物种应该能相容

隐私设置 视觉掩护；隐藏的区域

挑战性改进 玩耍设施，用新的方式给予食物，与驯兽师之间的互动

教育价值

真实性 从动物的角度看（我们尽可能地站在它们的立场），这个展示馆是否能有效地模仿所处的野外生境？人类的感受虽然不如动物的感受那么重要，也应该被考虑进来。展示馆是否让你汗毛倒立呢？你是否觉得处于野外生境当中，不确定动物是否会伤害到你呢？

展示标志 它们能否让你有读下去的愿望呢？是否在解答一些问题的同时，能让你提出更多问题呢？

表演 它们是否在没有侮辱或者拟人化该动物的情况下，展示了该物种的自然行为呢？

动物园从业人员 他们是否乐意回答你的问题呢？他们是否博学多识？对待动物时，是否富有明显的热情和尊重呢？

对动物的影响

具有一定的生物学知识能够帮助你更好地了解动物行为，有不懂的地方就去问饲养员吧。

自然行为 动物是否展示了自然行为呢？

刻板行为 它们有没有展示出刻板行为呢？

健康 它们看起来健康吗？

寿命 它们寿命长吗？

圈养繁殖 它们能在圈养环境下繁殖吗？

本书插图系原文插图

致 谢

我之所以能够写出这本书，是因为我站在许多巨人的肩膀上。支撑我的是数以千计的研究者不畏暴风雪、季风、夜晚的寒冷及正午的灼热所得到的动物行为方面的研究数据。我非常感激他们，同时还要感谢那些愿意将他们对野生动物保护事业的热情和强烈的奉献精神分享给我的动物园专家们。

本书在专业方面的审稿人有美国威斯康星州的国际鹤类基金会主席乔治·阿奇博尔德博士和鸟馆助理馆长斯科特·斯温格尔、圣路易斯动物园的繁殖生物学家谢里尔·阿萨博士、布朗克斯动物园爬行动物馆馆长约翰·贝勒博士、美国国家动物园的动物学家达里尔·伯恩斯博士、布朗克斯动物园鸟类馆馆长唐纳德·布吕南博士、波特兰州俄勒冈动物园的研究人员特蕾莎·德洛伦索、明尼苏达动物园的保护教育专家休·埃利斯·约瑟夫博士、明尼苏达大学贝尔自然历史博物馆助理博士后苏珊·埃瓦茨博士、纽约水族馆的玛莎·希亚特·赛义夫博士、明尼苏达动物园的兽医布里安·约瑟夫博士、北达科他州大学教授杰弗里·兰博士、明尼苏达州大学贝尔自然历史博物馆行为馆馆长弗朗克·麦金尼博士、波特兰州俄勒冈动物园保护研究协调员吉尔·梅连博士、圣地亚哥动物园濒危物种繁育中心的研究人员杰基·奥格登博士、美国佐治亚州里弗班克动物园行为研究者莉萨·拉帕波特、圣路易斯动物园哺乳动物馆馆长布鲁斯·里德、美国国家动物园园长麦克·鲁滨逊博士、夏安山动物园副馆长康拉德·施米特、美国路易斯安那州奥杜邦公园鸟类馆馆长皮特·香农、美国俄克拉荷马州苏顿鸟类研究中心主任史蒂夫·谢罗德博士、亚特兰大动物园生物学家贝丝·斯蒂芬斯博士、美国国家动物园哺乳动物搜集和管理员莉萨·史蒂文斯博士，非常感谢他们的指导。

本书能得以出版，还要得益于那些优秀的协助人员。我非常荣幸能和富有远见的经纪人珍妮·汉森、出色的编辑南希·米勒、杰出的胡安·卡洛斯·巴伯里以及一贯保持冷静的制作大师约翰·富勒合作。正是他们对本书的关注，使得整个出版过程进行得如此愉快和顺利。

尽管作家并不太热衷于社交活动，但我还是被亲人和朋友所包围。感谢辛西娅·鲁滨逊在写作初期能乐于听我诉说。非常感谢马里·安·哈顿整理录入数千字的笔记，细心地帮我编辑，并一直陪伴和鼓励我。劳拉·梅里尔则像北极星那样一直给予我希望和笑声，我无法用语言表达对她的感激之情。劳拉也同丹尼尔·拜纽什，以及拉吕·穆尔豪斯一同研究了各个展区。还感谢和我一起挤键盘的神秘雄性猫“八号球”，书中的一些错误或者精辟的见解可能都是它爪子的杰作。

最后，我想要感谢沐浴在月光下的蒙大拿山。生活在这里让我认识到，世界上真的没有一个地方能和自己的家相比，而且每一个野外环境都值得我们去保护。

索　引

图书在版编目（CIP）数据

动物的秘密语言 /（美）雅尼娜·拜纽什著；平晓鸽译. —长沙：湖南科学技术出版社，2024.6

ISBN 978-7-5710-2876-3

Ⅰ. ①动… Ⅱ. ①雅… ②平… Ⅲ. ①动物语言—普及读物 Ⅳ. ①H026-49

中国国家版本馆CIP数据核字（2024）第103159号

DONGWU DE MIMI YUYAN

动物的秘密语言

著　　者：[美] 雅尼娜·拜纽什
译　　者：平晓鸽
出 版 人：潘晓山
总 策 划：陈沂欢
策划编辑：乔　琦　孙成义　王安梦
责任编辑：李文瑶
特约编辑：陈　莹　夏　雪　程　曦
地图编辑：程　远　程晓曦
营销编辑：沈晓雯　郑冉钰
装帧设计：李　川　马亚梅
责任美编：彭怡轩
特约印制：焦文献
制　　版：北京书情文化发展有限公司
出版发行：湖南科学技术出版社
地　　址：长沙市芙蓉中路416号
网　　址：http://www.hustp.com
湖南科学技术出版社天猫旗舰店网址：
http://hukjcbs.tmall.com
邮购联系：本社直销科 0731-84375808
印　　刷：北京华联印刷有限公司
版　　次：2024年6月第1版
印　　次：2024年6月第1次印刷
开　　本：710mm×960mm 1/16
印　　张：27
字　　数：279千字
广告经营许可证：京朝工商广字第8087号
审 图 号：京审字（2024）G第0131号
书　　号：ISBN 978-7-5710-2876-3
定　　价：88.00 元